穩定不穩定的經濟

Stabilizing
an Unstable Economy

Hyman Philip Minsky

明斯基

陳儀 ——— 翻譯

CONTENTS

不能被 21 世紀遺忘的
經濟學家
——我的老師明斯基

梁發進

中央銀行前副總裁

1977 年，我獲得傅爾布萊特獎學金到美國聖路易華盛頓大學進修，攻讀博士，在那裡碰到了我後來的指導教授——海曼　明斯基。

當時是數學模型和計量經濟學的天下，明斯基的研究顯然與主流學界格格不入，因為他偏好以文字描述表達他所觀察到的世界。在他後來學術思想集大成的《穩定不穩定的經濟》中，也只是運用少量數學式、簡單的圖解，以及各經濟主體的資產負債與現金流量資料，解析市場流程和經濟政策對價格與獲利的影響。在他看來，經濟活動是由各部門資產負債與現金流量所構成環環相扣的緊密網絡。因此本書的方法與資料更能為不斷變化的經濟環境與金融行為模式提出適當的解釋。

有一件事讓我印象深刻，就在我學成後回到台灣，某一次參加中研院舉辦的經濟學研討會，休息時間與各國學者閒聊，有位從美國來訪的教授聽說我在聖路易華盛頓大學獲得博士，便好奇我的指導教授是誰。當我回

答「Hyman Minsky（海曼 明斯基）」後，他馬上說：「He is crazy」。場面有點尷尬。後來想想他說的 crazy，或許可以解釋成「怪咖」，對當時的經濟學界來說，明斯基的確稱得上是怪咖。

說他是怪咖，你們可能會以為明斯基是個脾氣古怪的學者，正好相反，明斯基的友善正是我選擇他擔任指導教授的原因之一。他對待任何人都很親切，很有大師風範。你有疑問，他不會直接給你答案。他不是指點出思考方向，就是要你回去慢慢觀察體會。記得有一次我問他，他早年的研究也使用數學模型作為分析工具，為什麼後來愈來愈少了呢？他沒有正面回答，只說：「發進，你多觀察世界的變化，就知道為什麼了。」

我回到台灣，繼續我的學術生涯，爾後有機緣到中央銀行服務，愈能理解明斯基在學術研究上的變化，他重視金融與實體面的關係，要了解經濟運作，模型不能少，另外也要觀察制度和國際因素的變化。任何經濟體的制度與政策都不時在演化，經濟學家必須運用想像力、邏輯推理等能力，透過對經濟運作的深度認識，得出實際經濟運作的原則。

這種細緻的觀察力、縝密的邏輯推理能力，以及深度的想像力，體現在這本《穩定不穩定的經濟》中。過去凱因斯學派的學者比較忽略凱因斯學術範疇中的貨幣與金融面，明斯基將這個部分納入研究，從當時的學術氛圍來看，明斯基在走一條很少人走的路。

他在這本書強調，每個經濟體的制度會改變、會演化，尤其在全球化的時代，彼此的資金與投資往來相互連動，只要有一個環節發生問題，那就是全球的問題。明斯基的見解在 1990 年代、2000 年、2008 年幾次經濟危機得到印證。他提出「金融不穩定假說」，分析不穩定是資本主義的本質，穩定的經濟環境，將生出不穩定的金融因子。這本書的分析對任何一個處在承平時期的經濟體來說，有著非常大的提示作用。

我非常開心能夠得知，八旗文化將出版我的老師明斯基集大成之作《穩定不穩定的經濟》，這本書的內容並不容易，分析非常細緻，需要用心閱讀。期待這本書的讀者都能有滿滿的收穫。

走在時代尖端的經典

亨利‧考夫曼（Henry Kaufman）
華爾街資深分析師

　　海曼‧明斯基的《穩定不穩定的經濟》在 1986 年首度出版時，絕對稱得上是走在時代尖端的著作。經濟思想家經常如此，像約瑟夫‧熊彼得（Joseph Schumpeter）目前的影響力就比在世時更大一些，約翰‧梅納德‧凱因斯（John Maynard Keynes）的開創性概念在出版之後才得到廣泛的影響力。個性一向剛毅不屈的明斯基也一樣。在 1970 年代與 1980 年代，明斯基固然已堪稱擁有一股不容小覷的影響力，但當年他的概念從沒有像今日一般受到矚目。如果明斯基迄今依然健在，他絕對可以對過去幾十年間密切關注經濟學與金融學的人說一句：「不聽老人言，吃虧在眼前。」因此，這時正是重新發行明斯基這本經典名著的最佳時機。

　　與凱因斯（明斯基在 1975 年出版一本凱因斯傳記）和熊彼得一樣，明斯基也特別重視景氣循環（business cycle）。第二次世界大戰之後蔚為主流的凱因斯主義主要只聚焦在凱因斯著作中較受政治圈青睞的幾個特點，鮮少人記得凱因斯建議在採行積極的財政政策前，宜先採取相關的貨

幣政策措施，也鮮少人記得他建議應在經濟成長時期設法維持預算盈餘（biudget surplus）；太多政策制訂者認為，凱因斯主義意味著赤字開支（deficit spending）是一種既輕鬆、又可自動矯正經濟問題的手段。愈來愈多人以為凱因斯主義已經征服景氣循環，由「軟著陸」（soft landing）與「中期修正」（mid-course correction）之類的專有名詞便可見一斑。

但海曼・明斯基與凱因斯有種截然不同而重要的聯繫。明斯基特別著重在投資活動的反覆無常，他指出，來自投資活動的現金流量隱含根本的不確定性，這會對企業的資產負債表產生強大的後座力。這個真知灼見值得我們更加重視。

1970 年代末期與 1980 年代，凱因斯主義因貨幣主義（monetarism）的興起而逐漸式微，明斯基的真知灼見當然不可能獲得應有的重視。但即使是貨幣主義在 1980 年代初期達到鼎盛之際，也無法有效應對金融體系不斷改變的結構；相較之下，明斯基以其廣博的分析方法和流暢的辯才做出解釋。但在此同時，眾多經濟學家與財務分析師則幾乎全部成為計量經濟學（econometrics）的虔誠信徒。不過，海曼・明斯基的分析並未受那些統計模型所局限。他睿智的察覺到，數學方程式無法對重大的關鍵結構性變遷或經濟與金融行為模式的變化做出適當的解釋。

我投入金融市場之後不久，便深受海曼・明斯基的研究吸引。在從事研究工作時，也愈來愈重視債務的成長速度為何會持續高於國民生產毛額（Gross National Product, GNP）。我將這個不健康的發展現象歸因於金融資產快速證券化、金融市場的全球化，以及因資訊科技的長足進展而得以量化風險承擔程度等眾多實務。由於官方政策制訂者未能設置適當的防範措施，導致金融機構不再那麼重視信託責任（fiduciary responsibilities）與企業家創業動力（entrepreneurial drive）之間的平衡，這促使隱含在債務

激增現象裡的固有風險進一步升高。

　　海曼‧明斯基的真知灼見幫助我們理解近幾十年重要的金融發展。世界上沒有幾個人比明斯基更了解投機型企業融資（speculative corporate finance）、債務品質日益降低，以及經濟波動性等自我強化的動態，這樣的動態已成為當代的特徵。他將以償債為目的的企業貸款行為稱為「投機性融資」（speculative finance），這種融資將進而驅使投資活動增加與資產價格上升。他解釋，當就業、投資活動和獲利趨勢看漲，企業領袖與銀行業者的內心往往會更堅定相信，最終將導致波動性與令人難以接受的風險增加的這種不當方法是健康的。明斯基以生動的用語告誡世人不該從事「資產負債表冒險」（balance-sheet adventuring，這個精闢的用語堪稱恩隆時代〔Age of Enron〕的標誌）。

　　明斯基身為本書的作者，想必不會訝異在本書初版發行之後發生的種種事件，像是 1980 年代末期至 1990 年代初期的儲貸機構危機與銀行危機、墨西哥與韓國債務困境、俄羅斯債務違約，以及 1990 年代長期資本管理公司（Long-Term Capital Management）的超額槓桿行為在各地市場造成的巨大損失，乃至西元 2000 年的高科技泡沫破滅等。

　　此時此刻（2008 年），我們正遭逢次級房貸危機（subprime mortgage crisis）的考驗。有些人將諸如此類的情境稱為「明斯基時刻」（Minsky moment），但這樣的評論實在太小看明斯基研究成果的廣度及深度了。值此關鍵時刻，我們必須痛定思痛，開始嚴肅看待明斯基的真知灼見，並以他的開創性研究成果作為起點，設法鞏固美國金融體系的根基。

凜冬將至，如何理解明斯基？

迪米特里・帕帕迪米特里奧（Dimitri P. Papadimitriou）

蘭德爾・雷伊（L. Randall Wray）

寫於 2008 年

在準備出版 1986 年初版、海曼・明斯基一生最淵博的著作新版時，美國金融體系正遭逢 1930 年代以來最嚴重的危機。本書精彩的解釋證明，明斯基的見解不僅能夠適當解釋他在世時的金融危機，也能貼切說明美國股票市場的網路股內爆，以及眼前的次級房貸崩盤等危機何以會發生。明斯基的思想一向超越同時代的人。別忘了，早在 1950 年代末期，明斯基就開始撰文談論金融不穩定的議題，而且他精準預測到幾乎一個世代後才變得顯而易見的經濟轉型。儘管我們已拜讀本書很多次，但為了寫下這篇導讀，我們再次仔細閱讀這本書，明斯基深入的分析，以及他的理論對於協助世人了解現代複雜資本主義經濟體系的運作等貢獻，仍舊令我們深受感動。總之，這是一份無與倫比的著作。

本書出版後一直有相當穩定的銷量。網路上的二手書拍賣價格動輒喊到 1000 美元之譜。2007 年時，大家突然對明斯基這本著作大感興趣，因

為財經媒體漸漸察覺到，明斯基的分析相當適合用來解釋當時的房貸擔保證券市場為何會快速崩潰。事實上，明斯基在書中詳細檢視許多次金融危機，其中幾次金融危機牽涉到非常相似的金融工具，例如商業本票（commercial paper）、地方政府債券（municipal bonds）以及房地產投資信託（REITs）。更重要的是，他還解釋經濟體系的發展為何往往會導致這類危機發生的可能性增加。另外，若危機被成功壓制下來（一如一直以來的狀況），那些高風險業務便會「就地合法」，這可能會成為醞釀後續危機的基礎，而且使危機變得更頻繁、更嚴重。誠如明斯基堅稱，我們這種傾向發展出投機熱潮的經濟體系，本就潛藏固有且根本的不穩定性，這承襲自凱因斯的主張：「在一個不穩定的經濟體系，企業活動受投機行為支配。」其他資本主義發展流程的分析著重在分析市場崩潰時期（crash），明斯基的分析則不同，他更重視各個市場主體在陶醉期（euphoric）的行為。不僅如此，其他人的分析將問題歸咎於「衝擊」、「非理性繁榮」（irrational exuberance）或「愚蠢」的政策，但明斯基主張，引發金融脆弱的流程，其實是一個「渾然天成」的流程，換言之，他認為那是這個經濟體內生的流程。

根據明斯基的見解，資本主義經濟體充其量只能「有條件達到一致」（conditionally coherent）。他否定主流經濟學的均衡方法論（equilibrium methodology），他認定，以那些方法論來分析現實世界充斥複雜且高估（overvalued）資本型資產的資本主義經濟體並不恰當，他提出有健全金融體系與少量創新特徵的「平靜時期」（periods of tranquility）來取代均衡。在平靜時期，投資活動的金融面比較不重要。然而，「穩定會招致不穩定」，因為在相對平靜的環境中，一般人將更勇於從事更多可提高所得的風險承擔與創新行為，而這類行為會破壞各種有利於「一致性」與「平

靜」形成的條件。換言之,在經濟體系穩定時期發揮作用的市場推動力,最後反而會把經濟體系推向不穩定的狀態,因此,儘管經濟體系有可能達到某種均衡狀態,但那個均衡狀態卻將啟動一些會迅速將經濟體系推離均衡狀態的行為反應。

明斯基的「週期投資理論」(investment theory of the cycle)其實是引用自凱因斯的概念。明斯基的週期理論結合兩件事:一個是凱因斯《通論》(General Theory)第十二章中的著名解說,這段解說聚焦在投資決策的固有不穩定性,因為投資決策向來是在充斥根本不確定性的情況下制訂;另一個則是《通論》第十七章的金融資產及資本資產評價。樂觀與悲觀的風氣會影響投資活動的總量,而投資活動的總量又會透過支出乘數(spending multiplier)決定產出與就業。明斯基讚賞凱因斯點出了分析**融資型**投資流程的方法,不過他發現必須更深入的分析。所以,明斯基的貢獻在於為凱因斯的「週期投資理論」補充「投資金融理論」。這就是明斯基更早之前的著作《凱因斯傳》(1975 年)的主要題材。由於融資型投資活動是美國這類經濟體**不穩定性**最重要的來源,因此,有心**讓不穩定的經濟體系變穩定**的人要將「融資型投資活動」列為主要的分析課題。也因為如此,本書的一個重點便是明斯基對投資活動及其融資方式等主題的論述。仔細重複閱讀第八章後,就可以立即明顯看出他所擁有的卓越分析能力。

明斯基主張,在他之前,沒有人真正參透隱含在凱因斯《通論》中的政策意涵。誠如本書書名所暗喻,明斯基的使命是要矯正那段知識空白,開發適用於現代、適用於金融與資本主義經濟體的政策。他在第十二章、特別是第十三章說明他的另類政策改革主張。認識明斯基的人都知道,他堅持偏離「凱因斯學派」幾項著名的主流處方,包括強調「微調」(fine-tuning）總需求、促進投資活動，以及藉由創立「福利國主義」來提供安全網。很多反對以自由市場解決方案來應對現實世界問題的評論家，經常難以理解明斯基為何反對提供福利，以及反對最早可追溯到 1960 年代初期「刺激經濟的政府投資」（pump-priming）。而明斯基選擇一條另類的道路，他強調：（1）微調不可能成功；（2）仰賴投資活動引導的經濟成長來提高生活水準，會引發破壞力強大的不穩定性與通貨膨脹；以及（3）提供福利會促使通貨膨脹，而且只會導致制度性失業。他在第十三章提出一個仰賴消費、就業與採用制度與監理規定來遏制不穩定性的另類策略，我們稍後會更詳細討論。

在接下來的內容中，我們會概要檢視明斯基對經濟理論與政策分析的貢獻。我們會討論促使明斯基撰寫本書的某些早期研究。最後，我們根據他的分析，就現實世界當前的多項問題，提出一些延伸性的討論。

明斯基早期的貢獻

明斯基藉由 1950 年代至 1960 年代中期發表的文獻，循序漸進的發展出他的週期分析（Minsky 1957a、1964、1979）。首先，他把政府、監理架構、法律體系和商業界合稱為制度，他主張制度非常重要，其中，金融制度特別攸關重大。這是對最能代表凱因斯經濟學、愈來愈具主導地位的學派所提出的 IS（投資與儲蓄）－ LM（流動性偏好與貨幣供給）模型所做出的回應。雖然明斯基在哈佛大學求學時師承亞文・韓森（Alvin Hansen），他卻偏好芝加哥大學亨利・賽蒙斯（Henry Simons）對制度細節的研究。新古典綜合理論（neoclassical synthesis approach）應對總體經濟學的方式過度簡化，只將「融資」隱藏在 LM 曲線之中；此外，由於

IS-LM 分析只關心獨一無二的均衡，完全無法解釋現實世界經濟體種種動態變化。基於這些理由，明斯基對乘數加速模型（multiplier-accelerator model）比較感興趣，因為這個模型將爆發性成長的可能性列入考量（Minsky, 1975b）。在最早期的某些研究中，明斯基加入制度的上下限，以創造各式各樣可能的經濟結果，包括穩定成長、週期、繁榮和長期蕭條。他最終在利維經濟研究所（Levy Economics Institute）撰寫此生最後幾篇研究報告時，又回頭檢視這些模型（Minsky and Ferri , 1991）。然而，明顯可見，這些分析的結論對他產生一定程度的影響，促使他主張「新政與戰後的制度安排（institutional arrangement）抑制現代資本主義固有的不穩定性，並創造穩定表象」的重要因素之一。

同時，他也檢視金融創新，並主張金融機構正常追求獲利的行為會持續擾亂主管機關嘗試壓抑貨幣供給成長的作為（Minsky, 1957a）。這是他否定 LM 曲線假設「貨幣供給固定」的主要原因之一。確切來說，中央銀行的約束將誘發創新，確保政策永遠無法依循如米爾頓・傅利曼（Milton Friedman）宣揚幾十年的成長率法則（growth rate rule）發展。另外，這些金融創新也會透過各種方式濫用流動性，導致整個體系變得更容易崩潰。如果中央銀行以最後放款人（lender of last resort）的姿態出手干預，形同讓那些創新就地合法，並使這些新實務得以繼續進行。明斯基（1957a）仔細研究聯邦資金市場的創立，說明這個市場如何讓銀行體系得以經由內部決定貨幣供給的方式來節省準備金。金融創新在 1966 年的地方政府債券市場遭逢第一波嚴厲的考驗，第二波考驗則是 1970 年的商業本票擠兌，不過，這兩波嚴厲的考驗，都因為中央銀行果斷又明快的採取行動而平順解決。因此，儘管二戰剛結束那段期間的金融體系堪稱是「有條件達到一致性」金融體系的好例子，這段期間的民間債務不多，累積的

聯邦債務存量龐大（來自二戰的財政赤字），不過以追求獲利為目的的各種創新，最終還是一步步導致制度的約束力減弱。於是，金融危機變得更頻繁，而且更嚴重，並一次次考驗主管機關防範金融危機再次發生的能力。總之，顯而易見的穩定局面將助長不穩定性發生。

早期研究的擴展

明斯基早在《凱因斯傳》中就對凱因斯的理論提出一套另類分析。這本書對於明斯基的「投資金融理論與週期投資理論」提供最詳盡的說明。書中的兩個基本組成要素是借用凱因斯的「雙價格系統」，以及很多人認為這是麥可·卡萊斯基（Michael Kalecki）的研究成果、但實際上也源自凱因斯提到的「放款人與借款人的風險」。明斯基將價格系統區分為兩種，一種是當期產出的價格系統，另一種是資產的價格系統。當期產出價格可以經由「成本加上一個加成（mark-up）」來確定，而這項價格會被設定在足以產生獲利的水準。這個價格系統涵蓋消費財與勞務、投資財，甚至政府採購的商品及勞務。以投資財而言，當期產出價格實際上就是資本的供給價格，也就是足以誘使資本供給者提供新資本資產的價格。然而，這項簡化的分析只適用於可利用內部資金來支應的資本採購個案。如果牽涉到外部（借貸）資金，那麼，資本的供給價格也包含顯性融資成本（explicit finance costs），最重要的就是利率，但也包含其他手續費與成本。換言之，就是指因「放款人風險」增加的供給價格。

第二個價格系統跟可長期持有的資產有關。除了貨幣這個流動性最高的資產之外，這些可長期持有的資產預期將產生一系列的所得，甚至可能產生資本利得。關於這部分，明斯基是承襲凱因斯在《通論》第十七章的

論述，明斯基認為那是《通論》最重要的章節。重點是，這種預期所得流無法確切知道金額是多少，而且這取決於主觀的預期。我們經由這個資產價格系統算出資本資產的需求價格：一個人基於某一項資產未來能夠產生的預期淨收入，願意付出多少錢取得這項資產？然而，這樣的計算方式過於簡化，因為它忽略融資安排。明斯基主張，某個人願意支付的價格，取決於他需要取得的外部融資金額。貸款金額愈高，資產買家無力償債的風險就愈高。這就是有必要將「借款人風險」融入需求價格的原因。

唯有需求價格超過資本資產的供給價格，投資活動才可能繼續下去。由於這些價格包含安全邊際（margins of safety，定義是充足的擔保品），所以價格會受相關人士對不可知結果的預期影響。在經濟從嚴重衰退狀態下復甦的過程中，由於預估值降低，所以安全邊際非常大；長期下來，如果經濟擴張幅度超過先前的悲觀預估值，事實就會證明先前的安全邊際大而不當。因此，安全邊際會減少到大致上使計畫得以成功推動的水準。在此，我們要再次引用明斯基著名的融資型態分類：預期所得流量足夠應付利息與本金的避險型融資（hedge finance）；近期所得流量將只夠應付利息的投機性融資；以及近期收入連利息支出都不足以應付，使債務進一步增加的龐氏融資（Ponzi finance）。在經濟擴張的過程中，經濟體系的融資會從以避險型融資為主的狀態，逐漸演變成投機性融資或甚至龐氏融資比重愈來愈高的狀態。

從早期的研究中，明斯基察覺到，金融業者希望提高槓桿的心態與愈來愈投機的做法最後有可能踢到鐵板。如果各項結果優於預期，原本有意從事投機性融資的投資人可能會繼續得到保護，因為他的收入高於原先的預期。因此，儘管明斯基並未將目前廣為人知的卡萊斯基關係（Kalecki relation）納入《凱因斯傳》，但他也察覺到，投資熱潮有可能會經由乘數

效果來提高總需求和支出，從而衍生出高於預期的銷貨收入。後來，他公開將卡萊斯基結果（Kaleckian result）納入，在這個精簡的模型中，所謂的卡萊斯基結果就是：總獲利等於投資加上政府赤字。因此，在投資熱潮期，獲利有可能隨著投資而增加，這有助於證明預期正確，並進而鼓勵更多的投資活動。這讓明斯基的「資本主義經濟體根本的不穩定性會持續增加，直到達到投機狂熱階段」的主張變得更具說服力。

此外，早在 1960 年代初期，明斯基就主張政府的資產負債表狀況將決定民間部門資產負債表所受的影響（Minsky 1963）。由政府支出帶動的經濟擴張，將使民間部門得以在維持健全資產負債結構的情況下擴張，政府財政赤字將為民間資產組合添入一些安全的國庫券（赤字開支的一項效應，這點會在第二章討論）。然而，健全的經濟擴張往往會導致稅收成長速度超過民間部門所得，這將使政府預算「改善」（朝財政盈餘的方向移動），而民間部門的資產負債結構則會惡化（朝赤字的方向移動）。當明斯基將卡萊斯基方程式補充到他的說明後，他才得以解釋預算的這種逆週期（counter cyclical）的波動如何得以自動讓獲利穩定：在繁榮時期構成獲利的上限，並在蕭條時期構成獲利的下限。

明斯基將卡萊斯基對獲利的觀點納入週期投資理論的同時，也主張唯有預期到未來將有投資活動進行，今日才會有投資發生，因為未來的投資活動將決定未來的獲利（就理論架構的模型而言）。此外，由於今日的投資活動證明「昨日」採行的決策是正確的，故有關「明日」的預期，會影響到現有資本資產取得融資時所許下要履行還款承諾的能力。因此，明斯基認為投資活動牽涉到一種複雜的暫時關係，而這種關係可能很容易會被擾亂。一旦將這個觀點連結到「雙價格」系統便清楚可見，任何會使未來預期獲利能力降低的因素，都有可能促使資本的需求價格降到供給價格以

下。這會導致投資減弱，並使今日的獲利降低到無法證明「過往根據資本專案開始時所決定的需求價格預期」是正確的。事實可能證明，先前包含在借款人與放款人風險中的安全邊際不足，而這會促使世人修改他們未來希望保有的安全邊際。

明斯基在 1960 年代、1970 年代與 1980 年代把他對投資理論所做的延伸解釋陸續納入金融不穩定假說。他加入卡萊斯基方程式；融入雙價格系統；並納入較複雜的部門平衡（sectoral balances）論述。在那些年裡，他改良分析銀行業的方法，同時也察覺到聯準會意圖控制貨幣供給的行動沒有效果。他還將分析擴大應用到所有和銀行類似的實體；他主張任何人都能創造貨幣，問題只在於如何讓人接受。因為任何人都能藉由發行債務來取得資產。他主張，雖然聯準會的成立宗旨是要扮演最後放款人的角色，但聯準會在維持企業債務流動性的同時，卻不再從事商業本票貼現業務。事實上，聯準會供應的多數準備金來自公開市場操作，這大大限制聯準會確保經濟體系安全與健全的能力，因為它不再需要判斷它要接受哪些擔保品，也不需要嚴格審視借款人的資產負債狀況。取而代之的是，聯準會變得高度依賴傅利曼那種過於簡化的貨幣主義觀點，認為聯準會的主要作用是要「控制」貨幣供給，從而控制整個經濟體系。但聯準會沒有能力做到這些事，因為企圖限縮準備金，最終只會誘使銀行業打造更多創新的實務，並促使「非銀行」融資來源持續擴大，到最後還是會要聯準會以最後放款人的角色來干預，或甚至出面紓困，反而讓這些高風險實務「就地合法」。總之，那樣的政策加上為維護需求而採用的逆週期財政赤字，不僅無法防範經濟陷入深度衰退，還會形成長期的通貨膨脹傾向。

大蕭條會重演嗎？

明斯基經常表示大蕭條代表資本主義的失敗，而若非當初打造出大政府（Big Government）和大銀行（Big Bank），大蕭條恐難善了。所謂大政府是指政府的規模、公共支出的水準，以及中央銀行和各式各樣的新政（New Dea）改革。（p. 221; Minsky 1993）雖然二戰後形成的經濟體系與先前的經濟體系有著根本的不同，而且看起來十分健全，但明斯基還是不斷質疑「它」（大蕭條）是否可能會再次發生。他的答案是有條件「不會」：戰後那幾十年間所設下的政策影響上下限，讓債務型通貨緊縮（debt deflation）不可能發生。然而，在融資結構明顯健全的背景下，經濟體系的發展本就**有可能**開啟債務違約雪球的大門，最後壓垮那些約束力量。如果制度的約束手段未能通權達變的跟隨著不斷改變的環境進行調整，或是更糟的情況是，如果我們淡忘大蕭條的教訓，再度被危險的「自由市場」意識型態主導政策，那樣的狀況就有可能會發生。當然，這些事件也的確都發生了。

明斯基簡潔扼要的陳述他的反自由放任主題思想（Anti-Laissez-Faire Theme）：「在一個內部動態蘊藏不穩定性的世界裡，只要在環境中導入常規、約束和干預，便可能實現或維持穩定的表象。」（Minsky and Ferri 1991）他堅決主張，問題出在以正統的新古典理論為基礎的經濟學無法提供任何和美國經濟體系有關的真知灼見。這是因為標準理論根本無法解釋不穩定性與經濟蕭條何以會存在，除非透過內部衝擊與拒絕允許工資變動的頑固工人來解釋。事實上，正統的學說必定將失業視為工人一味頑固抵抗工資變動的報應。主流學派認定，唯有較自由放任的方式才是解決「失衡」（disequilibrium）的方案，但明斯基認為正好相反：不一致的市場結

果是「渾然天成的」，唯有干預才能防止那一隻看不見的手運作:「為了壓抑市場體系有可能衍生的壞處，資本主義經濟體發展一系列可視同斷路器的制度和主管機關。這些制度實質上能阻止引發不一致性（incoherence）的那類經濟歷程，並以全新的初始條件重新啟動經濟體系……」。（Minsky et al., 1994）此外，「經濟體系在平靜時期與動盪時期的運行軌跡（成長、停滯或衰退）大半取決於制度與干預行動是否適當。」（ibid）

戰後經濟成長朝投資支出傾斜，尤其是 1970 年以後。儘管在冷戰期間的成長期，聯邦政府的成長率相對比國內生產毛額（Gross Domestic Product, GDP）成長率快速，而且州及地方政府支出在 1970 年代初期的占比提高，但在那之後，政府支出一直維持在相對固定的狀態。戰後期間為了鼓勵投資（以便提高總需求）與增加對老弱者（跟不上「漲潮」的人）的移轉支出而採行的「凱因斯學派」政策，多半**未**讓所有人雨露均霑。明斯基從 1960 年代起就持續批評這個政策立場，他主張，這項政策將引發金融不穩定性與通貨膨脹，甚至使不平等的程度惡化。（Minsky 1965, 1968, 1972, 1973）這是因為投資活動所帶動的經濟成長會將原本結構健全的金融體系，轉化為結構愈來愈脆弱的金融體系。此外，投資與移轉支出都有引發通貨膨脹的傾向，而為了防範嚴重經濟衰退而設定的制度下限，只是讓情況變得更糟罷了，更糟的是，這些制度下限讓較高風險的行為得以「就地合法」。

明斯基在本書第十一章對這種通貨膨脹傾向提出最好的評估，他採用成本加成法來計算總價格水準。在此，我們並不打算提供詳細的解說，不過，基本的概念是:消費財價格（當期產出價格系統的一部份）的設定是採用成本加成法，消費財部門的成本主要是工資成本。而這項成本加成則是取決於消費財支出金額超過消費財生產工人消費金額的差額，換言之，

成本加成幅度取決於投資部門與政府勞工、外國人和接受移轉支出的人（transfer recipients，退休人士、領取撫養未成年兒童家庭援助補助金〔AFDC〕與失業補償金的人等）。這是明斯基的早期研究的主題之一，也是他激烈反對甘迺迪／詹森「向貧窮宣戰」政策（War on Poverty）主要的一項理由。（Minsky 1965, 1968）他堅稱，投資支出所促成的「漲潮」，永遠不會「向下涓滴」到窮人階級，事實上，那種「漲潮」反而往往會導致不平等的情況惡化，因為這些「漲潮」較有利於在掌握最大訂價力量的產業工作、而且擁有最高技能的勞工。此外，付錢給不工作的人雖然可以提高消費財的需求，卻無法同步提高這些商品的供給。因此，他不同意提供福利，理由不只是因為福利制度會「使失業成為慣例」，並產生強迫的從屬關係，也因為福利制度有可能導致通貨膨脹上升。誠如我們稍後將見到的，明斯基偏好能直接創造就業機會並促進高消費的策略。但政府實際上採行的政策組合（投資誘因、福利制度和紓困）導致金融脆弱情況上升，而且不平等的程度惡化，甚至使經濟體系有增強停滯性通貨膨脹的傾向。

證據

誠如先前討論的，明斯基主張，二戰後達到明顯穩定的狀態，並非導因於正常的市場流程，而應歸功於大政府與大銀行的存在。明斯基在本書的第二部檢視這項實證結果，並主張每當經濟體系似乎瀕臨崩潰之際，預算赤字加上最後放款人的政策，都能發揮維持總需求、所得流量，還有特別是維持資產價格與獲利流量的功能。我們將概要彙總他研究的個案，並加入在本書初版發行後發生的幾個個案。

首先，我們相信，補上第十三章表 13.3 與表 13.5 的更新版會有幫助，這兩張表列出衡量政府規模的兩項指標，分別是聯邦預算支出與收入占 GDP 的比例。政府總支出占 GNP 的比重其實已經從 1983 年的 24.7％ 降至 2006 年的 20％。（若以占充分就業狀態的產出水準比例來看，支出則是從 22.5％ 降至 19.98％）。整體而言，如今的政府支出比 1983 年低，而且就相對規模（占充分就業產出的 20.35％）與其組成結構等標準來說，政府支出接近明斯基偏好的水準（請見第十三章的討論）。

至於政府收入占充分就業下 GNP 的比重，已從 1983 年的 16.7％ 上升至 2006 年充分就業下 GDP 的 18.11％。在這段期間，個人所得稅占政府收入的比例降低近 5 個百分點，而企業所得稅占政府收入的比例則上升 8.5 個百分點。相對充分就業狀態的產出水準而言，企業所得稅上升 1.66％，而社會保險則上升約 0.5 個百分點。2006 年出現小額的財政赤字，所以，這可能和明斯基建議的方向一致，因為當年的經濟體系運轉低於充分就業狀態。然而，那年的實際稅收組成結構卻更加偏離明斯基的理想：他提倡廢除企業所得稅與薪資（社會保險）稅，但實際上這兩種稅收都顯著增加。請注意，社會安全支出還比 1983 年低一些（相對於充分就業下 GNP ／ GDP），不過社會安全稅卻較高，所以，社會安全計畫的盈餘相當可觀。以充分就業狀態的標準而言，2006 年的整體預算較 1983 年緊縮（稅收增加，但支出相形降低，這是明斯基倡議的狀態），不過額外的負擔是由企業稅與薪資稅負擔，而這可能會推高通貨膨脹（成本會反映在物價上），鼓勵貸款行為（債務利息可用來抵銷企業所得稅），並壓抑就業（企業支付的薪資稅成本上升，勞工實際獲得的工資則會降低）。這些都不是明斯基樂見的發展，因為這使停滯性通貨膨脹的惡夢再次發生的可能性上升。

明斯基在第二章與第三章檢視 1974 年至 1975 年以及 1981 年至 1982 年間的劇烈經濟衰退。他說明大政府在這兩次經濟衰退期發揮一項重要的作用力：維持所得與獲利流量。這兩次經濟衰退產生的預算赤字，尤其是使總獲利得以增加的重要因素（一如卡萊斯基方程式），而獲利增加讓企業得以繼續償債。此外，這兩個期間的移轉支出也都增加，根據明斯基的觀點，這使個人所得有史以來首度未隨著經濟衰退而降低。導致消費得以在失業率上升的狀態下免於崩潰。明斯基也分析聯準會的操作，並主張最後放款人操作對第二個期間發揮特別重要的作用。雷伊（Wray, 1989）將明斯基的分析延伸到雷根時代的復甦期，他說明，當年帶領經濟走出衰退的功臣並非供給面經濟學；而是因為 1980 年代中期的高政府赤字促使獲利增加，並進而使投資活動得以復甦。此外，政府安排的存貸產業紓困計畫，使政府最終多花了大約 1250 億美元的國庫支出。儘管這個紓困案並不是以明斯基所倡議的形式進行（他偏好以金融重建公司〔Reconstruction Finance Corporation〕來解決，由金融重建公司接管倒閉的儲貸機構，讓多數破產的儲貸機構恢復元氣；明斯基不贊同老布希〔George H. W. Bush〕對產業的重整進行補貼、使那些虧損社會化〔socializing〕的計畫，見 Minsky 1992,1994 與 Wray 1994），但老布希政府終究還是有效阻止存貸危機拖垮經濟體系，避免更深沉的衰退、甚至債務型通貨緊縮等惡夢。

　　從那之後，我們又經歷一系列的金融危機和幾場經濟衰退，但每一次的問題都經由大政府與大銀行等拯救手段而獲得有效壓制。1987 年與 1989 年的股票市場崩盤以及垃圾債券市場的動盪，出乎意料的未對經濟體系造成嚴重衝擊，因為高額的財政赤字與聯準會即時供應準備金等手段，最終都促使市場恢復平靜。（Minsky 1992）老布希時代的經濟衰退（1990 年代初期）則因高額的預算赤字而得以獲得控制。然而，那次衰退後的經

濟復甦腳步非常疲弱，有些人稱之為「失業」復甦，有些人則稱之為「沉悶」復甦，最終成為讓比爾‧柯林頓（Bill Clinton）當選的一項因素。這或許也是那幾十年間債務持續增加，而且個人所得成長遲緩的沉痾所造成。不過，到了 1990 年代中期，經濟似乎突然擺脫卡特總統所謂的「抑鬱狀態」（malaise），新經濟（New Economy）誕生。當時的政策制訂者（最重要的是亞倫‧格林斯潘〔 Alan Greenspan 〕）相信，由於生產力成長出現根本的質變，因此經濟得以在不引發通貨膨脹的前提下加速成長。事實上，儘管這段期間幾度增稅，經濟依舊快速成長，產生連續幾年的預算盈餘，這是 1929 年以來首見的榮景。那時，柯林頓總統宣告預算盈餘將延續至少 15 年，而且最終將使政府達到 1837 年來首見的無債務狀態。（值得一提的是，這些歷史時刻個個攸關重大：1837 年起，經濟陷入深度的蕭條，另外，經濟也在 1929 年後陷入大蕭條；事實上，在柯林頓政府創造預算盈餘之前，美國史上還有六個期間出現明顯的預算盈餘，但每一個預算盈餘期過後，隨之而來的都是經濟蕭條。）新經濟的陶醉感迅速擴散到金融市場，並助長史上最壯觀的股票市場熱潮。

利維經濟研究所的學者幾乎可說是唯一對上述政策表達懷疑態度的族群，他們持續不斷警告柯林頓執政時期的榮景是奠基於美國民間部門空前高的赤字開支，其中，家庭與企業債務成長速度遠遠超過所得的成長。當然，誠如明斯基早在 1960 年代就已察覺，以及韋恩‧哥德利（Wynne Godley）的部門法（sectoral approach）所證明（Minsky 1963; Godley 1999），在預算盈餘與經常帳赤字的條件下，在會計上呈現出民間部門赤字可說是必然的結果。如果民間部門削減支出，回歸較正常的小額盈餘狀態，總需求將降低大約 6 個百分點。

事後回顧，如今我們都已知道，柯林頓的財政盈餘的確很短暫，因為

隨著民間部門**開始**節約，財政方面的盈餘導致經濟體系陷入衰退。股票市場崩盤，但最終又開始復原（除了那斯達克〔NASDAQ〕沒有回到先前的高點）。部分原因在於，愈來愈大的預算赤字使企業資產負債狀況得以改善，並協助啟動另一次疲弱的「失業」復甦。值得注意的是，金融市場參與者迅速恢復信心，並尋求其他投機的機會，在此同時，全美各地的家庭也迅速恢復赤字開支。於是，金融市場又展開一波史上前所未見的創新熱潮。而由於很多原本無法取得房貸的家庭如今已經能取得貸款，房地產市場變得欣欣向榮；房地產價格出現前所未見的加速漲勢，屋主更是把握難得的機會，拿住宅權益（equity）去「換取現金」，藉由從自有住宅獲得的資本利得（注：帳面上的資本利得）來向銀行貸款，換取家庭消費所需的資金。而聯準會維持低利率政策的做法（基於「總體經濟學新共識」，認定更優質的貨幣政策能有效壓抑通貨膨脹），以及格林斯潘隱含承諾「聯準會絕對不會放任壞事再次發生」，推波助瀾的強化上述種種莽撞的行徑。

政策問題

凱因斯的《通論》提出資本主義體系的兩個基本缺陷：慢性失業與過度不平等。明斯基則補充第三個缺陷：不穩定性是現代**金融**資本主義的正常結果。此外，即使採行明快的政策，長期的穩定不可能實現，因為政策本身有可能導致人的行為發生不良變化，可能讓「大蕭條」再次發生。基於這個理由，明斯基否定所有「微調」的概念，即使政策真的達到暫時性的穩定，新來的穩定也會啟動一連串再次引發不穩定性的流程。因此，「政策問題變成：如何在不增加深度經濟蕭條可能性的同時，制訂能減緩

通貨膨脹推力、失業及生活水準改進速度降低等問題的制度結構與對策。」然而，成功永遠不可能是永久的；政策必須配合瞬息萬變的大環境而持續不斷調整。

在《穩定不穩定的經濟》發表後，明斯基主張，戰後期間的相對穩定，促成資金管理人資本主義（Money Manager Capitalism）的發展，這個版本的資本主義遠比其他「57個不同的資本主義版本」還不穩定。（Minsky 1987）明斯基非常有先見之明的撰文預測，房貸證券化（securitization）將出現爆炸性發展，不過最終這也造成2007年的次貸市場崩潰。事實上，他是少數看透證券化真正潛力的少數評論家。以證券化來說，基本上，所有不動產抵押貸款都可以包裝成各式各樣風險等級的產品，並以不同的訂價來應對相關的風險。所以投資人可以盡情選擇符合需求的風險與報酬；儲貸機構與其他受監理的金融機構則可以藉由貸款的申請與承作、風險評估以及償還抵押貸款等業務來賺取手續費收入。財務工程則會根據投資人的需求，發行各式各樣經過切分的擔保債務憑證（collateralized debt obligation，以下簡稱CDO）。20年後，明斯基的預測如復仇般徹底得到證實。

明斯基（1987）主張，證券化反映出兩項發展。首先，證券化作為金融全球化的一環，創造的各種金融票據得以自由進出各國的疆界。無法直接和美國屋主取得聯繫的德國投資人，因為全球化而得以購買源自美國不動產市場的抵押貸款擔保證券。一如明斯基常指出的，已開發經濟體（甚至很多開發中經濟體）在二戰後出現無蕭條的擴張（歷史上並無類似的狀況），在全球各地創造出大量追求報酬的專業管理型資金。由於有崇高的信用評等機構為各式各樣經過包裝的證券指定風險權重，所以一心一意設法提高美元計價資產比重的全球投資人自然深受那形形色色的證券吸引。

明斯基如果看到美國不動產抵押貸款證券化後的總價值甚至超過聯邦政府債券的市場價值，以及次貸問題迅速蔓延到整個世界，應該不會感到意外。

明斯基（1987）評估的第二項發展是：銀行（狹隘定義為收受存款與承作放款業務的金融機構）的重要性將相對下滑，「市場」的重要性相對上升。（銀行業者持有的金融資產占比從 1950 年代大約 50%，降至 1990 年代大約 25%）。這項發展本身是受到貨幣主義實驗所鼓舞（1979 年至 1982 年；這項實驗摧毀監管這個部門的大量環節，並助長相對不受監管的「市場」），不過，還有一個因素促成這項發展：受銀行規定、監理法規與傳統約束的金融領域持續縮小。銀行業務面臨雙面的競爭夾擊：非銀行金融機構的支票存款可以根據市場利率支付利息給存款戶，以及商業本票市場的興起讓企業得以跳過商業銀行業者，順利取得資金。這壓縮銀行業的獲利能力。明斯基（1987）評論，銀行業者似乎要求取得大約 450 個基本點的利差（利差是指資產所賺得的利率與負債所支付的利率之間的差距）。這項利差足夠支付正常的資本報酬率，外加當局對銀行業者徵收的法定存款準備「稅」（因為對銀行來說，存款準備金是無法創造盈餘的資產），以及服務顧客的成本。

相較之下，金融市場能以低更多的利差來營運，原因是，金融市場不受法定存款準備率、資本適足率規定等約束，而且能省下關係銀行業務（relationship banking，注：指傳統存款與放款等業務）的多數成本。金融市場漸漸擺脫新政為了讓金融市場更安全的監理規定，這不僅意味金融部門中不受監理的占比變得愈來愈大，更意味「市場」的競爭迫使政策制訂者放鬆對銀行業者的監理規定。到房地產熱潮最終引爆當前次級房貸危機之際，「商業銀行」和「投資銀行」幾乎不再有任何差異。原本因新政改

革而變得非常安全的整體住宅部門，就這樣轉化為巨大的全球賭場。明斯基主張，和住宅融資有關的新政改革，主要源自於一股共同的信念：短期不動產抵押貸款（通常有非常大額的尾付貸款）是引發經濟大蕭條的因素之一；諷刺的是，造成投機熱潮的住宅不動產抵押融資「創新」，卻大規模重新創造出這樣的條件。

在我們撰寫這篇導讀之際，美國金融部門正處於一場擴散到世界各地的危機。要花些時間才能釐清這場危機的導因，並理解這樣的後果所代表的意義。很多評論家將這場危機稱為**明斯基時刻**（Minsky moment），並質疑美國是否已經成為一個**龐氏**國家。值此時刻，我們可以推敲：過去十年的金融創新使信用的取得更加容易，進而推升資產價格；結果不只鼓勵世人積極利用這樣的獲利機會，甚至點燃一場債務狂熱，以及更大膽的槓桿行為。促使情緒天平從恐懼轉向貪婪的因素有四個：格林斯潘「賣權」（Greenspan "put"），也就是認定「聯準會不會放任壞事發生」的信念，長期資本管理公司（Long-Term Capital Management）的拯救方案即為鐵證，以及網路泡沫破滅後迅速調降的利率，乃至聯準會採納所謂的「新貨幣共識」（New Monetary Consensus）操作程序，這套程序納入漸進主義、透明度與預期管理等，這意味著聯準會不會出其不意的採取行動。另外，柯林頓時代的經濟繁榮與 2001 年溫和的經濟衰退，促使世人修正對經濟成長的看法，認為經濟有可能在不發生通貨膨脹的情況下更健全的擴張，就算經濟真的衰退，也很短暫，而相對不令人感到痛苦。這些都促使風險胃納擴大，風險溢酬降低，並鼓勵世人使用愈來愈高的槓桿。不僅如此，證券化、避險與諸如信用違約交換（credit default swaps）等各式各樣的保險，似乎真的能將風險轉移到最有能力承受風險的人身上。若明斯基可以觀察到過去 5 年的局面，應該會覺得那是一段極度不得不擱置懷疑的時期。

我們並不知道這一次「大蕭條」會不會重演，不過，當局已經採取愈來愈多朝「重新監理」方向前進的行動。我們會在本文的最後一節聚焦在可以依循的政策方向。

改革政策主張

明斯基在本書提出一套聚焦在四大領域的改革政策主張：

- 大政府（規模、支出、稅制）
- 就業策略（最後雇主計畫）（employer of last resort，簡稱 ELR）
- 金融改革
- 市場力量

明斯基主張，各種類型的資本主義都有缺陷，但我們可以發展一種比較沒有嚴重缺陷的資本主義。誠如以上的討論，他偏好投資活動氛圍較低、但消費活動較熱絡、維持充分就業且促進較小型組織發展的資本主義。他希望將政策焦點從移轉支出為主的政策，轉向以就業為主的政策。他質疑，若政府未能直接創造就業機會，就不可能接近充分就業的狀態，他從 1960 年代初期就抱持這樣的立場。因此，他也舉了幾項新政的就業計畫，像是平民保育團計畫（Civilian Conservation Corps, CCC）和國家青年局計畫（National Youth Administration, NYA），建議可以參考那些方案，打造完整的最後雇主計畫。他主張，在這個世界上，只有政府能提供無限彈性的勞動力需求，這是實現充分就業的必要因素。他估計，一個完整的最後雇主計畫花費的成本大約相當於美國產出的 1.25%，這個數字和

最近提倡那類計畫的人所做的估計值類似，（Harvey 1989, Wray 1998）而且也符合阿根廷及印度目前的實際經驗。此外，明斯基還提出一份全體孩童補助計畫，成本大約等於 GDP 的 1.33％。這些計畫將取代多數的福利與失業津貼支出，而且比目前的所有計畫更能為父母提供更多機會與尊嚴。此外，他的計畫比較不會引發通貨膨脹。就業計畫和福利計畫不同，福利計畫付款給民眾，讓他們可以不用工作，所以會在不增加供給的情況下提高需求；但就業計畫的目的則是為了創造有用的產出。明斯基也預見到，充分就業的目標勢必會推升通貨膨脹，因此，他提議採用相對固定且統一的計畫工資，這形同提供一個標準，有助於穩定整體工資水準。（過去一段時間，很多倡議「最後雇主」政策的人詳細探討這些論述，最後也都歸納出和明斯基相似的結論。）最後，他主張藉由消除薪資稅，讓退休人士得以在不失去社會安全補貼的前提下再次投入職場，從而降低勞動力參與的阻礙。

明斯基也偏好能促進權益融資（equity finance）、而非債務融資的政策，例如廢除企業稅，讓企業得以將盈餘轉給股東。由於他相信銀行的規模和與銀行維持商務往來的企業規模息息相關，所以，他偏好能支持中小型銀行的政策。他建議放寬新政對這些銀行業者的部分約束，好讓這些銀行能提供較小型顧客所需要的服務。不過美國實際上的政策卻反其道而行，美國讓最大型的銀行得以逃脫「格拉斯－史提格爾法案」（Glass-Steagall Act，注：劃清商業銀行與投資銀行界線的規定）相關的監理規定，最終甚至摧毀相關的新政改革。因此，銀行業務的集中度已遠比明斯基提出這些建議時更高；在此同時，誠如先前提到的，後來的政策與創新側重「市場」，而非「銀行」，也促使銀行業展開進一步的整併。明斯基強烈倡議改用貼現窗口（而非公開市場操作）來提供準備金，以提高聯準

會對銀行的監督。的確，我們可以從明斯基的提案中見到，他主張採用加拿大後來採納的系統：降低「存款準備金稅」，以及付利息給有存款準備金餘額的銀行，以及向透支存款準備金的銀行收取利息，從而實現零法定存款準備的目標。聯準會主席伯南奇（Bernanke）已經暗示，未來幾年內，聯準會可能會採取存款準備金付息的政策，而為了回應次貸危機的種種問題，他提議採用能鼓勵擴大使用貼現窗口的政策。或許這堪稱是現實世界政策進一步向明斯基的建議靠攏的領域之一，儘管那只是為了回應重大金融危機而採取的行動。但無論如何，實際的政策大致上早已更為偏離明斯基的提案，而這是新政的限制被解除、金融體系獲得「解放」後可以想見的結果。

稍後明斯基在利維經濟研究所任職時，還是延續他的政策研究，並鼓吹採用適合現代資本主義的制度。他主張資本主義是動態的，而且存在很多不同的形式，因此，1930 年代的改革已不再適用於資金管理人資本主義。（Minsky 1996）這個階段的資本主義明顯可見新保守主義意識型態的興起，有意摧毀新政留下來的政策與「凱因斯世代」的政策，而這並非偶然；在其他國家，這被稱為新自由主義（neoliberalism）。從「金融機構監理規定」到「以公共資源提供退休所得」等，無一不遭到主張私有化的人強烈攻擊。（Wray 2005）然而，明斯基主張，自由市場意識型態非常危險，尤其是在這個資金管理人資本主義階段。諷刺的是，在戰後初期，因民間債務水準極低，而且民間資產組合充斥著政府債務，加上民眾對大崩盤（Great Crash）記憶猶新，一般人因此維持保守行事的風格，那隻「看不見的手」並無法造成危害。然而，目前民間債務的比例已經更高，而且過去 10 年在鼓勵貪婪、唾棄恐懼的環境下，槓桿操作盛行，那隻「看不見的手」促使高風險的行為增加。

因此，明斯基在 1990 年代提出另類的政策提案，主要是為了改善缺乏保障的情況、促進經濟穩定與促進民主政治而設計。他持續支持創造就業、更公平的工資與孩童津貼。他和利維研究所的其他學者力促柯林頓總統打造一個社區發展銀行體系。（Minsky et al., 1993）他的提案遠比實際上被採納的計畫更為廣泛，他認為要對服務不足的鄰里擴大金融服務範圍。他支持利維研究所的學者羅尼·菲利普斯（Ronnie Phillips）所打造狹義銀行體系的提案，這個銀行體系收受存款，但只持有最安全的資產（即國庫券）。（Minsky 1994）換言之，他為金融部門提出的政策建議，幾乎徹底和實際上採納的政策背道而馳。

當前的挑戰

我們將簡單描述美國經濟體系目前及可預見的未來將面臨的四項挑戰，作為這篇導讀的結論，包括：

1. 慢性貿易赤字。
2. 不平等情勢惡化。
3. 預算朝移轉支出方向傾斜的情況沒有改變。
4. 次貸危機的餘殃。

明斯基透過他的著作，清楚解說上述所有領域的政策寓意。基於美國擁有的進口傾向，只要經濟以合理速度成長，貿易赤字勢必也會穩步成長。雖然多數評論家擔憂美國沒有能力取得足夠支應貿易赤字的財源，但那並非真正需要擔心的問題，因為唯有世界上其他國家有欲望取得美元計

價的資產，貿易赤字才有可能存在。儘管如此，居高不下的赤字還是有兩個隱憂。首先，美國的就業與工資會有影響，而回應貿易赤字的正確方式，應該是為被進口取代的人創造就業機會。明斯基的「最後雇主」計畫就是這種做法的第一步，不過，美國很多流失的就業機會是高薪工作，所以有必要擬定再訓練及其他計畫來幫助個別的失業者。雖然諸如美國這種高度開發的國家應該朝開放市場方向發展，但也不盡然需要容忍採用童工、監獄勞動力，以及低於維生水準的工資等不公平勞動慣例的國家引導的不公平競爭；因此，政策的制訂應該以「公平貿易」為主要考量，而非以「自由貿易」為考量。

第二，由於有必要取得內部部門（民間與政府）與外部部門的平衡，經常帳赤字意味美國政府或美國民間部門，或是這兩者的某個組合，必須維持和國外收支相等的赤字。從 1996 年起，美國民間部門就幾乎持續不斷的呈現赤字狀態，而我們認為就中期而言，那樣的赤字無以為繼。然而，就當前的條件來說，一個充分就業的經濟體似乎可能產生至少相當於 GDP 4％的經常帳赤字。如果民間部門要產生大約 GDP 3％的盈餘，這大約等於戰後期間的長期平均值，那麼政府部門的赤字就必須達到大約 GDP 的 7％，這在政治上似乎不太可行，可能也不符合經濟考量。記得嗎？明斯基認為赤字會促使成本加成上升，因為赤字將衍生出高於消費部門總工資購買力的產出需求。這在某種程度上會被淨進口所抵銷，因為淨進口使消費者得以購買非美國勞工生產的產出。然而，鑑於美元貶值的確會改善貿易收支（因為進口品需求的價格彈性不夠高），所以，進口原物料商品的通貨膨脹能被轉嫁給美國消費者，這和馬歇爾－勒納原則（Marshall-Lerner principle，根據經濟學家亞弗瑞德・馬歇爾〔Alfred Marshall〕與阿巴・勒納〔Abba Lerner〕的姓來命名）的條件相反）。2007 年發生的一個

重大問題是,那一年出現 1970 年以來第三次「能源危機」,導致石油價格快速上漲,並進而推升美國的消費者物價,而美元貶值讓通貨膨脹惡化。誠如我們所言,當時聯準會選擇維持金融穩定,而非積極打擊通貨膨脹,而我們認為這是正確的回應。然而,政策制訂者會選擇漠視通貨膨脹多久則不得而知;他們還是有可能再次採行保羅‧伏克爾(Paul Volcker)時代的政策:即使失業率上升,也秉持緊縮政策。如果明斯基還在世,他或許會倡議某些能降低貿易與預算赤字的政策組合。

以各種衡量指標來看,當今的不平等情勢比起大蕭條前夕有過之而無不及。的確,在 2003 年至 2005 年間,所得在頂層的人所得**增加金額**(5250 億美元)大於 2005 年所得在底層 20％的人的**總**所得(3800 億美元)。只要將所得在頂層的人新增的一半所得重分配給所得最低的四分之一人口,低所得者的收入就能增加 70％。此外,1970 年代初期以來,多數領取薪資所得的男性,實質所得並未增加。誠如上述,明斯基一向懷疑使用移轉支出來實現所得重分配的做法,而偏好透過創造就業與提高較低所得勞工的工資等方式。事實上,早在 1960 年代中期,他就以實際的計算說明,只要提供就業機會,就能顯著消弭貧窮。凱爾頓與雷伊(Kelton and Wray,2004)將明斯基的分析更新,說明當一個家庭至少有一名全職、且終年未失業的勞工,這個家庭跌落到貧窮線下的機率就不高。因此,明斯基的「最後雇主」計畫提議發放基本工資,最好是正好足夠維生的工資,再搭配孩童津貼,應該就能消弭多數的貧窮。降低測得的失業率 2 個百分點所能創造的額外 GDP,比讓所有家庭達到貧窮線以上所能創造的額外消費多上好幾倍。因此,實在沒有必要為了消弭貧窮而實行「羅賓漢」般的劫富濟貧計畫。然而,明斯基正確的主張,極端的所得與財富,和民主並不一致。因此,主張限制所得在頂層的人的所得與財富的論述,

主要應該是創造更公平正義的社會，而非藉由重分配所得來消弭貧窮。

　　明斯基也基於降低工資所得不平等的訴求，倡議對高技術勞工的工資成長設限。（Minsky 1965, 1968, 1972）他主張，鑑於通貨膨脹至少有部分是因為工資成本推升的壓力所導致（工資成本推升通貨膨脹的力量多半是來自高技術勞工的工資，而且在過去，這些人都是非工會勞工），所以，應該將他們的工資成長率壓抑在略低於生產力成長率的水準，同時讓低工資勞工的工資成長率高於生產力成長率。這麼一來，高技術勞工與低技術勞工之間的工資落差就會縮小，通貨膨脹壓力也可能降低。美國已經有許久未面臨嚴重的工資及物價上漲壓力，但到 2007 年，使通貨膨脹大致上獲得控制的各項通貨緊縮壓力（中國及印度的低工資競爭）可能已達強弩之末。綜上所述，我們無法排除當前政策組合引發停滯性通貨膨脹重演的可能性。

　　柯林頓總統終結「我們所知道的福利制度」（welfare as we know it，注：競選活動時所言），廢除「撫養未成年兒童家庭援助計畫」（Aid to Families with Dependent Children），改採「貧窮家庭暫時救助計畫」（Temporary Assistance for Needy Families），並嚴格限制實施的時間。然而，由於他並沒有為因故無法領取津貼的成年人提供就業機會或孩童補助金，所以，他的「改革」只是無端導致不安全感上升而已，未能提供任何實質的解決方案。無論如何，「福利計畫」在美國向來只是小型的計畫，多數的移轉支出是流向老年人，而且多數的社會支出屬於「老年遺屬殘廢保險計畫」（Old Age, Survivors, and Disability Insurance）與「聯邦醫療補助計畫」（Medicaid）。近幾年，新保守主義者積極以「未來社會安全計畫及聯邦醫療保險計畫會有數十兆美元的收入短缺」等流言斐語來恫嚇一般民眾。這類分析幾乎都是錯的，其中不乏利維研究所過去幾年公開出版的

刊物（Papadimitriou and Wray 1999）。這些分析主要聚焦在計畫的收入與成本預估值之間的分歧，而且都歸納出以下結論：為了建立可在**未來**支應這些赤字的信託基金盈餘，目前必須增稅或縮減支出。

我們不再贅述先前已在其他場合發表過的論述，但我們要提出兩個和明斯基的分析一致的觀點。首先，基於我們稍早討論的理由，隨著老年人口相對於正常勞動年齡人口的增加，消費財價格的成本加成往往會增加。這個問題不能以**金融**方式來解決，只要未來退休人士的總消費占比上升，那麼，不管是用什麼方法把所得交到他們手上，他們的消費財支出都一定會產生助長通貨膨脹的力量，**除非他們參與那些消費財的生產**。因此明斯基才會持續不斷的主張，要解決愈來愈多嬰兒潮人口退休所引發的問題，就是要排除 65 歲以上老人投入職場的阻礙。此外，若能提高失業人口以及非勞動力人口的就業率，就會提高產出的供給，因為較多婦女、高中中輟生、弱勢人士與移民投入就業，有助於滿足愈來愈多退休人士的需求。

第二，聯邦政府多數「無財源債務」（unfunded liabilities）來自聯邦醫療保險計畫（Medicare）。主要問題不是出在沒有財源，而是出在和醫療照護有關的兩項特性：醫療照護價格上漲速度高於一般價格水準，所以，醫療照護在名目 GDP 的占比上升；另外，由於醫療的進步與對於富裕社會的預期上升，被用於醫療照護的實質資源占比也上升。在這個情況下，問題絕對不僅限於聯邦醫療保險與聯邦醫療補助計畫（Medicaid），因為連民間醫療保險也面臨成本上升的問題。於是，病人不再養來民間醫療保險，而是被迫要求政府拿錢出來應付醫療成本。某種程度來說，GDP流向醫療領域的占比增加並不意外，也不是無法接受的發展：這是一個勞力高度密集、長期而言生產力成長幅度很小的部門，這個狀況就是所謂的「包莫爾成本病」（Baumol's cost disease）；而且，在一個富裕且老年化的

社會，對於其他人類物質需求很容易獲得滿足，醫療部門本來就理當成為經濟活動的要角。

但另一方面，醫療照護改革也是一個眾所周知到無法等閒視之的政策議題；而諸如「民營化」或「單一保險人制度」（single-payer）等過於簡化的口號無法提供真正的解決方案。我們的社會必須決定要把哪一部份的資源用於醫療照護，而其中又有多少資源應該專門提供給臨終的老人，以及對醫療服務的提供與付款做出最好的安排。一味抱怨這些「無財源強制責任」（unfunded mandates）只會模糊真正的問題。在一個全球化經濟體，為了應付醫療照護成本而將這些成本納入消費財的生產成本，幾乎肯定是最糟糕的做法，因為全球各個經濟體中的競爭者（注：指民間企業）並不會負擔這些成本。此外，即使美國的生產者沒有面臨外部競爭者的競爭壓力，明斯基所謂的「父權資本主義」（Paternalistic Capitalism）時代也已經是過去式。不管是企業或工會，都沒有足夠的力量可以確保員工薪酬能夠支應由最終產出價格得出的醫療照護成本。

我們最後要在這裡討論的是次貸危機可能出現的餘波，這證明資金管理人過去 20 年間打造的「新金融架構」（New Financial Architecture）所衍生的嚴重問題。隨著相對不受監理的「市場」導致銀行業者的市場占有率降低，監理機關只好減輕對銀行業的監理和監督，以增強銀行業者的競爭力。此外，銀行業者獲准參與資產負債表冒險（balance-sheet adventuring），為了節約運用存款準備金和資本，以及逃避審查，而將它們的活動轉移到資產負債表以外。關係銀行業務被「貸款後證券化」（originate and distribute）的經紀業務取代，而在這個新興的業務領域，各式各樣的貸款被包裝並切割成無數更高風險的證券。在這當中，借款人群組的信用風險是根據一些只是以短短幾年歷史經驗的統計數據為基礎的專門模型來指

定。投資人則用商業本票等短期信用，以非常高的槓桿來買進證券，這類商業本票經常只帶有銀行提供複雜的或有擔保工具。因此風險並非真的被轉移到銀行的資產負債表以外，在最糟的狀況下，也就是市場陷入困境且資產價格大幅下跌時，相關風險還是會回歸由銀行承擔。

我們現在已經知道，這些模型並沒有考量到系統性風險（systemic risk），而且從未評估個別借款人的風險。那些模型的創造者相信，只要持有一個由風險「已知」的各類借款人組成的分散組合，就能有效應對風險問題。幾乎所有誘因都是根據生產量、也就是承作的貸款量而定，幾乎絲毫沒有考慮借款人的付款能力。明斯基向來主張，依規定，多疑的放款主管必須逐一評估每個個別借款人的資格；在建立信貸關係時，必須讓借款人理解他們今日的表現會影響到明天取得信用的能力。遺憾的是，金融市場被轉化為一切只看價格的現貨市場，信用數量幾乎完全不受約束。誠如明斯基的好友亞伯特・沃尼洛爾（Albert Wojnilower）所堅持的，在景氣循環的某些時點，無論信用的價格是多少，信用的需求有可能幾乎無限大，因此，為了防範失控的投機熱潮發生，管制信用數量是必要的。或者，誠如明斯基向來常說的，資本主義經濟體的根本不穩定性總是會向上發展，因此有賴政策來約束這項推力。

重新恢復關係銀行業務應該是優先課題。明斯基的提案偏好中小型銀行，這是朝正確方向發展的一個步驟，儘管這個步驟非常艱難。當今銀行業務的集中度遠比 20 年前高，而美國也失去大約一半的銀行機構。由於銀行負債獲得明顯的公共擔保，所以，唯有銀行承作不良放款，銀行的股東權益才有折損的風險。另一方面，提高槓桿與購買較高風險的資產有可能幫助提高股東權益報酬率，但這兩種行為都可能使當局為了保護存款人而增加需要動用的公共資金。基於這個理由，銀行監理與監督規定必須對

銀行獲准投資的資產類型及資本適足率設限。雖然巴賽爾（Basle）的各項規定可作為某種指導原則，但問題是，它的風險分類（risk classifications）過於廣義，而且較大型的銀行可以根據其內部模型來評估風險，而這正是引發次貸市場混亂的元兇。此外，法律允許諸如追索權（recourse）等資產負債表外（off-balance-sheet）操作，而且多半沒有監督。雖然巴賽爾協議允許個別國家在必要時加強監督，但激烈的市場競爭常導致各國政府承受放寬限制的壓力。基於這個理由，我們需要更多國際合作來重建必要的監督程度。另外，誠如許多評論家在次貸危機期間提到，我們必須設法重建「恐懼」和「貪婪」之間的適當平衡。這意味應該設計一些能使股東損失、但存款人獲得拯救的干預手段。只要能維持「銀行」與「市場」之間的分野，而且恢復銀行業的監督作業，就能達到這個目的。

結論

明斯基提供 20 世紀最敏銳的**金融資本主義**分析，而且他的真知灼見依舊極為中肯。本書包含明斯基最完整的論述，所以，我們期待這一篇導讀能為閱讀本書的人提供一點脈絡和指引。誠如世紀基金董事所寫的原始導讀，以及明斯基本人的引言所述，本書花了漫長的醞釀期才終於問世。我們修正許多數字與數學註釋中的打字錯誤，以及明顯的文字謬誤，但不打算修正內文的說明，儘管許多說明看似有點難以理解，不過我們假設那是明斯基刻意採用的說明方式。明斯基的寫作風格或許有點難懂，但多次閱讀後絕對獲益良多。這份全新版本將使新世代年輕人有幸一覽經濟學與財務學大師的巨著。

我們要感謝密蘇里—堪薩斯市大學（University of Missouri–KansasCity）的葉瓦・納西斯楊（Yeva Nersisyan）以及利維經濟研究所的戴博拉・特瑞德威（Deborah Treadway）協助編輯本書的新版內容。我們也要感謝麥格羅希爾公司（McGraw-Hill）的莉葉・史皮洛（Leah Spiro），她提議再出版明斯基著作的時機非常得宜。明斯基將本書的初版獻給藝瑟・明斯基（Esther Minsky），而我們也要感謝她多年來的支持與友誼。特別感謝亞倫・明斯基（Alan Minsky）與黛安娜・明斯基（Diana Minsky）對這個專案的支持。當然，最該感謝的，還是我們的良師益友：海曼・明斯基。

初版引言與謝詞

先進資本主義經濟體的融資結構一向複雜，而且在不斷演進，不過目前我們已經清楚了解到，這些經濟體的產出、就業與價格往往起伏不定。但我們也可清楚見到在第二次世界大戰過後，美國這種經濟體固有的不穩定本質，明顯被維持在穩定狀態。具體來說，儘管經濟與金融體系一直承受巨大的壓力，而且處於相當緊繃的狀態，美國還是幸運的逃過資產價值崩潰、破產案件迅速蔓延並失控，以及漫長的深度經濟蕭條等厄運。

第二次世界大戰後的 20 年間，從沒發生過 1960 年代末期開始便司空見慣的不穩定性。回顧那一段曾經擁有過的平靜歷史，自然讓人不禁想問：「導致美國這種經濟體的整體行為出現如此激烈變化的因素究竟是什麼？」

要回答這個疑問，必須先了解，一心追求獲利的商人和銀行家，究竟是如何將一個最初很健全的金融體系（不容易發生金融危機的金融體系），轉化為脆弱的金融體系（容易發生金融危機的金融體系）。決定融資關係與資產評價的市場系統總是會發出各種可能導致各項關係的發展變

得容易助長不穩定性、而且最終使不穩定性成真的訊號。所以，現代資本主義經濟體系的穩定期（或平靜期）都只是暫時的現象。

《穩定不穩定的經濟》試圖解釋為何美國經濟那麼容易起伏不定，以及一直以來顯而易見的不穩定性如何得到控制。但即使我們成功避開更糟糕的狀況（經濟大蕭條），卻也不能不承認近幾年的經濟表現遠比二戰後20年間更惡化的事實。此外，自1960年代末期開始，所有讓不穩定情境得到穩定的成就，都可說是無心插柳的結果，因為那段時期的政策所憑藉的理論依據，完全漠視有可能使天生不穩定的經濟體系得到穩定的各項關鍵變數。但儘管目前為止的政策大致上堪稱成功，這些政策卻未能解決經濟表現急速惡化的問題。所以，我們需要一個依循歷史、理論與制度指引的改革政策主張。

《穩定不穩定的經濟》符合後凱因斯學派傳統，我的意思是，凱因斯提供一個巨人的肩膀，讓我們得以更廣泛且深刻體會先進資本主義經濟體的根本特質。然而，身為後凱因斯學派的學者，我們不能一味盲目的依賴這位「巨人」的研究成果。我希望我沒有藉著凱因斯的名號來闡述我的觀點，如果有，請容我在此致歉。

我要感謝非常多人在知識上提供的協助：由衷感謝奧斯卡·蘭奇（Oscar Lange）、亨利·賽蒙斯（Henry Simons）與約瑟夫·熊彼得的指導。近幾年，我欠義大利迪里亞斯特市（Trieste）高等經濟研究中心（Centro di Studi Economici Avanzati）的教職員和學生非常多人情，尤其是後凱因斯學派中的詹恩·克瑞格爾（Jan Kregel）、保羅·大衛森（Paul Davidson），以及已故的席尼·文特勞伯（Sidney Weintraub）。

我也要再次感謝莫里斯·湯森德（Maurice Townsend）的鼓勵與無私分享，他的真知灼見讓我受益良多。

　　另外，特別感謝瓊安‧羅賓森（Joan Robinson）直言不諱的指教，儘管她的指教經常是錯誤的。

　　我也要感謝二十世紀基金（Twentieth Century Fund）的卡羅‧巴克爾（Carol Barker）、威特‧克蘭恩（Waiter Klein），以及蓋瑞‧尼克爾森（Gary Nickerson），尤其是蓋瑞，即使在我感到疲憊與沮喪之際，他依舊對我懷抱堅定的信念。謝謝泰德‧楊（Ted Young）協助潤飾這份冗長而鬆散的手稿，他果斷地刪除一些可能導致主旨誤解的名言警句。另外，我也要感謝畢芙莉‧葛德堡（Beverly Goldberg）接下本書定稿的準備工作。

　　若非貝斯‧厄里奇（Bess Erlich）與蘇珊‧希爾頓（Susan Hilton）所領導的華盛頓大學（Washington University）經濟系祕書室職員的協助與體諒，本書不可能完成。其中，我要特別感謝凱倫‧蘭辛（Karen Rensing）與安‧史洛德（Anne Schroeder）。在我存取華盛頓大學的電腦數據時，克里斯‧瓦爾瓦瑞斯（Chris Varvares）的協助也拯救了我。

海曼‧明斯基

PART 1

導論

第一章
經濟流程、行為與政策

　　隨著 20 世紀最後十年即將到來，我們的經濟世界明顯變得混亂不堪。第二次世界大戰過後，經濟體系經歷 20 年安穩平靜的發展流程，但從 1960 年代末期開始，原本井然有序的狀態開始出現亂流，在美國國內與國際上都是如此。通貨膨脹遽增，慢性與週期性失業率上升，破產案例頻傳、利率緊縮，以及頻頻發生的能源、運輸、糧食供給、福利、城市及銀行業等危機，穿插在潛藏眾多問題的經濟擴張期之間。二次世界大戰後原本相當有效的經濟與社會政策組合，在 1960 年代中期迅速崩壞。我們需要一個不同的方法，一個與當今根據目前普遍認同的主流理論所擬訂並實際應用在美國經濟體系完全不同的政策組合。

　　雖然諸如個人安全、誠實與正直等重大問題比起單純的經濟事項重要很多，但本書的重點是要討論如何穩定經濟體系。接下來的一項前提是，如果經濟體系能為每個人提供基本保障，並讓人感受到自我的價值（因為每個人都能找到工作），很多社會問題最終都會縮小到可以管理的程度，儘管這個前提可能很天真。

在經濟表現失靈，彰顯推動經濟改革有必要的時代，任何一個成功的變革計畫或改變都必須奠基於對現有制度內部各項經濟流程（economic processes，注：和商品與勞務生產與銷售有關的活動、行為和作業，包括原物料與天然資源的開採等）。運作方式的深刻理解，而經濟理論理當能提供那樣的理解。各種制度與慣例並不是由老天爺指定，經濟理論也不是。經濟理論是創意想像的產物，理論的概念與構造全是人類思考的結果。本質來說，世界上沒有一個東西叫國民所得（national income），只不過是某個理論將經濟體系的不同要素結合在一起，組成這個特殊的數字罷了；賣家面對的不是需求曲線（demand curves），而是面對一群顧客；唯有在一個允許貨幣與金融影響各種經濟事件的理論架構下，我們才能領悟貨幣與金融對經濟體系的影響。

遺憾的是，各大學和研究所課程中所傳授的經濟理論隱藏嚴重的缺陷，這些理論是過去 30 年學習經濟學的學生與實踐者使用的工具，也是資本主義型民主國家的經濟政策智庫的知識。源自標準理論經濟學的模型所歸納出來的結論，根本不能應用到美國這種經濟體系的政策擬定實務。根據公認有效的經濟理論，尤其是多半在二次世界大戰後才發展出來、高度數學性理論提供的詳細說明，某個抽象定義的交易機制（exchange mechanism）將促成「一致」甚至「最佳」的結果。[1]然而，儘管很多純理論的模型證明這項數學結果是對的，但對企業董事會與華爾街實在太過抽象，因為這個模型並未考慮到時間、貨幣、不確定性、資本資產所有權的融資，以及投資等。從另一方面來說，如果這個理論漠視的要素真的攸關重大，如果融資關係與融資機構會顯著影響各項事件的發展途徑，那就代表這個公認有效的經濟理論無法作為「現有去中心化（decentralized）市場經濟體系能產生一致性結果」主張的穩固根基。事實上，世界各地的金

融市場非常重要；這些市場會產生去中心化的動力，而且美國這種經濟體系的金融發展流程不時會使金融與經濟產生不穩定性的嚴重威脅，也就是說，經濟體系的行為變得缺乏一致性。[2]

到 1960 年代中期，維持大約 20 年良好表現後，經濟體系開始出現一些令人不得不高度懷疑這個標準理論是否有效的表現。一開始是 1966 年爆發的信用危機，接著又經歷一系列近乎危機的金融事件（其他事件發生在 1970 年、1974 至 1975 年、1979 至 1980 年，以及 1982 至 1983 年），這些金融事件一個比一個嚴重。政府官員與專家學者之流在回應這些週期時，幾乎全面一致的呼籲抵制源自約翰・梅納德・凱因斯（John Maynard Keynes）研究結果的總體經濟理論，並主張應該回歸「號稱」經過證明有效的古典個體經濟學理論分析。然而，事實上，目前經濟體系的行為模式和凱因斯理論主張的模式如出一轍：資本主義經濟體系的融資結構脆弱，採用大政府（big government）方能促使這樣的經濟體系維持良好表現。總之，錯的是當前的經濟理論，這個理論嚴重錯誤解讀凱因斯的研究成果。[3]

一個對眼前事實視而不見、還一口咬定那些事實不可能發生的理論，一個將所有不希望看到的事件全部歸咎於外部動力（例如石油危機）的邪惡影響、而非經濟機制各項特質所造成的理論，或許能滿足政治人物「將一切栽贓給搗蛋鬼或代罪羔羊」的需求，卻無法作為擬定問題解決方案的實用指南。現有的標準經濟理論，即所謂的新古典綜合理論（neoclassical synthesis），既帶有貨幣主義（monetarist）色彩，也披著凱因斯主義的外衣，或許具備優美的邏輯結構，卻無法解釋金融危機何以會在經濟正常運作的環境下發生，也無法解釋為何某個時期的經濟體系容易受危機影響，但某個時期卻較不容易受到影響。[4]

1960 年代以來的經濟不穩定性證明都是脆弱的金融體系所造成，而金融體系的脆弱，導因於二戰後各項融資關係與金融機構經年累月的變遷。非蓄意且經常未被察覺的融資關係變化，以及因順暢的經濟體系運作而衍生的投機性金融活動，已經導致以 1950 年代與 1960 年代初期的經驗所制訂的貨幣及財政政策規則變得無效。沒有哪個貨幣與財政操縱手段可以重新建立並維持 1950 年代及 1960 年代初期那種相對平靜的狀態。若想重建那種相對平靜的狀態，必須推動和羅斯福總統上任後那 6 年的基本改革相似的根本制度變革（institutional changes）。若想實現成功的改革，我們需要一種理論洞察，幫助我們理解當前現在已顯而易見的不穩定性產生的原因。

　　為使新世代的嚴肅改革獲得更久的成就，改革者必須了解，為何去中心化的市場機制，也就是保守派眼中的自由市場，是處理眾多經濟生活細節的有效管道，也要理解資本主義的金融機構何以天生具有破壞性，尤其是在生產流程採用資本密集技術的情境下。所以，在讚嘆自由市場的特性之餘，我們必須接受一個觀念：唯有受到限制的自由市場，才是有效且符合理想的自由市場。我們必須發展能約束並控制負債結構（尤其是金融機構的負債結構，以及與需要進行大規模資本投資的生產流程的負債結構）的經濟制度。但矛盾的是，資本主義之所以有缺陷，正是因為它無法輕易融入使用大規模資本型資產的生產流程。

　　我們也可以主張資本主義社會不平等，而且沒有效率。不過，貧窮、貪腐、福利與民間部門的勢力分配不均，以及因賣方獨占力量而引發的無效率（可歸結為「資本主義不公平」的主張），和資本主義經濟體系迄今仍倖存的事實並非彼此矛盾。儘管不平等與無效率令人厭惡，但沒有任何科學法則或歷史證據能證明「唯有符合某種平等與效率（公平）標準的經

濟秩序才能倖存」。儘管這麼說，若一個資本主義經濟體系老是在「資產價值與就業市場即將崩潰」與「通貨膨脹持續上升」、「投機活動猖獗」等威脅之間擺盪，它也可能無以為繼，尤其是在這些威脅成真時。如果要讓市場機制運作良好，我們必須做好安排，限縮導因於景氣循環的不確定性，這樣的預期心理會引導投資活動，反映出的未來經濟流程將維持平靜。

雷根政府及它的計畫（多半在 1981 年頒布）或許是基於「經濟體系出現某個嚴重問題」的見解而做出的回應，不過，那個回應是以一個錯誤的診斷（誤判經濟體系的真正問題）和一個與資本主義基本慣例（注：包括生產性資產的所有權、合約的自由，以及受憲法約束的政府，這三項慣例是資本主義不同於其他社會體系機構的關鍵）不一致的經濟運作理論為基礎。自 1960 年代起，引發不穩定性的金融脆弱性就顯而易見，卻一直遭到漠視。去管制化（deregulation）的魄力，以及藉由大規模且長期的貨幣約束政策，還有失業引導通貨膨脹率降低的成功作為，導致 1967 年、1970 年、1974 至 1975 年與 1979 至 1980 年的金融不穩定性更明顯。最後放款人（Lender-of-last-resort）干預行動成功粉飾 1960 年代末期與 1970 年代那些間歇性危機所凸顯出來融資結構脆弱的問題，而到 1980 年代，這樣的干預更幾乎成為家常便飯。1982 年年中爆發的危機，像是可以看到奧克拉荷馬市賓州廣場銀行（Penn Square Bank）倒閉，以及墨西哥披索的崩跌，似乎引進一個永久性的金融動亂體制。1984 至 1985 年間，我們目睹最後放款人為了管理芝加哥大陸伊利諾銀行（Continental Illinois Bank of Chicago）的重組、阿根廷的再融資、俄亥俄州與馬里蘭州眾多州擔保儲貸機構的崩潰，以及各農業州瘟疫般的銀行倒閉潮等而進行的一連串干預。總之，「遏制不穩定性」成為 1980 年代經濟政策的主要任務之一；這

和 1950 年代與 1960 年代的任務大不相同。

　　長時間的失業與企業和銀行幾乎倒閉等情事，讓勞動力從原本的收入導向轉為就業保障導向，進行劇烈的變革。政府的總體經濟政策不再能提供就業保障；此時的勞動力能「享受」到的唯一保證，似乎是有權利簽署讓步性的工資協定。這樣的讓步，意味表彰景氣循環部分推進力量的成本減少了，但也意味一旦進入經濟擴張時期，因工資所得增加而產生的消費需求將不再那麼強勁。雷根的改革只是讓不穩定性的前景進一步惡化，不過一如經濟體系與政治圈的很多事務，總是要一段時間才能充分感受到這些改革的全面影響。即使赤字帶動下的強勁經濟復甦為雷根經濟學贏得表面上的成就，卻也為另一輪通貨膨脹、危機和嚴重經濟衰退打下堅實的基礎。

　　經濟體系並非大自然，它是透過立法程序，或是透過發明及創新的演進流程，而形成的一種組織。政策可能會改變經濟體系的細節與整體特質，而在形成經濟政策時，不僅牽涉到目標的設定，也必須體認到：實際的經濟流程取決於經濟與社會制度。

　　因此，經濟政策和制度的設計有關，也必須和制度的運作有關。制度是經由立法而來，也是流程演進的結果。一旦透過立法來設立制度，就會在無需人類控制的狀態下自動隨著市場流程而演進。在一個多變的世界裡，我們不能期待制度型組織的所有問題都能迎刃而解；另一方面，我們也無法無時無刻忙著大幅改變各種制度。一旦某個制度安排展現出世人認為在當下各項流程與目標下最好的成果，就應該允許那個制度安排運作一段時間，讓各項細節得以逐漸演進，而政策也應該局限在這個制度的結構內進行。唯有在經濟與社會秩序表現不夠好的證據變得顯而易見，而且愈來愈嚴重時，才有必要進行徹底的制度改革。而如今那樣的時機已經來臨。

美國當前制度結構的主要輪廓早在羅斯福改革世代便已就緒，尤其在 1936 年完成的第二次新政時。這個結構是對兩件事做出的回應：第一件事是在 1933 年，為了快速促成經濟復甦所緊急制定的法令失效，其次則是最高法院多次判定 1933 年前 100 天頒布的第一次新政有許多部分無效。不過，儘管美國制度的體制多半是在羅斯福總統剛執政那幾年便已安排就緒，但我們對經濟體系運作模式的理解卻是在凱因斯在 1936 年發表的《就業、利率與貨幣通論》（以下簡稱《通論》）後才劇烈改變。

凱因斯學派有很多分支，包括保守、自由和激進的分支。有些人認為凱因斯的觀點根本就是錯的，也有些人相信他只不過是將既有的經濟理論稍加潤飾而已，但也有些人認為，凱因斯率先打破先前眾多的錯誤概念。但無論一般人怎麼看待凱因斯，大家一定都認同，由於美國的制度安排多半是在 1936 年以前就已底定，所以，我們的基礎制度安排並非受凱因斯在經濟分析方面的革新概念所啟發。因此，我們目前最多只能算是在一個反映出對凱因斯之前經濟體系理解的法定經濟結構中，進行凱因斯式的操作罷了。

雖然現行經濟理論與政策分析並未全面融入凱因斯對資本主義經濟體系運作方式的真知灼見，但他傳達的訊息（即經濟命運可以控制）已經促使當政者公開將「蓄意的經濟管理」列為二戰後世代的政府目標。1946 年的就業法案（Employment Act）就是企圖實現那類經濟管理的許諾之一，這是經濟顧問委員會（Council of Economic Advisers）與國會聯席經濟委員會（Joint Congressional Economic Committee）設立的法案。

當多數人接受「經濟政策可能影響事件發展路線」的主張後，「誰將是政策的受益者？」以及「政策將促進怎樣的生產流程？」等問題的答案也變得無法迴避。此外，一旦我們承認制度是人造的，而且至少有部分制

度是慎重決策下的產物，我們就必須正視制度安排對社會結果所產生的諸多影響。妄想訴諸抽象的市場機制來解釋「政策為了誰而安排」與「該採用哪一類的政策」等決定將不被社會允許；畢竟現有的市場機制是明確且早就存在於歷史上的機制。[5]

經濟政策必須反映某種意識型態的願景；它必須基於「營造美好社會」的理想而擬定。顯然我們面臨的是一個失敗的願景，當前經濟政策所要達成的目的與目標導致一場危機。1926 年時，凱因斯定義政治問題必須：

結合三項事物：經濟效率、社會正義，以及個人自由。第一項端賴批判、預防措施和技術層次的知識才能實現；第二項需要無私與熱愛大眾的熱情心靈；第三項需要容忍、胸襟、賞識多元性和獨立性等美德，最重要的是，在欣賞之餘，更應傾向於賦予特殊才能者與不凡抱負者不受阻礙的機會。[6]

我們需要開創一組能同步促進效率、正義和自由，而且與時俱進的制度。

由於過去 50 年的生產能力大幅躍進，所以，若有必要，我們已經可以在經濟效率的目標上稍做妥協。我們已經非常富足，至少在美國。這意味我們禁得起為了實現社會正義與個人自由，稍稍放棄一些產出。只要建立一套能利用干預手段來影響去中心化市場流程結果的經濟秩序。由於民間勢力高度集中在少數人手中，以及巨大財富落差等現象，一定會損害到效率、正義與自由的目標，所以，願意放棄巨型企業與龐大金融機構某些想像優勢的政策（其實某些優勢實際上可能並不存在），似乎相當符合理

想。根據近期的經驗，當引發經濟災難的不穩定狀態主要導因於企業巨擘與金融機構所遭遇的困難，那麼為了追求效率與穩定，應該出手將最高度集中的民間勢力縮減到較能管理的範圍。

社會正義的基礎是個人的尊嚴，以及從民間與政治勢力中心中獨立。要保有尊嚴與獨立，最好的方式是遵守一個經濟秩序：「所得乃透過權利（right）或公平交易的方式取得」。每一個人最主要的所得來源必須是因工作表現而得到的薪酬。長久依賴不斷擴大、不用靠一己之力賺得的移轉支付（transfer payments）系統，會貶抑接受移轉支付的人，也會對社會制度造成破壞。但社會正義與個人自由會要求干預行動可以打造一個到處充滿機會的經濟體系，讓除了最嚴重的身障者之外，每個成員都能透過「以工作交換所得」的方式賺取收入。充分就業是一種社會財，也是一種經濟財。

我們不能假設所有明訂的社會與經濟目標都能相互協調，那樣的想法太過天真。當我們著重在某個目標，自然可能會讓實現其他目標的能力降低，也因為如此，必須設定各項目標的優先順序。我傾向於偏重個人自由與民主權利等目標；在我心中，即使所謂的財產權（property rights）能促成正統理論的狹隘經濟效率，對於財產權的捍衛，仍比不上個人自由的賦予及社會正義的增進還來得重要。我的政策立場深受這個信念影響。

雖然本書主要是討論經濟理論，也說明一些經濟歷史，但本書的目標是要為我們這個機能運作失常的經濟體系草擬一套改革主張。有效的改革計畫必須和經濟體系的各項流程一致，而且不能違背人類的品性。因此，若不了解經濟流程，若缺乏熱忱，即使擁有信守民主理想的非理性熱忱，即使為了回應民眾的改革需求而提出改革政策主張，都有可能淪為煽動者的工具，他們擅長玩弄恐懼與沮喪，可能因此有機會以各種萬靈丹與空洞的口號來蠱惑人心。[7]

未來的改革提案只需要納入概略性的建議。至於改革計畫的細節，則必須由國會、政府來琢磨，並（且讓我們期待）讓願意費心思考未來經濟方向的開明大眾有機會就這些計畫展開公開辯論。[8]

　　美國這類經濟體主要的一個缺陷是「不穩定性」。這種不穩定性並非導因於外部衝擊，也非源自政策制訂者的無能或無知。美國經濟的不穩定性導因於這種經濟體各項內部流程。資本主義經濟體的金融制度錯綜複雜、微妙且瞬息萬變，這樣的動態導致各項情勢的發展往往會變得缺乏一致性，並常引發失控的通貨膨脹或深度的經濟蕭條。不過，由於制度和政策能遏止不穩定性的推力，因此缺乏一致性的情況不盡然會毫無保留的成為事實。這樣的意思是說，我們有能力透過制度和政策來讓不穩定性變得穩定。[9]

PART 2

檢視一九七五年的經濟危機

第二章

大政府的影響

　　1975 年第一季（1982 年年中再次發生），美國和世界經濟似乎正快速走向蕭條，嚴重性有逼近 1930 年代經濟大蕭條的態勢。當時不僅所得快速降低、失業率暴增，而且幾乎每天都有不同的銀行、金融機構、地方政府、公司或鄉鎮坦承陷入財務困境。舉個例子，1974 年 10 月，規模達數 10 億美元的紐約富蘭克林國家銀行（Franklin National Bank of New York）倒閉（當時是美國有史以來最大的銀行倒閉案），而到了 1975 年年初，規模亦達數 10 億美元的紐約安全國家銀行（Security National Bank of New York）為了避免破產，被迫與其他銀行合併。1974 年至 1975 年間有更多銀行破產，而且有更多資產受到影響，情況嚴重到超過第二次世界大戰後任何一個時期。此外，資產規模大約 200 億美元的不動產投資信託（Real Estate Investment Trust，以下簡稱 REITs）產業也遭遇嚴重的「擠兌潮」，最後造成很多破產與失業案例。到 1982 年，存貸銀行倒閉潮像瘟疫般快速擴散，到那一年年中，一場令人驚心動魄的銀行倒閉案件發生（奧克拉荷馬市的賓州廣場銀行倒閉），導致美國銀行業的某些大咖產生嚴重

虧損，包括大通曼哈頓銀行（Chase Manhattan）、大陸伊利諾銀行以及海景銀行（Seafirst）。然後在 1982 年年中，墨西哥披索崩盤，許多拉丁美洲國家合計高達數百億美元的債務違約潮似乎一觸即發。[1]

1975 年堪稱多事之秋，那一年紐約市出現金融危機；葛藍企業（W. T. Grant and Company）倒閉；聯合愛迪生公司（Consolidated Edison）為了履行付款承諾，不得不向紐約州出售資產，還有泛美航空（Pan Am）瀕臨破產。另外，1982 年，眾多地方自治政府無力償債的情況雖然已經扭轉，但諸如萬國收割機（International Harvester）與布蘭尼夫國際航空公司（Braniff）等家喻戶曉的企業則陷入變相破產或公然破產的窘境。這兩個時期的金融混亂似乎都有傳染性，很多人因此擔心所有資產的價值將會很快受到那些金融混亂影響。總之，金融危機似乎一觸即發。不過，1975 年 5 月和 1982 年 11 月，急速惡化的情勢卻分別像突然踩了緊急煞車，迅速展開一段強勁的景氣循環擴張趨勢。

1974 年至 1975 年與 1982 年那些顯而易見的不穩定事件並非獨立事件。1966 年以來，美國經濟就斷斷續續顯現出普遍的不穩定性。金融混亂所構成的嚴重威脅早在 1966 年、1970 年與 1979 年便已隱約浮現。不過，這些金融危機的影響範圍和強度，都比不上 1974 年至 1975 年與 1982 年的危機。但即使 1974 年至 1975 年與 1981 年至 1982 年的財務困境比其他幾個時期嚴重，即使貨幣市場的參與者及監理機關當時的表現漸漸令人聯想到 1929 年至 1933 年那種全面性金融危機可能再次爆發的情況，但最後都沒有釀成全面性的危機。

1966 年的困境發生後，所得停止成長，失業率略微上升，這樣的組合稱為成長型衰退（growth recession）。接下來在 1970 年、1974 年至 1975 年、1979 年，以及 1981 年至 1982 年出現四個金融創傷的場景，造

成經濟衰退，其中1974年至1975年和1981年至1982年的影響非常嚴重。
1974年至1975年的深度經濟衰退，以及接下來溫吞的經濟復甦，多半是
金融困境遲遲未能獲得解決所造成，這使得1974年至1975年間的經濟表
現陷入溫和的嚴重蕭條，也就是深度衰退。1981年至1982年間的經濟衰
退也具備相同的特色。

　　1966年以後的金融動亂與經濟衰退並非美國經濟不穩定性增加的唯
一證據。1966年之後幾年的另一個經濟特色是：美國經歷承平時期最嚴重
的通貨膨脹。此外，在每一次金融危機過後的經濟擴張期，通貨膨脹率都
高於前一個擴張期。雖然1975年以後，失業率水準多半偏高，產能利用
率則偏低，但基本通貨膨脹年增率（消費者物價指數〔consumer price
index, CPI 〕）一直到1981年至1982年的嚴重衰退前，都未曾顯著低於
6%。

　　為了設計一個適合美國的經濟政策，我們必須了解為何目前的美國經
濟體系變得遠比戰後初期不穩定，也必須釐清為何這樣的不穩定沒有引發
深度且長期的經濟蕭條。美國經濟在過去10年間的表現或許沒有什麼值
得自豪的地方，但至少並未爆發大蕭條那類災難。

　　那麼，究竟是什麼因素使1975年和1982年的經濟沒有陷入深度蕭
條？答案主要和美國經濟體的兩個特點有關。第一個特點是大政府。大政
府不僅使就業和所得狀況得到穩定，也使企業的現金流量（獲利）得到穩
定，並產生資產價值。[2]第二個特點是聯邦準備系統和其他政府機關與民
間金融機構通力合作，擔任最後放款人的角色。我稍後將主張，面臨金融
混亂與所得降低等情境時，政府與中央銀行聯手採取的行動雖然可以有效
防止經濟陷入深度蕭條，卻也奠定一個導致未來通貨膨脹嚴重加速惡化的
基礎。換言之，目前通行的制度與慣有做法，迄今未能阻止引發失衡的動

力所帶來的影響。過去的種種事態顯示，景氣循環的形狀已經改變：深度且漫長的經濟蕭條谷底期已經被通貨膨脹所取代。

1973 年至 1975 年的經濟衰退

1973 至 1975 年的經濟衰退橫跨六季，從 1973 年 10 月（或 11 月）延續到 1975 年 4 月（或 5 月），因而構成第二次世界大戰後最漫長的一次經濟衰退。然而，這六季可以分成兩個階段：一個是從 1973 年 10 月至 1974 年 10 月延續四季的溫和衰退，以及 1974 年 10 月至 1975 年 4 月維持兩季的經濟陡峭下滑。其中，第一階段可以歸因於 1973 年以色列與阿拉伯戰爭所引發的石油危機，第二階段則是由經濟體本身的運轉所導致。

1974 年第三季至 1975 年第一季，天好像隨時快塌下來似的。1974 年 9 月，工業生產指數還在 125.6 點的高點（1967 年為 100 點）；6 個月後，這項指數劇烈降至 110.0 點，換算下來一年下滑 24.8％。相似的情況是，若以 1972 年的美元進行價格平減（deflated），1974 年第三季 GNP 是 1 兆 2102 億美元，到了 1975 年第一季竟下降到 1 兆 1586 億美元，換算下來一年減少 8.5％（請見表 2.1）。1974 年 9 月與 1975 年 3 月間的民間就業率，換算下來一年降低 6.7％。

若接下來 6 個月間延續上述那 6 個月（1974 年最後一季至 1975 年第一季）的衰退率，經濟體系確實可能陷入非常深度的蕭條。不過，實際上經濟並未繼續下滑，景氣下降趨勢在 1975 年第二季戛然而止，並開始輕微的回升。1975 年 4 月的受薪階級就業人數超過 1975 年 3 月。第一季年衰退率達 23％的工業生產指數也出現翻轉，在 1975 年 7 月至 9 月為止的三個月間恢復成長，年成長幅度達 10.6％。價格平減後的 GNP 從 1975 年

第一季的年衰退 9.2％，轉變為 1975 年第二季的年成長 3.3％，第三季的
年成長率更達到 11.9％。

就這樣，經濟發展途徑在大約 6 個月內出現兩次劇烈反轉。第一次是
溫和衰退轉為陡峭的崩落，接著大約在 6 個月後，景氣的下滑趨勢又像被
踩了緊急煞車似的，幾乎立即反轉成快速擴張。這兩次突然反轉的走勢正
是不穩定性的表徵，它們是 1974 至 1975 年的經濟遠比戰後初期更不穩定
的證據。

不穩定性會導致不確定性上升。在一個急遽變化的經濟體，制訂決策
的難度絕對高於在一個緩慢變化的經濟體中的決策難度。不確定性增加本
身就會壓抑經濟活動，尤其是長期的投資活動。不過，更重要的一點是，
不穩定性往往會更為強化，尤其是在資本主義的環境下。決策制訂者會開
始尋找各種早期警訊，變得對經濟短期變化的短期指標過於敏感。這造成
的一個結果是，投資人開始偏好能即刻入袋的大規模金融利得（這必須能
精準掌握每一次波動），不想等待較永續且穩當的利得（這種利得較少，
是透過能促進長期經濟成長與發展的投資活動取得）。若以凱因斯的專業
語言來表達，那就是：在一個不穩定的經濟體，企業受到投機活動支配。

1974 年至 1975 年間的經濟事件

1974 年最後一季與 1975 年第一季間，美國經濟似乎正走向一場全面
性的金融危機，而如果歷史可為殷鑑，那代表接下來經濟將陷入深度蕭
條。所得快速減少，1974 年 3 月失業率僅 5.0％，到 1975 年 3 月時已竄升
至 8.6％。到了 1975 年春天，過去曾導致銀行、專業金融機構、電力公用
事業、航空公司與企業破產等金融困境已陸續發生或預料將發生。其中，

表 2.1　1973 年至 1975 年各季的經濟數據

	GNP		GNP 成長率（年率）		GNP 價格平減指數		失業率
	當期美元	以 1972 年價格調整後美元	當期美元	價格調整後	指數（1972=100）	變化比例（年率）	%
1973(1)	1,265.0	1,227.7	15.8	8.8	103.04	6.5	5.0
(2)	1,287.8	1,228.4	7.4	0.2	104.84	7.2	4.9
(3)	1,319.7	1,236.5	10.3	2.7	106.73	7.4	4.8
(4)	1,352.7	1,240.9	10.4	1.4	109.01	8.8	4.8
1974(1)	1,370.9	1,228.7	5.5	-3.9	111.58	9.8	5.0
(2)	1,391.0	1,217.2	6.0	-3.7	114.28	10.0	5.1
(3)	1,424.4	1,210.2	9.9	-2.3	117.70	12.5	5.6
(4)	1,441.3	1,186.8	4.8	-7.5	121.45	13.4	6.7
1975(1)	1,433.6	1,158.6	-2.1	-9.2	123.74	7.8	8.1
(2)	1,460.6	1,168.1	7.7	3.3	125.04	4.3	8.7
(3)	1,526.5	1,201.5	19.9	11.9	127.21	7.1	8.6
(4)	1,573.2	1,217.4	12.2	5.4	129.22	6.5	8.5

資料來源：*Economic Report of the President*, January 1976. U.S. Government Printing Office, Washington, 1976.

規模達數 10 億美元的富蘭克林國家銀行在 1974 年 10 月倒閉，而即將倒閉的安全國家銀行則在 1975 年 1 月與紐約化學銀行（Chemical Bank of New York）合併。

在此同時，歐洲人也擔心世界經濟將走向一場不亞於 1929 年至 1933 年的經濟大崩潰，因為德國和英國雙雙發生和美國類似的金融危機。

不過，所得急轉直下與失業暴增的趨勢並未延續，所以，交互影響的財務惡化情況也沒有發生。失業率在 1975 年 5 月達到 8.9%的高峰後開始降低，而工業生產指數在 1975 年 4 月降到 109.9％，到 1975 年年底時已經反彈至 118.5％。1975 年第二季，經濟開始復甦，而隨著進入 1976 年，情況已經清楚顯示，最糟的狀況並未發生。各個金融市場和經濟恢復力道

強勁，累積性的債務型通貨緊縮或深度經濟蕭條都沒有發生。經濟體系成功吸收 1974 年至 1975 年的幾場金融衝擊，而且這些衝擊所造成的後座力也漸漸消除。

專家學者、政治人物和官員公開宣稱，經濟體系之所以能僥倖逃脫 1974 年至 1975 年近乎危機的傷害，必須歸功於市場流程的正常機能運作。但事實上，經濟急速停止衰退和接下來的經濟復甦，多半是拜強勢的財政對策與明快的最後放款人干預所賜。其中部分財政對策是自動生效的，原因是當時的法定權益（entitlement，屬移轉支付）計畫非常龐大，而且租稅系統的收入因就業人數減少而大幅降低；不過，部分財政對策則是以退稅、減稅與延長失業保險等經裁決後才實施的對策形式存在。

1974 年至 1975 年的局勢並非金融危機初期與相關經濟衰退的單一事件，在短短不到 10 年內，這種情況就發生了三次，另外兩次分別是在 1966 年與 1970 年發生。這三場幾乎釀成金融危機的事件，都是因為聯準會為了壓抑通貨膨脹而大幅推升利率的操作而被引發。然而，在 1960 年代中期以前，聯準會為了阻止通貨膨脹上升而採取的所有作為，都沒有誘發近乎金融危機的事件，原因是，從 1960 年代中期以後，聯準會必須應對的金融環境已經和第二次世界大戰剛結束時大不相同。

1974 年至 1975 年以後，又發生兩次金融動亂，分別在 1979 至 1980 年，以及 1982 至 1983 年。這兩次金融動亂也都是在聯準會為壓抑通貨膨脹而設計的實務作業展開後發生。顯而易見的是，在 1966 年以後風行的金融環境下，每當聯準會採取傳統的貨幣約束行動，都引發可能演變成金融崩潰的事態，並造成失業和產出的損失。

在戰後世代，融資結構變得愈來愈容易受到金融危機的影響。但導致融資結構容易受金融危機影響的決定因素究竟是什麼？研究美國經濟運作

方式，以及政策對各項結果的影響等標準分析，並未將導致經濟在 1974 年至 1975 年間急速下滑且促使經濟在 1975 至 1976 年復甦的部分流程（也就是金融交互作用）列入考量。換言之，以傳統凱因斯主義或頗為流行的貨幣主義模型為基礎的分析，無法解釋金融與經濟的不穩定性。

為了了解 1974 年至 1975 年的事件與近年來其他景氣循環，我們不僅必須釐清當時的所得與就業發生什麼事，也必須知道債務型通貨緊縮的威脅是怎麼被誘發，又是怎麼被打斷的。從 1975 年的經驗便可清楚證明，雖然主張「大規模政府赤字能穩定經濟，並進而幫助經濟體系擴張」的簡單凱因斯模型大致上言之有理，但真正重要的經濟關係比這個簡單模型所容許的關係更加複雜。尤其美國經濟體系內部所發生的一切事情，有極大的成分取決於金融相關的考量，所以，唯有將金融要素融入理論架構，經濟理論才有意義。

大政府所提供的所得與金融穩定作用需要一段時間才能發揮功效；但在此同時，以短期未清償債務的付款承諾形式所存在的財務壓力，外加資產價格的下跌，卻很可能將原本堪稱單純的金融緊張情勢轉化為一場真正的金融崩潰。為了防止全面性的危機爆發，再融資（refinancing）是必要的。在 1965 年以後的經濟衰退期，那種再融資，也就是最後放款人干預，都是由聯邦準備系統、聯邦存款保險公司，以及民間金融機構（主要是聽從聯準會指令行事的商業銀行巨擘）執行。所以，若要防止萌芽中的金融危機演變成全面性的恐慌，儘管有大政府存在，還是需要採取有效的最後放款人行動。

使 1975 年得以避免發生大規模經濟蕭條的政府干預行動可以分為兩種類型：（1）大政府的財政政策：在經濟衰退時期，大量的聯邦赤字直接影響所得、讓民間的融資承諾（financial commitments）得以維繫，同時改

善放款／資產組合的結構；（2）最後放款人：聯邦準備系統巧妙執行再融資實務作業，並促成民間與公共實體合作。

大政府的影響

雖然美國政府擁有的生產工具非常有限，也鮮少提供直接的服務，但它的規模非常龐大。美國政府和很多國家的政府不同，道路、電力公用事業與電信系統的所有權和營運權都不屬於美國政府，它也沒有經營綜合醫療服務，沒有支付綜合醫療服務的費用。除了田納西河谷管理局（Tennessee Valley Authority）、幾座核子設施和郵政系統留下的組織，我們幾乎想不出聯邦政府還擁有什麼生產工具。儘管海軍軍工廠和陸軍兵工廠擁有悠久的光榮歷史，但目前這些工廠都已經漸漸廢棄；目前美國的軍事採購全面採用合約的形式，外包給貌似屬於民間的企業。

所以，要了解美國政府有多大，必須把政府支出分解成四個部分：（1）政府雇員與政府生產活動的支出（例如已經成為歷史的兵工廠、郵政服務，以及軍事支出中的人事支出）；（2）政府合約（例如向洛克希德〔Lockheed〕採購的飛機與飛彈，向蘭德公司〔Rand Corporation〕等智庫購買的研究報告，或由友好的地區型合約外包商興建的高速公路）；（3）移轉支出（例如社會安全補貼〔Social Security〕、聯邦醫療保險給付、失業保險金，以及對需要撫養未成年兒童家庭提供的援助金等）；以及（4）政府債務的利息。

近幾年，就整體需求、金融流量與資產組合效應（portfolio effects）而言，政府雇員或政府合約都不是促使政府規模擴大的因素，只有軍事合約例外。目前美國政府規模的擴大，主要是軍事支出、移轉支出方案與國

債的償債成本上升所導致，尤其是移轉支出方案，自第二次世界大戰之後，這項支出占政府支出的比重明顯增加，所以，目前政府支出的週期性影響主要取決於移轉支出的影響。

移轉支出是一種單項業務，和雙向的交易正好相反。在移轉支出的情境下，一個經濟單位收到現金或實體商品與勞務，但給付的一方並不要求接受者提供任何東西來交換。接受移轉支出的人經濟地位必須與被撫養孩童的經濟地位完全相符。接受移轉支出的經濟單位不會對生產流程帶來任何貢獻。而由於這個人沒有生產任何產出，所以移轉支出的收入並非GNP的一部分，不過，這些收入被納入消費者可支配所得（稅後）的一部分。

如果一個人因生產某種「有用」事物的貢獻而收到所得，不管那個貢獻有多麼微薄，大致上來說，他就算對整體產出做出某種貢獻，儘管他的所得也將構成一種可取用某些產出的權利。在一個市場經濟體，當一個生產單位為了讓勞工與業主獲取所得而使用融資，那麼這項融資的市場價值不可能長期高於該經濟單位的「銷貨收入減去購買投入資源成本」的差額，否則它就會陷入財務困境。這個生產單位的勞工與投資人有權從經濟體系取用的產出，通常就是以「銷貨收入減去非人力投入資源的採購成本」差額所產生的財源來支應。如果將 GNP 視為一個水壺，那麼，參與生產活動的人可以從這個水壺取用的價值，和他們投入這個水壺的價值息息相關。不過，移轉支出雖然是可支配所得的資金來源之一，但移轉支出只有取用，接受移轉支出的人並未被要求要對這個水壺做出任何貢獻來抵銷影響。「公平交易非強取豪奪」之類的的陳腔濫調只適用於透過工作獲取的所得，不盡然適用於以移轉支出形式獲取的所得。以目前來說，取用這項所得的權利大部分是根據法令、道德或慣例，而不是取決於明確的當期貢獻或過往的貢獻。

領取失業保險金的勞工並沒有對當期產出做出任何貢獻，如果這個勞工是透過「以工代賑」或公用事業振興署（Work Projects Administration，WPA）之類的計畫領取相同的收入，那麼，我們就可以推測，他已經對GNP做出和這項所得相等金額的貢獻。如果WPA的產出有實用性，而且最後順利售出，那麼，為失業者提供的WPA型救濟金推升通貨膨脹的力量，就不會像失業保險那麼大。如果WPA產出有實用性，就算這些產出沒有在市場上出售，對認為這些產出有用的人來說，也為他們的福祉做出一些貢獻，據此推論，當局應該可以為了彌補全部或部分的WPA支出而課稅，或是收取使用費。另外，軍隊的薪資與從國防合約獲取的所得，對當期實用的產出沒有貢獻，所以，這些所得對通貨膨脹的推升力量至少和移轉支出產生的力量一樣大。

　　由於過去幾年的政府支出方案中，移轉支出占政府支出的比重增加，所以，這些年的政府支出主要是對可支配所得產生直接的影響，但未對就業和GNP的衡量造成任何初步影響。當然，這些差異牽涉到衡量與定義的問題。舉個例子，如果那幾年聯邦政府雇用醫師和護士的支出和如今花在聯邦醫療保險與聯邦醫療補助（Medicaid）的費用一樣多，那麼，那種醫療照護支出就不會被視為移轉支出，而會被視為政府對商品與勞務的採購。

　　大政府是促使1974年第二季至1975年第一季景氣急速下滑趨勢得以突然停止、並使景氣在1975年春天與夏天之間強勁反轉且擴張的導因之一。在大政府的架構下，國民所得的降低會自動促使政府赤字大幅增加。

　　要了解大政府如何阻止經濟迅速崩落，有必要深入了解政府赤字對美國經濟所產生的不同影響：對**所得**與**就業產生的效應**是透過政府對商品、勞務與勞動力的需求產生影響、**預算效應**是透過部門盈餘與赤字來產生影

響，以及**資產組合效應**是因為籌措赤字所需財源而發行的金融工具，勢必會出現在某些資產組合裡。第一種效應耳熟能詳，每一個說明「GNP 如何做出決定」的模型都會解釋這個效應。政府赤字的第二種與第三種影響通常會被忽略；但這些影響很重要，因為經濟體系不僅是一個所得生產與所得分配的系統，也是一個複雜、互相依存且成熟的金融體系。[3]

　　一旦認清這幾種效應，就會發現大政府對經濟體系的影響，遠比標準觀點所認定的更為強大，而且更為無所不在，因為標準觀點輕忽政府赤字對金融流量與資產組合的影響。標準觀點完全聚焦在政府支出的直接效應與次級效應，包括移轉支出，以及對總需求課徵的租稅；相較之下，更宏觀的觀點則考慮到其他部門為履行承諾所需的現金流量，也考慮到金融動亂過後的資產組合需要安全資產等問題。

　　1975 年冬天，由於聯邦政府做出「砸錢解決問題」的反射動作，未對較長期的成本效益多加考量，使所得嚴重降低的趨勢得以反轉。就這樣，凱因斯學派的根本主張，即政府支出的增加金額與減稅幅度如果恰到好處，一定能阻止經濟景氣的嚴重下滑，在 1974 年至 1975 年的經濟衰退期獲得非常肯定的印證。1975 年的經驗帶來的結果是：我們必須正視的經濟理論與政策議題並非「政府是否有能力為了阻止經濟劇烈衰退，因而承擔巨額的政府赤字開支」，而是「特定對策的相對效率是否夠高，以及特定政策策略而衍生的副作用與後續影響是否可以接受」。基於大政府赤字的「威力」已經獲得印證，所以，實際上最重要的政策議題理當是判斷政策行動將產生什麼結構性影響，以及有哪些目標。一旦採用大政府作為，政府必須關心的問題就不僅是總量問題，也必須關心為誰生產、生產方式和生產什麼類別的產出等議題。

　　若雷根對縮減政府規模的努力成功達到目的，而且過於積極，應該會

導致我們的經濟變得更容易受衰退型的不穩定影響（到目前為止是失敗的，因為對國防支出、法定權益和利息支出產生影響）。在 1981 年至 1982 年的經濟衰退與 1983 年至 1984 年的經濟復甦期間，大政府的影響顯而易見。這證明大政府與巨額預算赤字確實具備遏制衰退型不穩定的力量。

所得與就業效應

在傳統的所得決定理論（theory of income determination）中，政府的作用不是創造就業（例如雇用民眾或購買商品或勞務）、供應所得（例如社會安全補貼），就是為了民眾而花錢購買服務（例如聯邦醫療保險與聯邦醫療補助）。政府也會透過租稅和規費，取走民眾的所得。當政府雇用某個人，照理說就會提供某種實用的服務。同樣的，當政府進行採購（例如向國防承包商採購），照理說就會有某個實用的事物生產出來。另一方面，當政府移轉所得給民眾，並不會對就業與產出產生直接的影響。照理說，這些移轉支出不會換取某種有用的東西，所以，唯有當接受移轉支出的人將那筆錢花掉時，才會產生經濟上的影響。

關於政府如何影響經濟，標準觀點認為，政府對商品與勞務的支出和「投資」與「消費」一樣，都是總需求的組成要素之一；但標準觀點認為，政府移轉支出非總需求的組成要素之一。支配消費支出的規則被描述成是可支配所得、各式各樣財富或淨值（net worth）的衡量指標，以及利用所得購買金融資產而得到的報酬（即利率）等的函數之一。而移轉支出、社會安全稅與個人所得稅對消費支出的影響，則只間接透過可支配所得與可支配所得對消費支出的影響納入分析。

根據這樣的衡量方式，花一美元雇用公園清道夫對 GNP 的影響，大

於花一美元的福利支出或失業津貼的影響。1975年時，政府發放大約800億美元的社會安全相關補貼。如果這筆補貼有50％是透過各種就業計畫對老年勞工發放的工資，那麼，GNP應該會增加大約400億美元。國家應該透過就業（包括民間產業或以工代賑等專案）為年老的民眾提供所得比較好嗎？還是應該透過移轉支出來提供所得？這顯然是一個標準的經濟與社會問題。另外也應該注意的是，軍事支出也是GNP的一部份。

事實上，在計算GNP時，唯有將GNP視為完全不牽涉到任何福利意涵的純粹產出衡量指標（這項產出指標會轉化為當期的勞動力需求，也就是轉化為就業），移轉支出、租稅和政府對商品與勞務的支出等項目之間的區別才是有效的。政府對商品（例如炸彈或迴紋針）與勞務（包括將軍、民間傭兵、參議員或工程師）的採購，都和就業直接相關，因為勞工會被雇用來生產這些商品或勞務。政府的採購也透過消費者的可支配所得而和就業間接相關，因為被雇用的勞工、企業經理人和得到獲利的人會把錢花在消費財與投資財。移轉支出也會間接影響就業，因為這些支出能為家庭提供額外的可支配所得，這形同為企業提供額外的總獲利。因此，政府對就業產生單純且直接的影響，而這是經濟大局的重要部分。

政府支出，尤其是超出租稅收入的支出，是所得的決定因素。以支出面來說，戰後增加最多的一項政府支出是對個人的移轉支出，以及對各州及地方政府的補助金，如表2.2所示。在二戰後初期的1950年，聯邦政府總支出為408億美元（大約是GNP的14％）；其中108億美元（約占政府支出的25％）是對個人的移轉支出。而到了1975年，聯邦政府總支出為3569億美元（大約是GNP的24％），移轉支出是1461億美元（占政府總支出的40％）。這兩個期間的狀況呈現鮮明的對比。另一批快速擴增的政府計畫是聯邦政府對州及地方政府的補助金。這些補助金從1950年

表 2.2　1950 年與 1969 年至 1975 年聯邦政府支出（單位：10 億美元）

| 年度 | 總支出 | 商品與勞務採購 | | | 對個人的移轉支出 | 對州與地方政府的補助金 | GNP |
		合計	國防支出	其他支出			
1950	40.8	18.7	14.0	4.7	10.8	2.3	286.2
1969	188.4	97.5	76.3	21.2	50.6	20.3	935.5
1970	204.2	95.6	73.5	22.1	61.3	24.4	982.4
1971	220.6	96.2	70.2	26.0	72.7	29.0	1063.4
1972	244.7	102.1	73.5	28.6	80.5	37.5	1171.1
1973	264.8	102.0	73.4	28.6	93.2	40.6	1306.3
1974	300.1	111.7	77.4	34.3	114.5	43.9	1406.9
1975	356.9	123.1	84.0	39.2	146.1	54.2	1499.0
				GNP 占比			
1950	14.3	6.5	4.9	1.6	3.8	0.8	
1969	20.1	10.4	8.2	2.3	5.4	2.2	
1970	20.8	9.7	7.5	2.2	6.2	2.5	
1971	20.7	9.0	6.6	2.4	6.8	2.7	
1972	20.9	8.7	6.3	2.4	6.9	3.2	
1973	19.4	7.8	5.6	2.2	7.1	3.1	
1974	21.3	7.9	5.5	2.4	8.1	3.1	
1975	23.8	8.2	5.6	2.6	9.8	3.6	

資料來源：Economic Report of the President, January 1976. U.S. Government Printing Office, Washington, 1976.

的 23 億美元，劇增到 1975 年的 542 億美元（占政府支出的比重從 5% 上升到 15%）。

　　政府支出各項不同主要組成要素的發展，在 1950 年至 1969 年這段較長的期間和後來理查・尼克森（Richard Nixon）與葛瑞德・福特（Gerald Ford）總統執政 7 年間（表面看似保守的政府）有幾個不同。1950 年至 1969 年間，政府對商品與勞務的總採購金額增加 5 倍，國防部分增加 5.45 倍，而政府公務機關的部分增加 4.51 倍。在同個期間，政府對個人的移轉

支出也增加近 5 倍。所以,在相對自由的政府主導華盛頓的這段期間,政府對商品與勞務的採購,以及對個人發出的移轉支出的增加幅度,大致上是相同的。

相反的,1969 年至 1975 年,聯邦政府的商品與勞務採購金額上升 26%,國防支出增加 10%,其他公務機關的支出增加 85%,但是對個人的移轉支出更劇增近 200%! 1975 年時,移轉支出幾乎比政府的商品與勞務採購金額高 20%,相較之下,1950 年至 1969 年間,兩項數字的差距則微乎其微。

移轉支出包含大量的法定權益計畫;因此,這類支出往往會在經濟陷入衰退時自動增加。此外,由於這些是既有存在的計畫,所以當經濟陷入衰退,國會和政府(無論誰執政)都能相對輕易透過這些計畫向民眾展現他們「慷慨解囊」的豪氣。

雖然 1975 年 5 月的失業率上升到 8.9%,但在 1973 年至 1975 年間,每一季的個人可支配所得都沒有降低(請見表 2.3)。原因之一就是政府的移轉支出暴增。從 1973 年第一季至 1975 年第四季,個人可支配所得增加 2478 億美元,政府移轉支出增加 652 億美元;這代表個人可支配所得增加的部分有 26.3% 屬於移轉支出。在 1973 年第一季,移轉支出相當於個人可支配所得的 12.69%,這個數字在 1975 年第三季達到高峰,大約是 15.96%,並在 1975 年第四季略微回落到 15.72%。

由於移轉支出暴增,所以 1975 年時,家庭計劃消費或已花在消費活動的金額中,每 6 美元就有 1 美元是來自聯邦或州的移轉支出計畫,而這些計畫獲得的補助金或服務,與當期的工作成果(即創造的產出)毫無瓜葛。舉一個貼切的例子:1974 年第二季的失業保險金金額換算下來,一年僅 53 億美元,但到 1975 年第二季,這個項目的金額換算下來,一年上升

表 2.3　1973 年至 1975 年各季的移轉支出與個人可支配所得 *

	個人可支配所得	政府對個人的移轉支出 †	政府移轉支出／個人可支配所得比例
1973(1)	866.6	110.0	12.69
(2)	891.7	111.9	12.55
(3)	914.1	114.5	12.53
(4)	939.9	117.5	12.50
1974(1)	953.8	123.5	12.95
(2)	968.2	130.7	13.50
(3)	996.1	138.4	13.89
(4)	1015.9	145.5	14.43
1975(1)	1024.0	157.7	15.40
(2)	1081.7	169.4	15.66
(3)	1087.1	172.4	15.96
(4)	1114.4	175.2	15.72

資料來源：*Economic Report of the President*, January 1976. U.S. Government Printing Office, Washington, 1976.
* 所有數據都是以年率計算，經季節性調整。
† 政府包括聯邦政府與州及地方政府。

到 194 億美元。失業保險給付如此劇烈的增加，有助於解釋為何當年經濟衰退趨勢得以快速反轉。

　　一定有人會質疑「總計六分之一的可支配所得來自法定權益計畫」對整個經濟體系的效率與公平性的影響，但這不是這裡要討論的問題。可支配所得中有顯著且愈來愈高的比重和就業與企業獲利能力無關，其實這是有幫助的，因為這些所得能維繫需求，從而防止經濟在衰退過程中陷入更深度且更長期景氣下滑的窘境。然而，這類計畫的存在，加上這類計畫的規模往往在經濟陷入衰退時變得更大，卻是有害的，因為這類計畫會導致經濟的通貨膨脹偏誤（inflationary bias）上升。可支配所得的增加是物價在經濟衰退期間持續上升的一項理由，儘管 1973 年至 1975 年的產出與就

業減少。

　移轉支出提供沒工作的人所得，形同為貨幣工資率（Wage Rate）訂出下限。移轉支出方案每次的改善都會產生影響：推升民眾進入勞動市場的價格（注：使民眾願意接受的工資因移轉支出的改善而上升）。當價格平減後的移轉支付方案得到改善，勞動力參與率就會降低，經濟體系的有效生產產能也會受到侵蝕，尤其是如美國目前的做法，在領取資格取決於失業或被迫退出勞動力的時候。

大政府的現金流量效應

　經濟學的一項基本主張是，所有經濟單位已產生的金融盈餘（＋）和赤字（－）總和必定會等於零。這個主張源自一個單純的觀點：每次某個經濟單位為了購買當期的產出而付錢，某個經濟單位一定會收到這筆錢。由於經濟體系的不同部門（例如家庭、企業、政府和金融機構）是由更多初級的經濟單位合併而來，所以，這個主張也適用於各種指標的總和。如果聯邦政府的支出比稅收多出 734 億美元（一如 1975 年的情況），那麼，其他所有部門的經濟盈餘與赤字的總和，就會等於 734 億美元的經濟盈餘。誠如表 2.4 的 1973 年至 1975 年年度數據，及表 2.5 的每季數據所示，各行為部門與會計部門的盈餘與赤字總和的確是零（因為數字不是很精確的緣故，所以總和不是精準等於零，而會有一點小誤差）。

　家庭的經濟盈餘或赤字，等於個人可支配所得與個人支出之間的差額。一般來說，家庭幾乎都會有盈餘，只有在很深度的大蕭條期間例外（而且只會發生在採用小政府的經濟體）。不過，家庭盈餘占家庭可支配所得的比例常常出現明顯的變化。表 2.4 顯示，1972 年家庭儲蓄約占可支

表 2.4　1972 年至 1975 年部門別的盈餘與赤字（單位：10 億美元）

	1972	1973	1974	1975
家庭				
個人可支配所得	801.3	903.1	983.6	1,076.8
個人支出	-751.9	-830.4	-909.5	-987.2
個人儲蓄（盈餘）	+49.4	+72.7	+74.0	+89.6
企業				
內部資金總額	131.3	141.2	141.7	174.8
民間投資總額	-179.2	220.2	209.5	-196.3
赤字或盈餘	-47.9	-79.0	-67.8	-21.5
政府				
聯邦政府赤字或盈餘	-17.3	-6.9	-11.7	-73.4
州及地方政府赤字或盈餘	13.7	12.9	8.1	10.0
政府總赤字或盈餘	-3.6	+6.0	-3.6	-63.4
總盈餘	49.4	78.7	74.0	89.6
總赤字	-51.5	-79.0	-71.4	-84.9
差額	-2.1	-0.3	+3.6	+4.7
家庭儲蓄占個人可支配所得的比例	6.08	8.05	7.52	8.92
企業赤字占民間投資總額的比例	26.73	35.88	32.4	10.95

資料來源：*Economic Report of the President*, January 1976. U.S. Government Printing Office, Washington, 1976.

配所得 6.08 %、1973 年是 8.05 %、1974 年是 7.52 %，還有 1975 年是 8.9%。在 1973 年與 1975 年間，家庭儲蓄率大幅上升。家庭儲蓄率每一次跳升，經濟體系其他某個次部門的赤字都會連帶大幅上升。以 1973 年來說，赤字跳升的是企業部門；1975 年則是政府赤字跳升。

　　民間投資是由企業部門執行。企業部門的赤字等於企業廠房與設備、存貨與企業房地產投資高於企業內部資金（保留盈餘〔 retained earnings 〕加上備抵資本消耗〔 capital consumption allowances，注：即累積折舊 〕）

表2.5　1973年至1975年各季的部門別盈餘與赤字

	1973				1974				1975		
	(1)	(2)	(3)	(4)	(1)	(2)	(3)	(4)	(1)	(2)	(3)
家庭											
個人可支配所得	866.8	891.7	914.1	939.9	953.8	968.2	996.3	1015.9	1024.0	1081.7	1087.1
個人支出	806.1	821.8	840.3	853.4	872.6	901.4	931.7	932.4	950.4	974.2	1001.3
個人儲蓄盈餘	60.7	69.9	73.8	86.5	81.2	66.8	64.6	83.5	73.6	107.5	85.9
企業											
內部資金總額	138.6	138.7	141.3	145.9	147.1	142.0	134.2	143.1	154.7	171.8	185.6
民間投資總額	207.2	213.7	223.8	236.1	218.1	207.5	202.2	210.0	177.1	177.0	202.7
赤字或盈餘	-68.6	-75.0	-82.5	-90.2	-71.0	-65.5	-68.0	-66.9	-22.4	-5.2	-25.1
政府											
聯邦政府赤字或盈餘	-10.9	-7.4	-4.8	-4.6	-5.3	-7.9	-8.0	-25.5	-53.7	-102.2	-70.5
州及地方政府赤字或盈餘	+15.9	+13.2	+12.4	+10.1	+9.4	+8.2	+9.1	+5.9	+5.7	+8.8	+12.9
政府總赤字或盈餘	5.0	+5.8	+7.7	+5.5	+4.1	+0.3	+1.1	-19.6	-48.0	-93.4	-57.6
總盈餘	65.4	75.8	81.5	92.0	85.2	67.1	65.6	83.6	73.6	107.5	85.9
總赤字	-68.4	-75.0	-82.5	-90.2	-71.0	-65.6	-68.0	-86.5	-70.4	-98.6	-82.7
差額	-3.0	+0.8	-1.0	+1.8	+14.2	+1.6	-2.4	+2.9	+3.2	+6.9	+3.2

資料來源：*Economic Report of the President*, January 1976. U.S. Government Printing Office, Washington, 1976.

的金額。1972年時，這項赤字的金額為479億美元，1973年跳升到790億美元，1974年維持在678億美元的高檔，但在1975年又劇降至215億美元。企業赤字占民間投資總額的比例從1972年的26.7％，1973年與1974年分別上升到35.8％及32.4％，接著在1975年下降到10.95％。

政府（聯邦、州及地方政府）總赤字的發展途徑在1973年與1974年出現100億美元的起伏，1973年減少100億美元，但1974年增加100億美元，而且在1975年增加600億美元。1975年增加600億美元的政府赤

字，勢必在其他部門呈現出赤字減少或盈餘增加。其中一部分顯現在家庭儲蓄有 156 億美元的增加，這導致家庭儲蓄率占個人可支配所得升到 8.92％。另一部分顯現在企業內部資金總額大幅增加 331 億美元，增幅為 23.4％。（1975 年的失業顯著增加，價格平減後的 GNP 大幅減少，但企業總獲利卻增加 23.4％）。另一個抵銷政府赤字增加的要素是：投資降低大約 132 億美元，那主要是出清存貨所造成。因此，政府總赤字增加的 600 億美元，被個人儲蓄增加 156 億美元與企業部門赤字減少 463 億美元所抵銷。因此，1975 年的政府赤字主要是被企業現金流量的增加所抵銷。換言之，即使當年整個國家陷入嚴峻的經濟衰退，精確定義的企業獲利不僅持穩，甚至還增加！

　　1973 年第一季與 1975 年第三季的數據正好可用來凸顯出，政府赤字的大幅增加和經濟體系其他部門朝盈餘狀態移動是有關連的。企業部門的內部資金總額在 1973 年至 1974 年的八季間一直落在 1342 億美元至 1471 億美元的狹窄區間內，換言之，在這段時間，企業部門的內部資金總額並沒有明顯可辨識的趨勢可言。不過，到了 1975 年的前三季，企業內部資金總額分別達到 1547 億美元、1718 億美元與 1856 億美元（這些數據是以年率表示，而且經過季節調整）。在 1974 年第三季與 1975 年第三季之間，儘管國民所得降低與就業減少，企業的內部資金總額卻增加 36.8％。

　　1975 年第二季，換算為年率的聯邦政府赤字為 1022 億美元，這個赤字數字比 1974 年第二季高出 943 億美元，所以，這代表其他部門的盈餘或赤字有 940 億美元的起伏，才能抵銷掉這麼巨額的變化。這種起伏的細項分布為：家庭個人儲蓄增加 407 億美元，企業的內部資金總額增加 282 億美元，而投資減少 305 億美元。所以，在起伏的總金額中，大約有 400 億美元反映在個人儲蓄的增加，另外 600 億美元左右則是反映在企業內部

資金的增加或企業投資的減少。無論是年度或季度數據都顯示，即使經濟急速摔落到深度衰退的狀態，企業的內部資金總額還是在增加。

美國經濟體系的商業活動是在一個以安全邊際（margins of safety）為基礎的借款與貸款系統中運作。衡量安全邊際的兩個指標包括：債務的應付現金流量相對債務人取得的現金流量之間的比例，以及未來預期現金流量的現值（present value）相對未清償債務的帳面價值的比例。1970 年代的繁榮期和戰後世代較長期的經濟演進，都是在以下兩個要素推波助瀾下形成，那就是商業界短期債務的發行量大幅增加，以及大量新成立的金融機構為商業界短期債務提供資金而發行大量、通常是短期的金融機構債務。而商業界能背負多大規模的短期債務，則主要取決於它能透過事業經營取得多少內部資金。

若沒有大政府、沒有 1975 年那種因為自動實施的政策與權衡性政策所產生的巨額政府赤字，1974 年至 1975 年發生的經濟急速崩落理當會導致企業現金流量快速且大幅減少。企業背負債務的能力，以及借貸系統的安全邊際，也理當會因此降低。即使實際上並未發生破產案件，企業現金流量的大幅降低，就有可能逼迫企業致力於縮減債務承諾。但事實上，1975 年企業的整體獲利能力上升，所以，被迫或被動縮減債務承諾的情況並未發生。

1975 年時，大政府透過巨額政府赤字所發揮的影響，是促使經濟景氣突然停止下滑，並快速由衰退狀態反轉為擴張的關鍵。若無法認清「所有部門的盈餘與赤字總和必定等於零」這個定理的重要性，就無法體會政府有能力阻止經濟連續下滑，並能維持經濟活動繼續運行。大政府的效率或許備受質疑，但它在「防止天塌下來」方面的效能卻是無庸置疑。

以上觀察純粹是以會計恆等式為基礎，沒有包含任何行為關係。但純

粹以會計恆等式來表達稱不上理論，因此也無法推演出任何因果推論。所以，為了了解實際狀況，我們必須探討是如何達到最後的成果（也就是所有部門的盈餘與赤字全部加總，如何會等於零）。因此我們必須詳細說明這些會計表格中，哪些是決定項目（determining），那些又是**被決定的項目**（determined）等概念（即提出一些假設，以便釐清經濟體系實際上要如何運作才能確實達成最後的結果）。

就相當大的程度來說，家庭個人支出會隨著所得的變化而調整，而家庭財富與消費者債務的存在，會減弱這種被動的家庭儲蓄與消費行為。大約 40 年前，也就是凱因斯首度系統化表達有關「被動消費行為」的理論時，家庭財富與消費者分期信貸的規模比 1970 年代的整體經濟規模小得多。

先前已經討論過，1974 年與 1975 年的高家庭儲蓄率很好的反映出汽車銷售劇降的現實。1974 年至 1975 年間，家庭儲蓄的增加有一部分是以家庭汽車貸款及其他購物貸款的減少等形式呈現。若當可支配所得維持不變或增加，消費信貸擴增的速度卻暫時停滯，那麼，儲蓄率將非常高，就像 1975 年的情況，而且家庭的流動性部位（注：俗稱頭寸）勢必會改善。家庭流動性的增加，將在稍後促使消費支出跳升。沒有因為經濟衰退而直接且顯著受失業影響的家庭，往往會在流動資產（liquid asset）增加且債務相對所得的水準降低時，提高其支出相對可支配所得的比例。這種等不及要花錢的心態，會使得諸如 1975 年那種高儲蓄率型經濟衰退期結束後，出現一段低儲蓄率的經濟復甦期。當可支配所得被用於儲蓄的比例降低時，消費者就會成為領導經濟走出衰退的「英雄」。然而，此刻消費者的英雄氣概，其實只是對經濟衰退時期的高儲蓄率一種落後的反應。

實際觀測到的儲蓄率相對可支配所得的變化，清楚證明消費者的行為並非全然被動。儘管如此，消費者支出與當前經濟發展及過往經濟發展之

間的關係卻是眾所皆知，而且相對穩定。我們都知道，個人支出幾乎一向在個人可支配所得的 95％至 91％之間，此外，如果儲蓄率很高（即一段時期內維持在 8％至 9％的水準），那麼接下來很快就會爆發一波支出潮，使儲蓄率降至 6％。

因此，表 2.4 與表 2.5 的家庭儲蓄記錄，多半取決於經濟體系目前與不久前的運作狀況，**政府收入**的記錄也一樣。租稅級距等法律是由作為政府立法機關的國會，以及各個不同的地方主管機關設定。但最後的稅收金額取決於整個經濟體的行為，不管採用哪一套稅法都一樣。

另一方面，這些表格中，**企業投資**與**政府支出**的變化和經濟體系當前運作狀況的相關性很低，因此這是造成實際現象的**決定**因素或起因。企業投資多半（甚至全部）取決於企業目前對未來的看法。當然，經濟體系過去與目前的行為（這會影響到目前一般人對未來的看法）會影響到後續的設施興建規模，以及興建這些設施的財源取得方式。銀行業者與商人今日對未來 25 年的營收與現金支出成本，以及其他更基本的條件的想法，將決定未來耐用年限長的專案融資將採用什麼條件進行。總之，投資與否，取決於對未來經濟狀況的看法，而非取決於目前或過去的實際經濟狀況。

表 2.5 上另一個大致上不受當前經濟運作狀況影響的項目是政府支出，政府支出被隱藏在表中的政府赤字或盈餘之中。政府透過預算來設定以商品與勞務採購為主的支出計畫，而預算取決於國會的行動，不過，受國會限制的程度不大。政府支出的另一個組成要素是以移轉支出專款來呈現，這類似上述法案審議流程中的租稅，它與行政監理規定共同組成法定權益方案。實際上的支出取決於不同家庭的行為與經濟狀況。

因為這些非獨立與獨立關係，當投資支出的降低或是消費者儲蓄率的上升導致所得減少，將促使法定權益計畫的領取金額上升，而且政府稅收

降低。而這連同權衡型政府支出計畫的實施與租稅方面的變化，將共同導致政府赤字大量增加。這項赤字必須靠企業部門與家庭部門同步朝盈餘的方向前進，才能抵銷。隨著企業部門朝盈餘的方向前進，企業的稅後總獲利將會增加，在這個情況下，企業部門背負債務的能力，有可能在經濟進入衰退的狀態下反常的上升。此外，家庭儲蓄率也會受政府赤字的誘發而顯著走高；這意味消費者支出將自動增加，只不過時間上會有一點落後。自動增加的時機將落在景氣下滑趨勢停止，而且高儲蓄率促使家庭債務相對所得的水準降低，以及家庭流動資產所有權增加的時候。

若沒有 1975 年的高額政府部門支出，經濟體系有可能展開兩個下滑流程。首先，民間投資的降幅有可能更大，原因是進一步的出清存貨，以及進行中的投資計畫遭到縮減，甚至廢棄；第二，個人可支配所得的降幅更快，甚至比個人支出的降低更快，所以，家庭部門的儲蓄率會更低。換言之，若沒有大政府，初期的投資縮減會觸發兩種下滑走勢：企業存貨投資與家庭可支配所得降低，並產生交互影響。「經濟體系」努力消除超過投資（赤字）的「虛擬」超額儲蓄（盈餘）時，消費支出與投資支出將雙雙降低。然而，家庭支出與企業投資的降低，會使企業內部資金的流量減少，不管投資水準高低，企業的赤字往往會增加。家庭所得、家庭支出、企業投資，以及企業現金流量交互影響的持續下滑很可能會發生，無庸置疑，這正是導致經濟陷入深度蕭條的交互影響流程。

大政府，以及自動產生大量赤字的潛力，能為一個經濟體系的潛在急速衰退打造一個較高的下限。這個較高的下限本身很重要，尤其是在一個有企業債務與家庭債務的世界尤其重要，因為企業總獲利和家庭儲蓄是應付這類債務的根本要素。

若 1975 年的政府未採納巨額赤字的立場，企業與家庭背負債務的能

力理當會遭到嚴重損害。在過去，那樣的損害導因於所得與獲利交叉影響而持續向下，呈現出螺旋狀探底，引發債務型通貨緊縮與深度經濟蕭條。大政府對各部門預算的影響，能使企業獲利獲得維持，使得那種持續探底且交叉影響的景氣下滑趨勢得以免於發生。[4]

資產負債表的本質

每當大政府的財政出現盈餘或赤字，就會有各種不同的金融工具被接受或被創造出來。尤其每當大政府在經濟衰退時期出現巨額的赤字，其他部門，包括銀行、儲蓄銀行和保險公司等金融組織，就會購買政府為了籌措赤字所需財源而發行的政府債券。

我們活在一個擁有複雜金融體系的經濟體。在這個金融體系，擁有盈餘的部門（1975 年時是家庭部門）不需要直接購買有赤字的經濟單位的負債。取而代之的，這些有盈餘的部門可以購買金融機構的負債，間接為有赤字的經濟單位提供財源。在美國的經濟體系，銀行、儲蓄機構、保險公司、退休基金與其他機構，有可能直接持有企業、政府和家庭的債務。家庭則會購買各式各樣的金融負債，像是退休金權利（pension rights）、保單的退保現金價值（insurance-policy cash-surrender values）、活期存款，以及各式各樣的儲蓄存款或定期存款等。因此，各部門間的赤字與盈餘起伏，多數只會對金融機構買進或出售的資產產生直接的影響。

近幾年來，不少金融機構和非金融機構之間的政府債券投資規模起伏極大。表 2.6 列出美國民間部門在 1972 年至 1975 年間，對財政部與各政府機關發行的所有政府債券總購買量。政府實體（例如聯準會、政府機關與政府出資贊助的機關）與外國人購買的政府債券已經從總額中扣除，所

表2.6 1972 年至 1975 年美國民間購買美國政府證券的總額（單位：10 億美元）

	1972	1973	1974	1975
家庭	0.6	20.4	14.5	-0.9
非金融企業	-2.4	-1.8	3.5	16.1
州及地方政府	-3.4	-0.2	-0.1	-5.8
非金融部門合計	1.6	18.8	18.1	21.1
商業銀行	6.5	-1.3	1.0	30.3
儲貸機構	4.3	*	3.3	11.1
儲蓄合作銀行	1.4	-0.5	0.1	3.6
信用合作社	0.8	0.2	0.2	1.9
人壽保險公司	0.3	0.1	*	1.3
民間退休基金	1.0	0.6	1.1	5.4
州及地方政府退休基金	-0.6	0.1	0.6	1.7
其他投資公司	-0.4	-0.1	-0.3	-1.0
金融部門合計	13.6	-0.4	6.7	57.1
所有本國部門合計	15.2	18.4	24.9	78.1

資料來源：Flow of Funds Data, Board of Governors of the Federal Reserve System.

以，表列數字為美國的民間部門購買量。

1972 年、1973 年至 1974 年，民間部門購買的政府債券總額只出現溫和的變化，不過，每一年的總額都略為上升。1972 年，主要購買的部門是金融機構：商業銀行、儲貸機構以及儲蓄合作銀行，這個部門共購買 122 億美元的政府債券。然而，到 1973 年與 1974 年，主要的購買者變成隸屬非金融部門的經濟單位，尤其是家庭：1973 年，家庭購買 204 億美元的政府債券，所以，其他美國民間部門的政府債券整體持有量減少約 20 億美元。到 1974 年，家庭購買 145 億美元的政府債券，非金融業的企業部門購買 35 億美元。1974 年時，金融部門淨買超政府債券，其中的主要購買者是房貸相關的儲貸機構。儲貸機構購買政府債券的行為，反映出住宅市場開始下滑。

到 1975 年，政府債券的淨購買狀況出現顯著的變化，和先前幾個年度大不相同。在這一年，非金融部門延續 1973 年和 1974 年的模式，購買大約 200 億美元的政府債券，不過，家庭的政府債券持有量卻減少，這和先前的情況呈現鮮明的對比，相對的，非金融業的企業部門持有量則增加 161 億美元。另外，州及地方政府持有的政府債券大幅增加。然而，真正出現巨大變化的是金融部門的購買量。1975 年，這個部門取得大約 571 億美元的政府債券，較 1974 年增加 504 億美元，其中 303 億美元的政府債券買家是商業銀行，而儲貸機構則購買 111 億美元。商業銀行及其他金融機構大量購買政府債券，為政府赤字提供財源，而在這個過程中，購買政府債券的這些機構，資產負債表也出現顯著的變化。

政府債券沒有違約風險，政府債券在合約上所做的每一個承諾，最終都絕對會實現。這項合約是採名目條件；價格水準的變化有可能、事實上也會影響政府債券的購買力。此外，政府債券是有價證券，最終來說，聯邦準備系統保證這些證券可以在市場交易，但這個保證不盡然會延伸適用到其他債務。因此，政府證券持有者有能力可以根據個人需求或偏好的改變來修正資產組合。某種意義來說，銀行、儲貸機構、人壽保險公司和退休基金在 1975 年購買政府債券後，便得以將其融資力量蓄積卜來；換言之，它們將融資力量從民間需求低迷的當下，轉移到未來民間融資需求轉趨強勁的某個時期。通常在政府採用財政赤字的時期，經濟體系並**不會**充分感受到可能因大量赤字（例如 1975 年的巨額赤字）而衍生的潛在通貨膨脹壓力；相對的，經濟體系通常要等到後續的榮景期來臨、衰退期購買的資產被賣出時，才會感受到大量赤字可能造成的潛在通貨膨脹壓力。

表 2.7 詳列商業銀行部門在 1972 年至 1975 年間，淨買進的各種不同金融資產。這幾年的購買金額出現顯而易見的驚人變化。1972 年，商業銀

表 2.7　1972 年至 1975 年商業銀行的金融資產淨購買金額（單位：10 億美元）

	1972	1973	1974	1975
金融資產淨購買金額	78.3	100.2	83.9	32.9
活期存款 + 流通貨幣	0.2	0.3	-0.2	*
銀行信貸總額	75.4	83.3	62.2	27.8
信用市場工具	70.5	86.6	64.6	26.6
美國政府證券	6.5	-1.3	1.0	30.3
直接融資	2.4	-8.8	-2.6	29.1
機關發行	4.1	7.6	3.6	1.2
其他證券 + 房貸	25.7	25.9	19.1	6.4
儲貸機構債務	7.2	5.7	5.5	1.3
公司債	1.7	0.5	1.1	2.1
房貸	9.0	11.0	6.5	1.9
其他抵押貸款	7.8	8.8	6.1	1.2
不含擔保型信貸的其他信貸	38.4	62.0	44.5	-10.1
消費信貸	10.1	10.6	2.8	-0.6
未分類銀行放款	28.5	52.1	39.5	-12.9
公開市場票據	-0.2	-0.8	2.2	3.4
公司股票	0.1	0.1	-	-
擔保信貸	4.8	-3.4	-2.4	1.2
庫存現金 + 會員銀行準備金	-1.0	3.5	-3	1.0
其他銀行間債權	1.4	6.0	7.1	-5.4
雜項資產	2.3	7.2	15.0	9.5

資料來源：low of Funds Data, Board of Governors of the Federal Reserve System.

行部門購買 783 億美元的金融資產。儘管 1973 年的購買金額增加到 1000 億美元以上，但在 1974 年間，購買金額又回落到 840 億美元，而到 1975 年，購買量更降到 329 億美元的相對溫和水準。商業銀行部門是 1972 年至 1973 年間決定經濟表現的驅動要素之一，不過，到 1975 年，這個部門的角色變得被動，而且非決定因素。

　　1972 年至 1975 年間，另一個驚人的顯著變化是銀行買進資產的組成

內容。在 1973 年，大約有 521 億美元（即淨資產的 50％）為未分類的銀行放款（也就是銀行對企業的放款）。1973 年間，商業銀行也取得 198 億美元的房貸與 106 億美元的消費信貸。情勢清楚顯示，銀行部門正一步步將它的金融資源配置到民間部門。但到了經濟劇烈衰退的 1975 年，情況變得和 1973 年呈現明顯的對比。1975 年時，商業銀行不僅只取得 329 億美元的金融資產，其中還有高達 303 億美元是美國政府債券。未分類的銀行放款減少 129 億美元，消費信貸也小幅減少 6 億美元。此外，房貸的取得金額降到 31 億美元。整體而言，1975 年，銀行業將資源抽離企業部門，轉向政府部門。

政府債務與赤字在經濟衰退的 1975 年大幅增加，這隱含一項寓意：即使此時的總所得與就業衰退，但各種不同的企業與金融機構卻因為政府的巨額赤字，而得以買到安全且有保障的資產，進而使資產組合的流動性獲得改善。即使是在銀行提高總資產與總負債規模之際，民間企業的債務也可能會降低。當政府規模很小，而且未清償債務的規模不大，就算經濟陷入衰退，在各種民間資產組合中，包括銀行的資產組合，持有的政府債券也不會大幅增加。在這類情境下，民間企業債務的減少，必然意味著活期存款與定期存款減少。相較之下，1975 年時，由於有規模龐大且持續增加的未清償公共債務可流向銀行與企業的資產組合，所以企業債務以及大眾持有的活期及定期存款金額，並未出現持續探底且交叉影響的下滑趨勢。

1975 年，因大政府且政府債務大幅增加，企業與銀行資產組合的違約風險隨之降低。而隨著企業出清存貨，企業界對銀行的舉債金額因而降低，並因此開始購買政府債券。銀行與其他金融機構藉由購買政府債券、而不是藉由降低資產與負債規模的方式來取得流動性。一般大眾，包括家庭與企業，不僅取得以銀行存款和儲蓄存款形式存在的安全資產，也得以

降低相對所得而言的債務水準。因此，在 1975 年那種四面楚歌的環境中，龐大且持續增加的政府債務遂成為各種資產組合的重要穩定因子。

第三章

最後放款人干預

誠如我們所見，1974 年至 1975 年（以及 1969 年至 1970 年和 1981 年至 1982 年）時，經濟景氣陷入持續探底的下滑趨勢，這和金融市場各項變數，以及來自生產的產出所帶來的所得之間的交互影響有關。當時景氣下滑的能量持續增強，但又突然很快的停止，因而得以免於陷入一場全面性的債務型通貨緊縮。大政府的存在是這個持續探底的交叉影響流程無法全面開展的原因之一：即使所得降低，大政府的巨額赤字使最終需求得以維持，企業因而得以繼續獲利。另一個原因是聯邦準備系統、聯邦存款保險公司（FDIC）與配合的民間機構展開迅速且有效的最後放款人干預。

在大政府藉由赤字來穩定產出、就業和獲利之際，最後放款人則是讓資產價值和金融市場得以穩定；舉個例子，聯準會購買、隨時準備出手購買或接受無法在市場上銷售的金融資產；等於是以它的無風險債務，取代或隨時準備出手取代各種不同資產組合當中的風險資產。在大政府出手干預總需求、各部門盈餘，以及提高各資產組合持有的政府債券之際，最後放款人努力維持資產固有結構的價值，並為不同的資產組合提供可用的再

融資機會。要控制並扭轉因諸如 1974 年至 1975 年間（以及 1969 年至 1970 年和 1981 年至 1982 年間）那類金融動亂而起的所得降低趨勢，這兩種穩定作為都是必要的。

最後放款人必須明快出手干預，並確保再融資容易取得，才能防止原本單純的金融部門困境演變成交叉影響並持續探底的經濟下滑趨勢，進而造成經濟大蕭條。為了做到這點，最後放款人必須確保受保護的經濟單位無須為了履行財務承諾而被迫認賠出清它們的資產部位。一旦銀行、金融經濟單位與一般企業，乃至州及地方自治政府被迫試圖透過不尋常的管道取得再融資，最後放款人就必須提供資金，否則情勢就有可能發展為債務型通貨緊縮。

通常在所得大幅降低，以及大政府即時且自動的所得與金融穩定效應開始發揮作用以前，就會需要最後放款人操作。如果扮演最後放款人角色的機構選擇作壁上觀，放任市場力量自行運作，資產價值的下跌幅度相對當期產出價格的下跌幅度，將比它出手干預的狀態下更大；投資與債務融資型消費的降低金額將更大；所得、就業和獲利的降低金額甚至更多。如果放任這些動力持續增強，金融危機和接踵而來的債務型通貨緊縮，可能很快就會超出大政府的所得與金融穩定能力所能解決的程度。當然，即使缺乏有效的最後放款人行動，大政府最終還是能促使經濟復甦，但整個過程必須付出非常高的代價，而這樣的代價會以所得流失與資產價格崩跌的形式呈現。

儘管聯準會的最後放款人功能在 1966 年、1969 年至 1970 年、1974 年至 1975 年，以及 1981 年至 1982 年間，對經濟體系發揮重要的穩定力量，但一般人卻非常不理解這項功能以及相關的操作。最後放款人是必要的，因為我們的經濟體系隱含一些會引發間歇性金融不穩定性的固有而無

法避免的缺陷。傳統的理論不認同「若放任不管，由市場資本主義自行決定一切，市場資本主義偶爾會引爆嚴重經濟蕭條的金融危機」的想法。

　　若希望以經濟政策成功影響金融市場與金融機構的結構及運作，就必須了解美國經濟體系中，最後放款人有必要存在的特點。而唯有管理金融機構的結構，並控制合法的融資實務型態，根據上述特點來制定的政策，才有希望降低金融不穩定性發生的可能性。

　　美國在 1913 年立法成立聯邦準備系統，這項法律主要的一項目標就是要建立最後放款人的功能，不過，後來那個原始目標被一個觀點推翻，那就是聯邦準備系統的原始與主要功能是控制貨幣供給。這個觀點漠視一項事實：即使美國經濟維持正常的功能運作，它還是可能發展出脆弱、乃至於不穩定的融資關係。在針對聯準會的行為設定任何規範時，必須考量到它還背負一個重要的法定責任：它必須確保整體金融體系維持正常，或是以沒有破壞性的機能運作，這是暗示聯準會作為最後放款人的角色。如果金融體系真的變得具有破壞力，那麼，聯準會，或其他中央銀行業務組織，就必須隨時做好出手干預的準備，藉由提供流動性或吸收潛在虧損等方式來矯正整個局面。然而，這種再融資活動以及潛在虧損的社會化（socialization），雖然能為整個經濟體系帶來利益，卻也不是沒有代價，因為這些作為會影響到經濟體系在最後放款人操作完成後的行為。由於聯準會有責任（這麼說並不為過）在亂象出現時出面收拾殘局，所以，無論是在平靜時期，或是情勢逼得它不得不出手干預時，它都必須關注並指引各項金融業務的成長與演進。

　　歷史上許多嚴重的金融不穩定事件發生後，都曾爆發和金融機構的結構有關的爭議，而且，通常也都會誘發制度面的變革。聯邦準備系統的設立，就是對 1907 年恐慌的一種回應，而 FDIC 的成立，則是針對大蕭條

時期銀行大量倒閉的回應。儘管如此，過去 20 年的金融創傷並未促使立法部門進行嚴肅的制度改革，瞄準導致金融不穩定性的原因進行糾正，我猜主要原因在於，那些事件爆發期間的金融不穩定性，都沒有引發先前幾個歷史事件過後那種深度的經濟蕭條。然而，就算沒有發生深度的經濟蕭條，也不意味那幾次金融不穩定沒有產生有害的影響；實質上，最後放款人行動等於奠定一個讓後續通貨膨脹得以快速竄升的堅實基礎。近幾年的特殊不穩定性（經濟在通貨膨脹可能失控，以及早期債務型通貨緊縮等狀況之間來回擺盪）其實是當局為了規避債務型通貨緊縮與深度經濟蕭條的發生，採取對策所造成的副作用。

最後放款人操作的本質

1974 年 10 月 8 日，富蘭克林國家銀行宣告無力償債。那一天，它只擁有 36 億美元的資產，遠低於 1973 年年底申報的 50 億美元資產。事實上，富蘭克林國家銀行的困境早在 1974 年 5 月初就已經公開，從那時開始至 1974 年 7 月底，它的總資產就減少 9 億美元。在同個期間，它對存款人與銀行同業的負債減少 16 億美元，貨幣市場負債也減少 8 億美元，海外分行的存款則減少 5 億美元。這家銀行是以縮減資產和向聯準會借來 14 億美元貸款等管道來抵銷 29 億美元的存款流失。[1]

富蘭克林國家銀行的困境公開之後，無法購買聯邦資金（federal funds），也沒辦法銷售大額（超過 10 萬美元且無擔保）的定存單；這種無法購買聯邦資金與留住存款的情況，稱為擠兌。為了讓存款快速流失的富蘭克林國家銀行有能力繼續履行付款承諾，聯邦準備系統借給它 14 億美元。就這樣，聯邦準備系統經由再融資，為富蘭克林國家銀行提供資金

部位，而這種部位的再融資活動，或是說讓銀行或金融市場有能力挺過擠兌挑戰的作為，就是最後放款人的基本功能。

在富蘭克林國家銀行公開無力償債的事實後，FDIC 隨即介入，安排由另一家銀行收購富蘭克林國家銀行的辦公室與存款負債，那家銀行就是剛組成不久的歐洲美國銀行與信託公司（European-American Bank and Trust Company）。倒閉的富蘭克林國家銀行的問題資產則由 FDIC 接收，並使所有存款人得到充分保障，甚至還保障存款金額超過法定存款保險上限的存戶。FDIC 將那些問題資產納入自己的資產組合，並將現金或先前經聯準會認同、可作為富蘭克林國家銀行貸款擔保品的銀行可承兌資產，轉移給收購富蘭克林國家銀行的銀行。當 FDIC 將那些問題資產納入資產組合，並將現金或可接受的資產轉移給歐洲美國銀行時，它等於是保證富蘭克林國家銀行的所有負債（除了股東權益除外）都會獲得承兌。這就是執行最後放款人的行動。

1973 年年底，REITs 的未清償公開市場商業本票金額達 40 億美元；到 1974 年年底，這個產業這類未清償商業本票金額只剩 7 億美元。原因是，這些 REITs 因建設貸款而面臨困境的消息公開之後，導致 REITs 產業爆發一波擠兌潮。結果，大約 33 億美元的公開市場商業本票遭到擠兌，不過，商業銀行的放款取代這些本票，適時填補 REITs 產業的資金需求。商業銀行業者出面為落難的 REITs 產業提供再融資的行為，也形同扮演最後放款人的角色。

在上述每一個個案和其他很多個案（例如紐約市、泛美航空，以及聯合愛迪生公司的紓困），危機發展的關鍵要素都是擠兌。若一個擁有短期未清償債務的經濟單位想要維持正常的機能運作，就需要發行或出售新的短期債務，如此才能履行它的付款承諾。當潛在放款人或負債的買家認定

債務的發行人不依照時間付款的機率很高，就會發生擠兌。在那樣的時刻，即使貸款的企業開出較高的利率條件，也無法誘使其他機構放款，或是誘使其他人購買它的負債。

一個具備最後放款人功能的機構，能保證無論市場情勢或特定債務人的經營狀況，都會讓這種負債合約的條件獲得履行。因此，最後放款人會消除擔保資產的違約風險。低違約風險的資產能輕易在市場上脫手，換言之，這些資產的變現性很高。當聯準會將各項金融工具的違約擔保範圍擴大，就等於是增加高變現性資產的有效數量，也形同使社會上具備貨幣特質的資產數量增加。作為最後放款人，聯準會保障的資產是某些銀行或類似機構的負債，這些負債又進而被用來作為支應各項活動或建立資產部位的財源。當聯準會最後放款人的保障擴大適用到新的機構或新金融工具，就會使經濟體系整體的融資能量提高，而提高後的融資能量如果可以獲得妥善利用，資產價格就會上漲，放款活動也會增加。不過，即使最後放款人的力量能有效阻止萌芽中的金融危機正式爆發，藉由擴大賦予新機構或新信用工具高變現性資產的地位，因而產生額外的融資能力，將導致未來更有機會出現通貨膨脹型的經濟擴張。

詳細說明融資關係

美國經濟有一項根本特質是，資產的所有權通常是以債務取得的資金來支應，而債務意味著付款承諾。在短期內，對多數金融機構與很多一般的商業組織而言，承諾付款的債務數量通常會超出負債經濟單位預期將從本業經營中取得的現金數量，而這些經濟單位預期將利用貸款來取得償債所需的資金。即使某個單位預期將藉由銷售產出或資產來取得足夠的現

金，往往也必須借錢來購買這些產出或資產。美國這種經濟體的特徵是：貸款、出售資產和銷售產出等市場的正常功能運作，取決於融資安排（financial arrangements）的良好運作。所以，錯綜複雜且互相依存的金融體系的順暢運作，是美國經濟維持正常功能運作的必要條件：任何會對金融市場產生干擾的因素，都會對產出、就業與資產價值產生有害的影響。

需要經由貸款來償債的融資安排，就是投機性融資（speculative finance）。在過去幾年經濟並未陷入嚴重蕭條，而且銀行與其他金融機構蓬勃發展的情況下，美國經濟體系中仰賴投機性融資的經濟單位明顯增加。在以「民間資本資產」、「不確定性」和「企業追求最大化獲利」等為特質的經濟體，良好的時機容易誘發資產負債表冒險。投機性融資增加的流程（占企業總融資的比重增加）會促使資產價格上漲、投資活動增加，進而使就業、產出與企業獲利得到改善，而這又會進一步促使商人與銀行業者更堅信他們展開投機性融資的實驗是正確的。那樣的偏差放大反應（deviation-amplifying reaction）是各種不穩定的系統、乃至美國經濟的特色。

規模數十億、甚至數百億美元且擁有支配美國經濟力量的大型公司，為了取得營運活動與履行融資合約等所需的資金，不僅在非常多元的金融市場上借錢，也向很多不同的機構借錢。在這樣一個複雜的債務網絡，任何擁有短期債務的經濟單位日常的財務操作，都可能具備部位融資與再融資的特徵，換言之，這些單位不斷忙著「做銀行在做的事」。總之，美國經濟體系的非金融企業也具備銀行很多負債管理的特質。

任何從事投機性融資的穩健經濟單位，一定擁有各種替代性的可用融資工具，包括某些備用的融資管道，這是為了避免某些主要管道的成本變得過高，或無法再取得資金等窘境出現。這些備用管道扮演著那些經濟單

位的「類」最後放款人。然而，這些特殊的最後放款人必須有能力承受融資需求的遽增。為了取得這項能力，他們也需要某種可靠的資金來源，以便在資產擴增而需要融資時，適時提供資金來源。

儘管某些直接可靠的資金來源可能是一些特殊的政府機關，例如FDIC，或是民間的商業銀行團（通常是由多家銀行業巨擘組成），但聯邦準備系統是美國經濟體系最終可靠的融資來源。聯準會的存在與功能，讓無力經由再融資舉得現金部位的企業與金融機構無須藉由拋售資產，或以懲罰性高利率貸款等激烈的方式來籌募現金。聯準會的直接與間接最後放款人行動，形同為資產價格訂出下限，也為融資條件訂出上限，從而讓投機性融資相關的一些風險得以社會化（socialize）。不過在金融市場上，上述風險的社會化會鼓勵去承擔資本資產融資部位的風險，而一旦這類行為長期延續下去，就可能導致經濟不穩定性的情況增加。

最後放款人的功能

為了讓聯準會實行最後放款人的原始法定責任，它被賦予「確保通貨靈活調整」的責任。因此，每次爆發銀行擠兌時，家庭與企業的資產組合都能輕易取得可取代銀行存款的聯準會通貨。聯邦準備銀行以聯準會存款或票據來取代銀行的顧客存款時，會收購銀行業者先前為了提供商業與生產活動融資而取得的資產，為符合資格的機構與市場提供再融資。

藉由這樣的再融資活動，最後放款人能使陷入困境的機構不再需要為了取得資金而拋售金融資產與實體資產部位，進而導致資產價值崩跌；資產價值的崩跌有可能引發無力償債，不僅是最初受影響的機構無力償債，連持有那類資產的其他機構也是如此。最後放款人干預能阻止金融機構持

有的資產發生價值嚴重縮水的情況，因此也就能防止流動性全面折損，或使存款及其他債務跌破票面價值。這類干預行動能確保銀行或其他機構在資產的市場價值下跌時，產生的虧損不會被轉嫁給銀行的存款戶。經由上述方式，在一個借貸活動攸關重大的經濟體系，最後放款人為了防止特定損失擴大而為資產價值設定下限等相關的操作，等於是將存在於經濟體中的某些私人風險化為社會風險。

除非在沒有聯準會干預的情況下，經濟體系不時會發生因經濟蕭條而誘發的金融不穩定性，否則聯邦準備系統的存在多半會顯得多餘。聯準會是在第一次世界大戰爆發前幾年成立，那是當局有感於進入 20 世紀前後，金融體系的不穩定性多次導致經濟體系陷入機能失常狀態。從一系列恐慌與危機便可見一斑，直到 1907 年的克尼克兄弟信託危機（Knickerbocker Trust Crisis）發生後，恐慌才漸漸趨緩。儘管當時沒有一個合理的經濟理論可以解釋那一連串金融恐慌與危機的起源，但這並未對聯準會的設立構成阻礙，因為金融不穩定性的存在的確顯而易見。

從聯邦準備系統創立後，美國只在 1929 年至 1933 年發生過一次全面性的金融危機。在當時，一般認為，經濟的機能失常有一部分是因為金融體系的缺陷。所以，對這次危機的一項回應是推動銀行業務結構與聯邦準備系統的改革。另一項回應則是引進諸如 FDIC 與證券交易委員會（以下簡稱 SEC）等機構，負責監理銀行與融資實務。

1930 年代至 1960 年代初期，嚴重的金融動亂未再發生。承襲自第二次世界大戰的金融資產與流動性、聯邦政府顯著的擴大規模（導因於冷戰和各種不同移轉支出方案），以及正確使用財政政策，在必要時願意赤字等，使美國、日本和西歐的工業化國家在一段期間（20 年）幾乎達到充分就業，這是過去從沒出現的優異表現。這段時間發生過幾次溫和的經濟衰

退，通貨膨脹也維持在適度的水準，美國更發生青年失業率上升（尤其是黑人）等部門性的問題。不過，整體而言，各個經濟體的運作似乎都相當順暢。事實上，這些經濟體的成功，使主張「若任資本主義經濟體自行運作，往往會達到長期充分就業」的經濟學說再度成為主流。這個觀點因數理經濟學（mathematical economics）的盛行而獲得強而有力的支撐，數理經濟學以一種嚴謹的方式（儘管是在誇張的假設下），「證明」去中心化的市場機制將促成一致（coherent）的結果。這些誇張的假設排除貨幣、時間、不確定性與昂貴資本資產等的存在（換言之，這個經濟理論裡的「經濟體」和實際的經濟體有根本的不同）。[2]

在 1946 年至 1966 年大致維持穩定的短暫期間，經濟也發生過幾次溫和偏離充分就業的狀況，不過，那些狀況不是被主張「財政干預有其必要」的人（保守的凱因斯學派）歸咎於精確調整（fine-tuning）出錯，就是被主張「財政干預毫無必要」的人（剛崛起的貨幣主義者）歸咎於貨幣供給控制上的失誤。但這兩個彼此較勁的學派提出的分析與政策建議，都不認為擁有複雜金融體系的資本主義經濟體存在一些傾向於「先促成通貨膨脹型經濟擴張，接著又衍生各種助長金融不穩定性的條件」的經濟流程。

1950 年代至 1960 年代的經濟理論，以及因為那幾年缺乏金融危機，使得主流經濟學家的思維受到嚴重箝制，並導致他們漠視金融不穩定性的可能發展，因而輕忽聯準會出面扮演最後放款人的必要性。因此，1960 年代末期至 1970 年代初期盛行的標準經濟理論無法為聯準會與財政主管機關提供任何和最後放款人功能有關的指導原則，包括為了中止嚴重危機的發展，應該「如何」與「何時」履行最後放款人功能，以及「如何」讓這類干預行動的通貨膨脹副作用達到最小。

最後放款人的一項特色是，當危機成為明顯且無法迴避的危險時，最後放款人有責任採取緊急的因應行動。這牽涉到以聯準會負債取代民間負債，以及由聯準會或其他機關吸收民間虧損等操作。這類行動的需求陸續出現，自 1965 年以來發生過 6 次。聯準會最後放款人行動的第二個特色是，保險人有權要求被保險人從事合理而穩健的行為。如果最後放款人同意在問題發生後出面收拾殘局，它就有權利與責任控制並防止可能衍生金融危機或導致金融危機惡化的那類商業運作。

在大蕭條餘波蕩漾期間，聯準會引進「控制融資成數」的規定，以及每月固定分期攤還的固定期限房貸（fully amortized fixed-term mortgage），因為當時的思維認定，1929 年至 1933 年的諸多惡性發展，導因於過度的股票市場投機，以及標準房貸的短期特性。[3] 近幾年，銀行與金融領域發生很多制度性變革。即使主管機關無法根據任何理論來判斷這些發生在融資實務界的變革能否提高或降低金融體系的整體穩定性，卻還是允許金融領域進行這些變革。[4]

由於缺乏這樣一個理論，主管機關漠視銀行業由「資產管理」轉為「負債管理」的重大立場演變，而且不認為金融機構投機性負債結構的爆發性成長值得關切。銀行業者參與其中的情況尤其嚴重，例如 REITs 這樣的產品。今日蔚為主流的經濟理論主張，市場是穩定且有效率的。這個理論導致聯準會放任各種融資實務隨著「市場力量」而演變。對銀行業與金融市場結構自由放任的態度明顯占上風。[5]

美國的中央銀行不僅包含聯邦準備系統，也包括諸如 FDIC、SEC 與聯邦貨幣監理署（Comptroller of the Currency）等相關的監理機關，以及民間銀行團。如果這個錯綜複雜的組織想要防止並控制金融不穩定性發生，就必須依循一個承認「資本主義經濟體的金融市場運作會衍生金融不

穩定性」的經濟理論指引。而除非一個理論能界定某個現象下將發生什麼狀況，否則它就無法作為控制或消除那個現象的指引。

銀行業務的慣例

銀行資產的組成結構取決於商業銀行提供企業、家庭和政府單位融資的方式，而銀行資產與為了支應銀行活動所需資金而使用的負債，決定最後放款人操作該如何實行，也決定這類操作的經濟效應。1920 年以來，當局提供銀行業資金的方法出現一項重要變化是：聯準會貼現與公開市場操作的相對重要性出現反轉。過去商業銀行仰賴貼現窗口取得絕大多數準備金部位的時候，聯準會和會員銀行之間維持著規律且日常的銀行業務關係。但隨著聯準會變成主要以公開市場的證券買賣交易來供應準備金後，它就不再和會員銀行維持親近與持續的業務關係。

若聯準會扮演正常運作的資金供應者，透過貼現窗口提供資金給銀行業者，那麼，只要銀行業者重視這項資金來源，它們自然會遵守聯邦準備銀行設下的商業與資產負債表標準。然而，如果聯準會的信用是透過政府證券公開市場操作的工具供應給銀行，那麼，會員銀行和聯準會之間就會變成一種顧客關係，換言之，聯準會將不再有力量影響會員銀行的行為。二戰過後，聯準會透過正常銀行關係來影響會員銀行行為的權力大幅降低。若引用芝加哥政治學的概念，儘管聯準會的影響力降低，但並未以更複雜的銀行業金融檢查與監理作業來彌補這種潛在的不利影響。

詳細說明這點：1913 年的聯邦準備法案早已設想到最後放款人功能，同時也設想好，在正常運作的情境下，將由聯邦準備銀行的貼現窗口處理部分準備金供給作業。在金本位的環境下（這套法案就是為了這個環境而

設定），銀行準備金有項主要來源是硬幣。此外，當各地聯邦準備銀行為會員銀行所提交的貸款進行貼現，並因此取得資產時，同時也創造出銀行準備金。因此，聯邦準備銀行成為某個階級系統的環節之一，在這個階級系統，商業銀行放款給大眾（企業、政府和家庭），而聯邦準備銀行則放款給商業銀行。如果銀行準備金的一項重要來源是透過貼現窗口向聯準會舉借的銀行貸款，如 1920 年代的情況，那麼，聯準會就其放款作業所設定的利率，就是商業銀行對外提供融資條件的重要決定因素。一旦各地聯邦準備銀行能控制對銀行的借貸條件，就能影響銀行業者對其顧客放款（並從中獲利）的條件。[6]

經由貼現窗口進行的中央銀行操作所使用的工具（合格商業本票），源自於商業銀行對企業顧客的放款。通常那種企業債務的次級市場（secondary market）或轉售市場（resale market）很少，甚至沒有，即使是像 1913 年理論要求的有擔保企業債務也不例外；而且，在聯邦準備系統創立以前，當銀行需要資金時，它們也無法輕易協商出這些企業債務的價格。聯邦準備系統的存在，使銀行業者持有的所有商業本票至少成為有條件的流動資產，使金融體系的流動性增加。這進一步改變可接受的銀行業資產與負債結構。導致的一個結果就是 1920 年代的熱潮，而在這個熱潮期間發展出來的融資實務，又進一步造成 1929 年至 1933 年冬天的一系列危機。

大蕭條與戰後世代，政府債券取代銀行持有的企業放款，成為聯準會日常操作時所使用的工具。在 1930 年代的災難過後，銀行的準備金主要不再是由聯準會的貼現作業提供，銀行準備金數量無法反映出聯準會持有的硬幣數量。在稍後一段期間，銀行業所持有的政府證券產生大量非硬幣的銀行準備金。聯準會的正常操作不再為了設定會員銀行的重貼現條件而

進行，而是主要聚焦在政府債券的公開市場買賣。這意味聯準會為了影響銀行準備金而進行操作時，不再採用和最後放款人操作相同的市場和工具。以 1913 年的模型來說，最後放款人操作和銀行放款的控制全都透過貼現窗口來進行。但大蕭條後的多年來，銀行放款的控制改以公開市場操作來運作，而且直到 1966 年，聯邦準備系統都無需為了防範嚴重的金融不穩定性而進行積極的干預。然而，從 1966 年開始，幾宗金融不穩定事件的爆發，迫使聯準會不得不承擔起最後放款人的責任，於是它再度啟用貼現窗口。

銀行實務的演進，加上貼現作業轉為公開市場操作等，消滅聯準會與會員銀行之間原本正常運作的銀行資產關係基礎。因此，聯準會不再根據對銀行實務的詳細理解而採取行動，除非銀行正常向聯準會貸款。雖然聯準會擔負「保護銀行存款戶免於虧損」的隱性責任，不過，相對而言，聯準會不太有權力防堵可能逼得它為了保護存款戶而不得不向銀行收購資產的那類銀行實務。更何況，聯準會還背負「確保企業可以取得充足融資」的顯性責任。

最後放款人概念

近幾年，貨幣主義帶來很大的意識衝擊，政治人物、專家學者、大眾乃至聯準會官員都當成他們的行為指南。這導致很多人漸漸產生一個觀點：聯準會的唯一功能就是藉由控制貨幣供給（不管是哪一種定義的貨幣供給）來控制經濟的表現。根據這個觀點，聯準會幾乎掌握決定所得、就業與物價水準的所有權力，儘管是透過間接掌控。這個觀點似乎以為，只要聯準會在公開市場上操作得當，就能永久維持至高的經濟福祉。但事實

上，聯準會決定貨幣供給的力量並不是那麼強大，而且，貨幣供給無法控制所得。短期來說，聯準會的行動受市場行為支配，因為市場行為決定金融對所得的影響，但長期而言，金融領域新慣例的導入，以及新、舊融資實務的演進，才是左右聯準會行動的主要決定因素。

聯準會雖然無法決定貨幣、所得、就業和物價的短期發展途徑，但它向來有辦法以外界對它的債權（claim），取代存在於貨幣市場、銀行資產組合和大眾手中的其他債權。外界對聯準會的債權總是會被引進銀行、企業和家庭的資產組合，以交換政府、銀行、企業或家庭等經濟單位持有或創造的某些債權。聯準會願意且有能力進行那類交換時所接受的條件，形同為聯準會可能收購的債權項目設定一個價格下限。如果市場上某一項工具（有可能是某一檔政府債券、民間商業本票、銀行放款、銀行存款或資本資產）的供給明顯過剩，那麼，那項工具的價格有可能顯著下跌。當這些部位有必要進行再融資時，換言之，在一個存在非常大量短期債務的環境下，一旦借款人使用的貸款工具在市場上大幅跌價，借款人履行融資承諾的能力將備受質疑。此時若聯準會有意願且有能力購買其中某些工具，藉此將外界對它的債權引進經濟體系，從而對那類受質疑的借款人提供再融資，那麼，它就形同為那類貸款工具訂出一個價格下限。

最後放款人行動的一項基本功能，正是為某些金融工具或實體資產設定價格下限。只要經濟體系的基本貨幣屬於聯準會負債（例如聯準會的短期票據或存在聯準會的存款）的一環，聯準會就有能力擔任最後放款人的角色。除非實際上的通貨膨脹或預期通貨膨脹導致政府的貨幣控制力喪失，否則聯準會就有能力設定某一些資產的最低價格。聯準會債務的價值來自巨額租稅的存在，這些租稅必須以聯準會負債的形式繳到政府在聯準會的帳戶。只要聯邦政府保有課稅主管機關的有效地位，只要大部分政府

支出是以稅收的財源來支應，而且只要政府的錢是「存」在聯準會，那麼，就不可能發生「聯準會負債不再能發揮貨幣功能」的情況。[7]換言之，在這些情境下，聯準會都能有效成為最後放款人。

最後放款人的權力讓聯準會掌握效力強大的藥方，不過，一如其他最強效的藥品，這些藥方有時可能會產生嚴重的副作用。其中一個副作用是：最後放款人操作使流動性增加，但會衍生落後性的通貨膨脹影響。每一次聯準會與扮演專責最後放款人角色的機構將它們的保護網延伸到一組新的機構，並使用一組新的工具時，金融體系產生潛在通貨膨脹的壓力就會增加。

在 1929 年至 1933 年經濟大緊縮期間，聯準會辜負外界期待，未能妥善扮演最後放款人的有效角色，因此創設了 FDIC。在戰後世代，特別是1970 年商業本票徹底失敗後，一個為商業本票市場而設置的正規雙層最後放款人結構應運而生。在這個雙層結構中，聯準會是會員銀行（尤其是超大型會員銀行）的最後放款人，而這些超大型會員銀行則是使用商業本票市場的機構與組織的最後放款人。當時的實務規定是：所有出售商業本票的經濟單位在商業銀行無擔保信用額度，至少都必須達到未清償商業本票的金額數字，這讓這個雙層市場得以正規化。

當 FDIC 安排由某一家機構合併另一家倒閉的銀行（例如由美國銀行〔 Bank of America 〕收購西雅圖海景銀行〔 Seafirst of Seattle 〕），或是當商業銀行業者為 REITs 提供再融資，都可以見到符合當代色彩的最後放款人身影。從較宏觀的角度來看，最後放款人功能堪稱正常商業再融資安排的某種延伸。以英國來說，最後放款人操作源自正常的銀行業務流程，也就是各貨幣市場機構向英格蘭銀行（Bank of England）取得資產部位所需的部分資金的流程。以美國來說，向最後放款人貸款的是特定的銀行，

而在英國，向英格蘭銀行貸款的是某個陷入困境的市場。然而，以這兩國的情況來說，最後放款人操作的必要性都導因於市場現象。

中央銀行作為最後放款人角色所從事的各項操作，理當不是著眼於這些操作交易的獲利能力，而是以滿足金融市場與經濟體系的需求為目的。如果最後放款人的職權被下放，讓商業銀行業者與 FDIC 也共同承擔這項責任，那麼，這些組織可能不得不採取一些違反良好商業實務的行動。舉個例子，屆時商業銀行可能會被要求購買實際上不願意買進的商業本票，銀行業者可能必須以優惠的條件承作放款，而 FDIC 則可能必須選擇以代價高昂的（或不是最便宜的）方式來清算倒閉的銀行。

機構改革的必要性

1974 年秋天，銀行與金融體系的弱點如此明確，以致於聯邦準備系統主席亞瑟・伯恩斯（Arthur Burns）在 10 月向美國銀行協會（American Bankers Association）報告時提到，他對「維持美國銀行體系的健全性」漸漸產生疑慮。伯恩斯先是提到「美國（以及事實上是整個世界的銀行體系）的實力大有疑問」，接著又精準點出導致他產生這個疑慮的五個原因：

第一，銀行體系的權益資本（equity capital）基礎日益稀薄；第二，愈來愈依賴具反覆無常特質的資金；第三，相對財力資源而言過於沉重的放款承諾；第四，資產品質惡化的現象浮現；第五，較大型銀行的曝險因外匯交易與在其他國家營運等相關的風險而增加。

伯恩斯在這場演說的結論中提到：「美國監理系統的步調跟不上需

求，」以及「（監理機器的）制度有必要進行大刀闊斧的改造，才能克服隱藏在現有結構安排中的固有問題。」[8]

伯恩斯點出，銀行體系的弱點是隨著整個戰後世代銀行與金融體系演進而產生的副產品。不過伯恩斯的分析有一個關鍵的缺陷：他認為他見到的困難，和鬆散的監理態度，甚至與監理組織的組成方式有些微妙的錯誤有關，與美國經濟體系的根本行為特質無關。

不過，1974 至 1975 年是第三次出現金融體系的弱點，這是 1966 年以後第三次需要人為干預，而且，接下來又發生三次類似的事件。由於引發這些危機最初的問題，和二戰前屢屢導致經濟陷入災難的那種金融不穩定性非常類似，故聯準會有必要承認，那種不穩定性是擁有「美國風格金融機構」經濟體的根本特質。換言之，作為聯準會行為指南的理論必須承認，金融危機有可能是和美國經濟體系運作有關的內部因素所造成。

為了闡述 1974 年至 1975 年間，最後放款人功能的階級式組織如何運作，我們將在接下來幾個段落先檢視當時的銀行業發生什麼狀況，尤其將特別聚焦在富蘭克林國家銀行相關的發展，接著再說明一組獨特的金融機構，那就是 REITs 的狀況。REITs 值得我們花時間深入研究，因為這些機構是 1970 年代爆發性投機潮的產物。此外，REITs 業陷入危機的過程，清楚闡述當前最後放款人功能的這種階級性組織所隱含的固有問題。現有這種組織為了暫時解決一個可能演變成危機的局勢而採取的作為，往往會衍生另一個容易發展成危機的局勢。舉個例子，商業銀行業者在 1975 年與 1976 年遭遇的某些問題，導因於它們在 1974 年（當時 REITs 發行的商業本票遭遇大規模擠兌）出面扮演 REITs 的剩餘（或支援）放款人。

檢視 REITs 事件後便可理解，若想讓積弱不振或受影響的機構恢復健康，除了善用狹隘定義的最後放款人功能，還需要採取其他行動。基於扮

演最後放款人以及保護其他在最後放款人功能方面提供部分幫助的機構等需求，聯準會在理當以控制所得、就業與價格等為目標的操作上，多多少少可能會產生有志難伸的無力感。成功的最後放款人操作有可能在後續引發通貨膨脹，甚至會導致通貨膨脹加速上升，因為先前引來危機的債務，事後成為另一個民間資產組合的資產，而如果要讓這些民間資產組合保持健康狀態，潛在的現金流量就必須增加。而增加現金流量的一個方法，就是為通貨膨脹型的經濟擴張提供融資。由於最後放款人功能的成功執行，等於是將聯準會的擔保範圍擴大到涵蓋新的市場與新的工具，所以，這些操作隱含可能推升通貨膨脹的偏差；讓過去的某一項問題工具就地合法，就等於是為這項工具未來的價值提供一種隱性擔保。除非監理機關的職權擴大，並能控制、約束甚至禁止終將逼使最後放款人出面採取行動的那類融資實務，否則這些干預行動就算成功阻止經濟陷入深度蕭條，成功也只會是暫時的；經過一段時間後，絕對會再發生另一次需要干預的局面。

當投機性融資爆發性成長，而且投機性融資活動熱絡到可能引發危機的局面發生時，就需要展開最後放款人干預。而為了避免這樣的局面發生，或許需要進行旨在約束企業外部融資活動，以及對銀行和其他金融機構支持這類爆發性局面的能力設限的制度改革。

1973 年至 1975 年的銀行倒閉潮

1973 年至 1975 年經濟衰退期間，也同步爆發 1930 年代以來最大規模的銀行倒閉潮。然而，以倒閉金額來看沒有那麼大，尤其是就銀行業而言。經濟成長與通貨膨脹，加上二戰後銀行業務明顯朝超大型銀行與開設分行的業務發展，導致那些金額的意義明顯縮小。儘管如此，事實上，

1973 年至 1975 年間需要特殊干預的四家銀行都擁有超過 10 億美元的資產，其中，當時富蘭克林國家銀行是史上最大（規模大約是其他倒閉銀行二或三倍）的倒閉銀行。1974 年至 1975 年規模達 10 億美元的四家問題銀行，分別是聖地牙哥的美國國家銀行（United States National Bank of San Diego，在 1973 年 10 月 18 日宣布無力償債）、紐約的富蘭克林國家銀行（在 1974 年 10 月 8 日結束營業），紐約的安全國家銀行（在 1975 年年初為了避免倒閉而與另一家銀行合併），以及規模達 10 億美元的底特律福利國銀行（Commonwealth Bank of Detroit，它有幸取得聯準會提供的非常貸款，並因而得以繼續營運）。除了這些銀行的規模可觀，另外值得一提的是，富蘭克林國家銀行至少是華爾街（貨幣市場）的外圍銀行之一。

這個時期倒閉與幾近倒閉的銀行都被併入另一家機構；換言之，這些銀行並未被勒令停業並進行清算。FDIC 為其中某些資產擔保，藉此承受這些銀行的負債，或藉由挹注現金來交換接管機構拒絕接受的資產。雖然法律明文規定 FDIC 對存款的法律責任有其上限，但將倒閉銀行併入尚有償債能力的機構，意味著倒閉銀行的所有存款都會受到承兌。

富蘭克林國家銀行與安全國家銀行的總部都在長島，而安全國家銀行經歷的部分困境，其實應該歸因於富蘭克林國家銀行的倒閉：富蘭克林國家銀行的困境影響到其他位於長島的企業及其資產價值，並進一步使原本就已陷入窘境的安全國家銀行變得更加衰弱。

1974 年過後那幾年，除了資產規模 10 億美元以上的銀行倒閉，還有其他很多銀行倒閉，或「陷入艱難的困境」。以 1975 年而言，共有 13 家銀行倒閉，而在 1976 年前 10 月間，又有 14 家銀行倒閉。這些銀行的規模都不到 10 億美元，不過，它們的資產金額介於 1 億至 4.75 億美元之間。相較之下，在 1969 年（前一個金融動盪期）9 家結束營業或存款被另一家

銀行承接的銀行中，最大規模的銀行只有1140萬美元的存款。由此可見，1974年至1976年間的情況和前幾年的狀況已顯著不同。

從1934年實施存款保險後到1974年間，大約有506家銀行倒閉，這些銀行的存款共計36億美元；在1934年至1972年496家結束營業的銀行中，總存款金額才11億美元。在聖地牙哥國家銀行與富蘭克林國家銀行倒閉的那兩年（1973至1974年），在FDIC協助下結束營業的銀行中，總存款金額大約是FDIC成立後38年間所有倒閉銀行總存款的一倍以上。[9]

在銀行金檢時，放款的分類完全是根據金融檢查機構的判斷，認定相關放款是否有問題。問題放款的金額和它的總資本金額之間的關係，決定它會不會被歸類為問題銀行；問題銀行會受到監理主管機關較嚴密的監督，而未被歸類為問題銀行的銀行，則只需要接受較寬鬆的監督。1975年年底至1976年年初，原本只有主管機關知道的問題銀行正式清單被公諸於世。據揭露，許多重要銀行，如美國第三大的超大型銀行紐約大通曼哈頓銀行（Chase Manhattan of New York），也赫然出現在這份名單上。

當時，不管是銀行倒閉案件爆發，或特定被點名的銀行所發生的問題被公諸於世，都沒有引爆持續惡化的債務型通貨緊縮流程。拜聯準會處理富蘭克林國家銀行局勢與處理其他較小型問題銀行的方式得宜所賜，先前幾個時期曾引爆金融機構擠兌的情況並未在1975年至1976年引爆擠兌風潮。因此，歷史學家與分析師紛紛將1975年至1976年的不同倒閉案件視為單一事故，而非某個系統性崩潰的症候。

採用的工具

最後放款人權力的有效運用，成功的在1974年至1975年間防堵一波

持續向下探底的反應。銀行、金融機構和公司的資產虧損，要不被聯準會與 FDIC 等政府機關吸收，要不就是經由當局勉力維持各機構流動性的方式而被粉飾，即使從這些機構資產的公平市場評價便可看出它們的淨值（net worth）已轉為負數。[10] 舉個例子，在帳面上，無力償債的機構是以歷史成本來認列資產的價值，而不是以較低的當期市場價值來認列，因此，從這些銀行的帳冊來看，它們的淨值依舊是正數，而擁有淨值的銀行當然能夠收受存款並出售負債（換言之，它們的部位得以再融資）。由於聯準會和 FDIC 在資助倒閉與即將倒閉的銀行時所採用的工具，證明那些銀行的所有負債都會被承認，當然也使問題機構得以取得再融資。

1974 年、1975 年和 1976 年時，銀行業的眾多債務人，尤其是 REITs（當它們無法銷售商業本票時，它們的債務被銀行業者收購），連債務合約上載明的利息都還不起，遑論償還本金。不過，由於當局採納幾項計畫來「解決」這些債務，所以，雖然這些組織已經有債務違約，卻得以避免正式破產。這意味銀行取得房地產和開發的土地，作為銀行對 REITs 放款的交換條件，另外，銀行也改以較低的預期現金收入水準，來設定 REITs 債務的利率與到期條件。至於市場利率與實際支付的利息之間的差額，則被列為 REITs 的應付債務。

當然，那類解決方案通常免不了牽涉到債權人對債務人的嚴密控制；債權人**隨時**可以退出重整協議，強迫債務人走上破產一途。從某些方面來說，這種應對無力償債且流動性不佳的債務人重整方法，可以解讀為一種讓銀行與其他債權人得以控制並選擇虧損認列時間的工具：銀行及其他債權人可以選擇在何時將這些虧損反映在損益表與資產負債表上。這個方法意味，1973 年至 1975 年間發生的各種金融困境，分別是以不同的方法來處理，而採用的方法則取決於參與的特殊機構而定。

不管是哪個個案，由於聯準會掌握判定某個債務結構是否有效的最終武器，也就是說，它掌握「創造聯準會負債」的能力，所以它既必須扮演顯性的角色，還要扮演隱性的角色，經常必須以它的負債來取代民間銀行或其他民間借款人的負債。不過，聯準會不盡然會在每一個情境下使用它創造貨幣的權力；它也可以用間接的方式，處理需要最後放款人出面的問題，例如只要讓外界清楚知道若有必要，聯準會絕對會出面供應足夠的信用即可。但有必要強調的是，由於聯邦準備系統實質上直接或間接扮演著金融體系的最後放款人，所以對聯準會的作業彈性進行任何約束（例如強制以機械式的行為規定來約束它），有可能會削弱聯準會在必要時採取行動的力量。不能以那類規定取代最後放款人的裁決權。

另一方面，保障倒閉銀行的存款屬於 FDIC 的法律責任範圍。目前的存款保險金額是每個帳戶 10 萬美元，但在上述討論的倒閉個案發生時，存款保險金額每個帳戶僅有 2 萬美元。然而，在 1973 年至 1975 年的超大型銀行破產案件中，FDIC 找到一家健全的銀行願意概括承受倒閉機構的非權益負債（nonequity liabilities），並收購受創機構的「優質」資產。若採用保障存款這項工具，FDIC 就必須收購那一家倒閉機構的「不良」資產，同時得支付現金給接手問題資產的機構，作為對它的補償，而這麼做等於是證明那個破產機構所有的非權益負債皆屬於有效負債。FDIC 在 1973 年至 1975 年使用的工具，有效保障**所有**存款，包括**海外**分行的存款，而不只是法律規定它應該保障的金額。

一家銀行走向倒閉需要時間，除非是因為弊案遭揭發導致倒閉。1973 年 10 月倒閉的聖地牙哥國家銀行至少在結束營業前一年就有相當嚴重的問題。富蘭克林國家銀行在 1974 年 10 月 8 日結束營業，但陷入極端困境的消息在 1974 年 5 月便已眾所周知。由於很多銀行業者的資料都是公開

資訊，一般人也清楚銀行必然會持有同業的部位（因為有銀行間放款與存款憑證〔 Certificates of Deposits 〕市場的緣故），所以，一旦外界得知或認定某一家銀行將陷入困境，勢必很快會引爆一波擠兌潮。

在現代銀行業務環境中，銀行的擠兌狀況遠比早期文明，早期總是有一大群民眾吵吵鬧鬧的聚集在銀行外，想要將存款換成現金。但以現代銀行業務來說，由於有存款保險，所以，個別散戶的存款充分受到 FDIC 的保障，這意味任何一個在倒閉的銀行開立受充分保障帳戶的個別存款人，可能只要延遲一天左右就可以取回資金。所以，如今的散戶存款人已經不會在銀行陷入困境時吵著要領回現金。[11]

倒閉銀行的其他存款人為了取得信用額度或動支信用額度，將維持補貼性的存款。如果某個存款人動用信用額度，那就等於欠了銀行一筆抵銷性債務。就這個例子來說，銀行的倒閉最多就是導致這名借款人在尋找新信用來源時，遭遇到極為短暫的不便或困窘。商業組織（也就是有其他選擇的經濟單位）總是會試圖安排各種不同的替代融資來源。一旦某家銀行的困境浮上檯面，它的企業借款人將會擴大既定的貸款能量，向替代來源舉借更多資金，同時設法再開創更多新的融資管道。所以，即使這家問題銀行在危機曝光後倖存，也一定會流失顧客。

如果銀行的負債超過資產，那麼，銀行業者的大型債務，例如企業存款、10 萬美元以上的存款憑單、附買回協議（repurchase agreements）、聯邦資金市場的貸款（即銀行同業隔夜貸款，interbank overnight loans）可能就岌岌可危。一旦一家銀行的困境變得顯而易見，它就無法繼續商定任何這類市場導向的負債，它的聯邦資金貸款活動也會迅速萎縮，除非獲得某種「中央銀行」擔保。隨著未清償負債到期，這家陷入困境的銀行將無法賣出或商定其他替代的負債；由於無法使債務展期，因此銀行也無法透過

市場對持有的部位進行再融資。唯一能取得資金來彌補銀行同業清算損失
（clearing losses）與再融資失敗等的管道，只有聯邦準備銀行貼現窗口。

因此，導致一家銀行邁向倒閉的第一個引爆點就是：市場得知它面臨
嚴重困境，導致銀行面臨存款憑單無法展期、無力出售聯邦資金等形式的
擠兌，而且在執行附買回協議時，也會遭遇種種問題（只有像聯準會借錢
才得以執行附買回協議）。接下來，如果陷入困境的是一家大型銀行，它
的大部分負債就會成為在地聯邦準備銀行的債務。唯有稍後該銀行倒閉成
為公開的事實，才會輪到 FDIC 登場。

我們必須強調，銀行向聯邦準備系統舉債的利率，通常低於貨幣市場
債務的利率。因此，聯準會貼現利率具有一種非懲罰性的本質，它象徵對
即將倒閉的銀行進行補貼。在爆發擠兌時，聯準會將收購面臨擠兌困境銀
行的「乾淨」資產，並讓「有嫌疑」的資產繼續保留在該銀行的資產組合
中。一旦一家銀行被認定為無力償債，FDIC 就會介入，為該銀行的所有
或部分存款提供擔保，而這取決於 FDIC 是透過合併或清算來介入。無論
如何，除非倒閉的銀行是一家小型銀行，而且是因為金融檢查程序發現的
單純詐騙個案而倒閉，否則都需要聯邦準備系統與 FDIC 的合作與協調
（coordination）。

儘管美國基於政治、組織、職權和歷史等方面的理由，維持聯邦準備
系統與 FDIC 之間的分立，但卻沒有經濟層面的理由這樣做。在一間大型
銀行倒閉前，一旦市場察覺它即將倒閉，這個搖搖欲墜的機構理當就會被
迫躲進聯準會的羽翼之下；但如果聯邦準備銀行拒絕對一家即將倒閉的銀
行提供融通，那麼，FDIC 就必須明快介入，履行它的承諾，挹注資源到
這家銀行。一旦 FDIC 出手，它可能會名正言順的要求聯邦準備系統提供
貸款，或提供公開市場操作式的融通：畢竟 FDIC 不可能隨時握有 10 億

美元的庫存現金。當大型銀行倒閉，隨著各種不同的最後放款人行動展開，不管是採行哪一種最後放款人工具，聯準會一定會在當中發揮某種重要的作用力。

由於聯準會的第一要務是讓最後放款人作業得以進行，所以，FDIC和聯準會之間應該加強整合。或許應該將 FDIC 納為聯準會麾下的一個半自治附屬機構。當然，FDIC 與聯準會各自的銀行金融檢查作業應該彼此整合，尤其如果希望透過銀行金融檢查結果來掌握和問題銀行有關的早期警訊，就更應該朝這個方向努力。[12]

富蘭克林國家銀行的倒閉

1973 年年底，富蘭克林銀行的資產大約是 50 億美元，名列美國第二十大銀行。1974 年 10 月 8 日，這家銀行被宣告無力償債，而它的存款也被歐洲美國銀行承接。那一天，它的總資產剩下 36 億美元，其中有 17 億美元是經由紐約聯邦準備銀行貸款取得的資金。

由於富蘭克林國家銀行的破產沒有引發恐慌，只不過 1974 年至 1975 年間經濟陷入深度衰退，而且後續經濟復甦的不完全，可能是導致它破產的部分原因，因此，我們可以判斷，當時聯準會的最後放款人干預執行得當。在執行這項操作的過程中，聯準會讓富蘭克林國家銀行得以向它的海外分行存款戶履行它的責任。當時聯準會與 FDIC 對富蘭克林國家銀行國內存款提供的保護，延伸適用到海外分行的存款。

事實上，富蘭克林國家銀行的法人架構下共有三家銀行[13]：一家位於長島的零售銀行（retail bank），一家位於紐約市的批發銀行（wholesale bank），以及一家位於倫敦的海外分行，在 1969 年開始營運。倫敦分行的

資金是從倫敦市場中（通常用議價）買進，並用於歐洲美元（Eurodollar）市場的放款承作業務。這些放款的利差（interest-rate spreads）通常非常微小。到 1973 年年底，富蘭克林國家銀行的倫敦分行有大約 10 億美元的存款，而位於紐約的批發銀行有 14 億美元的存款，至於長島主要處理零售業務的零售銀行則有大約 26 億美元的存款。

富蘭克林國家銀行的問題並不是到 1974 年才突然爆發。早在 1972 年 12 月，金融檢查人員就將該銀行 18 億 2100 萬美元放款組合中的 1 億 9300 萬美元放款歸類為次級放款。換言之，有違約風險的放款（classified loans）大約占總放款金額的 10.6％。而到 1974 年 6 月富蘭克林國家銀行開始擠兌時，有違約風險的放款占放款總額的比例些微上升到 12.7％。該銀行國內放款組合積弱不振的表現，是導致它走向破產的重要因素。

從富蘭克林國家銀行的盈餘記錄就可以發現它的狀況有多糟糕。即使是在富蘭克林國家銀行的問題浮上檯面以前，其盈餘占總資產的比例就已經降到極低的水準。1970 年時，這個數字是 0.66％，相較之下，同一時期，其他大型銀行的盈餘相當於資產的 0.98％。

到 1972 年，富蘭克林國家銀行的盈餘大約只剩資產的 0.3％，而紐約其他大型銀行的盈餘大約有 0.78％。如果每一美元的資產僅能取得 0.3％的報酬，就代表這家銀行沒有太多犯錯的空間，它的獲利也沒有空間繼續萎縮。隨著經濟體系走向雙位數的通貨膨脹與利率的狀態，富蘭克林國家銀行的資產價值、現金流量和流動性隨即受到不利的衝擊。在這些情境的綜合作用下，到 1974 年年初，富蘭克林國家銀行的盈餘便已蒸發殆盡。

1972 年時，義大利銀行家麥可・辛多納（Michele Sindona）掌控的一家盧森堡公司收購富蘭克林國家銀行，掌握銀行的控制權。當時辛多納以 4000 萬美元收購富蘭克林國家銀行 21％的股權，得到大約 50 億美元資產

的控制權，換言之，他每投資一美元，就掌控 125 美元的資產。如果一家銀行的經營階層與董事會只掌握極低比例的自家股權，例如富蘭克林國家銀行的例子，經營階層的出資金額占銀行管理的總資產比例微乎其微。在這些情境下，除非經營階層的誠信與操守無懈可擊，否則，主管機關隨時都得擔心銀行資產有暗中轉移到經營階層手中的風險。

導致富蘭克林銀行陷入危險情境的發展其實是有跡可尋的。1974 年 5 月 3 日，也就是該銀行公開宣布暫時停止發放股利的前夕，它持有 47 億美元的資產。在它的總負債中，大約有 9 億美元是海外貸款，還有 13 億美元是對紐約貨幣市場的債務。在那一天，富蘭克林國家銀行沒有向聯準會借一毛錢，海外分行甚至為總部辦公室提供少量資金（大約 700 萬美元）。

1974 年 5 月 17 日，就在銀行的困境被公諸於世後不久，它的總資產減少大約 4 億美元。貨幣市場負債大約是 6 億美元，兩個星期內減少大約 7 億美元，而外國分行的存款大約減少 1 億 6000 萬美元。到那一天，外國分行反過來欠總部辦公室大約 1 億美元。為了抵銷這些資金流失與其他存款的縮減，富蘭克林國家銀行向聯準會舉借 9 億 6000 萬美元的資金。

從富蘭克林國家銀行的聯邦資金帳戶及同業存款帳戶裡的變動來看，便明顯可見銀行圈對富蘭克林國家銀行的缺乏信心。5 月 3 日，富蘭克林國家銀行的聯邦資金負債（federal funds liability）是 5 億美元，同業存款（due-to-banks）負債是 3 億美元。到了 5 月 17 日，聯邦資金借款（即聯邦資金負債）金額已降為零，銀行同業存款則降到 1300 萬美元。在危機爆發後兩個星期，銀行的國內定期存款也有些流失。

從 5 月 17 日至結束營業，富蘭克林國家銀行一天比一天更依賴聯邦準備銀行。到 7 月底時，富蘭克林國家銀行向聯準會借了大約 14 億美元，

而海外分行大約有 3 億 5000 萬美元的負債，這是對總部辦公室的欠款。國內活期存款與定期存款從 1974 年 5 月 3 日的 18 億美元降到此時的 12 億美元。由於聯準會為這個機構提供顯而易見的保障，所以，它還是可以透過聯邦資金市場募集到一些資金。

當富蘭克林國家銀行最終在 10 月 8 日宣告無力償債時，它的總資產已降至 36 億美元，與前 5 個月（即它的困境剛被揭露時）的 47 億美元相比降低 25％。在結束營業時，它的總負債當中，有 17 億美元是對聯準會貼現窗口的債務。總資產減少 11 億美元，以及積欠聯準會的款項增加 17 億美元等兩項訊號，都意味富蘭克林國家銀行有非常龐大的民間負債流量受到影響。

若從純技術性操作來說，紐約聯邦準備銀行對富蘭克林國家銀行的再融資可謂成果斐然。不管是歐洲美元市場或銀行存款憑單，都未發生明顯的廣泛恐慌與資金外逃現象。這個相對平靜狀態，是在 1974 年 6 月德國有兩家國際性銀行同步倒閉的背景下發生。[14] 兩家國際性銀行幾乎同步倒閉的情況，原本理當在國際金融市場上引發恐慌，但聯準會的行動實質上等於出手承接富蘭克林國家銀行倫敦辦公室的存款，有效防止其他美國銀行業者的歐洲分行爆發嚴重擠兌，當時一般認為這些銀行不管是在國內或國外的曝險部位虧損都非常大。任何一家大型海外存款的擠兌，原本理當會引發整體市場的恐慌，而若不適當加以控制，有可能釀成各種導致經濟陷入深度蕭條的條件。

聯準會出手保護富蘭克林國家銀行海外營運據點的存款人應該是正確的做法。在 1974 年的諸多發展中，真正出錯的部分是，儘管聯準會出手保護整個經濟體系免於受富蘭克林國家銀行擠兌可能帶來的嚴重衝擊，但它並未在事後進一步就美國銀行業者的海外營運提出大刀闊斧的改革建議。

REITs 與作為最後放款人的超大型商業銀行

REITs 是 1970 年代初期當紅的熱門金融產業。這些組織是稅法下的產物。稅法規定，如果 REITs 將 90％的盈餘用於股利發放，就無需支付企業所得稅。雖然 REITs 能持有房地產、不動產抵押貸款或提供營建融資，它們也的確這麼做，但 1974 年陷入嚴重困境的是提供營建融資的REITs。[15]

直到近期的 1968 年，REITs 產業的總資產才大約 10 億美元。不過，到了 1972 年，它們的資產就暴增到 140 億美元，4 年間的複合年成長率高達 93％。1973 年，REITs 的總資產持續強勁成長，達到 202 億美元，較1972 年增加 45％，但到 1974 年年底，REITs 的資產成長速度開始趨緩。那一年，REITs 的資產規模為 212 億美元，年增率僅 5％，而 1975 年年底的資產規模更是降至 195 億美元。

雖然一檔 REITs 可以只持有房地產，並且只經營房地產業務，但那種REITs 很罕見；至於提供營建融資的 REITs 都背負非常龐大的債務。由於這些 REITs 和其他金融事業一樣，都是利用其他人的錢來賺錢，因此，它們的獲利也高度取決於資產報酬率與應付負債成本之間的差額。隨著REITs 業務在 1970 年代初期爆炸性成長，這個產業對短期融資的依賴自然愈來愈高；這使得 REITs 的獲利與其受益證券的市場價值變得極度容易受到利率上升傷害。

表 3.1 是 REITs 產業在 1972 年至 1975 年間的資產負債表。從這些資產負債表的變化，隱約可以看出 REITs 當時面臨危機的某些特質。1972 年，139 億美元的資產當中，大約有 36.6％是股權資本，而到了 1973 年，這個數字降至只剩 28.7％，當時的資產規模為 200 億美元（1974 年更降至 25％）。

表 3.1　1972 年至 1975 年的 REITs（單位：10 億美元）

	1972 年	1973 年	1974 年	1975 年
實體資產	2.5	3.2	4.3	6.9
多家庭結構	0.8	1.1	1.4	2.3
非住宅結構	1.7	2.2	2.9	4.7
金融資產總額	11.4	17.0	16.9	12.6
房貸	2.8	4.1	4.4	3.5
多家庭房貸	2.9	3.7	3.9	3.3
商用不動產抵押貸款	4.9	7.4	7.7	6.6
雜項資產	0.8	1.9	0.9	-1.2
資產合計	13.9	20.2	21.2	19.5
信用市場工具	8.8	14.4	16.0	15.7
不動產抵押貸款	1.2	1.5	1.6	1.9
多家庭住宅	0.4	0.5	0.5	0.6
商用不動產	0.8	1.0	1.1	1.3
公司債	1.4	1.9	2.1	2.2
銀行貸款 NEC	3.0	7.0	11.5	10.7
公開市場本票	3.2	4.0	0.7	0.8
股東權益（估計）	5.1	5.8	5.2	3.8

資料來源：Flow of Funds Data, Board of Governors of the Federal Reserve System.

因此，在 1974 年達到高峰的熱潮，其實是伴隨著槓桿比率的上升而來。

　　在此同時，REITs 的債務結構也出現顯著的變化。1972 年，銀行貸款占總負債的 21.6％，公開市場本票則占 23.0％；然而，1973 年時，銀行貸款占負債的比例增加到 34.7％，公開市場本票則降至 19.8％。因此，1973 年新增的 63 億美元總資產當中，有大約 40 億美元是以銀行貸款取得的財源來支應，只有大約 8 億美元是以公開市場本票所取得的資金來支應。看起來，1973 年新增融資的投機性，遠比固有的負債結構有更高的投機性；到 1973 年年底，REITs 依賴短期融資活動的程度，已遠比 1972 年或更早之前高。此外，到了 1973 年時，整體 REITs 業務的營建融資活動占比已

大幅上升。

投資的決策，以及為某項投資計畫提供融資的決策，就是一種「隨著工作的進展而付款」的決策。REITs 高度參與多家庭（multifamily）住宅、公寓社區與商用不動產的營建融資業務，這類不動產完工時或銷售等待期間，都需要用到短期性的融資。而 REITs 便是藉由舉借短期債務，籌措為營建放款所需的資金。

由於營建放款的特性是使用融資來產出，營建放款的借款人在一項建案開工後到完工期間，並未真的持有任何具備實質價值的資產。畢竟一個半完工的游泳池，或一棟只完工兩層樓的六樓公寓並沒有太多價值可言。一旦決定展開那樣一個營建專案，就代表借款人與放款人雙雙許下一系列短期貸款的承諾；這個建案下一個階段作業所需的資金必須如期到位。因此，為那類建案提供融資的 REITs，必須在建案有需要時即時取得資金，當然也因此必須根據它取得這些資金時的現行市場利率支付利息。

REITs 的獲利來自收費超出資金成本的差額；那就是所謂的「透過利差賺錢」，這正是所有金融機構的特質。不過，在佛羅里達州、加州或科羅拉多州興建獨立產權綜合公寓或共同產權綜合公寓的借款人（注：即建商），要等到這些住宅單位售出，或是綜合公寓完工並出租達到某個目標入住率後，才開始有現金收入，因為唯有到這個階段，諸如保險公司等放款機構才會交付可供建商償還營建貸款的永久性融資（take-out financing），即承接營建融資後的貸款。在興建期間，這些借款人不會有現金流入，但借款人每一期的短期債務應付利息會逐漸降低。為了應對這樣的狀況，各項建案在營建期間所需的資金通常是以貼現票據（discounted note）來支應，在這類票據存續期間，放款人（注：即 REITs）只能以應計利息收入的方式取得收入。

但應計收入讓 REITs 陷入兩難。這些收入是應計，沒有現金流入，但 REITs 為了保有租稅上的利益，必須將 90% 的盈餘用於股利的發放。在這樣的情境下，REITs 必須借錢來發放股利。承包商只有在建案售出或租出，而且取得永久性資金來源後，才會有所得和資金來履行對 REITs 的應付貼現票據款項。在建案興建期間，一旦利率上升，或是建案完工時程延宕，或是營建單位出售或出租的時程有所延宕，都會導致成本上升。在工程進行期間，長期利率的走高（無論上升多少），則會使潛在買家可舉借的不動產抵押貸款金額（以預期租金或預期所得來推算）縮減。而這又往往會使作為完工資本資產建案的市場價格下跌。如果工程延宕，而且短期與長期利率又同步走高，建案成本超出建案當前市場價值的可能性就會發生：當營建成本超過完工資產的價值時，就會發生現值逆轉（present value reversal）的情況。

為了發放股利而舉債屬於龐氏融資（Ponzi finance，將在第九章詳述）的一種。1974 年時，利率走高、營建工事延宕，以及公寓成屋超額供給等多項發展，嚴重危及 REITs 的資本，並導致 REITs 無法順利在市場上出售商業本票。因此，REITs 產業的商業本票金額從 1973 年的 40 億美元，降至 1974 年的低於 10 億美元。

1974 年，商業銀行成為 REITs 僅剩的資金來源，在那一年，商業銀行對 REITs 的放款金額從 1973 年年底的 70 億美元，大幅增加到 115 億美元。當時很多機構不再有辦法在公開市場上出售它們的本票，而銀行業者接受那些本票。顯然在這個過程中的某個階段，連銀行業者都察覺到某些放款對象的信用大有疑問。基於營利以外的考量而承作放款，是最後放款人操作才有的特質。由於在 REITs 在公開市場吃閉門羹後，商業銀行為 REITs 提供再融資，所以，當時的商業銀行形同代理最後放款人的角色。

商業銀行家一則是在自身長期利益考量、一則是在中央銀行的壓力下，出面扛下這個最後放款人責任。聯準會是否施壓銀行業者對 REITs 提供再融資？答案不得而知。不過，1970 年克萊斯勒公司（Chrysler Corporation）旗下的融資部門遭遇沉重的貨幣市場壓力時，聯準會的確明確向外界傳達到它的態度：它正面看待以銀行團組織形式來為克萊斯勒子公司提供再融資的做法。

　　然而，這樣的壓力不見得有必要。大型 REITs 的放款多半是以聯貸的方式提供，而當事實證明貸款的 REITs 無力履行債務時，參與聯貸案件的超大型銀行間就會產生一種共同的利害關係：避免一口氣強制認列因此而產生的全部虧損符合共同的利益。此外，它們也擔心 REITs 的債務違約可能會衝擊到自家資產組合中其他營建類資產的價值。因此，銀行家可能會判定，與其看著那些 REITs 債務違約，最好的解決方案還是繼續為它們提供再融資，這樣就可以延後認列虧損，即選擇適當的時機將這些虧損納入損益表，抵銷後來的所得。另外，銀行家可能也指望資產價值回升（或許是藉由通貨膨脹），這樣他們對 REITs 的放款（或是銀行業者在重組 REITs 的負債時取得的房地產）價值至少不會低於其票面價值。

　　REITs 事件是一個典型的投機泡沫，但並未發生常因投機泡沫而引爆的那類崩潰走勢，原因是機構放款者出面為 REITs 提供再融資，以及金融監理機構同意機構放款者這樣的商業判斷。不管銀行或銀行業務的主管機關對放款重組金額有何說法，提供再融資的銀行業者所取得的資產實際現值，很可能遠低於其帳面價值。所以，REITs 事件使商業銀行的資產負債結構弱化，也因此變得更容易因未來的投機騷亂而受創。總之，REITs 泡沫的發生，導致整個金融體系的體質變得更加羸弱。不過，就短期而言，相較於出手懲罰 REITs 的債務違約，並將這整個產業徹底掃進歷史的垃圾

桶，實際的經濟表現確實稍微強一點。

1974 年至 1975 年的經典情況

從很多方面來說，1974 年至 1975 年的狀況可視為聯邦準備系統在履行最後放款人責任方面的經典範例。儘管有重要的金融組織公然倒閉，而且大眾也知道很多重要金融機構接下來可能會陷入更嚴峻的困境，危機與恐慌最終並未爆發。當時發生很多困難時刻，確實有很多經濟單位破產，股票市場價格也的確大幅下跌，經濟也陷入嚴重衰退。不過，這一次經濟衰退最終在所得與大政府的財務影響（第二章曾討論）下趨於和緩，最終並順利反轉。

不過，我們不該對 1974 年至 1975 年（以及 1981 年至 1982 年）的成就感到自滿。近幾年的事件顯示，若放任我們這種經濟體以平日的機能運作，遲早會醞釀出助長金融危機的狀況。而要迅速解決這類危機，有賴中央銀行組織明快且有效的干預。若當局在那樣的環境下，未能採取有效的行動，就可能爆發比 1974 年至 1975 年更嚴重的金融與經濟危機。

不過，主管機關雖然成功防範金融危機的全面爆發，但也並非沒有付出代價。聯準會在富蘭克林國家銀行爆發問題時履行最後放款人的職權，意味著聯準會的保護明確延伸適用到美國特許會員銀行的所有海外存款。這意味 1974 年以後，聯準會許可銀行業者在國際金融市場積極擴張。1974 年過後，超大型美國銀行業者海外辦公室存款的大量增加，特別是拜這項保護措施所賜。所以，1974 年至 1975 年的成功，也等於是埋下未來多項困局的種子：這是引發 1980 年代第三世界慢性債務危機的關鍵。相似的，當局為了因應 1974 年 REITs 商業本票的擠兌，以銀行信用取代公

開市場信用；在這個過程中，即使商業銀行業者不得不以優惠的條件提供融資，但商業本票市場終得以維持健全。到最後，一個機構和一個慣例再次因最後放款人行動而獲得保全，但這也並非沒有代價；銀行資產組合因此弱化。

1974 年至 1975 年成功擋下金融危機威脅，並控制所得和失業萎縮程度，意味困局結束後不會產生一波制度改革。1974 年至 1975 年的經驗產生的結果是聯準會的擔保範圍進一步延伸，即便聯準會的權力並未因此擴大來嚴防可能引爆危機的潛在局面。實質上來說，聯準會的責任加重了，但權力卻未同步增加。1974 年至 1975 年的事態，以及後續採取的作為，都未能消除未來再次發生嚴重經濟衰退或甚至溫和經濟蕭條等的可能性。誠如我們已經知道，1981 年至 1982 年間又發生一系列更嚴重的金融事件，這些事件的影響滲透到整個 1980 年代，而且需要比 1974 年至 1975 年更廣泛的最後放款人干預才能解決。

天還沒塌下來

1974 年第三季與 1975 年第一季產出大幅降低，而且失業率爆發性上升，在此同時，富蘭克林國家銀行倒閉、REITs 產業陷入困境，以及大量企業破產案件等問題連環爆發。經濟看似即將陷入大蕭條；天好像馬上就會塌下來似的。不過，最後災難並沒有發生。因退稅政策而起的大規模政府赤字，外加最後放款人干預，最終有效遏止景氣的下滑，並迅速扭轉經濟發展的路徑。

1969 年至 1970 年，賓州中央鐵路（Penn-Central railroad）倒閉，商業本票市場爆發擠兌潮，持續增加的政府赤字搭配最後放款人干預，也有

效控制經濟衰退，並維持經濟復甦。

　　另外，在 1974 年至 1975 年的事件過後，又有兩段期間幾乎引發金融崩潰的事件因大規模政府赤字與最後放款人干預的雙重效果而獲得控制，那是發生在 1979 年至 1980 年，以及 1981 年至 1982 年。在 1974 年至 1975 年的干預之後，通貨膨脹大幅上升，導致資金大舉逃離美元，包括國際市場與國內市場皆可見到這個狀況。1978 年至 1979 年，隨著美元兌其他通貨大幅貶值，以美元為中心的國際貨幣體系似乎隨時有瓦解之虞。在美國，資金大舉逃離美元是以收藏品投資遽增、金屬投機行情，以及家庭債務急速增加等形式展現。

　　因此聯準會改弦易轍，原本以利率為主的政策目標，變成以貨幣供給為直接目標。這種實用貨幣主義立場，很快就導致利率快速大幅上升。就國際資金大舉逃離美元的情勢而言，聯準會所採取的行動符合 19 世紀為了規範空洞的黃金準備金本位管理者英格蘭銀行而發展出來的規則。[16]

　　後來，國內資金大舉逃離美元的風潮被高利率打斷，因為高利率使諸如黃金與白銀等無法孳生收益的資產持有成本大幅增加，持有短期資產的報酬也顯著降低。這個政策轉變的代價除了 1980 年為期 6 個月的短暫經濟衰退，還有杭特（Hunt）兄弟財富的崩跌，以及巴赫公司（Bache and Company）的差點倒閉[17]、賓州某大銀行最終破產，以及對克萊斯勒的優惠條件放款。這些事件最後促使聯準會採取最後放款人干預，不過，利率的寬鬆只是短暫的。

　　除了倒閉個案的細節以及涉及組織的本質有所不同，1981 年至 1982 年的經濟衰退和 1974 年至 1975 年的經濟衰退相當一致。所得與產出再次大幅降低，失業率也急劇上升；政府赤字再次大幅擴張（雷根經濟學的極端凱因斯學派立場）；就在深沉的動亂與驚人崩跌等情況再次發生之際，

聯準會也再次展開一系列的最後放款人干預。在失業與破產情勢再次日益惡化的同時，一場大規模最後放款人干預展開，6個月後，所得與就業水準再次迅速反轉。這一次，天還是沒有塌下來。

就國際參與的程度來說，1981年至1982年的經濟衰退與聯準會的干預，乃至1983年至1984年的後續影響，都和1974年至1975年間的情況有所不同。這一次導致準會介入進行最後放款人干預的高潮事件是，奧克拉荷馬州一家促銷型銀行（promotional bank）崩潰（賓州廣場銀行〔Penn Square〕），以及資金大舉逃向美元，尤其是墨西哥披索暴跌的時候。我們可以說，1979年政策轉向實用貨幣主義立場，導因於資金的大舉逃離美元，而拋棄實用貨幣主義立場而採取更大裁決空間的政策立場，則是因資金大舉逃向美元所引發。

即使1982年的天沒有塌下來，而且接下來到1984年年初的經濟復甦情況也幾乎堪稱令人驚豔，但那一片天空也不是徹底穩當。金融機構羸弱不堪的問題持續浮現，包括芝加哥的大陸伊利諾銀行那引人注目的苦難，顯示經濟流程遠遠未能恢復二戰後那種大致平靜的狀態。1950年代與1960年代初期顯而易見的內部一致性，被顯而易見的內部不一致性取代，幸好因最後放款人干預與大政府為了維持獲利所提供的支持影響，這些內部動亂才獲得控制。總之，這些干預行動有效阻止經濟崩潰。

最後放款人干預與大規模政府赤字等成功防止天塌下來的作為是一種強效藥。但強效藥通常會產生副作用。此外，我們都知道，經濟體系的演進可能產生某個體制或某一組結構下有效的藥品，在另一個體制或結構下失去藥效。為了檢視這些議題，我們需要一個理論來解釋為何美國經濟體系很容易發生「天塌下來」之類的威脅，以及特定政策干預為何有時會成功、有時則會無效。

第四章
戰後世代金融
不穩定性的興起

　　貨幣與金融體系該採用怎樣的組織才適當？這個議題在美國歷史上持續有爭議，不過，在二戰後 20 年的經濟平靜與進步期對這個議題的討論卻趨於沉寂。經濟表現得恰到好處，加上國內、國際銀行與金融體系不尋常的穩定等現象，促使一般人相信，歷經近 200 年的實驗，我們終於掌握要領。不過，雖然這段期間幾乎沒有發生和貨幣有關的政治爭議，金融相關的新立法甚至可說是幾乎沒有，貨幣與金融體系卻經歷著意義重大的革命性變化。[1]

　　金融體系的諸多動態促使制度改變，這是由企業、金融機構與家庭管理各自事務與追求獲利的活動所造成。許多創新在這個過程中發生，很多新金融工具和金融機構因此興起，舊金融工具與金融機構的應用也屢見創新。這些變化，以及因這個時期的成功光環而起的各種立法與行政變革，最終將一個原本不可能發生金融危機的金融與經濟體系，轉化為一個容易受危機影響的金融與經濟體系。金融不穩定性在 1966 年的信用危機時期再

度浮上檯面。從那時開始，為控制不穩定性而採取的回應與干預行動，出現制度與結構方面的變化，整個金融體系也在這樣的大環境中持續演進。

一些組織原則

在討論導致「平靜狀態」被「動亂狀態」取代的各項發展前，我們需要先探討一些組織原則。美國經濟是資本主義經濟，採用複雜、精巧且昂貴的資本設備，並擁有一個成熟、複雜、曲折繁複且不斷演進的金融體系，讓間接持有財富成為可能。由於美國是一個資本主義經濟體，所以美國的經濟端賴民間追求所得與財富的行為，來創造與維護資本資產乃至當期的生產活動。

有一派觀點認為，由於債務被用來作為取得控制資本資產所需的財源，所以美國經濟體系是一個充斥貨幣進出交易的複雜系統。每一項金融工具，不管是短期票據也好，債券、保險保單或股份也罷，都代表著某個時間點或某個事件發生時的現金支付承諾。這個時間點可能是精確的（具體訂在合約中），也可能是開放的（對方提出要求時支付，或是視事件而定）。銀行與儲蓄機構的存款（存款人提出要求或命令時付款）與或有付款合約（contingent-payment contracts，例如退休金或壽險協議）是開放型合約。普通股或股權屬於特殊的或有承諾，企業必須有獲利並發放股利，股權持有者才能收到現金。

而要履行這些承諾，就需要現金。現金可能來自手頭的資金（只是讓這個問題暫時延後浮現），可能來自對所得創造活動的貢獻而支付的款項（如工資與獲利），來自持有融資合約所衍生的貨幣，來自有形資產或金融資產的出售，或是來自貸款行為。上述清單包括各種可能性，但不包括

對銀行創造的現金，只有政府能創造現金，而且是以特殊的方式創造現金（儘管原則上每一個經濟單位都能「創造」貨幣，唯一的問題只在於創造者如何讓別人「接受」它創造的貨幣）。[2]

一家企業的資產負債表（一端認列企業的實體資產與金融資產，另一端認列企業的負債）與損益表，可以看出現金的來源與用途。銷貨收入與現金支出成本之間的差額是最粗略的總獲利。這項總獲利是現金流量的一種；而這種現金流量的取得，和企業所屬的市場、資本資產與組織的本質有關。經濟單位的另一種現金流量來自它持有的金融工具；這類現金流量代表其他人履行合約。除了源自總獲利與履行合約的現金流量，一個經濟單位還可能藉由出售實體資產、金融資產，或藉由抵押資產與未來的所得等方式來取得現金。

負債則是付款相關的承諾，在企業資產負債表的另一端；這些付款用於償還債務或償還債務利息。履行這些付款承諾的現金，可以透過總獲利型現金流量、庫存現金、出售資產或貸款等管道取得。當一個經濟單位預期每一期的現金收入將超過現金支出，它就是從事我們所謂對沖融資活動的經濟單位。然而，若一個組織在一段期間內的合約性現金**流出**超過預期現金**流入**，代表這個組織的融資活動屬於投機性融資或龐氏融資。一個處於投機性融資或龐氏融資狀態的經濟單位，必須藉由出售某些資產、將到期債務展期，或舉借新貸款等方式，取得現金來滿足債權人。比起對沖融資型經濟單位，這兩類經濟單位的表現更顯著取決於金融市場上的狀況。

銀行、儲貸機構等存款機構，以及其他會使用到短期債務的經濟單位（企業、家庭與政府），偶爾都可能會面臨「現金流出暫時超過現金流入」的狀況。特別容易因現金短缺而受創的經濟單位往往會持有現金、能輕易變賣的有價資產，或者設法事先安排好某種類型的擔保再融資管道。無法

輕易用來產生現金的資產，像是經營企業所需的實體廠房，以及銀行資產組合中的放款，可以稱為該經濟單位的**部位**（position）；這類資產是組織的基本生財工具（stock in trade），而且通常是專屬這個公司或產業特有的生財工具。如果一個經濟單位突然面臨現金短缺的窘境，那麼，取得所需現金的唯一管道就是變賣上述重要生財工具以外的資產，不然就得貸款。根據銀行業的行話，為了必要的業務資產而融資取得現金的行為，稱為**製造部位**（making position），而用於那類目的工具，就稱為製造部位的資產或債務。如果一項資產或債務擁有廣大且活絡的市場，它就是一種優質的部位製造工具（position-making instrument）。此外，製造部位資產的市場應該要具備強大的恢復力，亦即一旦隸屬這個市場的資產稍微跌價，一定會有很多人湧入搶購這項資產；所以，在正常的賣壓下，它的價格不會有很大的變化。

或許參考銀行與其他金融機構通常將「資產取得」（asset-acquisition）和「現金管理」（cash-management）功能分開經營，會比較容易理解所謂的部位製造問題。商業銀行放款大部分是以信用額度的形式進行，其中，借款人會視業務需求去動用其中一部份的信用。因此，在借款人動用放款資金的同時，銀行帳冊上就會出現一筆放款：放款銀行的現金（銀行準備金）減少，但同時有一筆放款成立。對一家會員銀行來說，這意味在聯邦準備銀行的銀行存款帳戶上出現一筆借項（debit）。

每一家銀行都有一名高階主管（以當今的超大型銀行而言，則會是一個部門）負責確保銀行的現金部位（以會員銀行來說，這是指它在聯準會的存款）達到法令規定的水準。這位主管必須有能力取得有利於該銀行的現金流量。根據教科書上的說明，當銀行的準備金不足，銀行就必須限制放款活動。事實上，以現代商業銀行業務來說，每天的放款勢必來自於先

前的承諾。而為了遵守法定存款準備規定並維持應有的準備金水準，銀行的放款組合與放款策略並不容易出現快速的變化。

若一個經濟單位有能力透過自身的行動，創造有利於自己的淨現金流量，那麼，它的付款承諾就會被廣泛視為一種流動資產或貨幣性資產。只要有錢的所有權人（銀行負債的所有權人）相信一家銀行能創造有利的現金流量，那麼，他們就會將它的負債視同流動資產，繼續持有。但一旦這股信心蒸發，有錢的所有權人就不會願意繼續持有這家銀行的負債。這將導致該銀行的現金流失，進而會對它創造正向現金流量的能力造成考驗。[3]

最終來說，外界願不願意接受一家銀行的負債，取決於它是否有能力為了實現有利的現金流量而中止或減緩放款活動。不過，中止放款活動的行為過於激烈：那麼做實質上等於是清算銀行的現有業務。何況，此舉有可能會傷害到銀行平日來貸款的企業客戶未來的發展。因此，銀行需要某種既能創造有利的現金流量、但又不影響到其基本放款立場的方法。為了達成這個目的而使用的工具，就是製造部位的工具。維持良好機能運作的銀行在資產結構的安排上，會著重於能創造有利現金流量、而且不會導致基本業務（商業與工業的短期融資業務）停擺的資產。

二次世界大戰結束時，商業銀行業者持有大量的政府證券。當時的政府證券市場是主要的資金部位製造市場，而國庫券是最主要的部位製造工具。擁有超額現金的銀行會購買國庫券，而現金（準備金存款）不足的銀行則會出售國庫券。這些賣出與買進行為是透過獨立的經銷商（dealer）或大型銀行的經銷部門進行。

政府證券市場是經銷商市場，不像股票市場屬於經紀商市場。在經銷商的市場上，銷售機構會先買下債券，接著再將它建立的債券部位賣出；經銷商持有它交易資產的所有權，只不過，持有的時間很短暫。而在一個

經紀商的市場，銷售機構只是將買方和賣方集合在一起，經紀商本身從未持有買賣雙方交易工具的所有權。因此，持有債券存貨的經銷商需要使用融資。在國庫券市場上，一個經銷商可能在同一個交易日買賣非常大量的證券，而且可能會將非常多存貨保留到隔天。這時，這家經銷商就需要為它的部位進行融資，於是，它會向持有超額現金的銀行及非銀行組織借錢。以買賣部位製造工具為業的經銷商是維持銀行業務系統平順功能運作的必要因素：由於市場上對這些證券的需求起伏不定，所以，他們往往會使那些證券的價格波動程度減緩。

銀行是追求獲利的組織，所以，一旦釐清它們有意承擔或獲准承擔的風險後，總是會力求獲取與那些風險一致的最大獲利。銀行家經由銷售銀行的服務（遠距與遠期付款）、安排融資，以及透過他們管理資金的利差等管道賺錢；而若想透過利差賺錢，資產的利率就必須高於負債的利率。

隨著銀行業者找到能提高銀行資產報酬率或降低銀行負債成本的新方法，銀行的獲利就會增加。而為了這樣做，銀行業者遂導入很多可為企業界提供融資與募集資金的創新管道：在一個由眾多追求獲利的經濟單位所組成的金融體系，勢必常會有各種不同的新工具、新型態合約，以及新機構出現。

銀行資金部位製造工具的演進

在戰後期間，商業銀行採用的資金部位製造工具不斷演進。最初，主要的資金部位製造工具是國庫券；銀行為了增加現金部位而賣出資產（國庫券），並在有超額現金時買進國庫券。當國庫券用來製造部位時，銀行等於是以一項資產（商業放款）取代另一項資產（國庫券），或是倒

過來。

　　銀行與大額現金的持有人在買賣國庫券時，需要一系列以現金買賣這些工具的經銷商存在。當經銷商增加國庫券的持有量，它們就需要現金，就需要貸款。另一方面，每當經銷商持有的國庫券存貨減少，它們就會償還債務。因此，經銷商的負債會隨著手中存貨的增加或減少而提高或降低：它們藉由操作自家的負債來製造部位。雖然對政府債券的經銷商來說，商業銀行是它們的基本資金來源之一，但公司與其他擁有短期超額現金的人一樣也會放款給經銷商。然而，經銷商有時可能無法經由正常的銀行或非銀行來源貸款，藉此取得支應它們持有的政府債券部位所需的資金。在那種情況下，經銷商必須有備用的資金來源，經銷商市場才能維持順暢的機能運作。其中一個備用選項是允許債券經銷商向聯邦準備銀行貸款，不過，這個選項向來不被採納。取而代之的，1950 年代與 1960 年代，漢華實業（Manufacturers Hanover Trust）這家紐約超大型銀行甚至拒絕將經銷商放款業務列為日常業務；不過，若經銷商在其他融資來源都吃了閉門羹，最終還是可以向漢華實業貸款。據了解，若漢華實業因對債券經銷商提供融資而發生準備金不足的問題，它便能向聯準會貼現窗口取得資金。[4]

　　在銀行業者持有大量政府債券的特有環境下，這個間接使用聯準會貼現窗口的權利，堪稱解決備用資金部位製造問題的適當方案之一。但若銀行不是採用政府債券來製造部位，這個解決方案顯然就無效了。

　　表 4.1 追蹤 1946 年至 1984 年間，商業銀行資產組合持有放款與美國政府證券的比重變化。銀行資產組合持有的政府證券金額，歷經 1946 年戰爭時期的高點 765 億美元後，直到 1960 年代中期，這個金額都幾乎維持不變；但從那之後，持有的金額開始增加。但誠如表 4.1 中明顯可見，

表 4.1　商業銀行業務：年底金融資產總額、政府證券與放款

年底	金融資產總額（10億美元）	美國政府證券總額	放款	政府／金融資產%	放款／金融資產%	美國政府機關	美國政府機關債券占美國政府證券的比例
1946	134.2	76.5	24.0	57.0	17.9	1.0	1.3
1950	149.5	64.5	25.9	43.1	28.8	1.9	2.9
1955	187.4	65.2	83.4	34.8	44.5	2.9	4.4
1960	228.3	63.9	120.0	28.0	52.5	2.3	3.6
1965	340.7	66.0	203.8	19.4	59.8	5.8	8.8
1970	504.9	76.4	310.8	15.1	61.6	13.9	18.2
1973	728.8	88.8	478.1	12.2	65.6	29.6	33.3
1974	800.1	89.5	535.7	11.2	67.0	33.2	37.1
1975	834.6	119.5	533.6	14.3	63.9	34.6	28.9
1976	906.0	139.6	577.5	15.4	63.7	36.0	25.8
1977	1000.4	138.5	659.5	13.8	65.7	36.8	26.5
1978	1147.2	139.0	773.8	12.1	67.4	43.8	31.5
1979	1276.8	146.5	877.2	11.5	68.7	51.2	34.9
1980	1389.5	172.1	938.7	12.4	67.5	60.9	35.4
1981	1522.6	183.9	1029.5	12.1	67.6	70.7	38.4
1982	1611.2	211.8	1074.4	13.1	66.7	78.2	36.9
1983	1757.4	258.1	1158.8	14.7	65.9	79.0	30.6
1984	2012.9	261.5	1328.4	13.0	65.8	78.5	30.0

資料來源：Flow of Funds Accounts, 1952–1984, Board of Governors of the Federal Reserve System, Washington, D.C., April 1985. Data from 1946 and 1950 from ibid., 1946–1975, December 1976.

至 1974 年為止，商業銀行持有的政府債券之所以增加，主要是因政府機關證券的發行量增加，雖然這些證券享有美國政府的全額擔保，但由於這些證券的市場交易通常很不活絡，所以不適合用來製造部位。此外，由於部位製造活動的規模和金融資產總額相關，所以，從二戰結束後至 1970 年代中期，政府證券相對總資產的比例降低（如表 4.1 所示），意味持有政府證券愈來愈無力應付銀行的部位製造活動。

如果一個組織無法藉由賣出或買進諸如國庫券之類的資產來製造部位，那麼，它還可以藉由增加或減少貸款的方式來製造部位。在戰後世代，隨著聯邦資金市場持續發展，這個市場漸漸成為商業銀行原有部位製造工具（國庫券市場）的替代選項一。聯邦資金是存在各地聯邦準備銀行的存款；1950 年代中期，超大型銀行，以及營運所在地較方便從事這類交易的一系列小型銀行，便經常使用聯邦資金市場來作為部位製造工具。聯邦資金依然是重要的部位製造工具，而聯邦資金利率，也就是銀行間拆借那類存款的放款利率，目前也是經濟體系重要的利率。

一直以來，銀行業資產相對銀行業者存放在聯準會的存款金額及庫存現金都是成長的。表 4.2 列出庫存現金與聯準會準備金相對銀行業金融資產總額的比例；這個比例從 1946 年的 13.6％降至 1975 年的 4.6％與 1984 年的 2.0％。由於部位製造活動的總量和金融資產的數量有關，所以，銀行業者需要開發各式各樣的部位製造工具（與市場），才有辦法在現金與準備金相對總資產的比例降到如此低水準的情況下，繼續維持正常運作。由於總資產規模相對準備金存款與庫存現金已大幅成長，故商業銀行業者必須開發不會過度耗用準備金（reserve-economizing）的負債類型。銀行業者經常利用各種創新的方法，打造可在必要時對特定銀行產生準備金流量的工具，而這些工具能在整個銀行體系釋放準備金。

其中一種不過度耗用準備金的存款是大面額的定期存單（certificate of deposit，CD），至少從原則上來說，這是一種可轉讓的存款。這種存款最早是在 1960 年代初期被引進銀行體系，後來，它迅速成為大額短期資金持有者最喜愛的投資工具之一。1960 年代初期，定期存單的成長促使銀行信用的擴張幅度遠遠超過準備金基數（reserve base）的擴張。在 1966 年信用危機爆發前那段時間，會員銀行的準備金年增率僅 2.6％，定期存款

表 4.2　商業銀行業務：1964 年至 1984 年特定年度的庫存現金與準備金

年	銀行金融資產	庫存現金	會員銀行 準備金	現金與準備金 總額	現金與準備金總額相對 金融資產的比例
1946	134.2	2.0	16.1	18.2	13.6
1950	149.5	2.2	17.7	19.9	13.2
1955	187.4	2.7	19.0	21.7	11.6
1960	228.3	3.3	17.1	20.4	8.9
1965	340.7	4.9	18.4	23.3	6.8
1970	504.9	7.0	24.2	31.2	6.2
1975	834.6	12.3	26.1	38.4	4.6
1980	1389.5	19.8	27.5	47.3	3.4
1984	2012.9	18.6	21.8	40.4	2.0

資料來源：Flow of Funds Accounts, 1952–1984, Board of Governors of the Federal Reserve System, Washington, D.C., April 1985. Data from 1946 and 1950 from ibid., 1946–1975, December 1976.

（包括可轉讓定存單）成長率明顯更快，大約是 10.7％，而銀行信用總額則是成長 8.0％。因此，定期存款的成長，讓銀行業者得以有效規避準備金對銀行信用成長所構成的限制。

　　政府公債的經銷商與商業銀行在製造部位時，還會使用另一個手段：附買回協議，這是一種在出售資產（例如一批政府債券）時，附加「將於固定日期（例如明天，或當天起算的一週後）買回這項資產」條件的合約。這項資產的出售價格與後續買回的價格，都明訂定在合約中；由於價格是透過議價決定，所以，買方的報酬其實就是買賣金額的利率。當一個經濟單位與銀行簽訂附買回協議，實質上等於從計算法定準備金的存款基數中取走一筆存款。附買回協議也可用來規避利率上限。

　　銀行業者也會為了製造部位而向外國銀行貸款。海外的美元（歐洲美元）貸款是另一種不會耗用準備金的負債。當一家美國銀行的倫敦分行舉借歐洲美元貸款，並將這筆資金匯回美國的總部辦公室，這筆借貸而來的

資金對這家美國銀行而言就像是一種準備金存款（reserve deposit），不會產生耗用準備金的負債。

如果這一筆歐洲美元貸款衍生一筆賣馬克、買美元之類的交易，結果有可能使聯邦準備系統的準備金存款增加，但實際上會不會使準備金存款增加，取決於兩國中央銀行對匯率的態度。在 1970 年信用緊縮的問題爆發時，擁有海外分行的銀行業者得以規避聯準會的政策限制，在海外分行募集資金並進行授信業務。因此，1970 年流動性緊縮的問題結束後，很多銀行業者為了更善加因應未來可能再次面臨的準備金限制，紛紛在海外成立分行。

美國當前銀行體系的正常機能運作，取決於各式各樣可用來製造部位的貨幣市場工具。從二戰結束後，美國銀行體系就不斷演進，從原本單純只有國庫券一種部位製造工具，演變成一個複雜的局勢：典型的銀行業者不斷透過自家的政府證券帳戶或聯邦資金部位，大玩各種戲法，透過大面額的定存單、附買回協議、歐洲美元貸款（或銷售額），以及聯準會貸款等工具來製造資金部位。由於擁有那麼大量可用來製造部位的選項，所以，這個系統的行為當然和單純的系統（由國庫券市場獨占部位製造活動）的行為大不相同。此外，製造資金部位的技巧迄今仍不斷演進。每當購買資金的方法或銀行融資活動的替代方案出現快速創新時，聯準會的政策行動與可用融資量之間的聯繫就愈來愈寬鬆。銀行業者及其他金融機構可使用的另類部位製造手段愈多元，融資的供給對聯準會貨幣政策的反應就愈慢。每當有新的演進發生，聯準會採取的限制行動與銀行及金融市場對供給的回應之間的時間落後就會延長（相較於各項關係較緊密且不變時）。一旦各項關係趨於鬆散，若政策制訂者不願耐心等待結果，往往會製造嚴重的過量融資供給。被用來製造部位的市場愈多，而且銀行透過各

種市場買進的資產占銀行總資產的比重愈高，政策行動最終將導致經濟走向金融危機邊緣的可能性也會愈高。因此，隨著戰後期間金融體系不斷演進，經濟不穩定性發生的可能性也隨之上升。

銀行和銀行用來買賣資產並取得存款的市場中所發生的一切，只代表金融體系的某一面。當銀行出售定期存單或簽訂附買回協議時，銀行定期存款的某個代替品（即付款承諾）取代活期存款的情況就會發生。那樣的交易能提高銀行體系從事融資活動的能力。不過，銀行業者提供的融資往往是短期的；因此，允許銀行融資快速成長的對策，將使非銀行部門的短期融資活動增加。短期融資活動的快速成長，則往往會導致金融體系變得愈來愈脆弱。

戰後期間的部門別數據

1960 年代中期，經濟的表現與金融結構都經歷顯著的變化。通貨膨脹率升高的傾向顯而易見，近幾年，失業也成為明顯惡化的問題之一：1974 年至 1975 年與 1981 年至 1982 年經濟衰退時的失業率，遠比更早期的經濟衰退階段高，而 1975 年至 1981 年間的最低失業率，也高於在這之前的幾個戰後經濟擴張期。

從 1960 年代中期的重要融資關係演變，可以找到經濟行為出現上述差異的理由。在檢視這些演變時，我們必須先著重在非金融企業、家庭與商業銀行（即美國經濟的三大民間部門）資產負債表數據的變化趨勢。

大蕭條無疑明顯影響一般人心目中的「理想負債結構」。當時一般普遍認為，銀行是一種只想對不需要貸款的人放款的機構。就專業術語來說，那是指借款人與放款人雙雙具有風險規避（risk-averse）的傾向。由

於二戰後的經濟榮景最初只被視為暫時的繁榮，所以在戰後世代早期，一般人對債務型融資還是避之唯恐不及。

1946 年，在家庭、企業與金融機構的資產負債表中，政府債券的持有比重遠高於過往，另一方面，這些部門持有的民間債務則遠比過去少。當時的聯邦債務為 2295 億美元，而民間總債務則為 1534 億美元，低於 1929 年的民間債務總額 1618 億美元。由於民間負債水準較低，加上未清償的聯邦政府債務增加，所以，這幾個主要部門的資產負債表中，充斥政府發行的金融資產，這些都是安全而有保障的資產。

但若個別檢視相關的數字，很難從中找出明顯的經濟關係。1946 年至 1984 年間，不同類型的債務在特定年度的分布如表 4.3。到 1970 年代

表 4.3　1964 年至 1984 年公共與民間債務淨額分布

年度	公共與民間總債務淨額（10 億美元）	聯邦政府債券	州及地方政府債券	企業債券	家庭債券
1943	350.4	62.8	4.4	14.1	9.8
1952	460.2	48.1	6.8	18.9	20.4
1955	544.9	41.8	8.4	19.0	25.0
1960	726.8	32.5	9.9	21.2	30.0
1965	1012.5	25.9	10.2	21.9	33.9
1970	1432.3	21.0	10.4	24.8	33.6
1975	2288.8	19.5	9.6	24.0	34.0
1980	3948.3	18.8	7.5	23.1	37.7
1981	4328.4	19.2	7.0	23.4	37.4
1982	4728.9	21.0	7.1	23.0	36.2
1983	5255.3	22.4	7.1	21.8	35.9
1984	5970.8	23.0	6.8	21.9	35.7

資料來源：Flow of Funds Accounts, 1952–1984, Board of Governors of the Federal Reserve System, Washington, D.C., April 1985. Data from 1946 and 1950 from ibid., 1946–1975, December 1976.

中期，公司債相對總債務的比例上升，聯邦政府債務對總債務的占比則降低。另一方面，州及地方政府債務占總債務的比例一路上升至 1960 年，接著大致持穩在 10% 至 10.5% 的水準。此外，家庭與非公司型企業的債務也呈現類似的趨勢，一路大幅增加，到 1960 年代初期至中期，這個成長趨勢才趨緩。家庭與非公司型企業的債務占比似乎在那時達到高點。

債務分布狀況受 1981 年至 1984 年間的逆經濟週期（contracyclical）及結構性赤字影響。聯邦債務從 1980 年占總債務的 18.8%，上升到 1984 年的 23%。另外，1980 年至 1984 年間，企業與家庭債務占總債務的比重則雙雙降低；企業債務的總債務占比從 23.1% 降至 21.9%，家庭債務則從 37.7% 降至 35.7%。

總債務相對 GNP 的比例自 1946 年的水準一路降低後，到 1960 年代初期在相對狹窄的區間（大約接近 1.30 至 1.40）止穩，但隨後債務相對 GNP 的比例又開始上升。（表 4.4 是以當期美元計價的債務相對 GNP 比例，是許多類型的債務在 1946 年至 1984 年間特定年度的狀況）。近期的發展使 1984 年的公共與民間總債務淨額相對 GNP 的比例又上升到 1.63。

直到雷根年代的財政赤字發生前，聯邦政府債務相對 GNP 的比例是降低的，1946 年的數字是 1.04，1980 年已降至 0.28。企業債務相對 GNP 的比例則是一路上升，至 1970 年為止，從 1946 年的 0.24 上升至 1970 年的 0.36（1965 年至 1970 年間，企業債務占 GNP 的比重從 0.32 上升至 0.36）。但從 1970 年開始，企業債務相對 GNP 的比例就大致趨於穩定。另外，1965 年以前，州及地方政府債務與個人債務雙雙呈現上升趨勢，接下來處於一個狹窄區間內，直到 1970 年代中期才又改觀。之後家庭債務相對 GNP 的比例再次上升。

在 1960 年代與 1970 年代，州及地方政府、家庭與企業債務相對 GNP

表 4.4　1946 年至 1984 年間公共與民間總債務淨額相對 GNP 的比例

年度	公共與民間總債務淨額（10 億美元）	聯邦政府債券	州及地方政府債券	企業債券	家庭債券
1946	1.67	1.04	0.07	0.24	0.16
1952	1.32	0.64	0.09	0.25	0.27
1955	1.37	0.57	0.12	0.26	0.34
1960	1.43	0.47	0.14	0.30	0.43
1965	1.47	0.38	0.15	0.32	0.50
1970	1.44	0.30	0.15	0.36	0.48
1975	1.48	0.29	0.14	0.35	0.50
1980	1.50	0.28	0.11	0.35	0.57
1981	1.46	0.28	0.10	0.34	0.55
1982	1.54	0.32	0.11	0.35	0.56
1983	1.59	0.36	0.11	0.35	0.57
1984	1.63	0.38	0.11	0.36	0.58

資 料 來 源：Flow of Funds Accounts, 1952–1984, Board of Governors of the Federal Reserve System, Washington, D.C., April 1985. Data from 1946 and 1950 from ibid., 1946–1975, December 1976.

的比例增加的趨勢逐漸趨緩（聯邦政府債務相對 GNP 比例降低的速度也持續減慢），在此同時，金融市場的不穩定性加劇。1960 年代末期至 1970 年代也發生利率上升、企業總獲利及家庭所得中必須用於償債的獲利與所得的占比增加等情況。因此，從 1960 年代開始的各個趨勢，是反映債務增加與利率大幅上升的綜合影響。

　　各項融資關係在 1960 年代中期的顯著變化，可由部門別資產負債表的數據，以及資產負債表與所得的關係看出來。凱因斯確認美國經濟的特質是擁有一個以安全邊際為基礎的借貸系統。安全邊際可以從負債的付款承諾相對現金收入的比例、淨值或股東權益相對於債務（在股票市場購買股票時所採用的融資）的比例，以及負債相對現金與流動資產的比例等數

字得知，換言之，安全邊際就是付款承諾相對「對營運而言顯得多餘的資產」的比例。一個融資結構是脆弱或是健全，取決於安全邊際的大小，而安全邊際進而反映經濟單位承受現金收入短缺、但又不引發債務型通貨緊縮問題的能力。

接下來討論的 9 張圖有 4 張和非金融企業有關，2 張和家庭有關，3 張和商業銀行有關，顯示 1960 年代中期，融資關係的趨勢發生很顯著的變化。從這些圖可以察覺到經濟從平靜轉為動盪與脆弱的變化。

圖 4.1 是非金融企業的固定廠房與設備投資相對其內部資金的比例。這項數據顯示，美國複雜且成熟的金融體系在企業投資意願增加時，慷慨滿足公司的上述資金需求，因為經濟表現良好，而且因為投資誘因增加（例如投資租稅抵免與加速折舊規定），使企業背負債務的能力提升。

圖 4.2 顯示負債相對內部資金總額的比例，這是非金融企業現金付款承諾相對現金流量的一項粗略的衡量指標。圖上的這項指標非常保守，因為它並未考慮到這段期間整個負債結構的短期債務占比增加，而且並未針對利率的上升進行調整。直到 1960 年代中期為止，這項數字並沒有明顯的趨勢可言；但接下來卻強勁上升。情況清楚顯示，從 1965 年至 1974 年，企業營運活動現金流量的債務保障倍數比過去還低。此外，如果將利率的上升列入考慮，這些比例的上升幅度應該會更陡峭。在 1955 年後那 10 年，長期債務的利率上升大約 50%，但在 1965 年後，利率上升超過一倍。所以，如果對利率的變化進行調整，圖中前 15 年間企業負債明顯可見的微幅下降的趨勢有可能完全消失，而 1965 年至 1974 年間突然向上的趨勢，則會變得更陡峭。

圖 4.3 是企業資產負債表上的負債相對現金資產的比例，由此可發現其他流動資產指標的趨勢，像是企業負債相對非違約性資產持有數量的比

圖 4.1 1952 年至 1984 年非金融企業固定投資 ÷ 內部資金總額

資料來源：Flow of Funds Accounts, Board of Governors of the Federal Reserve System.

圖 4.2 1952 年至 1984 年非金融企業總負債 ÷ 內部資金總額

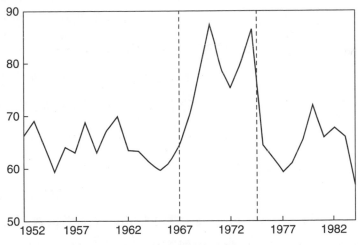

資料來源：Flow of Funds Accounts, Board of Governors of the Federal Reserve System.

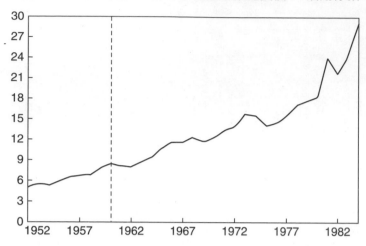

圖 4.3　1952 年至 1984 年非金融企業總負債 ÷ 活期存款

資料來源：Flow of Funds Accounts, Board of Governors of the Federal Reserve System.

例。在整個戰後期間，負債相對活期存款的比例一路上升；然而，一如這條垂直虛線所示，1960 年以後的成長率變得有週期性。企業負債相對活期存款及通貨的比例非常快速的上升，反映金融市場愈來愈加速去管制化，而企業「投資」在一些能取代現金的孳息工具。圖 4.4 是非金融企業負債結構的一面：公開市場本票與來自融資公司的貸款總和相對總負債的比例，這可以看出企業運用外部融資的程度增加。在 1967 年以前，這類債務占企業總負債的比重非常低；但目前的情況看來，這些外部融資提供的資金比以前顯著增加。外部融資的依賴度是分兩個階段顯著上升：第一階段大約是在 1960 年，第二階段大約是在 1969 年。1969 年後，這類外部融資的增加很可能是呼應一個觀點：聯準會處理 1969 年至 1970 年金融困境的做法（將保障延伸至那類外部負債），意味那類負債變得比以前安全。

　　圖 4.5 與圖 4.6 是家庭的數據。圖 4.5 是家庭負債相對個人所得的比例，而圖 4.6 是家庭負債相對貨幣的比例。家庭負債相對個人所得持續走

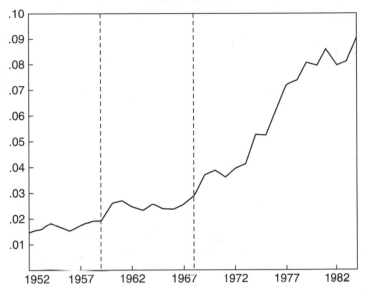

圖 4.4　1952 年至 1984 年非金融企業公開市場本票與來自融資公司之
貸款 ÷ 總負債

資料來源：Flow of Funds Accounts, Board of Governors of the Federal Reserve System.

圖 4.5　1952 年至 1984 年家庭負債 ÷ 個人所得

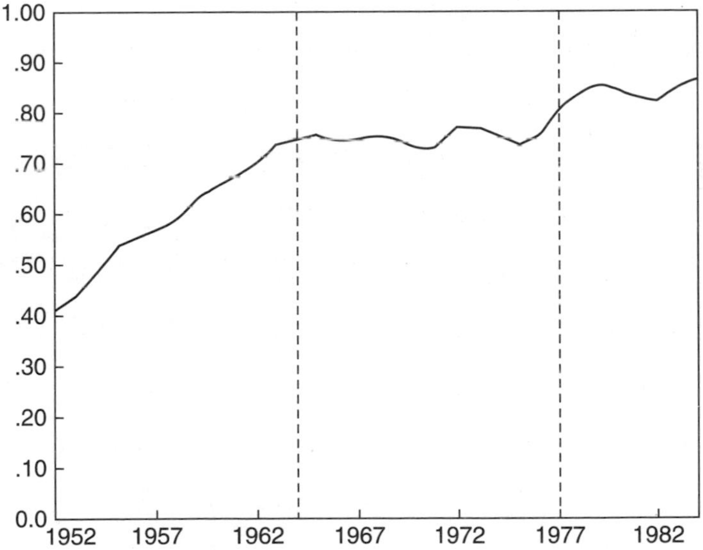

資料來源：Flow of Funds Accounts, Board of Governors of the Federal Reserve System.

圖 4.6　1952 年至 1984 年家庭負債 ÷ 貨幣

資料來源：Flow of Funds Accounts, Board of Governors of the Federal Reserve.

高，至 1964 年以後才出現週期波動的型態。這個週期型態並無明顯的趨勢可言，直到 1976 年情況才改變，從那時開始，這項比例又明顯跳升到另一個高原水準。家庭負債相對貨幣（粗略的流動性指標）的比例也快速上升，直到 1964 年才形成一個沒有明顯趨勢可言的週期型態。這個型態延續至 1971 年才改變，從那時開始，這項比例又快速上升。從 1979 年起，家庭負債對貨幣的比例又變成一種週期型態，沒有明顯趨勢可言。

圖 4.7 至圖 4.9 顯示商業銀行業務的幾項融資關係。圖 4.7 是金融淨值相對總負債的比例。在 1950 年至 1960 年間，這個數字從 0.074，緩步上升至 0.086；但從 1960 年以後，這項比例便開始降低，最終降至 1974 年的 0.056，而從 1978 年開始，它就止穩在大約 6％的水準。所以，即使根據商業銀行業務的傳統衡量方式（銀行未因利率的上升而提列資產減

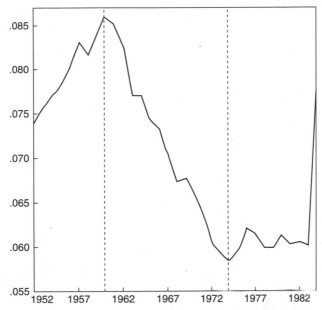

圖 4.7　1952 年至 1984 年商業銀行業務金融淨值 ÷ 總負債

資料來源：Flow of Funds Accounts, Board of Governors of the Federal Reserve System.

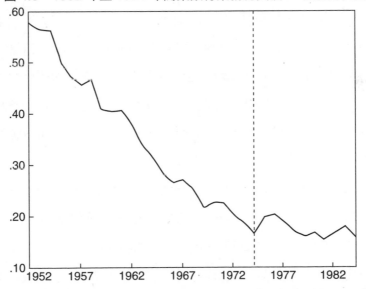

圖 4.8　1952 年至 1984 年商業銀行業務總負債 ÷ 受保障資產

資料來源：Flow of Funds Accounts, Board of Governors of the Federal Reserve System.

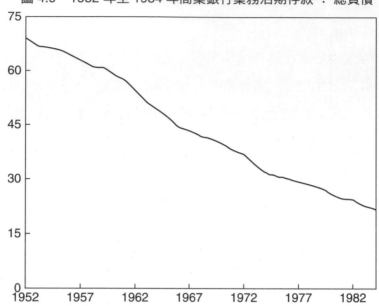

圖 4.9 1952 年至 1984 年商業銀行業務活期存款 ÷ 總負債

資料來源：Flow of Funds Accounts, Board of Governors of the Federal Reserve System.

損），銀行業的股東權益保障也大幅降低。而若針對利率的上升進行資產
價值重估，這項比例會下降更多。

　　圖 4.8 是商業銀行受保障資產（也就是聯準會會介入並加以保護的資
產市場價值）相對總負債的比例，這個數字從 1952 年的略低於 0.6，急速
降低至 1974 年的 0.17。圖 4.9 是活期存款相對總負債的比例，多元的新型
態銀行負債的引進，可以解釋這項比例為何會在這整個期間維持向下趨
勢。

　　這些圖形中的垂直虛線位置，代表趨勢出現變化的日期，或代表經濟
體系融資結構的行為模式出現變化的日期。從這些變化可見，1960 年代初
期，金融體系的行為模式出現非常明顯的轉型，變得較為投機。所以，這
個變化往往會促使金融體系加速變得更脆弱。也因為如此，1960 年代以後

的經濟表現變得比戰後那 15 年更不穩定，通貨膨脹率與失業率上升的傾向變得顯而易見。

　　機構變遷也是促使融資結構出現上述轉型的一項原因；從 1960 年至 1974 年，相對金融體系的其他部門，邊緣銀行業務（fringe banking）機構與實務大幅成長，例如融資公司開始承作企業放款；企業、REITs 與非會員商業銀行開始發行本票等。

　　隨著邊緣銀行業務機構明顯成長，會員銀行，尤其是大型貨幣市場型銀行（money-market banks，注：指在貨幣市場上扮演積極角色的大型銀行，包括扮演債券經銷商、承銷商及自營商等角色的銀行），漸漸成為那些邊緣銀行業務機構的實際最後放款人，而這兩類機構之間的關係，通常是經由信用額度的提供發展而成。實質上，聯準會是邊緣銀行業務機構的間接最後放款人。從 1974 年的 REITs 危機（請見第三章）便明顯可見全國銀行體系（National Banking System，1863 年至 1913 年）再度形成一個階級式模型。

　　這種階級式銀行業務關係有可能成為整個金融體系的病灶。一旦某些人意識到這些邊緣銀行業務機構的弱點，就可能使各種另類融資管道的成本大幅上升，或變得不穩定，這時，邊緣銀行業務機構將被迫動用它們在核心銀行的信用額度。由於銀行持有的資產和邊緣銀行業務機構資產組合中的資產很類似，所以，一旦邊緣銀行業務機構面臨虧損或現金流量短缺窘境的訊息在市場上傳開，銀行持有的某些資產的價值也連帶會降低。在這個情況下，如果某些銀行平日就扮演近似邊緣銀行業務機構最後放款人的角色，那麼，它們原本已經弱化的資產組合，將會變得更積弱不振。此外，當超大型貨幣市場型銀行接二連三為邊緣銀行業務機構提供紓困，很有可能導致這些超大型銀行陷入一個不斷弱化的循環；舉個例子，美國銀

行（Bank of America）在 1982 年賓州廣場銀行倒閉的餘波中合併西雅圖海景銀行的行動，並不盡然使它的體質轉強。

階級式金融型態隱含骨牌效應爆發的可能性，這可能會造成嚴重的崩潰局面。額外金融層級的導入，以及旨在利用經濟體系整體流動性來取得信用的新工具不斷問世，是金融體系脆弱性上升的明顯證據，只不過，我們無法從金融數據本身看出這個問題。

1966 年的信用危機

1966 年的信用危機是 1930 年代以來第一個牽涉到金融工具或機構擠兌，而且最終促使聯準會出面發揮最後放款人的角色。稍早之前的幾次戰後金融創傷，都是因特定倒閉案件或欺詐案件而起，例如比利‧索爾‧埃斯特斯（Billy Sol Estes）事件與 1963 年爆發的沙拉油醜聞。這些事件都促使聯準會介入干預，以消弭特定事件造成的衝擊。不過，1966 年，在市場岌岌可危之際，聯準會為了控制這個系統缺陷，出面承擔起名符其實的最後放款人角色。實際上，1966 年的信用危機是自 1961 年以來戰後展開的週期性長期擴張，而且未發生明顯的衰退下的一個正常結果。唯有資產組合的安全邊際嚴重降低，否則信用危機並不會發生。大蕭條後立即爆發的世界大戰留下非常大量的財務遺產，這使得戰爭結束後的金融市場表現強勁。

只要銀行持有大量的國庫券，就能經由交易與買賣來調整它們的現金需求。由於這些製造部位的活動屬於資產端的操作，所以，在戰後時期的第一階段，銀行在管理層面所面臨最主要的一個問題和銀行資產（即銀行的放款與投資）的管理有關。

隨著超大型銀行持有的超額國庫券部位在 1960 年代中期消耗殆盡，銀行業者便開始買賣各自在聯邦準備銀行的存款；換言之，這些銀行開始進行聯邦資金的貸款或放款。那種貸款與放款也是銀行製造部位的一項活動，能補充國庫券交易的不足，也能取代這項交易。但利用聯邦資金來製造部位的做法，意味貸款銀行在彌補現金不足的同時，負債也會同步增加。

　　聯邦資金的使用，只是銀行體系製造部位手段由聚焦資產端的操作逐漸轉向負債端操作的第一步。1960 年時，在大通國家銀行（Chase National Bank）帶頭下，需要現金的銀行業者最偏愛的製造部位方法，是積極透過定期存單取得資金。在 1960 年代期間，這項負債的快速成長，使銀行業放款成長率得以超過準備金基數的成長率。雖然聯準會力求準備金基數與貨幣供給（活期存款與通貨）成長率維持相對溫和的成長途徑，但銀行放款的飛快成長速度，已足夠點燃一波可能推高通貨膨脹的經濟繁榮。

　　隨著 1960 年代的經濟持續擴張，非金融企業的實體資產支出快速成長，最終超過企業內部資金來源的成長（請見圖 4.1）。於是，一如表 4.5 所示，企業界的淨外部資金融資活動急劇增加。儘管聯準會以極快的速度持續挹注大量資金到銀行體系，銀行業務機構的資金需求還是超過資金的供給；這促使利率與一般物價水準同步上升。

　　在 1966 年的投資熱潮正熾之際，聯準會為了打擊通貨膨脹，循序漸進的減緩準備金基數的成長率（如表 4.6 所示）。這意味銀行業者作為承做放款基礎的可用資金成長率隨之降低。

　　準備金基數成長率的降低與投資活動的熱潮結合，導致銀行業者的貨幣市場籌資需求大幅上升。儘管聯準會提高定期存單的利率上限，商業本

表 4.5　1961 年至 1966 年美國投資活動與內部資金來源（非農業、非金融企業）
（單位：10 億美元）

年度	有形資產購買金額		內部資金來源	淨外部資金	淨外部資金 / 有形資產購買金額（％）
1961	37.0	-5.6%*	35.6	1.4	3.8
1962	44.7	20.8%*	41.8	2.9	6.5
1963	46.7	4.5%*	43.9	2.8	6.0
1964	52.2	11.8%*	50.8	1.4	2.7
1965	61.9	18.6%*	55.3	6.6	10.7
1966	73.8	19.2%*	58.6	15.2	20.6

*〔（t 年值 ÷ t-1 年值 -1）-1〕×100-100

資料來源：Table B-69, p. 294: *Economic Report of the President*, January 1967. U.S. Government Printing Office, Washington, 1967.

票與國庫券的市場利率卻上升更多。結果，大面額定期存單的持有人紛紛撤離這項工具；這導致貨幣市場型銀行陷入資金嚴重短缺的窘境。

到 1966 年 6 月，擁有利率上限的大面額定期存單價格開始出現折價，這實際上形同阻止銀行業者發行這種定期存單。8 月開始，流通在外的大面額定期存單金額快速減少；於是，堪稱大型商業銀行擠兌的事態爆發。然而，由於銀行業者承諾要對企業界放款，加上此時銀行業遭到擠兌，準備金基數又降低，逼得每家銀行各自設法調度更多資金。

銀行業者採取兩個步驟取得準備金，導致這場混亂擴散到金融體系的其他環節。紐約市的某些銀行業者（主要是富蘭克林國家銀行）打算出售較小面額的可轉讓定期存單，讓只有小額資金的人也能享受到高利率的好處。這些小面額定期存單的收益率高於儲蓄機構所能提供的存款利率，尤其是位於紐約市的儲蓄合作銀行，因為它們的資產組合中充斥大量低利率的不動產抵押貸款。原先西岸的利率較高，所以吸引很多儲蓄存款，現在，較高利率的定期存單誘使資金重新由西岸流回東岸。

表 4.6　美國貨幣與銀行信用年度變動率
（1965 年 12 月至 1967 年 7 月各個不同期間）（每年％）

	初始日期			
	1965 年 12 月	1966 年 4 月	1966 年 7 月	1966 年 12 月
	終止日期			
	1966 年 4 月	1966 年 7 月	1966 年 12 月	1967 年 7 月
會員銀行準備金	6.8	2.6	-4.3	11.1
貨幣存量	6.8	-3.0	1.0	7.0
定期存款	9.5	10.7	4.2	17.9
銀行信用	8.0	8.0	1.5	12.4

資 料 來 源：Federal Reserve Bank of St. Louis, *Monetary Trends.* St. Louis, Federal Reserve Bank Monthly Issues, 1966/1967.

　　除了以另一項負債來取代被擠兌的某一項負債，取得資金的另一個替代方案是出售資產。1966 年，隨著大面額定期存單擠兌事件持續延燒，想要製造部位的銀行業者手中可出售的國庫工具非常少。於是，這些銀行只好訴諸其他證券的出售，大型貨幣市場型銀行開始拋售免稅的市政債券（即州及地方政府債券）。

　　在那個時期，新發行的市政債券通常有三分之一會被商業銀行認購，不過，隨著信用危機持續延燒，商業銀行徹底退出標購市政債券的行列。到 8 月底，由於商業銀行退出新發行的市場，加上銀行業者企圖藉由出售它們原本就持有的市政債券來製造部位，結果導致市政債券市場陷入混亂：高評級免稅市政債券的殖利率大幅上升到 5％，而儘管殖利率已達到如此高的水準，市場交投還是非常清淡。

　　在這整個期間內，聯準會將重貼現率維持在正常的 4.5％水準，並容許貼現窗口的貸款略微增加，1966 年上半年的貸款總數大約增加 3 億美元。然而，在 7 月至 8 月期間，由於貼現窗口受到非常嚴密的管理，所以

會員銀行並未增加這個管道的貸款,而且貨幣市場型銀行也認定它們實質上已經被貼現窗口拒於門外。

到 8 月底時,市政債券市場的混亂、儲貸機構償債能力與流動性有關的謠言,以及貨幣市場型銀行業者瘋狂製造資金部位的種種作為等,形成一種堪稱「受控恐慌」(controlled panic)的狀態。不過,這個顯然稱為「聯準會採取行動時刻」(Federal Reserve action)的局面很短暫,因實際流動性緊縮與旨在防範可怕未知意外事故的預防性資金需求而起的貨幣市場恐慌很快就結束。一如 19 世紀的某些貨幣市場恐慌,在主管機關終於採取某種行動後,危機的氣氛隨即消散得無影無蹤。

1966 年 9 月 1 日,12 個地區的聯邦準備銀行總裁分別對會員銀行發出一封內容完全相同的信件,提到採行符合聯準會目標政策的銀行業者可以取得貼現窗口的融通,尤其是有明顯證據顯示已採取行動來限制商業放款成長的銀行業者,可以就它們目前持有的市政證券部位,向貼現窗口取得資金融通。此外,這封信也提到:「透過縮減放款來調整部位的銀行,可能比處分證券的銀行需要更長期的貼現窗口融通。」這封信很重要,因為它明確透露出聯準會正為了捍衛市政證券市場而積極採取行動,而它允許銀行業者以市政證券進行貼現,實質上等於是為市政證券的價格設定一個下限。由於早在大面額定期存單出現折價以前,貨幣市場型銀行就積極試圖限制自家商業放款的成長,所以,此時每一家銀行都自認有資格取得上述融通。就這樣,原本假定已經關閉的貼現窗口,現在又暫時開放。

聯準會 1966 年 9 月 1 日的信也屬於一種最後放款人行動:聯準會察覺到當時的金融市場被一些破壞平衡的因素支配,因此出面為銀行業者提供聯準會的再融資管道,讓這些銀行即使面臨定期存單擠兌,依舊有足夠的部位。

貼現窗口的開放果然奏效：恐慌終於平息。在信用危機過後的餘波中，國會通過一項法律，允許聯準會、FDIC 與聯邦住宅貸款銀行管理局（Federal Home Loan Bank Board）根據其管轄範圍內的機構規模與存款條件等，設定不同利率上限。

這場信用危機導致投資活動大幅減少；1966 年第四季至 1967 年第二季間，民間國內投資總額的年降幅達到 26％。然而，儘管民間投資大幅度縮減，不過並未導致總所得降低，那是因為在民間投資支出逐漸減少的同時，越戰的開銷增加。總之，無心插柳、但靈活的財政政策應用，有效阻止經濟陷入衰退。1966 年的信用危機是戰後世代第一場嚴重的金融崩潰。聯準會的行動似乎有效安撫貨幣市場，讓貨幣市場相信當局一定會保護銀行業者免於因擠兌而陷入困境。聯準會讓銀行得以合法使用可轉讓定存單，並允許銀行使用一些負債「戲法」來製造部位。當局以表面上的變革，允許利率上限可隨存款規模而變化，最終成功粉飾銀行業的困境，所以，一般人並未將這場信用危機解讀為「融資結構存在嚴重弱點」的某種訊號。

1970 年的流動性短缺

戰後世代需要最後放款人干預的第二個金融騷亂場景發生在 1970年。這一次，陷入困境的市場是商業本票市場。聯準會的干預形式是：（1）開放貼現窗口，讓銀行業者能順利取得資金，以因應隨著商業本票擠兌而衍生的再融資需求；（2）鼓勵銀行業者成立銀行團，對依法不能使用貼現窗口的融資公司等組織提供再融資。

銀行可轉讓定存單是 1960 年代初期用於營運擴張的「新」融資工具，到了 1960 年代末期，商業本票變成取得這種資金來源的新工具。商

業本票是公司的一種無擔保票據，這種票據的發行期間固定，例如 90 天或 180 天。大型融資公司會自辦商業本票發行，如通用汽車金融服務公司（General Motors Acceptance Corporation）；而較小型的企業則委託經銷商來發行商業本票。

1966 年年初，大約有 100 億美元的商業本票在市場上流通。到 1968 年年中，這個數字已經增加一倍至 200 億美元，而到 1970 年 5 月，在市場上流通的這類本票金額就已經達到 320 億美元左右。

尼克森總統在 1969 年年初上任時，失業率為 3.5%，而前一年年底時的消費者物價指數已經上升到 4.2%。1968 年的企業投資較 1967 年增加 5.0%，1969 年更是增加 11.6%。由於企業創造的內部資金大致上只維持穩定，這代表投資活動的淨外部融資金額增加。的確，企業投資活動採用外部財源的比例從 13.9% 上升到 27.5%（見表 4.7）。

但在投資的外部融資活動大幅成長之際，聯準會卻利用貨幣政策來打擊通貨膨脹。於是，銀行信用成長率從 1968 年的 10%，下降至 1969 年上半年的 5%，以及 1969 年下半年和 1970 年上半年的 3%。因此，一向敏感的聯邦資金利率，從 1968 年的 6% 上升至 1969 年的 9%，這個利率水準一直延續到 1970 年年初後才開始下降。在此同時，其他利率也見上升。

在這個緊縮貨幣的局勢下，賓州中央鐵路聲請破產，該公司流通在外大約 8200 萬美元商業本票因而違約。公司的債務違約導致商業本票市場爆發擠兌潮；在市場上流通的商業本票大約有 30 億美元（約 10%）在三個星期之內被兌現。面對這個狀況，紐約聯邦準備銀行與聯準會理事局只好介入干預，協助商業銀行業者成立銀行團，再由這個銀行團對受這一波商業本票擠兌影響的組織提供再融資。在 7 月間，聯準會貼現窗口的會員銀行貸款增加 10 至 20 億美元，而聯準會也經由公開市場操作手段，大手

表 4.7　1967 年至 1970 年投資與內部資金來源（非農業、非金融企業）

（單位：10 億美元）

年度	實體資產採購		內部來源資金	淨外部資金	外部資金占實體資產的比例（％）
1967	$71.4	-3.36%*	61.5	9.9	13.9
1968	$75.0	5.04%*	61.7	13.3	17.7
1969	$83.7	11.60*	60.7	23.0	27.5
1970	$84.0	0.40%*	59.4	24.6	29.3

*〔（t 年值 ÷ t-1 年值 -1)-1〕×100-100

資料來源：Flow of Funds Accounts, 1946–1975, December 1976, Board of Governors of the Federal Reserve System,Washington, D.C., 1976.

筆挹注額外資金到銀行體系。

　　藉由這些行動，聯準會成功保住商業本票市場的穩定。1970 年的商業本票危機，催生一套制度化的標準程序，在那之後，所有發行商業本票的企業都必須擁有足以還清所有未清償商業本票的未動用銀行信用額度，以備不時之需。

　　經由這個慣例，商業本票從此成為商業銀行的一種隱形負債：銀行負債確實增加了，但這項新增負債並不會出現在銀行業者的資產負債表上。這個做法為有效貨幣供給導入一項額外的要素，而且這項要素不受聯準會的傳統權力約束。

　　儘管 1969 年至 1970 年的經濟確實陷入衰退，但 1969 年至 1970 年流動性短缺問題解決後，當局並未針對銀行業務進行改革。1970 年年底，失業率為 6％，GNP 平減值上升 6％。6%的通貨膨脹與 6%的失業率，意味著停滯性通貨膨脹（stagflation，即高失業率伴隨物價上漲）成為美國經濟的特質之一。而停滯性通貨膨脹的發生，又進一步證明經濟行為已經脫離 1950 年代與 1960 年代初期盛行的那種型態。

經濟衰退使聯邦政府的預算立場從 1969 年的 85 億美元盈餘，轉為 1970 年的 119 億美元赤字，以及 1971 年的 219 億美元赤字。這些政府赤字不僅有效維繫所得和就業，如表 4.8 所示，也使企業部門的現金流入增加。1971 年與 1972 年的現金流量分別增加到 699 億美元與 775 億美元，較 1968 年至 1970 年間大約 600 億美元的高原水準進一步增加。矛盾的是，在擁有大政府的經濟體系，經濟衰退卻會讓企業的稅後總獲利增加。

表 4.8　1968 年至 1972 年企業現金流量與聯邦政府預算

（單位：10 億美元）

年度	聯邦政府預算立場	企業稅後盈餘總額
1968	-6.5	61.7
1969	+8.1	60.7
1970	-11.9	59.4
1971	-21.9	69.9
1972	-17.5	77.5

資料來源：*Economic Report of the President*, 1976, U.S. Government Printing Office (1976), and Flow of Funds Accounts, 1946–1975, Board of Governors of the Federal Reserve System, 1976.

雖然 1969 年至 1970 年發生在商業本票市場的危機導致經濟陷入嚴重衰退，但聯準會作為最後放款人所採取的明快干預，外加 1970 年、1971 年與 1972 年（以當年的水準而言）大規模的政府赤字，有效控制經濟衰退的程度。不過，在這場近乎危機的事件爆發後那幾年，企業現金流量快速增加，這為幾年之後的發展埋下禍根：經濟大幅擴張且外部融資迅速成長，最終再次崩潰。

1969 年至 1970 年間，利用貨幣約束（monetary constraint）手段來控制通貨膨脹的結果差強人意。政治制訂者原本假設，只要約束貨幣供給的成長率，就能促使企業與家庭支出緩慢降低，從而消除促使通貨膨脹上升

表 4.9 1971 年至 1980 年投資活動與內部資金來源（非農業，非金融企業）

（單位：10 億美元）

年度	實體資產採購		內部來源資金	淨外部資金	外部資金占實體資產的比例（％）
1971	$ 87.2	3.8%*	68.0	19.2	22.0
1972	102.5	17.5%*	78.7	23.8	23.2
1973	121.5	18.5%*	84.6	36.9	30.4
1974	125.9	3.6%*	81.5	44.4	35.2
1975	99.9	-7.9%*	124.4	-24.5	-24.5
1976	139.0	39.1%*	142.9	-3.9	-2.8
1977	169.8	22.1%*	166.3	3.5	2.1
1978	195.9	15.3%*	186.8	9.1	4.6
1979	220.9	12.7%*	218.1	2.8	1.2
1980	216.9	-9.8%*	230.0	-13.1	-6.0

*〔（t 年值 ÷ t-1 年值 -1)-1〕×100-100

資 料 來 源：Flow of Funds Accounts, 1946–1975, Board of Governors of the Federal Reserve System, Washington, D.C., December 1976, and later releases of Flow of Funds Accounts.

的部份超額需求。然而，就美國的現實世界來說，貨幣政策並不會直接影響需求；貨幣政策會先影響融資與再融資的條件，進而影響在金融市場上交易工具的價格。所以，貨幣約束只會引發金融市場動盪，所得、就業和價格卻可能繼續上升；換言之，在需求終於被壓低以前，金融危機已經先被引爆。然而，緊縮的貨幣政策能成功誘發金融創傷，導致 1966 年與 1970 年的經濟有陷入深度蕭條之虞，意味緊縮的貨幣政策注定成為 1973 年至 1974 年與 1980 年與 1981 年間抗通貨膨脹政策的主要武器。

　　1971 年以後，企業投資與外部融資再次爆發性成長（見表 4.9），意味市場利率將有上升的壓力。1973 年年初，獲勝的尼克森政府突然解除物價管制，隨後並為了履行先前在選戰中承諾，實施寬鬆貨幣政策，這最終種下惡性通貨膨脹的禍根，導致各經濟單位的流動資產安全邊際降低。堪

稱 1970 年代初期的新一代神奇金童 REITs 的興起，促成住宅融資與企業融資的榮景，於是高利率時代再度來臨，而仰賴部位再融資來維持營運的金融機構也再次陷入嚴重的困境。特別值得一提的是，到 1974 年，幾乎所有 REITs 都面臨即將破產的窘境。那幾年間，銀行倒閉就像瘟疫般四處蔓延。

1974 年至 1975 年的崩潰，在型態上與 1966 年和 1969 年至 1970 年的事件一致；在這些個案中，都有一些金融機構或金融工具遭到擠兌，每一次的情勢也都顯示金融危機即將爆發，需要聯準會出面才能阻止危機的形成。另外，在這些個案，大政府的赤字都順利使所得獲得維繫、衍生有利於企業獲利的條件，同時為資產組合注入安全的工具。

擠兌帶來的教訓

1965 年以後那幾年，至少發生四次嚴重的金融市場或銀行擠兌。每一個動亂案例都有一個金融工具或金融機構在先前的榮景期快速成長；另外，在每一次動盪中，聯準會都會對受到威脅的部位出手干預，促進再融資活動。不過，1966 年與 1970 年的動亂過後，都只提出輕微的制度與慣例改革建議；而就算 1974 年富蘭克林國家銀行那丟臉的失敗案件發生後，當局也沒有針對美國銀行業者的海外營運進行嚴肅的改革；此外，1974 年後，當局也未採取任何行動來防止諸如 REITs 等以銀行隱形負債為基礎的新金融機構興起。

聯準會每一次出手保護某一項金融工具，就形同宣布使用那項工具是合法的融資行為。這意味聯準會的行動不僅終止萌芽中的危機，還奠定一個讓負債增加流程得以重新啟動的基礎，同時也讓新金融工具得以引進市

場。實際上，聯準會的行動等於鋪設一條康莊大道，讓先前被金融危機打斷的融資活動得以死灰復燃，而那類融資活動是投資熱潮的必要條件（但非充分條件）。

大政府的赤字才是促成投資熱潮的充分條件。大政府的赤字讓總需求得以維持不墜，從而使企業獲利獲得維繫，並為資產組合注入安全的資產。大政府的這些影響，意味經濟衰退後不久一定會發生投資熱潮，而因投資熱潮所衍生的融資需求，則將引發另一輪的通貨膨脹與危機。

即使經濟體系成功避免深度蕭條的窘境，整個經濟不穩定性卻似乎將永遠與我們同在。以往幾十年才發生一次的金融危機與深度經濟蕭條，如今每隔幾年就有發生之虞；幸好，深度經濟蕭條並未真的發生，我們現在面臨的是慢性通貨膨脹。儘管如此，就防止深度經濟蕭條發生的角度來說，我們目前為止的表現還是比幾十年前好，這絕非微不足道的進步。只不過，經濟體系的不穩定性與經濟表現的每下愈況，意味我們需要尋找更好的因應之道。

PART 3

經
濟
理
論

第五章

理論觀點

　　理論在所有學科都扮演雙重角色：它既是令人得以思緒澄明的透視鏡，又是令人盲目的障眼法。能作為透視鏡的理論促使才智之士聚焦在具體的問題上，並使人得以就一組定義明確、但為數有限的現象中的因果關係，提出條件式的陳述（conditional statements）。但作為障眼法的理論，則會限縮世人的眼界。在現實世界中意義重大的疑問，一到了理論的世界，經常被貶為毫無意義可言的疑問。但如果現實世界的發展使人不得不**經常**在理論的世界裡提出那種「毫無意義」的疑問，就代表這個學科已有展開理論革命的必要了。然而，要促成那樣的理論革命，需要開發新的思想工具（instruments of thought），這是一個艱巨的心智歷程（intellectual process）。

　　在當今的標準經濟理論（這個理論常被稱為新古典綜合理論），「為何我們的經濟那麼不穩定？」的疑問就被認為是「毫無意義」的疑問。原因是，標準的經濟理論不僅未能對經濟體系的不穩定性歸納出一個解釋，甚至不承認內生的不穩定性是個問題；但一個令人滿意的理論必須解釋這

個問題。[1]

提供政策建議的經濟學家既不是傻子，也不是無賴。他們明知不穩定性存在，卻根據一個無法解釋不穩定性的理論來進行分析與提供建議，因為這個理論的確能解答一些深奧且嚴肅的疑問，而且，**確實**在作為政策的依據上達到一些成就。因此，在揚棄或激烈修正新古典理論以前，有必要先了解這個理論能解答這樣深奧又嚴肅的疑問到底有多麼重要，並釐清為何其他有意取代的經濟理論也必須能夠理解並解答新古典理論所解決的問題。

理論的重要性

此時此刻，了解標準經濟理論的優點與缺點尤其重要，因為積極性的經濟政策已成為常態，而非例外。事實上，在一個實施積極性政策的世界，各種經濟理論的內容和理論差異對政策的重要性特別值得關注。在甘迺迪總統執政後那兩年間擔任經濟顧問委員會委員、並在 1982 年獲得諾貝爾獎的詹姆斯·托賓（James Tobin）提到：「表達問題的用語與攸關資訊的組織方式，會對解決方案產生非常大的影響。」[2] 但「問題」的表達方式，以及「攸關資訊」的鑑定，深受政策顧問群深信不疑的經濟理論影響。換言之，政策制訂的賽局遭到操縱；哪些「問題」與「選項」會被提出，取決於當事人採用的理論。總之，國君被策士的理論所局限！

大致上來說，當今的標準經濟理論是二戰後逐漸發展出來的產物。這個理論融合凱因斯理論的某些特點，以及凱因斯認為要取代的老舊古典學派分析。[3] 而這個新古典綜合理論現在被視為是經濟政策的指南。

一個聲稱以凱因斯理論為基礎的經濟理論無法解釋不穩定性的確非常

諷刺，因為凱因斯的《通論》是一份深入分析金融動力（我們可以視為是華爾街的特性）與生產及消費活動之間的交互作用如何決定產出、就業與物價的著作。從凱因斯的理論衍伸的一個主張是，資本主義經濟體永遠都具備「失業持續存在」的特質。儘管新古典綜合理論認同這個結果，它卻漠視凱因斯理論一個更深層的邏輯推論：擁有複雜融資實務的資本主義經濟體系（也就是美國這種經濟體）天生就不穩定。我們可以從引導凱因斯歸納出這個更深層推論的分析出發，發展一個有助於我們理解不穩定性的替代經濟理論。[4]

本質上，新古典綜合理論主張，財政與貨幣政策措施可以消除持久的失業，而且去中心化的市場上存在一些自我修正的力量，能讓經濟體系進入充分就業狀態。然而，新古典綜合理論的這些主張其實自相矛盾：它一方面主張干預主義型的政策能消除持久的失業或慢性通貨膨脹，但另一方面，它又主張就算毫無作為，經濟體系最後還是會維持穩定的物價與充分就業。

新古典綜合理論不再有效。它無法對我們正經歷經常性的初期危機解釋為這是經濟體系內部運作所導致的景氣循環。除非我們了解引發經濟與金融不穩定性的導因是什麼，否則就無法開立藥方（即制定政策）來修正或消除這種不穩定。光是察覺到現象的存在並不夠；我們需要一個理論，使不穩定性成為美國經濟體系的正常結果，而且讓我們找出控制不穩定性的辦法。

因此，根據經濟體系自 1960 年代中期迄今的行為，任何自稱意義重大的理論，都需要能解答以下問題：

1. 現行市場機制如何實現特定產出與物價的一致性（coherence）？

2. 所得、產出和價格的路徑如何決定？

3. 為何一致性不時會瓦解；換言之，為何經濟很容易陷入深度經濟蕭條的威脅，即便實際上不會這樣？

此外，必須根據現實生活中的制度與金融慣例脈絡來解答這些問題，而不能從某個抽象經濟體的角度來回答。說不定被新古典理論忽略的制度，尤其是金融制度，正是導致這個理論無法解釋出這些觀察到的結果。經濟政策分析必須能解答的根本疑問是：我們能否依賴市場流程來實現令人滿意的經濟表現？以及在哪個領域可以這樣做？根據以下分析所歸納出來的概要觀點是：在制定和服裝生產的色彩組合、裙擺長度，或冰淇淋口味等瑣碎事務的社會決策時，市場機制固然是相當好用的工具，但像是所得分配、經濟穩定的維護、經濟體系的資本發展（capital development），以及年輕人的教育與訓練等重大事務，絕對不能仰賴市場機制來決定。我們接下來會詳盡闡述一套能解釋美國經濟為何會起伏不定的理論，說明不時發生的不穩定性與不一致性，和脆弱融資結構的發展息息相關，而這類脆弱融資結構，通常是在資本主義經濟體為資本資產的所有權及投資活動提供融資的過程中逐漸發展而成。

我們深知市場資本主義不僅存在內部不穩定，還可能造成令人厭惡的財富與勢力分配，但儘管如此，我們還是要從一個「偏好充分利用市場機制來實現社會目標」的傾向開始討論。

當前的標準理論：凱因斯學派前的遺產

1970 年代期間，美國經濟學家展開一場堪稱凱因斯學派與貨幣學派

之間的激烈辯論。[5] 參與這場辯論的經濟學家和媒體，蓄意讓人以為他們之間的言詞交鋒是一場有深度的辯論。但事實上，這兩派人馬之間的差異可以說是微乎其微，因為彼此較勁的這兩個陣營都秉持同一個經濟理論。此外，這兩個陣營的公共政策處方實際上也沒有什麼不同。說穿了，這場辯論只是學術上的吹毛求疵，而且，公開的辯論與爭議多半也是媒體與政治人物的傑作。貨幣學派在這場辯論中強調，貨幣供給的變化會使經濟變得不穩定，而凱因斯學派則主張可以利用財政變數來穩定經濟。直到 1970 年代末期，甚至到雷根開始執政後那幾年，這兩個陣營都相信，只要採用正確的政策（也就是他們的政策），便能將經濟微調到長期維持充分就業且無通貨膨脹的狀態。這兩個學派都主張，我們可以徹底消除資本主義世界的景氣循環起伏；另外，這兩個學派也都未曾將任何會衍生景氣循環的經濟體內部失衡動力列入考慮。因此，制定政策的凱因斯學派與貨幣學派人士都沒有批判資本主義，最多只是就某些制度或政策細節提出批評而已。

貨幣學派與凱因斯學派都是保守派，因為他們都認同資本主義的有效性（validity）與可行性（viability）。這兩個陣營都不認為「擁有私人財產與複雜金融慣例的市場經濟體可能隱含嚴重缺陷」是值得擔憂的問題。「資本主義的動態會形成景氣循環，可能帶來極嚴重的破壞」對他們的經濟理論是很陌生的觀點。

凱因斯學派和貨幣學派共同的經濟理論就是新古典綜合理論。凱因斯主張，他在 1936 年提出的新理論和當時的主流理論截然不同；然而，新古典綜合理論卻融合源自李昂・瓦爾拉斯（Leon Walras，19 世紀的經濟學家）的思想，以及源自凱因斯的一些獨到見解與分析工具。在甘迺迪與詹森時代擔任經濟顧問委員會主席的加爾德納・阿克利（Gardner Ackley）

曾表示：「凱因斯的研究代表的多半是『古典』概念的延伸，而非革命。」明確表達當代經濟學家的主流觀點。[6]

　　自從早期的一些評論與學術界的解讀率先將凱因斯的《通論》融合到更早之前的傳統觀點後，這個意圖融合上述兩種觀點的流程便持續進行；在這個過程中，凱因斯理論架構的某些重要特點遭到忽略，問題是，這些特點引伸出對資本主義機能運作的革命性獨到見解，與對資本主義的嚴厲批評。因此，瓊安‧羅賓森才會稱標準的凱因斯主義為「雜牌凱因斯主義」（bastard Keynesianism）。就提供政策建議的經濟學家及其政治資助者對凱因斯的認識而言，凱因斯革命尚未發生。

　　凱因斯理論架構中，被新古典綜合理論忽略的要素，和擁有資本主義式金融機構的經濟體系裡資本資產及特殊財產的訂價有關。我們可以用這些要素為基礎，打造一個比當前標準理論更能引導我們解讀各項事件、而且與政策制訂更加攸關的替代經濟理論。事實上，這些被遺忘的環節推演出一個理論：1960年代中期開始重要性日漸增加的不穩定性，是反映資本主義經濟體系根本特質的各種關係所產生的正常結果。

　　「不穩定性是資本主義經濟內部流程所造成」的觀點，和新古典理論（不管是凱因斯學派，還是貨幣主義份子）的觀點恰恰相反；新古典理論主張，不穩定性導因於和經濟活動無關的事件。新古典綜合理論與凱因斯理論不同，因為新古典綜合理論聚焦在一個去中心化（decentralized）的市場經濟體系如何實現生產與分配的一致性（coherence）與協調性（coordination），而凱因斯的理論則聚焦在一個經濟體的資本發展。新古典綜合理論強調均衡與朝均衡發展，凱因斯的理論則是以在華爾街從事各種交易的銀行業者和商人為中心；新古典綜合理論漠視經濟體系的資本主義本質，但凱因斯理論一直都察覺到這個事實。

最早被融入新古典綜合理論的瓦爾拉斯學派觀點，是和抽象的交換（以物易物）經濟體系有關的討論：農村市集就是這類交換經濟體。如果我們分析一個不考慮資產密集式生產活動、一般所知的資本資產，以及資本家金融活動等存在的模型，就能得到相關的結果。這個理論利用一種人造的交易關係結構來闡述去中心化市場經濟體能實現一個一致性的結果。[7]

接著，標準經濟理論進而說明，一個從事生產活動的經濟體系，同樣也能實現一致性的特性，不過，唯有在對資本與時間的本質做出誇大的假設下才會成立。新古典綜合理論的分析工具也進一步被延伸應用到總所得、貨幣價格與經濟成長等方面的問題，特別被用來推導勞動力的供給與需求關係，而且假設物價水準平減後的工資（price-level-deflated wage）會自動調整，直至勞動力供給等於需求時為止。根據這個理論，市場上的交互作用，最終一定會消除所有可能促使勞動力偏離「供需相等」的要素；換言之，這個理論主張，充分就業是經由經濟的內部運作方式來實現。然而，這個理論並沒有解釋最初的偏差為什麼會發生：並未就「失業乃經濟流程的結果」提出解釋。這個理論著重在所有促成均衡狀態的交互作用，但不重視各種會打破平衡的內部流程。

新古典綜合理論主張，資本累積（capital accumulation，注：即資本形成，也就是投資）和勞動力成長率會決定產出的成長率。由儲蓄率可算出有多少所得被累積下來。新古典理論將家庭的儲蓄傾向視為一種調節器，用來決定投資，而投資則是決定經濟成長的根本要素。但這個理論沒有留下任何空間給提供融資，而且因此促進儲蓄的機構。

新古典理論家是根據一個除非外部力量影響，不然不會考慮到通貨膨脹或失業的理論，來對通貨膨脹和失業存在的短期情況進行分析。貨幣主義者將失業及通貨膨脹歸因於「貨幣供給的不適當變化」這個外部力量。

新古典凱因斯學派對於失業與通貨膨脹如何被引發並沒有提出一致性的解釋。說穿了，他們的短期理論一團混亂：他們相信經濟無力維持充分就業，但又找不出造成失業與通貨膨脹的機制。

新古典綜合理論的工具與技術除了被用來闡述去中心化的市場流程將促成一致性的結果，也被用來闡述去中心化的競爭市場機制能實現一個最佳的結果（optimal result）。由此產生的最佳結果具備一個非常特殊的特質：它主張人與人之間不會比較彼此獲得的福祉，也漠視資源最初分配（乃至所得）的公平性。鑑於我們的目標是要說明要如何做得比以前更好，而一味追求最佳表現往往是把事情做好的敵人，所以，我們不要妄想實現「最佳結果」。即使市場經濟學中所探討的生產與消費決定流程，的確顯得經濟體系往往會朝一致性發展，但卻可能引發各種破壞一致性的交互作用。由於引發不穩定性的缺陷存在，使得「市場機制的結果是否為最佳結果」的疑問並沒有意義可言。

當前的理論使經濟體系變成一個沒有生命的競技場，在這個競技場上，失去自我的經濟主體忙著從事抽象的拍賣或重新訂定合約（recontract）等競賽。儘管我們的世界只存在不完全的知識與不精確的行動，但標準的理論性分析卻提出完美的知識或驚人的運算能量。但無論如何，這些高度數理化的模型還是值得注意，因為它們說明一致性是有可能實現的。不過，實務界需要知道的是，我們能在多大限度上利用市場流程來實現符合理想的結果。經濟政策上的實務問題在於找出不穩定性的源頭，並研判哪些政策干預能限制不一致性發生，即使政策不去干預往往會經由內部流程產生一致性結果的市場。

▌ 一致性與政策

若一個系統裡各項變數間的關聯性夠穩定，這個系統對外部變化的反應就可以預測。而在一個經濟體，一致性意味「各種商品與勞務（包括勞動力）的供給量與需求量幾乎接近均等」，因此，一個具一致性的經濟體，只要靠經濟體系內部的微小調整，便可實現與維持那樣均等狀態，不需要規劃、干預、監理規定或管制。

然而，就我們所知，市場體系的一致性偶爾會被破壞：1930 年代的大蕭條就是一個例子。因此，經濟理論必須能解釋訂價流程的一致性，也要考量到這個一致性瓦解的可能性。要做到這一點，一個方法是建構一個「不允許經濟的內部流程造成不一致性、但又允許訂價流程在不尋常衝擊或某些機構偏差發生時崩潰」的理論。畢竟若失序是由外部力量造成，那麼「偶爾的失序」與「根本一致性」就可以並存。

為了使新古典綜合理論讓人信服，就必須將所有明顯的不一致性解釋為外部因素所造成，例如不完美的機構或人類判斷上的謬誤。某個外部勢力對經濟事務的干預行動，例如中央銀行（聯邦準備系統），就會顯而易見成為不一致性的代罪羔羊，其他可能被歸咎的外部勢力還包括工會、掌握市場力量的超大型企業、外國卡特爾組織（cartel，注：壟斷聯盟），以及政府。的確，很多人是以那類外部影響力來解釋大蕭條、1970 年代的通貨膨脹，以及 1981 年至 1982 年的經濟蕭條。

對於深受未來影響的市場來說，我們很難證明能實現一致性的反應是否絕對會發生；去中心化的訂價流程的確有可能維持某些市場的一致性，但在其他市場，各項流程最終卻可能會破壞一致性。如果這就是經濟體系的本質，那麼，我們不得不質疑，我們是否真的能經由政策的採用或制度

的創設，來壓制或抵銷可能引發不一致性的流程？

如果**唯有**在適當政策或制度的控制下，一個去中心化資本主義經濟體的訂價機制才能促成一致性的結果，那麼，干預就是必要的，即使我們還是可以仰賴這個市場機制來處理細節的問題。一旦一般公認那種有條件的一致性（注：只有適當的政策或機構控制下才達成的一致性）是資本主義經濟體的一項特質，一般人就不會再對市場流程的結果懷抱盲目的信心與認同感。此外，在一個有條件達到一致的經濟體，因法律而起且隨時間演變的機構改變，將會影響為維持一致性而需要採取的政策行動。政策無法永遠適用，隨著各機構與各項關係產生變化，為維持一致性所需要採行的政策也要改變。

此外，如果希望一系列的市場能保有一致性，就必須適用一個替換原則（substitution principle）。這個原則的某一面是，若供給條件改變，導致某一項被用於消費或生產的商品（或勞務）價格相對其他價格上漲（或下跌），它被採用的數量就會減少（或增加）；這意味需求曲線的斜率通常是負的。第二個面向是：如果一項商品的價格上漲（下跌），維持固定價格的其他商品被採用的數量往往會增加（減少）。換言之，相對價格上漲的商品需求數量往往會減少，而相對價格下跌的商品需求數量往往會增加。這個原則說明，一項商品或勞務的相對價格較高，往往會讓人打消使用的念頭，相對價格較低則會鼓勵大家使用。

如果這個替換原則夠強大，那麼，去中心化的市場就是能將產出（output）分配給家庭，以及能將投入資源（input）分配給企業的可靠工具。然而，在金融與資本資產市場，投機與推測的成分過大，所以替換原則不見得時時適用：某一組金融工具或資本資產相對價格的上漲，反而很可能會促使那類金融資產或資本資產的需求數量增加。在這種情況下，價

格的上漲可能會衍生出助長另一波漲價的條件。

就算能證明一個交換經濟體（exchange economy）具一致性，而且穩定，也無法證明一個擁有資本主義金融機構的經濟體具一致性，而且穩定；因失業而發生的工資與價格變化，不見得每次都會促使投資活動增加，消除失業的必要因素。所以，資本主義經濟體可能需要一些外部管制與協調機制。事實上，金融市場那令人尷尬的不一致性，正是使中央銀行業務與其他金融管制手段應運而生的主因，這種不一致性暗示，自由市場永遠也不可能成為擁有資本主義金融機構經濟體**通用的政策處方**。

新古典綜合理論的根源：價格是變數

家庭偏好系統（preference systems）以及廠房的生產函數（production functions）是新古典綜合理論瓦爾拉斯學派、或是說價格理論核心的基本構思與概念。這個理論的經濟單位是家庭與企業。[8] 它的行為假設是，家庭會試圖在預算限制內，即總支出範圍內，將他們的偏好系統所定義的福祉最大化，而企業則會在給定的生產可能性的範圍內，試圖將獲利最大化。

新古典理論的任務是要證明，追求獲利最大化的企業（以生產函數為特徵）與追求效用（utility）最大化的家庭（以偏好系統為特徵）在市場上的交互作用，將促成一致性。為此，將已知的商品價格及生產性投入資源放進根本的偏好系統與生產函數，就能決定供給與需求曲線。在競爭市場上，每一個個別決策者都將他所有賣出與買進價格視為理所當然。所以，每一個參與者都沒有權勢；市場則是百分之百專橫且威嚴的管制工具。

這是一個令人印象深刻的完美結果。在不講人情的市場面前，每個人都是無權無勢的價格接受者，而控制市場行為的價格是由市場決定的個人行為轉化而來。如果一組價格導致供給不等於所有市場上的需求，那麼，價格就會改變：有超額產出供給的物品價格將會下跌，有超額需求的物品價格則會上漲。每一組新價格都會影響需求、供給與所得，進而改善整個系統的協調性。因此，超額供給與超額需求都只會是短暫的現象，而市場機制是一個有效率的調整機制。實際上，只要靠供給與需求定律，就能提供市場經濟體系需要的所有規劃。

當每一個經濟單位都表現得好像現行價格和自古以來的價格相同，而且將永遠維持在現行價格的水準，此時若由不同市場組成的系統沒有充分調整，那麼價格終將改變。如果價格已經改變，各個經濟單位卻還是繼續表現得好像新一組價格將永遠維持那個水準，也就是說，各經濟單位還是認定價格變化的趨勢永遠不會推斷出來，那就一定會再發生促使整個體系增進協調的調整。這個過程並沒有人發號施令，也沒有人操兵演練，但每一個經濟單位卻表現得好像是極度有紀律、而且異常訓練有素的團隊成員。若一個經濟體系的每一個經濟單位都別無選擇，只能基於現有價格將永遠維持的假設，以最大利益考量行事，那個經濟體系必定將達到一系列協調的結果；無權無勢的經濟單位和以現有價格為參數的經濟單位，保證能實現一致性。[9]

新古典理論的基本核心論述完全未分析掌握市場力量的企業，也未分析擁有掌控力量的經濟單位的市場。但實際上，若市場上存在太多賣方獨占力量，而且各賣方獨占勢力彼此較勁，那麼，能讓市場達成一致性結果的能力就有可能會瓦解。

此外，如果經濟單位的行為顯得好像今日的價格不盡然跟明日的價格

相同，而且決策時把未來可能發生的情境列入考量，那麼，作為有效協調手段的市場也可能會分崩離析。本質上，資本資產決策與融資決策牽涉到超過一年以上的活動；這種決策必須考慮昨日、今日與明日的情況。在制訂資本資產決策時，一定得考量各項專案存續期間可能發生的所有狀況；當前的決策必須考慮到未來，而對以前的某些決策來說，今日發生的情況就是當時的未來。主張所有決策都是根據「當前一切永遠不變」的預期來制訂，或者換句話說，主張理性經濟主體在制訂資本決策與金融決策時會假設知道未來的情況實在太過天真，這樣的主張絕對站不住腳。[10]

在有賣方獨占力量存在，以及有融資及投資活動存在的世界，當前的價格並非決策的參數。在這些情境下，價格要麼是隨著經濟單位的決策而變動，要麼是隨著未來改變行為的重要事件發生而改變。在這些狀況下，市場有可能無法有效控制與協調各項機制。

於是，我們不得不以一種分歧的態度來看待市場。一方面來說，若經濟單位被迫將價格作為參數，並表現得好像當前的價格將永遠不變，市場就是非常有效的管制與協調手段。另一方面來說，當經濟單位知道他們的行為將對價格產生明顯的影響，或知道當前的價格不盡然會永遠維持在相同的水準，那麼，市場就有可能無法實現一致性的結果。

市場經濟體利用價格將產出分配給各個家庭，並將有替代性用途的生產性資源分配到各種不同產出的生產活動。因此，在新古典價格理論家的世界裡，價格系統具備分布（distributional）與分配（allocational）的功能。然而，在一個有資本主義機構的世界，價格不一定足以證明過去的融資與資本投資決策是正確的，而且不一定能將所得分配給勞工與資本資產的所有權人。但資本資產的報酬與資本資產分配給各項不同產出的服務之間的關係，並不像勞動力的薪酬與勞動力分配給各項生產活動的勞務之間

的關係那麼直接與簡單明瞭。時間、投資與融資等現象，讓新古典理論非常困窘；在資本主義的環境中，一旦發生因資本累積（注：投資）而起的問題，新古典理論就會失靈。

故本質上來說，新古典理論較令人信服的部分可歸結為：它將經濟體系具體化為一組彼此相關的供給與需求曲線。每一項商品都有確定的供給與需求曲線。這些曲線將商品的數量與價格聯繫在一起，並進而與其他商品的價格聯繫在一起；根據新古典理論，價格是決定供給或消耗數量的訊號。對於以所得來支應消費支出的情境來說，消費性購買行為不僅是一種重複的行為，占總預算的比重也不會過高，這種看待經濟的方式算是相當中肯，不過，當購買行為屬於某種獨一無二的行為、會產生一段時間的影響，而且牽涉到背負未來承諾的大規模融資，也就是說，支出所受到的預算限制並非與金融市場決策無關時，這種看待經濟的方式就會失靈。

相互依存的供給與需求曲線與「整個系統將持續運行，直到所有市場同步達到供需相等狀態的價格出現時為止」的強有力假設結合在一起，就是深獲眾多社論與傳統教科書作者青睞的**那個**供給與需求定律。不過，這個定律僅限在某個範疇的市場上有效，在這個範疇的市場中，支出能力取決於某些預先決定的預算。如果預算方程式（決定需求曲線的一項因素）會受到融資條件與世人對未來的主流預期影響，那麼，「互相關連的供給與需求曲線會持續擺盪，直到抵達均衡點為止」的假設就不再成立。牽涉到金融與投資的市場，有可能會產生未來的需求或獲利所無力維繫的價格、數量與付款承諾。

新古典價格理論的觀點、構思與結論，都屬於前凱因斯理論（pre-Keynesian），因為就某種意義來說，新古典價格理論中幾乎看不到凱因斯一手導入理論的問題與真知灼見。儘管如此，新古典綜合理論終究融合前

凱因斯理論和源自凱因斯偉大著作的部分概念與構思。只不過，價格理論並未融合這兩者；只有在經濟分析的範疇延伸且納入決定就業、貨幣工資與貨幣形式衡量的價格因素時，新古典理論才融合這兩派的觀點。因此，儘管今日的總合理論和前凱因斯理論中的總合理論不同，但新古典綜合理論裡的總合理論也多半漠視凱因斯的貢獻。

新古典總合理論：以前凱因斯理論為基礎

新古典總合理論（Neoclassical aggregate theory）是新古典價格理論分析的構思與方法的延伸，被用來分析就業、產出、資本累積與價格水準的決定。它是以一個誇大的假設為基礎：一旦新古典價格理論所檢視的關係與流程確定相對價格與數量，那麼，產出與就業也會隨之被確定。因此，新古典總合理論只需要解決一個問題：以貨幣形式衡量的價格是如何決定的。

總合生產函數和集體偏好系統是新古典總合理論的關鍵構思。就業和產出的關係、勞動力需求曲線，以及「資本資產存量增額」的需求曲線（即投資的需求曲線），就是源自於總合生產函數。集體偏好系統衍生勞動力供給曲線以及儲蓄的供給曲線。勞動力的需求曲線與供給曲線都是價格水準平減後的貨幣工資（price-level-deflated money wage）、也就是所謂的實質工資（real wage）的函數。勞動力供給曲線與需求曲線的交叉點，決定這項實質工資與就業。因此，在這個交叉點上，經濟已經達到充分就業，因為這就是勞動力需求曲線與供給曲線交叉時所確定的局面。而一旦就業被確定，就能以生產函數來計算出產出。

當新古典價格理論被用來作為總合分析的基礎時，可以推導出「勞動

市場是確定總產出的主要因素」的結論。由於凱因斯的某些概念被融入新古典綜合理論，所以，勞動力供給曲線與需求曲線交叉點的實質工資與就業，遂成為市場流程所達成的目標。在新古典理論下，若勞動力的需求比供給少（即失業的情況存在），就代表有一個外部阻礙，導致實質工資與就業無法達到那個交叉點，或者說，充分就業最終還是有可能實現，但過程可能曠日廢時。如果失業的狀況持續，那必然是因為勞動力的實質工資過高，而且以工會壓力或法規形式存在的阻礙，導致實質工資無法降低，或者是因為儘管達到均衡的流程確實正在進行中，但要達到均衡，需要花很長的時間。

供給與需求分析也被用來推導儲蓄、投資與利率。儲蓄的供給曲線反映出一個假設：唯有保證「未來消費勢必會增加」的承諾存在，人們才會放棄目前的消費。未來增加的消費金額將以一個折現率折算回今日的金額，而這個折現率將使目前放棄的消費等於未來多增加的消費。這個偏好系統的假設是：未來的消費增加金額，必須能補償當期多犧牲的消費。因此，從當期所得中儲蓄的金額，是利率的遞增函數。

投資非常像儲蓄，因為它也牽涉到「以目前的犧牲來換取未來的利益」。從事投資的人是拿投資產出（investment output）的當期成本去交換一筆未來所得，隨著投資產出被用來作為生產活動所使用的資本資產，就會在未來產生所得。如果當期成本和未來所得都是已知數，就能為每一項投資專案計算出一個折現率。

實際發生的儲蓄金額、投資金額，以及利率，取決的假設是：儲蓄是利率的函數，投資也是利率的函數，而利率會不斷變化，使儲蓄等於投資。因此，儲蓄、投資和利率的決定方法與其他價格並沒有不同。

資本累積率取決於儲蓄（偏好系統的特徵）與生產力（由生產函數來

顯現）。貨幣、債券和其他金融工具與金融市場，不會影響到利率的決定。新古典理論並沒有探討債券與股票市場上觀察到的利率波動，以及生產函數顯示出的資本資產生產力明顯緩慢波動（甚至完全沒有起伏）之間的關聯性。根據新古典理論，類似 1929 年至 1933 年的投資快速減少，必然是「資本資產存量增額」（注：即投資）協助生產活動的技術能力突然消耗殆盡所致，或是為了彌補目前放棄的消費所需付出的未來支出突然增加所致。**根據新古典學派的觀點，投機、融資條件、承襲的金融債務，以及總需求起伏不定的行為等，和儲蓄、投資與利率的決定完全無關。**

在新古典理論下，要實現當前對未來消費的需求，只有一個方法：將部分當期產出儲存起來，這不是以未來將消耗的商品形式儲存，就是以生產產能的形式儲存。儲蓄的供給必須轉化為對存貨與額外資本資產的需求。貨幣和融資絲毫不會影響到實質的變數：產出、就業，以及產出在當期消費和投資之間的分配。另外，利率只是反映出儲蓄與生產力的狀況，和貨幣無關。

不過，貨幣確實存在，而且是一個經濟現象；此外，我們支付的價格就是貨幣價格。經濟學必須理解並重視貨幣的角色，即使從鄉村市場的角度而言，這個主題並不存在，而且純理論家厭惡這個主題，因為一旦承認貨幣的角色，原本純粹普遍的抽象推理，就得強行納入機構端的實務細節。[11]

貨幣數量理論

由於必須將實質工資與商品的相對價格轉化為我們觀察到的工資與價格，也就是以貨幣計價的工資與價格，貨幣才得以進入新古典理論。在新

古典理論下，貨幣與融資以及經濟活動的融資沒有顯著關係。即使貨幣是固定數字（fixed point），其他價格與價格指數的數字波動是相對以貨幣單位的價值而波動，但根據新古典理論的定義，貨幣無法衍生出其他東西。貨幣不會衍生出所得，而且，根據新古典理論的觀點，貨幣只能產生「促進與商品及勞務相關交易」的利益。鑑於新古典理論的世界中不存在不確定性，所以，擁有貨幣也不會衍生出能讓人免於受不確定性傷害的主觀利益。

貨幣有時被稱為一種價值儲藏品（store of value），因為貨幣是將經濟單位對商品與勞務的控制權從某個時間傳遞到另一個時間的方法。然而，根據新古典理論中「儲蓄等於投資」的論述，資本資產是將消費從今日傳遞到未來的管道。貨幣作為價值儲藏品，與「利率將持續調整，以確保投資等於充分就業狀態下的儲蓄」是前後矛盾的。

在一個使用貨幣的經濟體，付出的貨幣與收到的貨幣價值相同，也就是買進商品與勞務的價值，等於售出商品與勞務的價值。這些恆等式說明，任何交易兩端的金額必然相等：移轉的貨幣等於買進乃至出售商品、勞務或資產的價值。

若要利用恆等式來建構理論，就必須先確立恆等式的各項變數之間的行為關係。若採用艾爾文・費雪（Irving Fisher）[12] 的研究，這個恆等式就是交易方程式（equation of exchange），可以簡單寫成 $MV = PT$，其中 M 代表貨幣供給，V 代表貨幣的周轉或流通速度，P 代表價格水準，而 T 代表交易。在將這個恆等式轉化為貨幣數量理論時，假設的關係如下：

1. 假設 M 已知，為外部「主管機關」給定；
2. V 向來是由現有的生產整合、付款習慣等制度所決定。

3. P 是價格水準，將由數量理論決定。

4. T 是產出，產出由勞動力的供給與需求和生產函數決定（若以後者定義，那就以產出 O 取代方程式中的交易 T）。

當貨幣數量理論加入（1）勞動市場決定所得的能力；（2）儲蓄與投資決定利率的能力，以及（3）產出在「消費與投資」上的分配等，就會產生一個決定價格水準與長期價格變動的精確理論。「貨幣是中性的)」（注：指貨幣存量的改變不會帶來實質的改變，只會產生名目上的影響）已是老生常談：這句話斷言，貨幣除了決定價格水準以外，一點也不重要。[13]

因此，根據貨幣數量理論，工資與價格的一般水準是外部決定的貨幣供給函數，不過，它並不認為貨幣是由制度的安排而創造出來是重要的。當世界的貨幣主要是以商業銀行活期存款的形式存在，很多企業融資就會牽涉到貨幣的創造（此時銀行的帳冊上會列為債務）與消滅（當債務清償時）。貨幣對經濟行為的影響和貨幣被創造與消滅的流程間存在某種關聯性。不過，根據貨幣數量理論，貨幣供給增加後發生的一切，和貨幣進入經濟體系的方法無關，不管貨幣是經由掠奪印加人（Incas）、突襲海盜、商業活動的融資或銀行向前手購買政府公債等管道而進入經濟體系，都和事後的發展無關。這樣的考量很不恰當：這個理論忽略資本主義經濟體系深奧微妙的貨幣創造方式與複雜本質。

新古典總合理論：結論

新古典總合理論是一個階級式系統：勞動力需求與供給決定就業水準與實質工資，並藉由將就業導入生產函數來決定產出。這項產出在消費與

投資之間的分配，藉由在儲蓄與投資流程中決定的利率，來反映生產力與儲蓄之間的調和。貨幣數量理論決定價格，但生產、就業、生產技術與投資等實質變數的決定，則和貨幣影響力無關。

新古典總合理論是從一個被用來解釋相對價格與產出的模型延伸而來。每一項商品和它的市場都可視為一個獨立的實體，如此一來，才能要求整個系統滿足每一個市場與貨幣都**同步達到**清算（clearing）狀態。根據這個理論的構思，貨幣是其他特定商品的替代品或互補品；然而，總的來說，超額貨幣供給必須能產生超額的商品需求。不過，超額的商品需求卻會促使商品的市場清算貨幣價格上漲。一般來說，較高的價格會使已知貨幣工資的實質工資（即價格平減後的工資）降低。這樣才能建立一個相互依存的通用模型：將貨幣數量理論加入相對價格決定系統的模型。

新古典模型是一個充分就業模型：所有想以現行價格平減後的工資投入職場的人都會受雇。這個總合模型的動態主要是特定具體市場的動態。這個模型推斷，某個特定市場的失衡，不管是腋下除臭劑、勞動力，或是儲蓄與投資市場，主要將由它本身的市場動態得到解決。這個模型討論到，若初始的狀態不是均衡狀態時，經濟體系是如何達到均衡，但經濟如何透過本身的流程達到那樣一個初始狀態，這個模型絲毫未加以分析。

在新古典理論下，市場會吸收外部的紛亂，並將這些紛亂轉化為均衡的位移與決定新均衡的因素。這個觀點和後面討論的理論核心「金融不穩定假說」之間的根本差異，或許主要在於不均衡的見解以及不均衡如何會產生。新古典綜合理論認為，每當偏離「充分就業與穩定物價水準」均衡的情況發生，必然導因於衝擊；諸如 1930 年代大蕭條、1960 年代中期至 1970 年代通貨膨脹長期持續走高、以及 1974 年至 1975 年與 1981 年至 1982 年嚴重的經濟衰退，必然是強烈的衝擊所致。因此，根據新古典主義

的觀點，每當經濟體系的表現不盡如人意，都是「外部」紛亂所造成。而常見的「搗蛋鬼」是貨幣系統與政府。經濟蕭條與通貨膨脹是貨幣制度的結構、貨幣政策的操作，以及影響制度或改變政府活動水準的政府政策等等的某種組合所造成。尤其若想釐清貨幣系統出了什麼毛病，只要觀察貨幣數量的行為即可，無須多做他想。貨幣制度與市場的行為及演進而產生的貨幣變化並不會造成影響差異，特別是它主張的因果關係永遠是貨幣引發經濟紛亂，而非經濟環境變化引起的貨幣變化。

就解釋美國經濟體系出現的行為與擬定的政策而言，新古典模型並不是可靠的知識與邏輯基礎。因為太多要素被忽略，或是未列入考慮。但新古典理論與奠基之上的新古典綜合理論確實也對經濟政策帶來一項重要且有效的貢獻。「競爭市場機制有能力依照消費者的需求來引導生產活動」的論證儘管是在嚴格的條件下成立，不過對經濟體系中具備適合條件的附屬系統而言，市場確實是可以信任的，尤其若以下情況**沒有**依賴市場完成，包括：（1）經濟的整體穩定；（2）投資的速度、甚至投資方向的決定；（3）所得的分配，以及（4）每單位產出或每名工人使用大量資本資產的部門決定的產出與價格。最後一點依據的是新古典理論處理資本資產訂價及資本資產報酬的奇特方式，與美國經濟體系資本資產報酬的實際決定方式差異所推斷而來。

因此，古典理論的主要公理：一致性可能存在的證據還是彌足珍貴。經濟體系的需求曲線反映消費者的偏好：假定所得分配被視為理所當然，並認可文化具有決定偏好系統的能力。即使使用貨物稅與補貼等來限制與擴大各種不同的產出，一致性還是有可能維持。然而，即使我們察覺到「一致性可能成為常態」，自由放任的政策立場並未復活；事實上，一旦操縱賽局的總結果，似乎就沒必要干預賽局的細節。

第六章

當前的標準理論

　　一如米爾頓・傅利曼所說明，新古典理論的根本觀點是：「儘管企業
與貨幣在美國實際的經濟體系非常重要，而且儘管引發無數的複雜問題，
但在一個沒有企業也沒有貨幣的單純交換式經濟體，卻充分體現出市場作
為協調工具的核心特質。」[1] 在這個觀點下，「貨幣的導入是要作為促進交
易的手段，並使購買與銷售行動得以區隔為兩部分。」[2] 經濟理論家建構
的模型告訴我們，儘管只有在非常嚴格的環境下，理論上來說，未受管制
的市場有可能達到一致性的結果，此外，那樣的抽象經濟體並不包含可能
擾亂一致性的內部流程。由此可見，新古典經濟理論無法解釋經濟體系在
債務型通貨緊縮或通貨膨脹加速上升的急速沉淪時期可能展現出來的不一
致性。

　　到了 1930 年，傳統的經濟理論無法解釋大蕭條期間發生的一切事
情。從新古典理論的視角來看，一場大衝擊必然會產生如此大程度的景氣
下滑，但當時除了股票市場崩盤以外，並未發生任何接近所謂「大衝擊」
的事件。[3] 此外，標準經濟學理論也未對股票市場崩盤、後續的債務型通

貨緊縮，以及股票市場崩盤怎麼引發深度經濟蕭條等等提出任何解釋。即使在 19 世紀與 20 世紀初期，景氣循環、金融危機和深度經濟蕭條反覆不斷發生，前一章粗略描述的古典經濟學卻無法對這些事件做出解釋。美國經濟自 1929 年至 1933 年間的大幅衰退，牽涉到一系列金融市場危機、破產潮與嚴重失業。在那幾年，銀行、其他金融機構與企業破產案件頻頻發生，期間還穿插著一些大規模破產潮。因此，經濟學家漸漸察覺到，有必要更深入了解為何美國這種經濟體天生那麼容易起伏不定。景氣循環研究是 1920 年代主要的經濟研究活動之一，當時有各式各樣研究景氣循環的方法問世。各方競相提出新理論，而凱因斯便是在這場競賽中勝出。[4]

1931 年 8 月，凱因斯闡述一個和新古典理論呈現鮮明對比的觀點，說明貨幣如何成為我們經濟生活的一部份，並產生影響：

構成我們資本財富的實體資產非常多元：營建物、商品存貨、製造與運輸過程中的在途財貨等。然而，名目上為了擁有這些資產的所有權人經常必須舉借貨幣。就某個程度來說，實際上財富的所有權人擁有的是對貨幣的所有權，而非實體資產。這類「融資活動」有極大比例是透過銀行業務系統發生，銀行在存款人（借錢給銀行）和貸款的顧客（放款給他們，讓他們用錢來購買實體資產）之間加入它的保證。實體資產和財富所有權人之間被加入的這層貨幣面紗，是現代世界特別顯著的特質之一。[5]

根據這個觀點，貨幣是在為投資活動與資本資產部位提供融資的過程中被創造出來。貨幣數量的增加，最初是為了投資產出需求的增加提供財源，或是為了資本資產或金融資產存量需求的增加提供財源。當貨幣被創造出來後，銀行的借款人會對放款銀行簽署償還貨幣的承諾。貨幣源自銀

行業務流程,它是現金流量承諾網絡的一環;對經濟體系的企業端來說,這個網絡是以企業賺取的總獲利為基礎。在一個採用小政府的經濟體(在凱因斯提出以上觀點的 1931 年,美國是採用小政府的制度),當銀行家和他們的企業顧客願意提高當期的負債水準,貨幣供給就會增加。而唯有銀行家與企業顧客相信未來的企業營收一定足夠應付償債所需的支出,他們才會願意提高當期的負債。

另一方面,當銀行放款金額降低,貨幣供給也會減少。當非常高比例的銀行家與(潛在)借款企業相信,未來的獲利不足以支應隱含在新債務當中的承諾(注:即獲利低於未來償債所需的資金),就會發生貨幣淨減少的情況。當銀行業者無法取得因銀行資產而產生的應收現金、打算出售變現的資產價格下跌,或是無法發行(出售)它們的負債,銀行就會倒閉。銀行家對企業有效償債能力的預期,受他們處理現有放款的經驗,以及對未來經濟表現的預期影響。當企業向銀行履行債務承諾時,貨幣供給就會增加,因為銀行業者會受到激勵,並更積極從事債務融資活動(debt financing);而當企業未能履行承諾,就會導致貨幣供給減少,因為銀行業者較不情願從事債務融資活動。因為貨幣供給的變化深受企業對其後續獲利的預估,以及銀行家對企業經營狀況的預期等影響,所以,貨幣供給有相當大的程度取決於經濟體內部的狀況。

根據凱因斯的觀點,貨幣和資本資產所有權與控制權的融資方式有關;因此,經濟單位創造與持有貨幣的條件,屬於「今日對未來的看法影響當期行為」的機制一環。當因企業貸款而衍生的貨幣供給日益增加,勢必代表銀行家和向銀行貸款的企業顧客抱著看好未來的觀點;若銀行家和銀行的企業顧客不看好未來,他們就會縮減貸款,這往往會導致貨幣供給減少。至於對未來的觀點為何會從「看好」轉為「不看好」,則是受經濟

內部運作的各種現象影響，因為那些現象會影響已實現獲利和預期獲利，乃至融資合約的條件。具體來說，當愈來愈多債務人難以或無法履行債務承諾，銀行家面對新債務融資的提案時，便會產生遲疑，因為企業未能履行的債務合約已經導致銀行家可用的資金減少。

對凱因斯來說，銀行業者及貸款顧客會記取過去的經驗，試圖評估目前的狀況，並會察覺到目前的情況可能不會在未來重演。成功的銀行家並不是機器人，不會認定當下的價格與現金流量會永遠存在，而且永遠維持相同的水準。因為銀行業者及借款人都意識到「時間」因素的存在，所以，他們知道在制定決策時要面對不確定性。對一個存在銀行業務且採用債務融資活動來建立資本資產部位的經濟體而言，日曆上的時間和以銀行負債（也就是貨幣）計價的承諾極為重要。誠如這一章開宗明義引用傅利曼的觀點，對於美國經濟體如何運轉，傅利曼和凱因斯的觀點徹底矛盾，而且傅利曼的觀點也與我們對美國經濟的簡單觀察嚴重矛盾。

早在大蕭條荼毒全球經濟之際，情況就已經清楚顯示，所有旨在解釋經濟行為的理論，都必須融入貨幣與金融變數，唯有如此，才能解釋為何一致性有時可能會達成，有時又無法達成。純理論學到的知識與經濟學研究所裡的貨幣及銀行學課程已經分歧到愈來愈站不住腳。[6]

凱因斯的資本主義經濟理論納入華爾街的運作，認為這是決定各種經濟事件的要素之一。在凱因斯與目前成為主流的新古典綜合理論之前的新古典理論有個怪異的特質是，它既不會承認華爾街裡發生的活動會對經濟體系的協調造成顯著影響，也不承認那些活動對經濟體系的缺乏協調造成顯著影響。

凱因斯重新定義這個問題，認為經濟理論必須解釋為何美國經濟天生那麼容易起伏不定，而非解釋「去中心化的市場系統能產生一致性」之類

的抽象論述。凱因斯在解釋資本主義經濟體的表現時,著重於投資活動、投資活動取得資金的方式,以及融資承諾的影響。凱因斯的分析將現有資本資產的獲利能力、投資活動與持有資本資產所需資金的融資條件,以及投資活動的供給條件等,融入一個效率投資需求理論。根據這個理論,投資是一種曠日廢時的流程,它取決於對獲利的預期,所以,投資決策永遠是在不確定性的情境中制定。而由於不確定性的緣故,投資人及提供給投資人融資的實體,會試圖建立能防範不利意外事件的資產負債結構,並隨著各項事件的發展調整資產組合,而且修正對經濟變遷可能發展的看法。

　　凱因斯的《通論》是在大蕭條餘波蕩漾之際完成,那段時間發生一次金融崩潰,也發生產出、就業與資產價格嚴重下滑的狀況。凱因斯理論的核心是分析在不確定性的條件下與資本主義的金融慣例下的投資活動。可惜對經濟理論的發展、對想要了解美國經濟實際運作方式的人,以及對想釐清該設計什麼政策來改善美國經濟表現的人來說,凱因斯的景氣循環投資理論與不確定性環境下的投資金融理論等,已經隨著外界對凱因斯《通論》的標準解讀漸漸演變成今日的正統理論而被忽略。這本經典著作原本像是一道能啟發我們了解引導經濟運作各種基本關係的智慧曙光,如今卻被一群只會看圖說故事的經濟學家貶抑為一組用於引導總產出的平庸處方。[7]

　　凱因斯理論的標準解讀是將凱因斯和古典理論(見第五章)融合在一起,進而建構出所謂的新古典綜合理論。儘管凱因斯在《通論》中提議經濟學家應該以非常不同於過去的方式來看待經濟,但在《通論》中,只有可輕鬆融入老舊觀點的環節保留在當今的標準理論。卻忽視一個經濟體系在累積財富的過程中,必須不斷回應經濟體系內部諸多破壞平衡的動力,因而永遠處於變遷狀態。基於資本主義經濟體的上述財富累積方式,凱因

斯才會在 1935 年提出的理論中說明，即使成功操作經濟體系也只是暫時的；因為**不穩定性是資本主義無法逃避的固有缺陷**。

凱因斯《通論》迄今仍倖存的觀點是：經濟大蕭條導因於幾個特殊事件出錯。根據這個觀點，若實施恰當的政策，便能確保大蕭條不再發生：1950 年代與 1960 年代的標準理論似乎堅稱，若能採納恰當的政策，平穩物價狀態下的充分就業可以達成，而且可以長期維持。這個理論漠視經濟體系的內部破壞性動力；**新古典綜合理論成為沒有資本家、資本資產與金融市場的資本主義經濟學**。因此，在當今標準經濟學裡殘存的凱因斯觀點可說是微乎其微。

凱因斯學派的貢獻

要了解外界對凱因斯《通論》的解讀與這份著作的影響，回顧幾個關鍵日期應該會有幫助。在美國，大蕭條的經濟衰退與崩潰階段發生在 1929 年年底至 1933 年年初。接下來，直到 1930 年代即將結束之際，經濟體系都未能完全復原，即使當時的軍備支出因為二戰在歐洲爆發後迅速增加。

凱因斯的革命性理論《就業、利率與貨幣通論》是在 1936 年問世（該書的前言落款日期是 1935 年 12 月 13 日）。外界對於《通論》的評論與正式解說（經常是以準數學的方式解說），則大約到 1937 年才開始陸續出現。

在《通論》問世之前的 1933 年，羅斯福總統就開始推動各項改革與促進經濟復甦的活動，那是在他第一個總統任期。而在《通論》問世後，這份著作的部分概念被用來把經濟復甦那幾年間的赤字影響合理化。然而，羅斯福新政那些年所推行的計畫，主要動機、用來合理化與進行辯護

的事情都與人道主義考量有關。失業者需要所得才不會挨餓，而工作是提供所得的管道；當時，羅斯福和整個美國都認為，「貨幣所得可以經由救濟金的手段分配，而無須與工作有關」的概念就像一道詛咒。當時的政府並未以「政府赤字能增加經濟體系民間部門產出與就業」的概念來為政府實施的各項支出計畫辯護，反而是以一些立論不怎麼完善的概念來說明政府的刺激成長方案是個好事。

　　新政既是改革，也是一個促進經濟復甦的計畫。羅斯福第一個任期（1933 年至 1937 年）的主要結構性改革，是在《通論》的概念開始產生影響力以前就已提出。當中很多改革的目的是為了讓大蕭條不再發生，因此，也是根據這樣的詮釋而設計。新政那幾年的改革主要是將物價通貨緊縮視為大蕭條的主要導因，並認為政府與民間干預將有利於限縮價格彈性降低的程度。然而，根據《通論》的理論，物價通貨緊縮其實只是一種症狀，它固然是促使經濟蕭條更加惡化的一項流程要素，卻非引發經濟蕭條的導因。從《通論》的視角而言，1933 年至 1937 年間的結構性改革只能治標，不能治本。

　　至於 1937 年至 1938 年間的經濟衰退，則多半被歸咎於物價上漲：原本遭限價（administered price）的市場隨經濟局部復甦而漲價的現象。此時立場剛倒向凱因斯的幾位經濟學家，如哈佛大學的亞爾文・韓森（Alvin Hansen）強調，因 1936 年退伍軍人紅利帶來的財政刺激（注：這項政策使 1936 年的經濟基期升高，因而成為 1937 年經濟走疲的因素之一）、1937 年隨著經濟邁向預算平衡而加諸的財政與預算約束，以及聯準會為了抵銷潛在通貨膨脹風險而採取的行動等，才是引發 1937 年至 1938 年經濟衰退的導因。

　　1937 年至 1938 年的經濟衰退，促使政府成立國家臨時經濟委員會

（Temporary National Economic Committee）[8]，這個委員會最初認為，猖獗的賣方獨占力量與限價是經濟未完全恢復擴張與經濟衰退的導因。韓森在委員會上的證詞是將凱因斯學派的概念導入政策討論的重要起點；然而，直到二戰的爆發促使政府活動顯著擴張後，才有大量受凱因斯影響的經濟學家積極參與政府事務，進而影響政策。

凱因斯的概念確實在 1930 年代末期發揮一點影響力，因為這個理論主張，市場機制不盡然是一個能自我修正的系統，它無法達到充分就業，遑論維持充分就業，即使後來大家熟知的凱因斯理論已經被東刪西改。在 1930 年代，「市場協調經濟活動的能力有缺陷」的事實早已不辯自明。即使市場流程往往真的會修正各項偏離充分就業狀態的偏差，1930 年代的各種事證也顯示，那類修正流程並不會迅速發生。對政治人物而言，引導經濟體系從諸如 1929 年至 1933 年那類大規模螺旋下滑趨勢、回歸充分就業狀態的內部調整流程，耗時過久，而且代價過高，讓人無法接受，至少就最低限度而言，各項市場流程需要適當的政策來助它們一臂之力。

整個 1930 年代提出各種不同的改革建言，或是協助市場機制的建議。根據韓森和其他人對凱因斯理論的解讀，無論勞動力市場與產品市場的機構型組織是以什麼樣的結構存在，只要適當採納財政與貨幣政策，就可能達到接近並維持充分就業的狀態。[9] 這意味在擬定政策時，在政治上相當棘手的產業結構與市場力量滲透程度等問題多半可予以忽略。他們主張，就算不對超大型企業的市場力量與新興的工會設限，也能達到經濟復甦與維持充分就業。他們不認為有必要制定因應賣方獨占與卡特爾的政策，因為賣方獨占與卡特爾對就業的潛在有害影響，可用適當的財政政策來加以抵銷。

勞動市場

　　凱因斯思想的一個特性是，他認為就業水準並非取決於勞動市場的內部運作。根據先前討論的古典學派綜合模型，勞動市場的供給與需求狀況會決定就業與價格平減後的工資。這個均衡就業狀態反映企業的生產特質與家庭的偏好系統。就相當大的程度來說，這個理論將勞動市場視為一個青豆市場或玩具槍市場。它假設的動態是，如果某個失衡的情況出現，例如勞動力出現超額供給或需求，那麼，價格平減後的工資變動自然會消除這個失衡。而一旦就業水準已知，經濟體系的生產特質就成為決定產出的要素。

　　對照上述古典理論的論述，凱因斯的理論則是從產出需求的決定出發：以純模型處理家庭與企業對產出的需求，但在政策模型中加入政府對產出的需求，而總需求是這些部門需求的總和。只要勞動力的需求等於或少於一系列現行貨幣工資水準可使用的勞動力數量，就業就會等於由產出所導出來的勞動力需求。根據凱因斯的觀點，在現行貨幣工資水準下，勞動力供給有可能超出需求，而為了回應失業而啟動的流程，可能也無法有效消除超額的勞動力供給。凱因斯認為，這種存在非自願性失業的特殊局面也屬於一種均衡。這顯然並非一種無超額供給與無超額需求的局面，而且也未排除貨幣工資的降低。唯有從「市場對超額勞動力供給所做出的回應將無法有效消除超額供給」的意義來說，它才稱得上是均衡。

　　在思考因超額供給或需求而啟動的流程時，最好是能將市場本身的反應與不同市場之間的交互反應做個區隔。市場本身的反應包括商品與勞務價格及數量上的波動。市場之間的交互反應則取決於，市場裡各項變數的變化對其他市場的供給或需求條件造成的影響，以及其他市場的變化對市

場帶來的回饋。以勞動市場來說，市場裡的變數包括勞動力的貨幣工資，以及實際受雇的勞動力數量。根據凱因斯導入的動態，勞動力的超額供給會導致貨幣工資下降；貨幣工資的下降會使產出的供給價格降低，受雇勞工的所得也會降低；受雇勞工所得的降低會使對產出的貨幣需求減少，對勞動力的需求也會因而減少。所以，貨幣工資在較低的水準時，產出的供給與需求都將減少，從而使價格走低；貨幣工資的降低並非絕對會使價格水準平減後的工資降低。所以，基於勞動市場各項變數的變化對勞動力供需關係的影響，最初的超額勞動力供給可能不會消除。

即使價格與工資降低可能不會透過市場反應來消除超額的勞動力供給，卻還是可能經由它對其他市場的影響，來消除這個市場的超額勞動力供給。在凱因斯的框架下，這個疑問被轉化為「下降的貨幣工資與產出價格，會對消費與投資支出造成什麼影響？」貨幣工資的降低會使價格水準平減後的貨幣供給增加，從而導致利率走低。面臨工資與價格降低的情境時，這個影響可能不太容易消除超額供給。此外，貨幣工資與價格的降低，一開始會先導致情況變得雪上加霜，因為它會使家庭與企業可用來履行固有債務承諾的現金流量減少。

新古典綜合理論的精髓是它認同凱因斯的構思：無論價格水準平減後的貨幣工資是多少，勞動力需求都取決於總需求；但接著新古典綜合理論又說明，市場流程最終將確保充分就業。如果經濟體系存在勞動力超額供給的現象，那麼，市場流程就必須改變產出的需求，以便讓勞動力的需求曲線向上移動，超額勞動力供給最終也因此會被消除；勞動力需求的增加是因為總需求的增加。

新古典綜合理論的主要定理是：市場機制將使原本存在的失業狀態轉為充分就業均衡。這個定理非常有影響力。發展新古典綜合理論的學者非

常認同凱因斯，他們的基本分析工具與失業均衡（unemployment equilibrium）的初始狀態都和凱因斯的觀點一致。他們也認同由於工資既是成本，也是所得，所以，勞動力市場的各項流程無法有效消除失業，另外，他們也接受從工資降低到利率降低（經由價格調整後的貨幣增加），因而促使投資增加的途徑，可能無法達到接近充分就業的狀態。然而，新古典綜合理論做出「若所得相等，較富裕的消費者花的錢，會比較不富裕的消費者還多」的合理假設，因此得以說明市場經濟體系包含一個理論上的內部機制，能確保勞動力需求曲線會與勞動力的經典供給曲線在充分就業的位置相交。這個根據上述「消費與所得」關係運作的內部機制，高度取決於價格水準平減後的貨幣數量，所以，價格的下跌往往會促使「消費與所得」的關係向上移動，並使任何特定投資水準下的需求增加。這個實質餘額效果（real balance effect）對總需求的影響，使勞動市場最終取得支配力量；只不過，勞動市場還是有可能暫時無法達到均衡的就業水準。

上述的新古典理論結論和凱因斯的結論差異甚大。根據凱因斯的結構，勞動力市場不會決定就業與產出。貨幣工資是成本的一環，所以它是產出的外部供給條件；貨幣工資在決定產出的價格水準方面占有重要的一席之地。根據凱因斯的論述，貨幣價格與相對價格是在勞動力市場與產品市場交互影響的過程中同步決定的。

韓森—克萊恩傳統理論

根據凱因斯的觀點，就業取決於總需求與總供給的交互影響。凱因斯理論的標準解讀多半忽略凱因斯的總供給理論。凱因斯認為，在資本主義下，總供給的決定不僅僅像標準理論主張是各種生產可能性的轉化。在一

個資本主義經濟體，產出的供給和勞動力的需求都是追逐獲利所衍生的副產品；企業根據對獲利的預期，決定產出計畫與提供的職缺。凱因斯主張，實際的獲利來自勞動力與現有資本資產的使用，而勞動力與現有資本資產的使用則取決於短期的獲利預期。來自消費與投資性產出的生產活動決定總產出，而對它的短期獲利預期取決於消費與投資預期的有效需求。長期獲利預期則是決定投資需求價格的一項因素。因為取決於長期預期的投資產出生產活動，會產生短期的獲利預期，因此時間就成為計算供給必須考慮的要素。更進一步來說，在資本主義的環境下，總供給也取決於生產產出與雇用勞動力等活動所必須使用到的融資成本。因此，在資本主義環境下，一個供給理論不能對生產活動的融資方法視而不見；具體來說，融資條件所強加的付款承諾，決定出可用內部融資以及為投資活動取得融資的條件。

對凱因斯理論的標準（即正統）解讀著重於「到達某個充分就業水準時，每單位產出的供給價格往往會維持固定，或緩慢出現變化」的觀點。這是因為唯有總需求超過充分就業狀態下原有工資與價格的總供給，工資和價格才往往會上漲。而如果總需求未達到充分就業水準的需求，而且差距不大，那麼，價格和工資也不會下跌，就算下跌，也只會輕微下跌。這衍生出一個理論：當總需求處於某個區間，價格不會發生很大的變化，而若總需求超過某個水準，價格往往會上漲，而且如果總需求降到某個水準以下，價格則往往會下跌。

一般來說，決定工資與整體物價波動的流程，和決定特定價格波動的流程類似。這些正統的凱因斯工資與價格假設主張，特定市場的供給會在需求超出某個水準時變得沒有彈性；換言之，當總需求增加時，某些商品的價格就會上漲，因為供給數量並未和需求等比增加。

基於正統凱因斯學派的總供給定義，就業取決於有效總需求。總需求上升到某種充分就業障礙之前，總需求的增加主要會促使就業增加；超過那個障礙後，主要則會導致價格上漲。基於分析的目的，我們將民間國內需求分解為一些同質性的組成要素。家庭是其中一個類型，家庭有所得，也會購買消費財。另一個類型是由企業組成，而企業擁有當期與預期的獲利、資本，而且通常有未清償的負債，這些負債需要用現金償還，也可能需要使用某種金融市場交易來因應。在總需求的組成要素中，投資是因為企業的需要而產生的一種需求。

外國需求與政府需求也納入總需求。總需求等於總產出，總產出就是所謂的 GNP，它也等於消費、投資、出口超過進口的差額，以及政府產出的總和。消費需求是稅後所得的函數。由於這項行為規範，即消費取決於稅後與移轉後的所得，計算的所得因此是投資、外國與政府需求總和的某個乘數（multiple）。根據這個版本的凱因斯理論（主要是亞爾文・韓森發展出來的版本），產出的總需求乃至於對勞動力的需求，是投資、出口減進口，以及政府支出的某個乘數（這是從消費與稅後所得之間的關係得出）。根據這個觀點，一旦所得低於或高於某個目標水準，就能經由政府支出或租稅的適當調整來抵銷其中的影響；就這樣，財政政策成為控制經濟走向的一項工具。[10]

以不含外國貿易的簡單個案來說，這個論述可歸結為以下主張：所得是某個常數（稱之為乘數）乘以投資與政府支出而得出的數字。進一步來說，這個常數是「儲蓄增加金額」相對「所得增加金額」比例的倒數；這個比例稱為邊際儲蓄傾向（marginal propensity to save）。

這個簡單、單一函數的韓森模型清楚說明「所得被存下來的部分，必須被投資與政府支出抵銷」和「更多投資（或政府支出）會使能衍生這種

抵銷性儲蓄的所得增加」等概念。保守派商人、政治人物與公眾人物主張應該調整租稅系統，以便增加企業投資誘因，因為更多投資意味更高的所得與就業，因此他們毫無保留的認同這個單純版韓森模型的有效性。

甘迺迪與詹森時代的當政者，就是基於「就業乃至供給是企業投資誘因的函數」的主張，所以採用租稅誘因與投資抵減政策。凱因斯學派保守主義和雷根的供給面保守主義不同，因為甘迺迪與詹森聚焦在能鼓勵企業投資的誘因，而後來雷根採用的政策，則是聚焦在家庭所得以及鼓勵儲蓄的誘因。先前的計畫雖然極度保守，但至少它含蓄的承認，過高的儲蓄欲望會對投資動機產生負面的影響，而後來的供給面保守主義則幾乎公然假設，無論儲蓄的關係如何，投資都足以抵銷充分就業狀態下的儲蓄。

二戰於 1939 年 9 月爆發後不久，凱因斯及他在劍橋大學的部分學生便被延攬到政府任職，後來的情況顯示，以單純凱因斯理論的總合概念為基礎的思考方式，對戰爭的規劃非常有幫助。在戰事如火如荼期間，民間投資活動多半在政府管制下急速萎縮到幾乎消失：此時的總需求變成只由政府需求與消費兩項要素構成。政府以稅制及配給等手段來約束並控制消費支出，從而釋出更多資源供戰事使用。在這些情境下，凱因斯關心的投資、投資活動的融資，以及金融流量和系統一致性或系統穩定等難題，已經變得無關緊要。

隨著二戰持續推進，以消費函數和外部決定或控制的投資及政府支出為基礎的模型陸續開發出來，這些模型一個比一個複雜，後來也成為復員（demobilization）規劃與回歸公民經濟等作為的基礎。[11] 難怪戰後初期的那幾年，會有那麼多以消費函數為基礎的民間經濟分析與預測技巧問世。然而，這些模型不是忽略貨幣關係與融資關係，就是以非常粗糙的方式導入貨幣與融資關係。在這場建立模型的競賽中，主要的領先玩家是勞倫

斯‧克萊恩（Lawrence Klein）。[12]

　　他們發展預測模型的最初目的是基於學術演練所需，但後來，這些模型漸漸成為政策分析所使用的工具。將諸如消費與投資等變數分解為更小的組成單元，並導入諸如州及地方政府與金融機構等部門後，決定所得與就業取決於一個由實驗方程式與關係組成的複雜系統。

　　常見的做法是根據耐久財、服務、勞動力等市場來建立模型，並將總需求視為這些市場行為導致的結果。不過，這些市場都是虛擬市場（pseudo-markets，又稱假性市場），因為並不存在耐久性消費財的市場；只有各式各樣的耐久財，而每一種耐久財都是由企業生產，並在具備特定機構特質的市場上，經由零售據點出售。經濟學家的結構模型無法和航空工程師測試風洞或電腦模擬時使用的模型相提並論。具體來說，經濟學家的結構模型並非經濟體系實況的縮小版複製模型；這些預測家的結構模型只是把單純版韓森學派理論中使用的較大結構加以分解而來。*

　　以消費函數為基礎的預測模型，成功在各種政府機關、聯邦準備系統以及許多商業服務機構中倖存，並持續考量新產生的數據進行更新。既然這些模型以即時預測工具的形式存在，它們的成敗當然高度仰賴電腦的運算能力；電腦讓人以為這些由實際經歷彙整出的方程式展開不同形式與不同變數的實驗。這個實驗方法意味，一旦修改現有的方程式，預測模型的結構就會改變，結果就會變成組成要素不一致的大雜燴。即使是支持採用計量經濟模型的經濟學家，都對隱藏在這些模型裡的關係很不滿意。

　　預測就是要將諸如政府支出、課稅公式，以及聯準會操作等政策項

---

* 將那個總和體加以分解並導入額外變數後，就必須對每一個新變數提出進一步的解釋，即使這項工作的知識複雜度絕對不比單純的消費函數或乘數模型高明多少，如此推演而來的預測格式，還是可能達到解釋者心目中想要的複雜度。

目，導入一個由代表總需求各項組成要素的方程式所組成的模型。各個方程式都有根據經驗推導而來的參數。每一個結構模型都被轉化為一些解答方程式（solution equations），能解出預測者關心、由系統決定的變數。接著，這個模型會根據系統過去的狀況，提供那些變數在特定日期的數值。如果這個模型運作良好，那些變數的預測值就可以用來作為過去的數值，進而推演出更久以後的未來的數值。經由這樣的遞歸計算，就可能導出一個時間序列，也就是模型的運行路線；另外，只要改變政策前提與未經解釋的變數的行為，就可能導出多重的運行路線。如果這些運行路線的政策假設不同，就代表那是政策模擬。利用預測模型來模擬經濟，就能產生諸如「如果我們退稅給每個人 50 美元，那麼，實質所得將高 4%，通貨膨脹則會高 2%。」之類的政策評估結論。[13]

　　另外，也可以改變結構模型中的模擬（fitted）或估計的參數來進行政策模擬，從而探索法規變動（例如最低工資或制度的變化）的影響。然而，這種模擬不可能比模型精確，計量經濟模型也不可能比模型建構者的經濟理論更貼近現實。尤其是和融資結構沒有緊密連結的模型，因為這些模型並不能掌握因各項經濟活動中而衍生的不穩定性。

　　隨著 1970 年代的持續發展，情勢清楚顯示，忽略融資關係的模型在作為預測工具方面的表現並不理想，於是，這些模型進行修改，貨幣供給（外部因素）在預測流程的重要性因而提高。因此，我們目前的預測模型結合凱因斯學派總合需求理論與古典貨幣數量理論等的概念。但那樣的模型是內部矛盾（internally inconsistent）的模型；不管這些模型預測出來的結論有多麼精確，都是由於它們以各項變數過去的數值來推導近期未來的估計值所致。這些模型的成功只不過是證明經濟體系擁有很好的動能罷了。

　　簡單版韓森消費函數模型被用來作為一整個世代經濟學教科書的骨

幹，而且這個模型也被用來作為微調經濟狀況的財政政策方法的基石。這個模型歷久彌堅，因為先前以它為知識基礎的政策和預測、乃至於政策模擬模型，明顯都非常成功。但隨著政策變得沒那麼成功，韓森模型也失去知名度。儘管如此，以一個極端單純的理論投入為基礎，但卻有著極度複雜的結構計量經濟模型，還是繼續被用來作為政策分析的工具之一。

1960 年代中期以後，金融不穩定性便成為經濟體系顯而易見的特質之一。從韓森與克萊恩的公式化表述所推演出來的模型，無法經由其內部流程歸納出金融不穩定性的存在。因此，以這類模型的模擬結果來制訂的政策，自然深受「金融不穩定性不可能發生或無關緊要」的明確假設影響。結果，那類政策忽略現實世界的重大問題，當然勢必也常會導致經濟難以達到政策所設定的目標。

韓森將凱因斯的概念簡化為以消費函數為基礎的預測與模擬模型，這個研究路線為經濟學家提供一個簡單、權威，而且重要的方法來觀察美國的經濟體系，但前提是他們可以不考慮金融與貨幣因素。戰後初期幾年，金融與貨幣層面就呈現那種無需特別加以考量的平靜狀態，不過，從 1960 年代中期開始，那樣的平靜就被亂流取代，而由於亂流出現的緣故，源自韓森與克萊恩分析方法的模型便已不再那麼可靠，以那類模型所做的預測與模擬，當然也就很難作為有效的政策指引：近期的經驗顯示，經濟的行為和那些模型所推測的行為不同。

希克斯的版本

約翰‧希克斯（John R. Hicks）在 1937 年 [14] 針對凱因斯理論提出的陳述比韓森那個簡單版消費函數模型更加精進。希克斯察覺到，在針對總

需求提出解釋時，必須融入凱因斯理論的一項根本要點：即金融與貨幣變數。根據希克斯的解讀，凱因斯理論考慮到兩組相互依存的市場，一組是商品的市場，另一組是貨幣或金融（債券）的市場。希克斯分別為這兩組市場推導出與均衡狀態一致的利率與所得水準組合。他認為，凱因斯提出的問題是要判斷這兩組市場是如何同時達到均衡狀況。希克斯將總產出與利率固定在能同時滿足商品市場與貨幣市場均衡條件的水準。

因此，希克斯將總需求的決定視同一個供給與需求的問題；他主張，有很多組利率與所得的組合，會使商品市場與貨幣市場的供需相等。一如韓森的觀點，國內的民間商品需求是由兩個部分組成：對消費的需求與對投資的需求。消費需求被視為所得與利率的函數之一。將所得用來作為一項變數是凱因斯的理論，但將利率用來作為決定消費的因素則是古典學派對儲蓄的觀點。

希克斯將投資視為利率與所得水準（主要是事後添加的想法）的函數之一。就這一點而言，希克斯跨出重要的一步，硬是將凱因斯的概念融入古典模型，因為他解讀投資需求與利率之間的關係，受資本的邊際生產力（marginal productivity）影響。希克斯認定利率具備生產函數的特質，這意味隱含著假設經濟會自動朝某個獨特的充分就業所得水準前進。在一個受雇與可雇用勞動力水準不斷變動的經濟體，資本資產所能創造的獲利，取決於總需求導致資本資產的服務趨於匱乏的程度。以一家鋼鐵廠為例，單就**技術層面**而言，「產出遠低於產能」和「產出等於產能」的生產力是一樣的，只不過，產出等於產能時的**獲利能力**當然遠比產出遠低於產能時好。

所得等於消費加上投資，而由於所得減去消費也等於儲蓄，所以，儲蓄等於投資。儲蓄和投資都取決於利率與所得。因此，有一條能讓儲蓄等於投資的利率與所得組合所構成的二維曲線，只不過，每一個利率與所得

組合的水準都不相同。沿著這條曲線，較低的利率代表較高的投資，所得也因而較高：這是一條斜率向下的曲線。

在新古典理論的框架下，較低的利率意味較多的投資：在已知的貨幣工資水準下，較低的利率將促使廠商更願意利用更多資本（相對勞動力）的生產技巧，而廠商希望使用的資本／勞動力比例愈高，投資率就愈高。而根據乘數關係，投資率愈高，所得水準也就愈高。

希克斯的理論構思，以及多數堅持正統投資觀的理論構思，針對「利率與投資」關係所提出的觀點都流於華而不實。即使一般公認當利率較低時，最好是以較高的資本產出比例來進行生產活動，但投資（即資本資產隨時間經過的變化）卻不見得有必要增加。就算有擴大資本存量的欲望，也不代表資本存量將會以更快的速度增加。[15]

因為貨幣可以方便進行與當期產出有關的交易，因而有需求，而且，貨幣是一種能提供實物收益的資產，因為它能在不利的意外事件發生時提供保障。[16] 由於一般人需要貨幣來促進和當期所得有關的交易，所以，所得是決定貨幣需求的一項變數。由於貨幣所產生的實物收益必須和債券的報酬等值，一般人才會願意持有貨幣，所以利率也是決定貨幣需求的一項變數。這意味如果所得是已知的，貨幣數量愈多，利率就愈低。此外，在任何已知貨幣數量的情境下，所得愈高，利率也會愈高。所以，任何特定貨幣供給條件下，都會有一組利率與所得組合會使貨幣的需求等於貨幣的供給；在貨幣市場上，這些利率與所得組合是相互替代的均衡。

凱因斯寫道，資本主義經濟體的貨幣供給是在融資活動的過程中被創造出來，但希克斯學派的傳統觀點徹底漠視這點，並假設貨幣供給取決於主管機關（以美國而言，是指聯準會）；換言之，貨幣的數量會隨著政策而改變。主管機關可以利用貨幣供給的變化來決定現行的「利率與所得」

組合。在已知的貨幣供給水準下，所得愈高，利率就愈高，因為此時促進交易的貨幣價值導致必須促成的交易數量增加了。

根據希克斯的論點，其中一條曲線（「投資與儲蓄」均衡的軌跡）的斜率向下，另一條曲線（貨幣均衡的軌跡）的斜率向上。此外，這兩條曲線的利率與所得都是正數。由於所得與利率都被局限在第一象限的適當位置，所以，這兩條市場均衡曲線將會交叉。只有一個獨一無二的利率與所得組合能同時滿足貨幣市場與商品市場的均衡條件。如果貨幣數量改變，那麼，貨幣市場的均衡曲線就有可能會改變，因此，貨幣市場和商品市場均衡曲線的交叉點也會改變。

一旦所得確定，就業的水準也會確定。且讓我們假設目前的就業狀況低於充分就業水準，在這樣的情境下，貨幣的增加可能會促使利率降低，並使所得水準提高，進而往往會使失業率減少。因此根據希克斯的這個理論構思，貨幣似乎有可能掌握發號施令的大權：這個世界上好像存在能促成充分就業所得水準，以及適當數量的貨幣。

為了使失業成為一種獨立於希克斯模型外、由主管機關供應的貨幣數量無關的均衡狀態，我們有必要適當的詳述商品或貨幣市場均衡曲線的形狀或位置。其中一個方法是盡可能詳述投資函數的投資機會。如果「消費與所得」關係的本質導致零利率水準時的投資金額不足以促成充分就業，那該怎麼辦？換言之，不管貨幣供給的增加將促使利率降到多低（非負值），投資都不可能大到足以抵銷充分就業情況下的儲蓄。

如果投資不足是造成失業均衡的原因，那麼旨在提高就業的政策，就可以根據以下三個方式來進行，包括利用政府支出來使所得增加、經由政府補貼與保證來提振投資，或是將投資成本降到相對低於預期獲利流量的水準。第一條路線將促成能提高「消費與所得」關係的政府租稅與支出計

畫（包括移轉支出），無論對應的投資水準如何，都會使就業水準上升。

第二條管道，也就是政府為投資專案的報酬提供擔保，這是美國在承平時期慣常採用的管道，主要是以政府對不動產抵押貸款、各種農業計畫，以及某些國防及其他公共計畫支出擔保的形式進行。

第三個可採行的政策方向是降低投資財的價格，或是提高預期獲利流量。從甘迺迪與詹森執政那幾年開始，政策診斷向來經常是：要同時實現充分就業與更快速的成長，就需要較多的投資。因此，政府以五花八門的租稅抵減和所得稅調整來降低投資的淨價格或增加獲利流量。

根據希克斯的理論構思，一旦利率不隨貨幣供給起舞，失業就不會對貨幣供給的變化產生反應。這就是著名的流動性陷阱（liquidity trap），這個觀點主張，在特定所得範圍內，貨幣數量的增加並不會使利率降低。

流動性陷阱使貨幣政策無效。那樣的陷阱可能在金融危機餘波盪漾的期間發生，它的特質是無違約風險的證券利率非常低，但較高風險證券的報酬非常大。但是根據希克斯的理論構思，只要利率不是過低，能改變貨幣供給的貨幣政策依舊能有效影響所得。

希克斯的理論構思過去到現在一直都是說明凱因斯模型的基礎。在商品市場中，利率與所得的均衡曲線通常被標記為 IS，而貨幣市場的利率與所得均衡曲線則被標記為 LM。希克斯的理論構思就是大家熟知的 IS-LM 模型。[17]

IS-LM 理論的構思並非新古典綜合理論，只不過，它為新古典綜合理論打造一條康莊大道。以這種方式表述的貨幣需求方程式，可以解讀為流通速度（velocity，是利率的函數）可以改變的貨幣數量理論方程式。它也體現古典學派的投資函數觀點。不過，希克斯的理論構思並不包含一個「超額勞動力供給必然會促使勞動力需求增加的反應發生」的機制。儘管

希克斯模型對古典學派觀點助益良多，但它並未實現古典學派思想特有的「由勞動市場決定的均衡」。

帕廷金解方

對當代著名的經濟學家來說，凱因斯的結論和當時的標準理論觀點相悖。標準理論主張經濟體系是一個自我平衡的系統，而凱因斯的理論暗示，保證經濟將實現充分就業均衡的市場流程可能並不存在，而且去中心化市場經濟的內部流程可能會造成失衡。所以，實質上來說，凱因斯等於主張，在資本主義經濟體系中，古典經濟理論所主張的一致性結果通常沒有根據可言，理由是，金融與貨幣體系根本無法維持平穩的表現。

凱因斯的結論意味，任何有能力擊敗這個異端邪說的學術界人士都將獲得巨大的獎賞。那個人必須能說明，即使認可凱因斯的假設與基本條件，去中心化市場機制的正常流程還是能達到並維持充分就業，除非這個機制的運作遭到阻礙。

凱因斯的分析之所以能成功獲得關注，部分要歸功於國民所得帳戶（national income account）系統的開發，這個系統幾乎是在《通論》出版的同時開發完成，但這也是凱因斯完整的經濟理論未能獲得認可的原因之一。這個帳戶系統主要是賽門・庫茲涅茨（Simon Kuznets）所開發，[18] 它處理所得的方式和凱因斯假設「需求可分解為同質性的行為類別」有著異曲同工之妙。以韓森與希克斯開發的分析工具來解釋國民所得帳戶只是邏輯上的一小步。後來，國民所得的核算和希克斯與韓森對《通論》的標準解讀之間，漸漸發展出一種共生關係。[19]

庫茲涅茨對國民所得及國民所得組成要素的研究顯示，消費所得比的

短期（即週期性）與長期（即一生發生一次的）行為有所差異。短期，即在一個景氣循環內來說，消費所得比會不斷改變：在經濟衰退時期，這項比例會高於繁榮時期；不過，長期來說，由於景氣循環各個階段的影響會趨於平均，消費所得比看起來幾乎維持不變。

當經濟展開週期性擴張時，儲蓄率的上升意味隨著經濟朝充分就業狀態擴張的同時，投資增加的速度超過所得增加的速度。而隨著經濟擴張趨於成熟，必要的投資所得比會變得難以維持讓經濟繼續擴張。從庫茲涅茨的數據中明顯可見的消費所得比趨勢，證明「儲蓄的週期性行為是決定經濟體系週期性行為的要素」的觀點確實有公信力。

長期消費所得比固定不變，但週期性的消費所得比不斷變動的現象，是一個明顯的矛盾，而這樣的矛盾正是學術研究者最喜歡的問題。熱中於尋找這個矛盾的解決方法的人通常可分為兩種類型：一是試圖對照社會與心理現象來解釋這些觀察現象；二是對照資本評價與資本累積等經濟現象來提出解釋。

就社會與心理面的解釋來說，有一派主張，一般人需要時間來適應所得的增加，他們還主張，一旦達到特定消費水準，消費將會頑強的維持在這個水準，可能會需要減少儲蓄或出售資產。[20] 因此，當所得在經濟衰退時期降低，消費還是往往會維持在原有的水準；另一派對照社會與心理現象的解釋則主張，消費者在消費時，考慮的是終生的（或永久性的）所得。[21] 根據這個觀點，消費取決於未來的全部所得（即一個經濟單位生命週期中的未來所得）的現值，或是一個經濟單位預期將獲得的永久性所得。原則上，生命週期與終生所得的概念假設，一個消費單位擁有一項職業或技能，這些技能讓這個消費單位得以融入生產函數，而這個消費單位的所得取決於它的技能或職業所產出的邊際產品。有時候，實際所得會偏

離上述所得，但所得的偏離將不會影響消費。在經濟蕭條時期，所得將是負偏離，而在經濟榮景期，所得將呈現正偏離；因此，在經濟蕭條時期，消費所得比較高，而在繁榮期則較低。

這項差異的第二種解釋和財富（wealth）的累積有關。當我們的經濟體表現良好，投資活動就會相當熱絡，經濟體系便會累積許多想必有用的資本資產：意思就是，人均財富會增加。如果我們假設財富相對所得的價值愈高，代表儲蓄的誘因愈低，那麼，當財富累積的現象發生時，消費所得比勢必會拉高。如果在一個景氣循環當中，財富與所得增加，而且如果財富所得比大致維持相等，那麼，儲蓄的誘因也不會改變，即使人均所得已經增加。這些考量可以歸納出一個觀點：較長期而言，儲蓄所得比往往會維持固定不變。[22]

從希克斯模型發展新古典綜合理論的兩個重要步驟是：（1）長期儲蓄所得比不會因為人均所得增加而出現極大變化的主張；以及（2）以財富增加對消費所得比的假設性影響而對前述主張做出的解釋。為了完成新古典綜合理論，還需要一個方法來處理可能因投資不足而啟動的流程：投資不足會引起失業，進而導致消費所得比上升。這個數字的上升意味，不管投資位於什麼水準，都需要靠更高的所得和就業才能達到「儲蓄與投資相等」的目標。

經濟學的一個基本論點是，當市場上缺乏市場力量，超額供給將導致被交易的標的商品或勞務跌價。因此，超額的勞動力供給（即失業）意味貨幣工資勢必會降低。而貨幣工資的降低會促使產出的供給價格下跌，所以，經過價格水準調整後的貨幣工資率不盡然會下跌。如果價格水準平減後的貨幣工資是決定勞動力供給與需求的要素，那麼，當工資與價格下跌，失業率不盡然會降低，而為了讓失業率降低，貨幣工資與供給價格的

下跌，必須能使消費需求或投資需求增加。然而，一般公認，當價格下跌時，經由利率降低而促使投資需求增加的途徑，會因負面預期的影響而遭遇阻礙。所以，在價格通貨緊縮時期，增加總需求的唯一管道就是增加消費。

若下跌的價格促使人均財富增加，那麼，每單位所得的消費就可能增加。財富主要是由資本資產組成，而資本資產的價值，完全來自這些資產預期將衍生的現金流量或獲利。由於工資與價格的普遍下跌有可能導致源自資本資產的現金流量或獲利出現相同、甚至更大幅度的下跌，所以，資本資產價值的下降速度，也會等於、甚至快於產出價格水準的下降速度。當貨幣價格下跌，實體資本資產的價格水準平減後的價值變動，不可能產生使消費增加的財富效果。

不過，財富的所有權人並不是只持有資本資產，他們也持有貨幣與政府公債。照理說，貨幣與債券的價格水準平減後的價值可能會隨著物價的下跌而上漲：而這應該有助於推升消費需求。但無論如何，由於銀行的貨幣通常會被民間的個人與企業債務抵銷，所以，物價通貨緊縮的發生，會導致債務的還款負擔加重。因此，貨幣的價格平減後的價值上升對消費所造成的擴張效果，將因物價下跌而產生的更大償債負擔對投資與消費所造成的負面影響所抵銷。所以，只要資本資產、以貨幣計價的民間債務，或者源自民間債務的貨幣是經濟體系的唯一資產，不管是實體資產還是金融資產，那麼，工資與物價通貨緊縮就不會使總體需求發生期待中的變動。

然而，構成貨幣供給的銀行債務會被三類銀行資產抵銷：民間債務、孳息性政府債務，以及黃金或政府發行的法定貨幣。物價的下跌往往會使銀行或家庭與企業持有的政府債務價格平減後的價值上升，並使銀行持有的政府債務抵銷貨幣的實質價值，也會使黃金或法定貨幣的實質價值增

加。（還有一個目前仍幾乎無解的爭議是：為償還政府債務所增加的價格平減後租稅，是否會抵銷政府債務全部或部分的影響）。

　　這個實際餘額效果，也就是適當定義價格平減後的貨幣供給增加，將使每筆所得下的消費所得比增加，就是新古典綜合理論的根本立論基礎。[23] 若工資與物價因失業而降低，從而導致價格平減後的貨幣供給增加，那麼，新增的財富將使消費所得比上升。如果每次勞動力供給超過需求時，工資與物價都會下跌，而且若下跌的物價會使消費所得比上升，那麼，勞動力最終將不再會有過剩的情況（將達到充分就業狀態），物價也會停止下跌。

　　一旦源自投資及消費總和的勞動力需求通過勞動力需求曲線與供給曲線的交叉點，價格與工資的通貨緊縮就會停止。根據這個觀點，古典勞動力市場掌握支配地位，因為整個系統將在勞工充分就業狀態下的所得水準上穩定下來。一旦產出已知，那麼，利率就取決於儲蓄與投資函數；而一旦利率已知，就能決定貨幣流通速度或現金餘額。當產出與貨幣流通速度都已決定，價格水準將取決於貨幣的供給與需求。一旦導入實質餘額效果，從凱因斯理論出發，一樣能導引出古典理論的結果。

　　將未反映民間債務的部分貨幣存量的實質價值導入消費函數的妙招，主要應歸功於唐‧帕廷金（Don Patinkin）：因此，這個經由實質餘額來實現與勞動市場均衡一致的需求途徑，通常被稱為帕廷金解方（Patinkin resolution）。[24] 如果我們從帕廷金的均衡出發，再改變攸關貨幣型態的數量，那麼，經過很多不同的不穩定及均衡流程後，最終將達到一個不均衡狀態。但帕廷金主張，到最後，促成均衡的流程還是會取代一切，最後形成的物價水準與最初的物價水準比，將會等於這項攸關貨幣的新數量與最初的貨幣數量比。在這個新均衡狀態下，經濟體系裡除了貨幣供給與物價

水準以外，所有變數都會和最初均衡時的狀態一模一樣。帕廷金解方重新確立貨幣數量理論，只不過，物價水準與貨幣供給之間的比例只有在均衡狀態下才會成立。失衡狀態的特色是貨幣與貨幣價格之間的比例偏離這個均衡比例。

帕廷金解方讓新古典綜合理論得以完成。使這個世界達到充分就業均衡的核心要素，是商品或勞務的超額需求（或供給），而每當有超額貨幣供給（或需求），就會產生這種超額需求。帕廷金解方並不僅是一種貨幣數量理論，因為它實現「勞動力市場的支配地位」，這個特質讓新古典經濟學得以成為一個定理（theorem），不再只是一個假設。

不過，帕廷金解方犯了推理過度的毛病。到頭來，新古典綜合理論還是未能對經濟如何陷入最初的失業狀態或通貨膨脹狀態做出解釋。一旦經濟脫離均衡狀態，帕廷金解方能說明如何重建均衡，不過，它卻無法歸納出最初的不均衡何以可能發生。

此外，在帕廷金解方的世界裡，所謂適當的貨幣供給並非聯準會所宣布的貨幣供給數字，而是未被銀行體系的民間債權抵銷的貨幣供給。從很多方面來說，帕廷金解方的運作假設的是全部的貨幣供給都是黃金，而黃金的名目價值是固定的。

然而，當今的世界並非使用金幣的世界。何況，基本的貨幣創造行為一定牽涉到投資活動或資產部位的融資。在這個世界，價格通貨緊縮會使持有資本資產的經濟單位債務負擔加重，這往往會壓抑投資活動與就業。所以，帕廷金效應只有在長期才有顯著的意義，而且唯有在產出與就業的折損造成重大代價後才有意義可言。

凱因斯學派解方遭貶抑為陳腔濫調

新古典綜合理論的一個根本缺點是：它並沒有解釋一個經濟體何以陷入失業的均衡陷阱，而且必須仰賴實質餘額效果來促使經濟復甦。這個缺陷存在的原因是：用來闡述去中心化市場經濟機制能產生一致性結果的新古典經濟理論，並不允許破壞性內部動態流程的存在。新古典理論也假設，為說明一個去中心化貿易經濟體如何實現一致性而發展出來的結構分析工具，可用來回答和「資本累積型資本主義經濟體有關的行為」相關的疑問，並解釋為何從各經濟體觀察到的福祉會有差異。特別是「家庭的需求促成商品的生產活動，從而使消費者握有主權」的信條，被延伸應用到儲蓄上。就新古典主義的觀點而言，家庭儲蓄似乎能誘發投資活動。關於各種經濟機構如何運作，以便創造、提取（extract）與分配經濟盈餘等疑問，則完全未見諸新古典經濟分析的理論構思。

在新古典理論中，唯有來自經濟體系外部的衝擊或變化，才可能導致波動、不均衡與金融動亂的發生。因此，歷史上發生的多數事件都被新古典理論解釋為，事件發生的獨特歷史環境下，制度失敗所造成。只要我們透過新古典理論所施加的障眼法來觀察這個世界，就無法將諸如 1930 年代大蕭條那種具強大支配力量的事件解釋為是系統特質（systemic characteristics）所造成。

由於新古典綜合理論並未將內部不穩定的動力列入考慮，而且不具歷史時間觀，所以，它必須藉由阻礙系統內部均衡機制運作的流程，來解釋為何會有長期不均衡的狀況存在。具體來說，若希望實質餘額效果產生作用，就必須要有超額的勞動力供給來促使貨幣工資與物價下跌。就算有超額勞動力供給，若各項傳統與不完美的市場並未導致工資與價格下跌，或

是下跌得不夠快，那麼，失業的狀況一樣會長期存在。這使失業的長期存在是因為勞動力的反常行為所造成。這種失業尤其是工會惡棍的傑作。請注意，根據這個論述，失業的直接受害者（勞工）本身是導致失業長期存在的因素；所以，表面上看，市場機制好像不僅能產生一致性的結果，還能維護報復性正義（retributive justice）。

由於新古典綜合理論主要是比較均衡的各種狀態，所以這個理論所模擬的經濟體系並不存在於歷史上的任何時間，它只存在於一個永恆的真空狀態。由於民間融資承諾的存在，固有債務的負擔會隨著工資與物價通貨緊縮而上升。當物價通貨緊縮發生，因此而增加的債務負擔，將導致借款人與放款人開始謹慎應對民間支出的債務融資活動，尤其是投資的債務融資。投資的降低是對物價通貨緊縮的一種回應。即使只是一個理論架構，也是要等到投資差不多消失，帕廷金所強調的「貨幣價格水準對消費的影響」才會傾向於變得穩定，並進而促使需求增加。一旦物價通貨緊縮成為事實，失業有可能先惡化，隨後才好轉，而且，惡化的期間可能久到令人難以忍受。除非我們能分辨出是誰受害、受害多久，而且能勇於說出受害並付出代價的人是咎由自取、這是件好事，否則斷言應放任新古典理論的價格通貨緊縮機制運作，實在太過漫不經心，尤其若是還有其他替代方案可以使用的時候。如果經濟表現不是那麼糟糕，就算它的表現不是最好，那麼，若放任工資與物價通貨緊縮全面發酵，導致當局無法蓄意採用「價格通貨緊縮」政策來管理經濟，情況極可能繼續惡化，而且是長期惡化。

理論賦予政策合理性。新古典綜合理論就像一種障眼法，它蒙蔽政策制訂者的心智，使政策制訂者未能放手採納操縱政府支出與租稅、乃至操作貨幣供給等正當合法的選擇。就目前來說，有關財政行動的細節，以及聯準會的行為（聯準會只應該進行貨幣供給操作，或者在採取行動時應該

考慮利率所產生的影響等）仍存在非常大的爭議。不過，新古典綜合理論主張，政策並不需要考慮資本資產在市場上的訂價，在這個市場上，今日對未來的看法，以及今日的融資可能性等觀點攸關重大。美國經濟體系那顯而易見的不穩定性，極可能導因於金融市場、資產價格與獲利流量的行為，但新古典綜合理論卻完全未討論這些議題。

此外，新古典綜合理論拍胸脯保證，只要操縱貨幣與財政政策，就肯定能實現並長期維繫近乎充分就業且物價穩定的環境。因此，新古典綜合理論讓經濟學家得以漠視工業結構與所得分配對整體經濟表現的影響。

在韓森與希克斯版本的凱因斯理論勝出以前，原本一般普遍認為，產業與融資結構至少是造成不穩定性的因素之一。然而，新古典綜合理論與各種不同以凱因斯理論的「標準」解讀為基礎的模型風行之後，這個觀點遭到揚棄。從此以後，當局得以一方面保守應對工業組織，一方面又開明應對充分就業政策。凱因斯的《通論》原本理當成為一場徹底的經濟思想革命的基礎；因為這本著作的基本論述點出資本主義資本累積模式的根本缺陷，也說明政策可以如何應對這些缺陷。不過，根據希克斯－韓森的思想路線對凱因斯理論所做出的解讀，催生新古典綜合理論以及「若能實現適當的貨幣與財政政策組合，一定會諸事皆順」的陳腐主張。

在 1960 年代末期、1970 年代與 1980 年代初期，隨著不穩定性變得顯而易見，而且隨著通貨膨脹與失業並存的情況發生，新古典綜合理論無法作為中肯的政策指引也變得愈來愈難以視而不見。若想制訂更盡善盡美的政策，就必須跳脫新古典綜合理論的限制，更深入挖掘影響美國經濟的各種流程。

第七章

資本主義經濟體系的
價格與獲利

　　一個擁有複雜金融體系的資本主義經濟體必須滿足達到一致結果的各
種關係,但新古典理論並沒有處理這個問題。新古典價格理論只解釋當期
生產的財貨相對價格要如何調整,才能達到市場出清的狀態;這個理論漠
視經由獲利回收金融資產與資本資產價格的關係,問題是,唯有這類關係
獲得滿足,經濟表現才能維持一致性。具體來說,這個理論並未將「價格
作為獲利媒介」的作用力列為核心考量。

　　根據新古典理論的看法,價格的功能是(1)表明各種可作為替代選項
的條件;[1],以及(2)確定對產出的要求權利。根據這個理論的構思,價格
機制的唯一功能就是配給產出與分配資源。因為這個理論漠視債務與其他
以金額計價的合約,所以絕對價格,也就是以金額計算的價格,和這個理
論的核心無關。「用於生產活動的資本資產類似貨幣現值/貨幣未來價值的
融資合約」的觀點,並不受新古典理論重視。因此,根據新古典理論,長
期下來,貨幣價格與貨幣的獲利趨勢並非決定經濟行為的根本要素。[2]

然而，我們生活在一個從事投資活動的資本主義經濟體。在這樣一個經濟體，因投資與資本資產存量所有權而產生的融資活動，將導致「支付貨幣款項」的承諾產生，換言之，會產生合約性的現金流量。本質上，由相互關連的現金流量所構成的金融帳世界，和新古典經濟學家所謂的實質生產、消費與投資的世界充分融合在一起；最後的結果就是各種金融與「實質」影響力對經濟行為所產生的綜合影響。因此，若希望經濟體系的表現維持一致性，價格不僅必須完成資源分配與產出配給的功能，還必須確保（1）盈餘的產生；（2）所得源自資本資產（即獲利）；（3）資本資產的市場價格與成為資本資產產出的當期生產成本一致；以及（4）企業的債務責任能夠履行。

資本主義經濟體的價格系統必須包含報酬，這些報酬能引發未來生產活動所需要的實體資源的生產。要做到這一點，「現在」的狀況必須足以證明「過去」的決策是有效的，因為除非「過去」的決策已被驗證是有效的，而且預期「未來」的狀況也能證明目前的投資與融資決策是有效的，否則除了病態的樂觀主義者以外，沒有人會投資。

過去的投資產出是否合理，必須由資本資產所有權人獲得的所得來證明。由於過去的投資產出融資活動留下了付款承諾，而隨著時間的消逝，債務人的所得必須足夠履行這些承諾才行。換言之，價格系統必須能夠產生現金流量（獲利，準租金〔 quasi-rents 〕。注：「租金」是指高於競爭市場狀態下的超額獲利），而現金流量不僅能使用於投資活動的資源釋出、促成足夠引發投資行為的高額資本資產價格，也能回收因企業債務而產生的相關成本。所以，若要維持資本主義體系的機能順暢運作，**價格一定要包含獲利**。[3]

價格也是回收成本的工具。在一個資本主義經濟體，必須回收的成本

包括財務成本、經常性支出，以及輔助性成本（ancillary costs），還有由技術決定的勞動力成本、購入原料及勞務等營運成本。企業在設定供給價格時，一向是以「現金流量必須高於營運成本」為基本前提，因為唯有如此，企業才會有能力履行尚未清償的融資合約，同時維護現有資本資產的價值。這個價格設定實務是以技術決定的成本加成（markups）的形式進行；企業控制成本加成幅度的能力，取決於它所掌握的市場力量。若有足夠的產出，並能實現這些成本加成，企業就有能力回收債務所衍生的成本，以及當初買進資本資產所付出的價格等。這些成本加成也將產生足以支應企業經營相關成本所需的現金，換言之，企業可以取得足夠支應經常性支出與輔助性成本的現金。

要了解一致性何以是資本主義經濟體的常態，以及為何一致性偶爾會被破壞，就不能相信價格只具備分配資源及分配所得的單一功能。價格也必須和「以現金流量有效回收資本資產、財務結構與經濟體系中的企業經營」等需求有關。[4]價格所包含的現金流量使人得以償債、能引發投資行為、能為投資活動提供部分融資，並能接受新的金融責任（注：指讓債權人願意承作新放款等）。

企業間現金流量的分配可視為資本競逐獲利的結果，這取決於個體經濟學分析中所檢視的行為，但這類現金流量的總額取決於經濟體系的總體經濟狀態。換言之，個別的價格、產出與分配，是在反映經濟體系總體經濟狀態的條件下被決定。即使是新古典理論主要討論的相對價格，也沒有和總需求如何分配給投資需求、消費需求與政府需求完全無關；相對價格並非完全受技術與偏好決定。

以下將討論消費性商品的價格是如何決定的，要說明價格所包含的勞動力成本加成，受到進行中的投資與政府融資活動影響。相關的論述顯

示，若等到解決分配問題以後才加入融資關係，就無法了解我們的經濟體系如何運作；在一個資本主義經濟體，資源的分配與價格的決定，和產出與資本資產部位的融資活動以及負債相關成本的回收全部融合在一起。這意味名目價值（貨幣價格）很重要：貨幣並不是中性的。[5]

事實上，資本主義經濟體系的確有兩套價格系統，一個是當期產出的價格系統，另一個是資本資產的價格系統。當資本資產的價格水準相對高於當期產出的價格水準，情勢就有利於投資；當資本資產的價格相對低於當期產出的價格水準，情勢就不利於投資，而這也暗示經濟可能會衰退，或甚至陷入蕭條。景氣循環導因於這兩種價格水準的上下交錯起伏，儘管一單位貨幣的價格被固定在「一」的水準。經濟政策的一個關鍵問題是：如何矯正經濟體系，使這兩種價格水準能促成適當金額的投資：這需要足夠的已實現與預期的獲利流量，使資本資產價格超過投資產出的供給價格。所以，要了解美國的經濟體如何運作，就必須解答「獲利取決於什麼因素？」這個關鍵疑問。

總體經濟的價格關係

任何投資型經濟體都會產生並分配經濟盈餘。在一個單純或基本的投資型經濟體，所有勞工都受雇於消費財或投資財的生產活動，因此，一項代表性消費財的市場價格，必須高於生產一單位這項財貨所需的勞工工資，因為消費財必須分配給所有勞工。生產消費財的勞工與生產投資財的勞工，都會將工資花在消費財上。如果所有工資所得都花在消費財上，而且所有獲利都沒有被用來購買消費財，在這樣誇張的假設下，已實現成本（由技術決定的直接勞動力成本與原料成本）加成的總和（最粗略定義的

獲利），等於投資財生產活動的工資總金額。由於投資財生產活動所衍生的獲利，以及（根據我們這個誇張個案）投資所衍生的總收入會被分解為工資與獲利，故總獲利等於實際上發生的投資。這個簡單的方程式：「**獲利等於投資**」，是某個總體經濟學學派提出的根本關係，這派總體經濟學的主旨是要從時間的角度，來確定擁有成熟且複雜融資結構的資本主義體系的行為。此外，促使盈餘提高的是融資型投資活動。

在一個複雜的市場經濟體，因受雇於政府、移轉支出、經常性與輔助性的勞動力薪資以及財富所有權（股利與利息）而獲得的家庭所得，將被作為購買消費財的財源，所以，這些家庭所得也能衍生獲利。「獲利等於投資」的單純主張，以及「採用融資投資活動將促使經濟體系加速運作，從而產生獲利與盈餘」的因果關聯性必須稍做修正，將各式各樣促成「技術決定的產出成本加成」並進而衍生獲利與盈餘的支出列入考慮。

若要生產單位在　個連續的期間內持續產出，價格就必須超過投入資源的單位成本，這樣的成本會直接隨著生產活動而變化。原因是，投入生產活動的資源成本，是以「營業收入減去現金支出成本」後的多餘資金來支應：這類投入資源包括資本資產的勞務和經常性勞動力。如果不考慮買進的非勞動力投入資源，那麼，在競爭市場上，直接勞動力成本是決定供給會隨著價格的不同而變化的要素；不過，若要維持企業或經濟體系繼續正常運作，「營業收入減去直接人工成本」的已實現多餘資金，還必須足夠支應經常性成本與負債還款承諾所需的資金。

為經濟體系打造適當條件來達成總體獲利目標的管道有很多種。不過，各方打造經濟條件的方式會影響相對價格、貨幣價格水準、所得的分配、經濟的穩定，以及經濟體系的未來資源。使用與操作單純的方程式及圖解說明，有助於理解資本主義經濟體系的價格與獲利行為模式，因此，

接下來我們會使用少量代數與一些簡單圖解，來解析與確認市場流程和經濟政策對價格與獲利的影響。

讓我們將某一項（代表性）消費財的價格與數量分別標記為 P_C 與 Q_C。將所有商品的 $P_C Q_C$ 加起來，就等於消費。另外，再將 W_C 代表消費財生產活動的貨幣工資率（wage rate），投資財生產活動的貨幣工資率則標記為 W_I。消費財的就業是 N_C，投資財的就業是 N_I；$W_C N_C$ 就是消費財的工資總金額，$W_I N_I$ 則是投資財的工資總金額。特別需要一提的是，這些工資成本是生產與分配商品及勞務所需使用的勞動力工資成本；換言之，這些勞動力成本「受技術決定」，經常性勞動力的成本並不包含在內；換言之，民間經濟體系的總就業比 $N_C + N_I$ 的總和還大。

讓我們假設整個體系只有勞工（這些勞工的勞動力和消費財與投資財的生產活動直接相關）和取得獲利的人（也就是無須額外勞動）。另外，進一步採用誇張的假設，工人會把全部的所得花在消費財，而接受獲利的人則一毛錢也不花。於是，消費財的需求就等於工資總金額；獲利所得不會衍生對消費財的需求。[6]

如果一個經濟體只生產消費財，工資總金額將是 WCNC，因此，

$$P_C Q_C = W_C N_C，故 \quad (1)$$
$$\pi_c = P_C Q_C - W_C N_C = 0（就資本所得總額的意義而言，\pi 是獲利）(2)$$

由於消費財的總支出和工資總金額之間的差額就是獲利，所以，在一個只有工匠，而且只用創立的資本（found capital）來從事生產活動的世界，獲利為零。[7]

然而，若 $W_I N_I$ 為投資財生產活動的工資總金額，那麼

$$P_C Q_C = W_C N_C + W_I N_I,\ 故 \tag{3}$$

$$\pi_c = P_C Q_C - W_C N_C = W_I N_i \tag{4}$$

因此，消費財的獲利等於投資財的工資。

投資財的需求是 $P_I Q_I$，等於投資財生產活動的工資總金額加上獲利。由於投資財的工資總金額等於消費財的獲利，單純的計算並採用極端的行為假設，便可推演出獲利等於投資的強力主張。*

這個主張說明一個強大的事實：投資型市場經濟體系的價格與所得分配，使投資活動可以取得資源。只要不容許生產消費財的勞工將生產出來的全部商品消耗殆盡，生產投資財的勞工就有生存下來的機會。而我們的經濟體系是藉由價格系統來阻止消費財生產勞工將生產的全部商品消耗殆盡。

基於這些假設，最後的結果顯而易見；已實現的投資活動等於已實現的盈餘，而獲利就以盈餘的形式表現出來。此外，已融資的投資活動決定總所得、總所得在工資與獲利上進行分配，以及已實現的總成本加成。已融資的投資活動是經由影響價格的方式來促使盈餘產生。

唯有在預期未來一段連續期間（年度）內的獲利將達到或超過某個水準，經濟單位才會展開投資與融資活動。不過，獲利等於投資。所以，在一個資本主義經濟體，目前發生投資活動的原因是預期未來也會發生投資活動。

我們這個簡單模型的獲利方程式可推導出價格如何形成。從

---

* $I = P_I Q_I = W_I N_I + \pi_1$ 且 WINI $= \pi_C$ 故   (5) 我們可以得出

   $I = \pi_C + \pi_1 = \pi$ (6)

$$P_C Q_C = W_C N_C + W_I N_I \tag{7}$$

再經由簡單的代數，便可得出

$$P_C = \frac{W_C N_C}{Q_C} \left(1 + \frac{W_C N_C}{W_C N_C} \right) \tag{8}$$

此外，$Q_C/N_C = A_C$ 是消費財生產活動雇用勞工的平均生產力。所以，我們得出

$$P_C = \frac{W_C}{A_C} \left(1 + \frac{W_I N_I}{W_C N_C} \right) \tag{9}$$

如果假設 $W_C = W_I$，上式就會變成

$$P_C = \frac{W_C}{A_C} \left(1 + \frac{N_I}{N_C} \right) \tag{10}$$

可以看到消費財的價格水準和貨幣工資率（W_C）正相關，也和投資財生產活動所雇用的勞工相對消費財生產活動雇用勞工的比例$\left(\frac{N_I}{N_C} \right)$正相關，並和消費財生產活動雇用勞工的平均生產力（$A_C$）負相關。因此，若投資財產業的工資與就業水準相對消費財產業的工資與就業水準上升，那麼，價格水準就會上漲，而當消費財生產活動勞工的平均生產力上升，價格水準便會下跌。

方程式是 $P_C = \frac{W_C}{A_C} \left(1 + \frac{N_I}{N_C} \right)$ $P_C Q_C = W_C N_C + W_I N$ 的變換式，不過，前者採用額外的假設：兩種產出的工資相等。這個價格水準方程式清

楚說明，在最簡化的正式案例中，影響美國經濟運作方式最直接的決定因素是一些項目的子系統，包括：（1）貨幣工資；（2）勞動力的平均生產力；以及（3）投資財部門就業相對消費財部門就業的比例。

在這些子系統決定的變數中，短期穩定性各不相同；在單純的資本主義經濟體，變動程度最大的價格決定因子是投資（見第八章）。在不受國際經濟關係支配的小政府型資本主義經濟體，不斷變化的投資活動是決定工業活動起伏最主要的因素。1920年代的美國經濟體系就很類似這樣一個單純的系統。

對於通貨膨脹發生的原因，相關的解釋通常是「貨幣增加太快」、「預算赤字」、或「工資上漲太快」等。我們的分析將繼續延伸，納入各項基本關係以外的其他關係。我們可以在這個較完整的案例中見到，政府的預算狀況會影響到相對價格、貨幣價格，以及價格的波動。貨幣供給並未出現在價格水準方程式中；當中並沒有貨幣數量理論的影子。貨幣出現在用來決定已實現投資與政府赤字的融資活動等子系統中。具體來說，貨幣經由銀行業務機制來影響總需求與價格的發展途徑，而銀行業務機制則為各項活動提供融資，因而控制資本與金融資產。

考量政府的角色

現在，我們要把會花錢、也會徵稅的政府列入考量。經由這項延伸分析，我們可以清楚見到，在大政府的經濟體系中，讓1930年代債務型通貨緊縮與漫長深度經濟蕭條的種種經濟關係，不太可能引發慢性、甚至時而持續走高的通貨膨脹。實際上，通貨膨脹可能是我們為了防止經濟陷入蕭條而必須付出的代價。如果將政府列入考慮，並保留「勞工（與接受移

轉支出的人）會把全部所得花在消費品，但得到獲利的人一毛錢也不會消費」的誇張假設，那麼，消費財的需求就會等於工資所得者與接受移轉支出者的稅後所得。以這個案例來說，我們可以證明，稅前獲利等於投資、政府赤字以及獲利的租稅的總和。* 若投資與赤字不變，而且獲利被課稅，那麼，稅前獲利增加的金額就等於對獲利徵收的稅額。此外，若政府赤字在投資與所得降低時增加，那麼，獲利降低的程度，就不會像缺乏政府赤字時的降幅那麼大。實際上來說，大政府出手操縱經濟賽局，讓獲利得以維持不墜；政府赤字讓獲利得以維持，從而可能防止企業債務負擔在經濟衰退時期變得更沉重。此外，若政府赤字夠大，即使是在經濟衰退時期，企業債務負擔也可能降低。

從這些方程式便明顯可見，投資財的工資、政府赤字與對獲利徵收的稅額等項目的總和，決定單位勞動成本的成本加成。如果消費與投資生產活動的工資總金額因投資減少而降低，那麼，在當今的經濟體系下，移轉支出就會增加，而從工資徵收的稅額也會降低，因此促使赤字上升。若赤

---

* $P_C Q_C = W_C N_C + \overline{W_G N_G} + T_r - T_w (W_C N_C + W_1 N_1 + \overline{W_G N_G})$ （11）

其中 $\overline{W_G N_G}$ ＝政府的直接與間接工資總金額，T_r ＝移轉支出，而 T_w 是工資所得的稅率。Df 是預算赤字，為 $Df = \overline{W_G N_G} + \pi_G + T_r - T_w(W_C N_C + W_1 N_1 + \overline{W_G N_G}) - T_\pi(\pi)$ （12）

其中 T_π 是獲利的稅率，而 π_G 是為了政府而進行的生產活動所產生的獲利。將（12）代入（11），便得出 $P_C Q_C = W_C N_C + W_1 N_1 + Df - \pi_G + T_\pi(\pi)$ （13）

而由（13）可得出

$\pi_G = W_1 N_1 + W_1 N_1 + Df - \pi_G + T_\pi(\pi)$，當   （14）

$\pi_1 = W_1 N_1$，而且

$\pi_1 = W_1 N_1$，於是

$\pi = \pi_G + \pi_1 + \pi_G = 1 + Df + T_\pi(\pi)$。由於稅後獲利為

$\pi^* = \pi - T_\pi(\pi)$，故可得出

$\pi^* = 1 + Df$。稅後獲利等於投資加上政府赤字。這是納入政府部門的基本版資本主義的基本方程式。方程式（13）可變換為

$$P_C = \frac{W_C}{A_C} \left(1 + \frac{W_1 N_1}{W_C N_C} + \frac{Df - \pi_G}{W_C N_C} + \frac{T_\pi(\pi)}{W_C N_C} \right)$$ (15)

字的上升能抵銷投資財生產活動工資總金額的降低，那麼，即使就業減少，消費產出減少狀態下的單位勞動力成本加成也會增加。因此，即使就業減少，獲利與價格還是有可能雙雙走高；1975 年與 1981 至 1982 年就發生這樣的狀況。

在美國這種經濟體，企業也能經由向政府銷售商品或勞務來獲取獲利。如果民間投資與政府赤字的總和不變，那麼，為了政府而進行的生產活動如果獲利能力愈高，消費財生產活動的獲利能力就愈低。唯有為了政府而進行的生產活動產生的獲利導致赤字上升，民間商品生產活動所產生的獲利才不會減少。

赤字是指政府支出超出稅收的差額。就這個目的而言的政府支出，是由政府的直接雇用、移轉支出，以及政府對民間企業採購的商品等組成，租稅則是由所得稅與貨物稅或銷售稅組成。政府支出不含既有資產（preexisting assets）的採購，而租稅不含諸如遺產相關稅捐與資本稅等財富移轉稅。

通常會假設政府支出與移轉支出會導致通貨膨脹上升，而租稅（無論如何徵收）則會產生通貨緊縮的影響，也會顯現在價格上。價格水準方程式包含需求與供給條件：所以，一旦 WC 被定義為勞動力成本，而非必須課稅的勞工工資，那麼$\left(\frac{W_c}{A_c}\right)$就是一個供給條件。因此，必須將雇主提撥的社會安全捐納入勞動力成本，而對工資課徵的租稅也將包括雇主乃至員工的提撥款。由於雇主必須回收成本，所以，雇主對社會安全制度提撥的金額一定會顯現在價格上。因此，移轉支出（例如社會安全給付）的增加，伴隨對勞動力收取的銷售稅（所謂的雇主提撥款）增加，會使消費財的需求價格上漲，並使所有財貨的供給價格上漲。那類租稅與支出計畫推出後，常會發生與獲利或赤字增加無關的價格上漲現象。

另外必須強調的是，雖然政府透過赤字直接影響獲利，不過，對不同產出的供給價格產生不同影響的租稅，則會影響**相對**價格。因此，對勞動力徵收銷售稅，將會導致使用勞力密集型生產手段的產出相對供給價格上升。而社會安全給付與對「勞動力的使用」課徵的其他租稅，已經導致勞力密集型生產方式愈來愈不受青睞。

政府對經濟體系的一系列影響，取決於特定政府租稅與支出計畫對價格的影響。政府計畫會影響到獲利流量、價格水準、相對供給價格，以及生產技術的選擇。雷根政府第一個任期採用供給面經濟學家的政策較著重政府這一端。此外，政府的影響程度取決於政府的規模相對經濟體系的規模。如果政府規模很小，可以產生的赤字規模可能不足以在穩定獲利或價格方面產生顯著的影響。相反的，如果政府規模夠大，足以使獲利穩定，那樣的政府便能在就業減少的情境下，形成推升價格的力量：通貨膨脹是這個機制的一項結果，而從二戰開始，美國便經由這個機制，數度成功規避深度經濟蕭條。

考量對外貿易

貿易收支餘額也會影響獲利與價格。貿易赤字會使獲利減少，並對國內價格水準造成壓抑，甚至使國內價格水準降低；而貿易盈餘則會使國內獲利增加，並促使價格走高。重商主義（mercantilist）經濟政策所追求的有利貿易收支餘額，有助於在提高價格的同時提高獲利。

我們再次需要使用一點代數。*代數的結果是

$$\pi = I + Df - BTDF - T_\pi(\pi) \ 或 \qquad (16)$$

$$\pi^* = I + Df - BTDF - T_\pi(\pi) \qquad (16a)$$

在任何已知的投資與政府赤字水準下，貿易收支赤字都會使獲利降低。由於用來應付債務成本與回收資產買進費用等的國內獲利是引發投資行為的「紅蘿蔔」，所以，在充分就業狀態下造成大額貿易赤字的需求結構，會讓經濟體系難以實現與維繫充分就業。

由於貿易收支赤字往往會抑制獲利，所以，容易因所得的變動而讓進口產生強烈反應的經濟體（目前的美國即是如此）會在國內經濟擴張時，經歷獲利增幅遭到抑制的窘境。這個影響會削弱經濟的擴張程度，而經濟體系為了實現與維繫充分就業所需的投資與政府赤字也不得不增加。

一旦將國際收支（balance-of-payments）赤字列入考慮，消費財的價格水準為

$$P_C = \frac{W_C}{A_C}\left(1 + \frac{W_C N_C}{W_C N_C} + \frac{Df}{A_C N_C} - \frac{BPDf}{W_C N_C} + \frac{T_\pi(\pi) - \pi_G - \pi_X}{W_C N_C}\right) \quad (21)$$

經常帳赤字往往會抑制國內生產的消費財價格水準。這個結果顯而易見，因為經常帳赤字代表有一部份的國內所得並未被用在購買國內商品與

形成國內價格的用途。

這章剩餘的篇幅將不再考慮對外貿易。因為基本的方程式是線性的，換言之，各個環節或現象是一個個累加在一起的，就算減去或加上某些附屬系統，也不會產生讓人誤解的結果。

動用獲利來消費，以及動用工資來儲蓄

「獲利等於投資」是有助於理解資本主義經濟體運作的真知灼見。這個見解導引出「盈餘是由投資流程所促成，而所得在工資與獲利之間的分配是由經濟流程決定，而非技術決定」的主張。推導出「獲利等於投資」主張的分析也顯示，價格水準取決於貨幣工資以及資源被分配到投資、消費與政府等部門的狀況。然而，這個精確且強烈的結論來自「全部工資所得都會用在消費財，而資本所得（獲利）完全未被用於消費財」的誇張假設。問題是，顯而易見的，工人有可能會儲蓄，而接受資本所得的人也可能會消費。

如果稍微調整這個假設，允許從工資撥用一些錢來儲蓄，並允許從獲利撥用一些錢來消費（$C\overset{*}{\pi}$），那麼，單純的國內經濟體對消費財的需求就會變成 *

$$P_C Q_C = W_C N_C + W_1 N_1 + W_G N_G - T_W(W) + C\overset{*}{\pi} - s\overset{*}{W} \qquad （22）$$

---

* $P_C Q_C = W_C N_C + W_1 N_1 + W_G N_G - T_W(W) + C\overset{*}{\pi} - s\overset{*}{W}$，$P_C Q_C = W_C N_C + \pi_C$，$W_1 N_1 = 1 - \pi_C$

$Df = W_G N_G + \pi_G - T_W(W) - T_\pi(\pi)$

且 $\dot{\pi} = \pi - T_\pi(\pi)$

將上式代換至方程式（22），便得出方程式（23）與（24）。

可導出

$$\pi = 1 + Df + T_\pi + C\dot{\pi} - s\dot{W} \qquad （23）$$

$$\dot{\pi} = 1 + Df + C\dot{\pi} - s\dot{W} \qquad （24）$$

於是，當消費相對稅後獲利的比例上升，獲利就會增加，而當勞工將稅後工資用於儲蓄的比例增加，獲利就會降低。

因此，「資本家獲得的獲利等於他們的支出」的主張擁有兩個意義。一是資本家花在投資財的支出會產生獲利；另一個意義是，將源自獲利的所得花在消費財會使獲利增加。另一方面，工人的儲蓄，也就是未將工資花在消費財上，會使獲利減少。由於獲利會影響投資，也會決定企業償還相關舉債成本的能力，因此，資本家和工人的節約行為會使投資減少。相同的，生活較揮霍的資本家與工人會使獲利增加，並使投資維持在高檔。

獲利影響投資的一項途徑是透過在交易所掛牌的普通股價格。在連續的榮景期，股東的福祉會獲得改善，因為股東獲得的股利上升；另外，股票價格也會因樂觀的企業營運前景而上漲。股東財富的增加，將使收到股利的股東消費增加，而這又會進一步促使獲利上升。因以獲利型所得來維繫的這種「獲利與消費」關係，是促使不穩定性增加的一項因素。

即使是在美國這種富足的經濟體，稅後工資所得流向儲蓄的比例一樣也起伏不定。在榮景時期，就業率高，而且鮮少出現解雇的案例，這會促使勞工用分期付款購買高單價商品，使工資流向儲蓄的比例降低。不過，當就業狀況不佳，有工作的勞工就會還清分期付款債務，簽下新分期付款合約的比例甚至也會降低。清償分期付款債務會使工資流向儲蓄的比例上升。所以說，工資流向儲蓄的比例降低是經濟擴張的特色，而工資流向儲蓄的比例上升，則是經濟萎縮與蕭條的特徵。不過，若工資流向儲蓄的比

例非常高，將導致企業獲利降低，而若工資流向儲蓄的比例非常低，則會使企業獲利增加：將工資用於儲蓄的行為，會強化投資增加或減少對獲利的影響。如果工資流向儲蓄的比例上升的情況是發生在投資降低之際，那麼，獲利縮減的程度就會被強化；對等來說，若儲蓄率在投資增加之際降低，獲利增加的程度將被強化。

結論是：價格方程式既受勞工的儲蓄影響，也受資本家的消費影響：

$$P_C = \frac{W_C}{A_C} \left(1 + \frac{W_1 N_1}{W_C N_C} + \frac{Df}{W_C N_C} - \frac{T_\pi(\pi)}{W_C N_C} + \frac{C\overset{*}{\pi}}{W_C N_C} - \frac{s\overset{*}{W}}{W_C N_C} \right) \quad (25)$$

消費財的價格水準會因為獲利被用於消費而上漲，但會因為工資被用於儲蓄而下跌。即使 $C\overset{*}{\pi}$ 與 sW 等於零，投資的增加往往還是會使價格上漲。然而，若投資增加時，獲利被用於消費的比例上升，工資被用於儲蓄的比例降低，那麼，因投資增加而產生的成本加成的增加程度就會被強化。

將獲利所得用於消費支出的意義

「獲利用於消費支出將回頭影響淨利率，並使淨利率上升」的主張，將當代公司複雜的成本結構，與經濟體系盈餘的取得與分配整合在一起。由於商業成本受供應產出的組織與制度安排的影響，所以，企業的成本結構決定使經濟體系得以維持正常機能運作的市場價格。

最初在討論經濟體系的盈餘時，我們假設這項盈餘多半會被分配到資本資產的生產活動。不過，一個經濟體的盈餘並不盡然會被分配到能有效提高勞動力平均生產力的資本資產（也就是價格公式中的 A_C）建造上。

部分盈餘也可能被分配到凡爾賽宮的興建、宮廷的維修、軍事機關的支援，或是使企業階級式組織規模膨脹等用途。

富豪與有錢人以獲利與租（rents）來支應的揮霍生活能創造就業機會，甚至還能提高獲利，古典經濟學家早就深知這個關係：這是湯瑪斯‧馬爾薩斯（Thomas Malthus）主要的一項論述。當君王擁有一座宮殿，或當一家公司設置一個階級式組織，朝臣或階級式組織的人員所得，就是經濟盈餘的分配，只不過，君王的家臣和公司的階級式組織人員是以工資的形式取得所得，而這些人員也會被計入有償雇用的統計數據。當這項工資所得被用在消費財時，能使已實現的總淨利率增加（淨利率是銷貨收入和現金支出成本之間的差額，而現金支出取決於生產技術）。實際上，當被分配到工資所得的經濟盈餘用在消費活動上，已實現獲利便會增加，從而提高總盈餘。

新古典理論是使用生產函數推演出相對價格與所得分配的技術理論。誠如前述，當資本資產（廠房與設備）已知，利用生產函數的概念來追蹤現金支出成本與產出之間的關係是令人信服的做法，但儘管如此，對我們生活的經濟體系來說，這點實在無法令人信服。在上述令人信服的做法的應用上，生產函數被用來追蹤勞動力與購買原料及勞務等出現變動時，產出會發生的變化。特定資本資產的「產出與投入」關係，能導出每個產出的總變動成本，所以，這些關係是供給分析的穩固基礎。但生產函數的這項應用並不會推演出相對價格與所得分配的技術理論；當資本資產固定，資本的所得取決於由總需求決定的生產設施稀少性，而非取決於生產活動的技術條件。

在一個封閉的經濟體，買進投入資源的成本可分解為生產活動所需的專業勞動力成本、買進的商品與勞務，以及成本加成。在整個封閉的經濟

體，最終的銷貨收入被區分為生產現有資本資產所需的直接與間接勞動力成本，以及總獲利。總獲利又被區分為保留盈餘總額、租稅、股利、利息支出、租金，以及經常性勞動力的工資，這些都是獲利分配的一部份。

在 GNP 的科目中，GNP 的一端被分成工資和薪資，另一端則是總資本所得。我們在此介紹的結構所研究的總額相同，只是分解方式有所不同。**有些人提供的勞動力並非資本資產的技術所要求，所以這些人的工資和薪資就會被視為獲利的一種分配**。即使經常性與管理職員工（屬於廣告、業務、行銷與研究等部門）也會領取工資和薪資，但在這裡，他們的所得會被視為獲利的一項分配。

因此，美國經濟體系的盈餘遠比衡量的獲利或投資高得多。經濟盈餘不僅包含國家的稅收，民間經濟單位支付的工資和薪資中，也有相當高的比重屬於經濟盈餘的分配。必須將資源用於銷售、行政與促銷等活動的制度結構與企業，需要非常大量的經濟盈餘，換言之，並非全部的經濟盈餘都會以獲利的形式顯現。

技術上必要的勞動力與買進資源的成本，只是企業營運成本的一部份，而且就很多案例來說，這類成本只占企業營運成本的一小部份。高階主管辦公室、廣告、行銷、銷售、遊說、研究、產品開發、企業法務等部門雇用的勞動力，並非資本資產的技術所需要的勞動力。在特定商業環境下，這種勞動力所供應的勞務或許攸關一個組織的正常運作與存亡，但這些成本絕對不是「技術決定的成本」。儘管以技術層面的「投入與產出」關係來說，鋼鐵公司、煉油公司或服裝公司堪稱大同小異，但這些企業的經常性費用與輔助性成本及勞務的結構與比重有可能相去甚遠。

「每單位產出的售價」與「技術決定的平均產出成本」之間的差額，就是每單位產出的成本加成。企業可以自由將這項成本加成分配到租稅、

保留盈餘、股利、利息、租金、經常性勞務的購買或雇用，以及高階主管薪酬等項目。各種不同的費用，如債務利息、輔助性與經常性勞動力的薪資費用，以及購買商業勞務的費用等，都屬獲利的分配，即經濟盈餘的一項用途。

一個現代經濟體的經濟盈餘有可能遠遠超過投資。租稅與政府赤字對於強化福利與縮減福利的政府計畫而言，都是適當的資源。此外，部分經濟盈餘被分配到經常性與輔助性勞動力的工資與薪資。領取這類所得的勞動力多半屬於白領勞工，他們或許比生產活動所需的技術性藍領勞工富足，但和藍領勞工一樣，工資主要也會用在消費。因此，以**廣義**的獲利支應的員工消費同樣會使獲利增加。就廣義獲利與狹義獲利的差額來說，以輔助性勞動力的受雇所得來支應的消費占這項差額的比例，可能高於以股利來支應的消費占這項差額的比例。

被分配到經常性與輔助性費用的獲利，並不會被提報為公司損益表中的獲利，或是向租稅主管機關申報的獲利。這些獲利除了一些產品研發成本以外，都會被解讀為企業的經營成本。經常性勞動力工資和生產線勞工工資的處理方式完全相同；廣告代理商的服務被視為公司買進的投入資源，和汽車製造商所購買的鋼鐵原料完全相同。因此，企業部門所申報的獲利金額，會低估我們的經濟體系所產生的經濟盈餘。

來自輔助性勞務與經常性勞務的工資相對由技術決定的工資所得的比例愈高，每單位產出的需求價格相對技術決定的生產成本而言愈高。若所有經常性與輔助性勞務成本皆屬於工資成本，而且這類工資全都用在消費財上，那麼，廣義的獲利會增加與這類工資相同的金額。輔助性勞動力的總消費支出能承擔輔助性勞動力的整體就業需求。

若每一單位產出的經常性與輔助性工資相對技術決定工資的比例較

高，那麼，不管產出水準如何，產品的成本加成與價格，將比沒有這類支出時的成本加成與價格還高。企業廣告活動、高階主管薪資、產品研究等費用的增加，將為消費需求提供財源，但不會使生產活動所需的技術性單位勞動力產出增加；所以，企業的這類費用往往會促使價格上漲。

若企業之間經由銷售、行銷、廣告與研究等手段而進行的競爭，促使源自於這些功能單位的工資與薪資增幅，相對高於源自技術決定勞動力的工資與薪資，那麼，價格就有上漲的壓力。到最後，利用廣告、產品開發與銷售行動來取得並維繫市場力量的企業，將會掌握愈來愈大的市場支配力量，而這會製造通貨膨脹壓力。

雖然最好把經常性服務與輔助性服務的員工工資與薪資當成經濟盈餘的一項分配，但對個別企業來說，這些工資、薪資與買進的勞務，都是必須經由價格來回收的成本。此外，在企業眼中，履行債務的財務承諾，以及維持資本資產的有效運作等所需的現金，都是一項成本。將技術決定的成本與每單位產出的輔助性、經常性、融資和資本成本等加總在一起的成本，而且允許產出有所變化，就是證明一家企業為生產每一單位產出而制訂的過往投資決策、使用的負債結構，以及營業方式等是否正確的最低必要價格。在一個現代企業型經濟體，生產與銷售產出的企業擁有龐大的階級式組織，從事深度的產品開發，並為它們的產品進行廣告活動，所以，價格不僅必須涵蓋技術決定的勞動力成本，能驗證過往投資決策的正確性，還必須涵蓋這類活動的成本。

儘管經常性與輔助性費用屬於極廣義的總獲利分配，但這兩者卻是以工資所得的形式存在。既然作為工資所得，這些所得主要是用在消費上，不過，誠如我們所知，動用獲利來消費的行為，又會使獲利增加。整體而言（非針對任何特定企業而言），動用淨利率來消費的支出，能使單位淨

利率增加。所以，在一個封閉的經濟體，企業的廣告、研究、產品開發、行政與其他這類經常性費用及非技術決定的商業目的支出總額，會以總成本加成（在現金支出成本或技術決定成本之上的加成）增加的形式回到企業。那類成本會造成某種自我應驗的預言：整體而言，這類支出的金額愈大，企業界就愈負擔得起這種支出。

由於經常性與輔助性勞工的工資與薪資通常比生產技術所需勞工的工資與薪資還高，所以，部分這類收入很有可能會被存下來。但被存下來的工資會使獲利降低。經常性與輔助性型工資所得被存下來時，會使來自那類支出、不像自我應驗的預言一樣回到企業。此外，源自這些高所得的儲蓄會抵銷來自投資活動與政府赤字的部分獲利。於是，管理、技術與專業勞動力的所得愈高，儲蓄因而愈高，資本家可用的現金流量就愈低，靠利息過活的人（rentier）所得也愈低。

誠如先前所述，流向資本家與靠利息過活的人的現金流量是決定未來獲利預期的因素之一，也是引發投資活動的「紅蘿蔔」。只要作為工資的獲利流量接收者將所得用於支出，那麼，對投資活動來說，那樣的獲利分配就是良性的，但一旦這些高工資所得被用於儲蓄，在傳統分析中被認定為獲利的現金流量將會降低。無論投資水準高低，無論政府赤字大小，企業在經常性與輔助性勞務方面的總支出金額愈高，可用於履行債務承諾、發放股利與作為保留盈餘的獲利就愈低。美國產業界獲利率偏低且明顯持續降低的現象，可能並不是因為資本的技術生產力下降；可能主要是因為我們的社會將獲利分配到經常性與輔助性功能單位的金額增加，而且這類勞工將一部分的工資所得（整體而言，他們的工資所得較高）存下來。

為了補貼成本並留下適當金額的資本所得，必須負擔階級式組織的成本，還有廣告等勞務費用的現代公司，需要為技術決定的勞動力成本設定

高額的成本加成。此外，大型公司的每單位產出可能會使用頗為大量的資本資產勞務。因此，「證明過往投資決策正確無誤」所需的現金流量，占總現金流量的比重非常高。由於大型公司具備資本密集與輔助性成本偏高等特性，所以，較單純或較精實的組織，相對就具備極大的成本節省空間。

亞當斯密（Adam Smith）評論：「分工取決於市場的廣度。」而且，分工能提高每一位技術決定的勞工的產出。「投資與獨創性將使生活水準持續不斷提升」的樂觀信念，便是以亞當斯密的主張為基礎，但他的主張並未考慮到，產業的組織類型往往會因為資本累積（注：即投資）與獨創性等先進影響力而必然衍生的成本，抵銷因此帶來的福祉改善。

基於上述種種，再考量大型資本密集型企業（經常性費用偏高）的工資率與勞力密集型組織（替代大型資本密集型企業的組織）有能力支付的法定最低工資之間的差額，便可發現，只要設法發展出一些機構來促進各種能替代超大型公司的其他組織，就有可能大幅提高產出、就業與福祉。

供給價格

在美國的經濟體系，供給價格反映企業的成本結構及企業的市場力量。理論上，供給的經濟單位可分為兩種類型。一類是生產產出並被動接受市場願意接受的任何價格。競爭、價格接受（price-taking，注：價格由市場給定）或彈性價格是這類市場的重要標籤。在政府干預出現前，農業有這類市場的特性，一些基本礦產的市場也是如此；第二類市場的企業則是自行設定價格，並根據需求來改變產出數量。雖然這種有能力設定價格、掌握市場力量或採固定價格的企業稱霸公用事業產業與製造業，但面

臨需求變化時，不同企業維護價格的能力則有很大的差異。[8]取得市場力量是企業重要的短期目標。

對採取固定價格，而且產出起伏不定的企業來說，目標供給價格取決於各種不同顯性的現金支出，包括因勞動力與原料成本及契約性融資承諾而產生的成本，以及為有效回收資本資產的購買價格，以及為債權人提供安全邊際等所需的隱性現金需求。顯性與隱性的現金需求會衍生一條平均成本曲線，定義企業足以回收生產技術、財務結構與企業經營等相關成本所需的各種不同價格及數量組合。目標供給價格取決於技術決定的成本與各種固定成本的總和。如果實際的生產量達到適當的數量，這個目標價格就能衍生足以讓公司的股東心甘情願繼續持有股票部位的現金流量。如果這家公司面臨的負斜率需求曲線的某個區段是在可充分回收各項成本的價格與數量組合之內（換言之，該公司掌握市場力量），那麼，這家公司便有自由選擇產品價格的空間。因整體經濟狀況與產品市場力量而發生的需求曲線位移，將使掌握市場力量的經濟單位改變以自訂的固定價格賣出的產品數量。

因此，「營收與成本」的關係可分為兩種類型。以固定價格和變動產出的個案來說，掌握市場力量的個別企業能在「技術決定的成本」之上建構一個複雜的成本結構，並據此設定價格。掌握市場力量的企業就市場願意接受的數量，以足夠支應全部單位成本並留下一點安全邊際的價格，供應各式各樣不同類型的產出。然而，價格接受型企業則是利用「技術決定的成本」來決定產出，它們把市場決定的價格視為既定事實，認為它們的供給數量變化無法影響市場價格。價格和「技術決定的平均成本」之間的差額，將產生可用來應付其他成本（例如契約性融資支出與各種經常性費用）的單位現金流量。

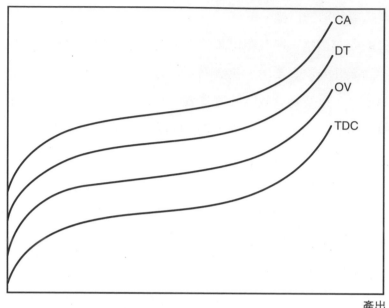

圖 7.1　包含所有成本要素的總成本

TDC = 已知投入資源價格與工資下技術決定的成本
OV = 技術決定的成本與經常性費用
DT = OV+ 正常履行債務所需的資金
CA=DT+ 充分回收當初取得資本資產而支付的價格
營收＞ CA，充分回收因過往投資與融資決策而產生的成本
CA ＞ 營收＞ DT ，債務可能獲得正常履行，但未能充分回收相當於資
本資產之取得價格之全部資金

　　鑑於短期內的經常性、輔助性與資本成本是固定的總額，所以包含這
些成本的總成本可用一條向上移動的技術決定總成本曲線來代表，如圖
7.1 顯示的總成本曲線。足夠支應公司的組織、財務結構與資本資產部位
等所有相關成本的營收，落在 CA-CA 線上方；這條線代表特定技術、公
司組織，以及負債結構下產出的總成本。如果營收位於或高於 CA 線，那
公司的經營階層與股東應該對過去的決策相當滿意。

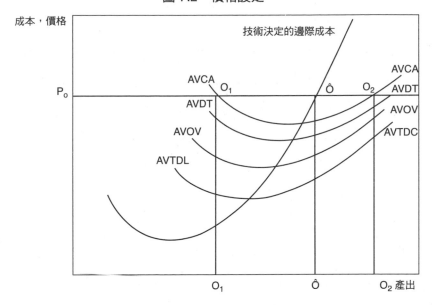

圖 7.2　價格設定

AVTDC ＝技術決定的成本平均值
AVOV ＝ AVTDC＋平均經常性成本（每單位產出的經常性成本）
AVDT ＝ AVOV＋平均債務支出（每單位產出的債務支出）
AVCA＝ AVDT＋因資本資產平均取得價格而衍生的成本

　　圖 7.1 所描繪的總成本曲線可以轉化為一條邊際成本曲線與一系列巢
狀的平均成本曲線。邊際成本曲線反映生產的技術，源自於最低總成本曲
線的平均成本曲線也反映出生產活動的技術。其他平均成本曲線是該經濟
單位技術決定的成本與各種經常性、輔助性及資本成本的總和。每一條平
均成本曲線的最低點都落在一條獨特的邊際成本曲線上。這些平均成本與
邊際成本曲線可以畫成圖 7.2。

　　在 AVCA-AVCA 曲線以內的所有價格與產出組合，都會滿足公司的
總營收要求。如果公司設定的價格為 P_0，而且產出大於 O_1、但小於 O_2，
就會有個安全邊際，也就是說，營收的要求不只被滿足，還綽綽有餘。對

諸如公用事業等受監理的產業，以及解除管制風潮發生前的運輸產業來說，AVCA-AVCA 曲線取決於各式各樣理事會中的費率設定協商，而 PO 取決於和預期產出有關的議價。對一個因資本密集而具備寡占結構的產業來說，銀行業者與金融業者會含蓄的堅持對價格競爭設限，這樣的話，一旦發生需求短缺，價格也不會像在競爭市場的情況下，沿著這條邊際成本曲線崩跌。若一家企業以降價來應對需求的變化，價格／數量組合就會繼續亦步亦趨的沿著邊際成本線移動，那麼，銀行業者當然會擔憂相對需求些微下跌，可能嚴重危及股票與債券的市場價值。

對銀行家來說，圖 7.2 描繪的情況提供非常符合期待的安全邊際。就像圖上所示，O_1 大約是 Ô 的 60% 與 O_2 的 50%。若 P＝P_o 時的獲利最大化產出 Ô 被視為產能（capacity，當產出高於 Ô 時，測量到的獲利與廣義的獲利都會隨著產出增加而降低），那麼，市場需求的大幅下滑，將不會嚴重危及這個組織的財務可行性。

美國經濟的某些特點可用圖 7.2 的成本與價格狀況來加以解釋。例如若 P_o 位置的需求數量從諸如 Ô 下降到 O_1，就會發生技術決定的勞動力被資遣的情況。但除非產出逐漸逼近 O_1，或甚至低於 O_1，否則經常性支出、廣告、研發支出以及員工工資等，還是會受到保障。事實上，銷售、行銷、產品開發與廣告支出甚至可能因該公司力求改善需求並保護市場力量而增加。這樣的反應會使這一組平均成本曲線上升，而為了應付總成本，P_o 位置上需要生產的最低產出也會增加。因此，若最初的需求短缺遲遲沒有改善，甚至進一步惡化，掌握市場力量的企業回應需求縮減的傳統做法，有可能會導致困境惡化。

若產出維持在接近 O 的位置，現金流量高於現金支出成本與融資還款成本的幅度就會很大。這些現金流量與銷售量接近產能所帶來的壓力，

將促使公司的投資增加。此外，這些現金流量讓公司得以從內部取得投資活動所需的多數財源，只有少部分資金需求需要藉由出售債券的方式來支應。但當產出接近或低於 O_1，投資意願與能力就會減弱。會讓企業產生投資意願的成本與營收並不是平順且連續的跟隨產出的變化而發生，而是斷斷續續的發生。

企業使用的債務融資與股權融資之間的相對金額，受經濟體系過去的週期性起伏影響。圖 7.2 的 AVDT-AVDT 曲線代表讓企業有能力履行未清償債務承諾（包含償債前的各式各樣義務*）的最小價格／產出組合。若公司到期的債務不斷展期，或是利率大幅上升，那麼，它的成本曲線就會受到金融市場條件的變化影響。舉個例子，利率的上升將使 AVDT-AVDT 曲線與 AVCA-AVCA 曲線上移；它將使 O_1 向右移動，並使 O_2 向左移動。若要維持產能，或是 AVCA-AVCA 目標產出的成本加成，價格就必須上漲。然而，若位於價格 PO 的銷售承諾已定，以傳統方式測量的單位產出獲利將會縮減。若 AVDT 因利率走高而上升到 P_O，公司可能就會無力履行所有財務承諾。

價格接受型企業回應需求變化的方式，是沿著邊際成本曲線調整產出。即使那類企業持有並利用資本資產營運，而且也背負債務，卻沒有市場力量依據「回收那些成本」的前提來設定價格；取而代之的是，它們被迫接受既定的價格；這類企業將價格視為一個參數，並沿著邊際成本曲線來設定產出。

以圖 7.3 來說，若價格為 P_2，對價格接受型企業而言，以我們在此使

---

* 如果有買進投入要素，像是服裝製造商對外採購的布匹，那麼 AV₊ 債務曲線就包含為償還買進布匹而舉借的債務本金與利息所需的現金流量。若耐久性資本資產包含「使用」的成分（使用者成本），那麼總營收當中的使用者成本部分，將包含在邊際 AV₊ 債務曲線中。

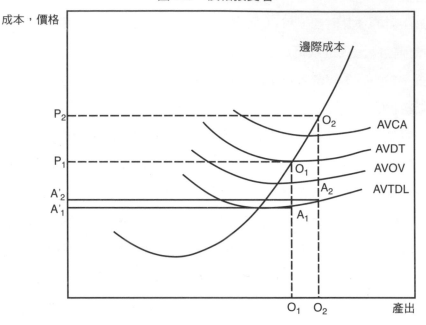

圖 7.3　價格接受者

用的最廣義獲利會是 $P_2O_2A_2A'_2$。需求的惡化有可能導致那類企業的獲利變成 $P_1O_1A_1A'_1$。誠如圖上所描繪，P_2 並沒有比 P_1 高很多，但誠如 AVDT-AVDT 所示，需求只要溫和降低，就可能導致現金流量降低到企業無力履行所有承諾和債務的水準。若圖 7.2 與 7.3 與美國經濟體系的某些事實一致，價格接受型企業每單位產出的經常性費用與資本成本，往往會比有能力設定價格的企業的費用與成本還低。**允許企業在需求降低時壓抑價格波動的市場力量，可能是讓企業得以採用昂貴且高度專業化的資本資產與大規模債務融資活動的根本前提之一**。

誠如先前說明的，以整個經濟體系而言，獲利取決於投資、政府赤字、國際收支赤字與「動用獲利的消費與動用工資的儲蓄」之間的關係。

消費者偏好與投資的本質，決定需求被分配到各種不同產出的狀況。由於需求狀態取決於後續將產生獲利的支出流量，所以，就業取決於以下條件：$I + Def + \cdots = \sum_{i=1}^{i} \pi_i P_i Q_i$（$\pi$ 是價格中的獲利係數，即產出價格中屬於獲利的那部分）其中，在某些情況下，$\pi_i P$ 是固定的，Q_i 是變動的，但在某些情況下，$\pi_i P$ 是變動的，Q_i 則是固定的。因此，投資、政府赤字與動用獲利來為消費提供資金來源的經常性成本會顯現在價格上，因為它們決定可達成的單位總成本加成。在企業能掌握市場力量的市場上，當經常性成本增加，供給價格就會被上調；而在價格接受型市場，成本上漲的最初效應是負面影響獲利。從二戰以後，社會與經濟政策似乎都經由授權使用經常性成本與偏好資本密集型生產技術等作為，朝支持掌握市場力量的市場區隔傾斜。

只要透過提高價格，使較少的產出也能應付各項成本（包括資本資產的報酬），讓安全邊際增加，絕對會使源自任何特定總獲利的就業減少。眾所周知，許多經濟學家將 1937 年至 1938 年的經濟衰退歸咎於鋼鐵業與其他產業為了改善淨利率，以便用較低的產出來應付全部的成本，因而提高價格所導致的物價上漲。[9] 然而，到了戰後，標準經濟學就一直漠視市場力量對價格水準以及就業所產生的影響。一旦掌握市場力量的企業成為經濟體系中不可小覷的重要環節，投資、政府赤字等的增加，究竟是會使產出擴大，或是使淨利率提高，取決於這類企業的行為；事實上，財政政策與貨幣政策的效能取決於淨利率因新增需求而產生的反應。

因此，價格受市場結構與需求的產生方式影響。一個高投資的大政府型經濟體系中的一系列相對價格，絕對與低投資的小政府經濟體系中的一系列相對價格不同。相對價格也受不同的市場力量與經濟體系的企業類型

影響。當企業掌握市場力量，它的價格就會包含廣告、行政、研究支出與高階主管的薪酬等費用。但不管是價格接受型的企業，或是有價格設定能力的企業，都必須透過價格來回收這些成本：我們定義的總淨利率相當於租稅，而且就像租稅一樣，總淨利率讓掌握市場力量而可能被貼上「缺乏效率」標籤的企業，擁有使用資源所需的財源。

因此，成本條件決定供給價格；然而，決定供給條件的成本，則因企業的市場力量差異而有所不同。淨利率如何在各企業之間分配，以及這些淨利率如何隱含在價格當中，並非完全取決於技術與消費者偏好；供給條件反映市場力量。因此，市場力量對價格的影響，產生了相對價格；當一個經濟體系的某些企業掌握市場力量，它就不會存在由市場決定的「最適」價格，所謂的「最適價格」，不過是新古典經濟學家想像出來的虛構價格罷了。

租稅與政府支出

誠如我們已經說明的，政府赤字（或盈餘）會影響整體獲利與相對價格。租稅跟獲利一樣，是一種促使盈餘加速產生的機制，而政府支出則是盈餘的一項分配。

由於單純版的稅後獲利等於投資加上政府赤字，那麼，如果投資與政府赤字的總和不變，若針對獲利課徵的租稅增加，代表稅前獲利勢必也是增加的。當政府支出與對獲利課徵的租稅等額上升，將使稅前獲利流量增加。具體來說，掌握市場力量的生產商一旦預期租稅將增加，將會提高供給價格。然而，價格接受型企業就無法藉由調整價格來反映預估獲利稅的增加，不過，隨著政府支出增加所產生的獲利以「每單位產出的已實現稅

前成本加成增加」的形式顯現，這類企業的價格還是會上升。

　　貨物稅隱含在供給價格中。舉個例子，雇主繳納的社會安全計畫提撥款（這是針對企業聘雇勞工的行為所課徵的一種貨物稅）會影響產出的「技術決定成本」。每當社會安全稅提高，這些成本就會上升。固定的經常性費用與輔助性費用也會因此上升，因為這些成本多半是勞動力成本。這類成本的上升意味，價格接受者與價格設定者的供給價格將會上漲，因為供給價格必須要回收償債與買進資本資產的成本。

　　商業慣例與勞動市場的慣有做法都會產生相當於租稅和勞動力成本的強制性費用，像是健保與退休金等附加福利。只要那類福利會被用來做為支應需求的財源，那麼那類福利也會成為決定掌握市場力量企業設定供給價格、以及其他企業已實現成本加成的一項要素。

　　除了獲利和貨物會被課稅，家庭工資與資產所得也會被課稅。不過，除非這些租稅會影響到勞動力供給或儲蓄，否則這類租稅不會影響到產出的供給價格。即使價格完全取決於技術決定的勞動力成本，個人所得稅會讓技術決定的勞動力稅後所得不足以買回勞工一手創造的產出。

　　因此，租稅以兩種運作方式來產生經濟盈餘。第一個方式是，租稅確保技術需要的勞工單位產出可支配所得低於技術決定的供給價格；第二，租稅促使產出的供給價格高於每單位技術決定的成本。不過，獲利也包含在供給價格當中，這意味著對技術決定的成本進行成本加成。所以，與生產活動有關的租稅（社會安全稅、貨物稅、增值稅、企業所得稅）與獲利相當。然而，租稅是讓政府得以控制經濟盈餘的管道，而淨利率則是資本資產所有權人和公司經理人控制經濟盈餘的管道。

　　政府支出無論對產出的效用如何，都是經濟盈餘的一項分配，除非產出的銷售價格至少可以彌補技術決定的成本。在一個封閉的經濟體，政府

支出與投資的總和會被稅收和獲利抵銷。稅率級距和獲利加成幅度,以及收到所得者的儲蓄偏好等,共同決定「租稅與獲利總和等於投資與政府支出總額」狀態下的就業水準。

由於投資與政府支出並非經濟體系目前的運作狀況所決定,故美國經濟體系受投資與政府支出掌控。 這兩個項目一則取決於來自經濟體系外部的政策(政府支出),一則取決於當前對未來的看法(民間投資)。雖然會計關係使「租稅加獲利」確定等於「政府支出加投資」,但就其本身而言,這些會計關係並不能證明因果關係的方向。不過,在斷言「投資與政府支出導致租稅與獲利」的因果關係以前,我們需要一個經濟與政治流程理論。

企業支出的融資活動

誠如先前說明的,總獲利取決於投資、政府赤字、國際收支狀況、以獲利支應的消費,以及工資所得中被用於儲蓄的部分。在美國這種大政府經濟體,投資與政府赤字的變化往往會彼此抵消,因此,美國的總獲利起伏程度不會像小政府經濟體那麼顯著。

多數企業在任何一個期間的經常性與輔助性成本,都和那個期間的產出無關。在任何一個短暫的期間,利息支出、廣告支出、高階主管薪資與到期債務的本金等,多半取決於先前的承諾。

若經濟體系能長期產生足夠多的獲利,就會有足夠的現金可以履行先前的承諾。價格(對價格變動的企業而言)和產出(對固定價格的企業而言)是否大到足以支應這些支出,當然取決於總獲利的行為。不過,無論當期的現金流量多寡,因先前的承諾而產生的現金付款義務還是必須履

行。當本期獲利不足的情況發生時，履行那些承諾所需要的資金將來自庫存現金、貸款，或是出售資產。

　　大致上來說，銀行體系是企業得以在缺乏足夠當期獲利的情況下，順利履行付款承諾的功臣。當期有效現金流量不足時，庫存現金與貸款的能力（通常是根據先前建立的信用額度）是它得以正常付款的關鍵。

　　付款承諾是以企業創造的預期營收為基礎：若營收未順利達成，那企業就必須增加庫存現金，不然就得增加短期的銀行債務，若是後者，後續幾期的付款承諾就會增加。而增加的金額會使成本曲線上升，由成本曲線可得知一家企業如期履行付款承諾所需的價格和產出。當期獲利短缺的**財務**影響，將使企業為了創造應付其資本資產、負債結構和企業類型等相關成本所需要的現金流量，不得不提高未來的價格與產出。今日的獲利短缺將讓企業更難以在未來達到能應付前述成本的現金流量。預期的落空非但無法形成動力去扭轉失望，取而代之的是，獲利短少所帶來的財務後果，讓企業未來更難以達到足以應付其成本結構的獲利。

　　短期來說，若營收不夠支應現金支出成本，企業就會降低產出，不過，這只能降低「技術決定的成本」。因為在短期間內，經常性、輔助性與財務支出多半在事前就已經決定。廣告支出或債務的利息支出並不像生產當期產出的工廠勞動力相關支出那麼容易輕易調整。一旦企業背負債務，唯有經過重新協商，否則長期債務的支出不可能改變；而這最終可能造成顯性或隱性破產。

　　因負債結構、經常性成本和輔助性成本相對於技術決定成本而產生的現金支出愈多，能快速因應需求短缺而進行調整的費用占比就愈低。換言之，固定的支出承諾將使「需求短缺造成總獲利降至付款承諾以下」的情況更有可能發生。當一家企業面臨這樣的狀況，它的流動性將快速減少，

債務也很可能急速增加。因此，隨著財務與企業類型的相關成本相對「技術決定的成本」增加，企業也愈有可能陷入財務吃緊的窘境。當資本密集生產技術、企業資產部位的債務融資，以及企業類型等促使經濟體系的經常性與輔助性費用普遍增加，這個經濟體系就更容易發生企業破產的情事。

用來回收資本資產、債務結構與企業類型等成本的現金流量，是來自投資活動、政府赤字、貿易收支盈餘與獲利分配型所得（注：輔助性工資或股利等）用於消費的部分，而若技術決定的工資有一部分用在儲蓄上，那麼這些現金流量就會減少。投資、政府赤字、貿易收支盈餘與用在消費的工資與獲利等項目的總和降低，會導致用來支應資本資產、債務結構與企業類型相關成本的現金流量減少。投資支出、貿易收支盈餘與家庭的消費（儲蓄）比例很容易受金融市場的發展影響。相對於付款承諾的有效現金流量一旦短缺，有可能啟動一個交互作用且持續探底的流程。不過，在如今這種結構的經濟體系，當投資、貿易收支盈餘或來自工資與獲利所得的消費大幅降低，將導致就業減少、稅收減少，以及政府移轉支出上升。這個朝政府赤字的轉變能維繫總獲利，並讓經常性與輔助性成本較高的資本密集型企業和高負債企業，漸漸得以擺脫流動性減少與債務大幅增加的窘境。實質上來說，儘管大政府非常沒有效率，卻能使所得與獲利維持穩定。總之，大政府能使高度仰賴高債務企業的資本密集型經濟體降低固有的衰退風險。

資本密集、多元市場與多元產品

我們還需要補充說明美國當前生產活動的一項實務特性。我們已經檢

視維持資本主義經濟體正常運作所需的根本條件是經由怎樣的流程而產生：公司採用資本密集式生產流程生產各式各樣的產品，並在不同的市場銷售。

　　一個生產流程的相對資本密集程度，是以稅後獲利（足夠回收資本資產買進費用的稅後獲利）占技術決定的工資總金額比例來衡量。這項比例愈高，產品價格中所需的「技術決定的成本」平均成本加成就愈大。如果取得的總成本加成足夠回收資本資產的買進費用，那麼，那些成本加成也能支應過去許下的財務承諾。如果經濟維持平順運轉，當期的整體獲利將足以支應過去的資本資產及融資關係等承諾所產生的成本。

　　資本密集生產流程意味著一家代表性企業的總營收中，有非常大比重的營收必須分配到償債與承擔資本資產價格等用途，這意味著每單位產出的平均「技術決定的現金支出成本」占必要價格的比重相對較低。在這類情境下，因過剩產能與沒有彈性的需求而產生的劇烈價格競爭，將使獲利出現災難性下滑。

　　當為了回收債務的相關成本與維護資本資產價格所需要的價格，和生產活動的現金支出成本之間的差距非常大，意味著價格競爭可能帶來嚴重的懲罰，這樣的懲罰先是來自競爭的企業，接著是來自銀行業者。因此，風險規避型投資人和金融家在冒險將財務資源投入特定資本密集型流程所需要的具體資本資產以前，會先要求在寡占或賣方獨占競爭的安排方面取得保障。資本密集型產業天生就具備寡占和賣方獨占競爭的市場結構。由於投資人和銀行家要求取得「價格競爭永遠不會發生」的某種保證，所以，華爾街那種契約導向（paper-oriented）的世界，一向對生產者之間的價格競爭行為多所譴責。

　　生產活動的目的是要賺取總營收和技術決定的成本與輔助性現金支出

等成本之間的差額。生產活動是以營利為目的，不是以效用為目的。如果一家企業的資本資產能生產在多元市場銷售的多元產品，那麼，公司及銀行業者最關心的並不是它們能從哪一個市場和哪一項產品取得必要的準租金。取而代之關心的是，公司來自各個不同市場的準租金**總和**是否大到足以回收公司的債務成本，同時維護其資產價值。若一家企業在自家產品的市場上掌握勢力，那麼，只要它充分利用它所服務的每個市場的負斜率需求曲線，謀取獲利，就能達到獲利最大化的目標。至於企業最低的必要總獲利，則是取決於債務結構與維持資本資產價值所需要的現金流量。如果上述最大獲利比最小的必要獲利還高，那麼，就算這家企業沒有充分利用市場地位來謀取最大的潛在獲利，它還是能享受到豐厚的獲利。在那類情境下，決定產品價格的要素除了經濟關係，還包括政治考量。

　　若融資工具要求必須將極高比重的總營收分配到回收債務成本與維持資本資產價值等用途，而且若企業通常會生產多元產品，並在多元市場上銷售，那麼，產品的價格可能不僅是各種經濟關係的一種體現。企業其實不太在乎來自不同市場的獲利分別占總獲利的比例。相對的，企業在乎的是，在各個不同市場銷售不同產出的現金支出成本的加成幅度，是否能產生令人滿意的總獲利。在這些情境下，價格交叉補貼的狀況很可能會發生；企業會在不同的市場針對不同的產品，採用不同的現金支出成本加成幅度。諸如成本加成式訂價等傳統，以及諸如針對資本資產的某些價值設定一個目標報酬率等監理規定，有可能（也確實）成為價格形成（price formation）的指南。因此，在一個資本密集的世界，的確有一些武斷的政治要素會對特定產出的價格造成影響。

　　當價格包含高額的工資成本加成，為取得一項商品而支付的費用，通常被用來作為取得另一種商品或勞務的財源。舉個例子，美國「免費電

視」系統的財源，來自在廣告產品的「技術決定的成本」分配給總成本的部分加成，換言之，這些成本加成有一部分被分配到這個免費電視系統。具體來說，洗衣皂和腋下除臭劑生產商收到的部分營收被用來支付這些娛樂成本。換言之，「技術要求成本」的成本加成，不僅足夠應付因債務與資本資產價格而產生的相關支出，還支應麥迪遜大道（Madison Avenue，注：指廣告業）的運轉，以及各式各樣的移轉支出（社會安全與聯邦醫療保險）。

誠如前述，為維持生產活動所使用的資本資產價值所需要的成本加成幅度，和生產流程的資本密集程度有關；擁有資本密集程度較高的產業與企業，需要較高的單位產出成本加成。若總投資或基於投資活動所需的政府就業人數或移轉支出上升，那麼，總獲利就會增加。不過，這些獲利在各個不同產業與企業的分布狀況，取決於個別企業的價格相對勞動力成本的比例，而這個數字又進而取決於經濟體系對各項產品需求的分布狀況。

若使用在各個不同生產流程的資本資產相對價格維持不變，那麼，被資本化的（capitalized）而產生資本資產價格的相對獲利就不能改變。因此，不同產出的獲利就必須等比變動。然而，產出的資本密集度愈高，產品價格上漲比例就必須愈大，才能夠支持相對資本資產價值不變。當投資（與政府及移轉支出）相對所得的比例上升，產生的一個影響是，若要維持獲利的分布不變，以資本密集技術生產的產品價格漲幅，必須相對比採用較不資本密集技術生產產品的價格漲幅來得高。不過，現行需求曲線型態可能會導致上述那樣的必要產品價格變化無法實現。此外，替代原則（principle of substitution）也會促使需求轉向價格上漲速度較為緩和的產出，也就是以較不資本密集的生產技術所生產出來的產品。因此，為了維持一個高投資狀態的經濟體系，可能有必要在訂價系統中補上一些目的在

提高資本密集型生產線（相對其他生產線）現金流量或獲利的干預手段。當一個經濟體系尋求經由刺激投資來提振經濟成長，偏袒資本密集型生產技術的補貼與租稅政策，例如加速折舊與投資租稅抵減，就會成為經濟結構重要的一環。

在一個封閉的經濟體，經濟盈餘主要取決於投資、政府支出與經常性費用。租稅是將總經濟盈餘分配到獲利與政府收入的一項工具。以特定的總經濟盈餘來說，政府赤字愈高，意味著企業獲利愈高。因此，一個採用大政府與逆週期型赤字的國家，將能維持總經濟盈餘規模於不墜，並確保企業獲利不會在企業投資活動降低的時期縮減。政府政策不僅能確保勞動成本的成本加成不會在經濟衰退時期降低，甚至還能確保這項成本加成在經濟衰退時期上升。

結論

一旦「營運現金流量的取得」成為價格必須滿足的一項條件（這項現金流量必須能（1）回收因負債結構而產生的成本；（2）引發投資意願；以及（3）促成投資活動的融資），新古典理論所稱的均衡與保持均衡狀態就沒有意義可言。此外，為支應固有債務及資本資產結構相關成本而需要的現金流量愈多，「市場資本主義有效率」的說法就愈沒有根據可言。在一個大規模資本密集型生產活動的市場，訂價機制的一項主要功能，是要產生足夠使投資活動維持正軌的已實現總獲利與預期總獲利。投資活動或可與投資相提並論的政府赤字，是維持獲利的必要元素，因為獲利可用來因應因固有債務結構而產生的成本，也能證明過去為買入資產而付出的價格是合理的。因此，資本累積或資本資產的技術生產力任何可能的影響

都是次要。

在一個具有精細融資結構與複雜昂貴資本資產的經濟體系，為降低「競爭導致價格降至邊際成本」的可能性，就需要一個能使源自資本密集生產流程的產品的民間需求曲線呈現負斜率的體制。一旦價格被迫下跌到生產活動的勞動力成本的水準，對資本主義經濟體的金融市場正常運作將猶如一場災難。當以資本密集流程生產產品的市場上，爆發強烈且不受監理的競爭行為，金融家和銀行家將會感到不安，因為那樣的競爭行為與他們要求的「降低不確定性」訴求不一致，於是，他們將不會樂意冒險將大量資金投入這種流程的融資活動。背負債務與持有昂貴資本資產的企業必須能取得足夠多、而且達到特定目標的獲利，但那種企業並不怎麼在乎如何在不同市場銷售取得總獲利。在現實世界裡，政策與政治選擇也是決定特定價格的一項因素。

因為需求曲線會產生一種約束效果，所以，賣方獨占的程度有其極限，而這也會形成獲利的上限。當獲利最大化行為未能產生足夠償債與維繫資產價值的現金，資本主義經濟體就會陷入困境。而能使名目現金流量增加的通貨膨脹，此時便可能成為應付償債相關成本的一項政策工具。

在我們生活的這個世界，產出、價格與所得並非取決於客觀天生的偏好與技術決定的生產關係。經濟政策不能以「經濟細節的決定與政策無關」的假設為基礎；在制訂政治性決策時，必須正視政策本身「如何為哪些人做些什麼事」等細節問題，我們絕對能在生產能力給定的限制範圍內，自由選擇經濟生活中「該如何為哪些人做些什麼事」。經濟體系能實現的成果自有其極限，但在這些限制範圍內，我們終究擁有一些選擇的自由。

第八章

投資與金融

在一個資本主義經濟體，獲利賦予企業經營的動機，也是對企業的獎勵；獲利的功能是證明過往的決策正確，並引發未來的決策。以前的理論主張，當今的獲利取決於當今的投資；根據以誇張假設為前提的最基本模型，勞工會將所有工資用於消費，而資本家會將所有獲利用於儲蓄，在這樣的情況下，獲利等於投資。但即使我們將這個模型複雜化，不再只是考量最基本的結構與最單純的行為，在決定獲利的因素中，投資即使不是唯一的因素，也是最重要的因素。

生產投資產出的過程需要進行融資。此外，擁有資本資產（也就是資本資產的部位）也需要融資。因此，融資條件會影響資本資產的價格、投資的有效需求，以及投資產出的供給價格。

一旦了解投資的決定要素，就有可能發展出金融不穩定理論的完整論述。投資是決定資本主義經濟體發展途徑的根本要素，政府預算、消費行為與貨幣工資的途徑都是次要。誠如我們所知，在採用小政府的體制下，當勞動市場上的不同機構差異懸殊，美國這種類型的經濟體系基本週期性

的特質就會變得顯而易見。雖然貨幣工資的行為與政府預算可能強化或削減經濟的不穩定性，但美國這種經濟體的根本週期特質還是取決於獲利、資本資產價格、金融市場狀況與投資活動間的關係。

經濟政策確實可能藉由影響投資流程、工資和政府預算來減輕經濟體系朝不穩定性發展的傾向，但在一個資本主義框架下，不穩定性不可能被連根拔除。特別值得一提的是，即使目前政府的逆週期（contra-cyclical）赤字確實減輕不穩定性的惡化程度，但當前的慢性赤字卻也導致不穩定性加速上升，也就是引發通貨膨脹型的不穩定。

企業投資牽涉到花錢生產即將用於生產流程的財貨，而那些財貨預期將產生高於當期成本或現金支出成本的營收。在美國這種類型的經濟體，這樣的差額可以被認為是資本資產，並成為投資報酬（return on investment）。投資就像是債券；它屬於一種以當期貨幣交換未來貨幣的交易。資本資產的所有權人等於是和自然界或經濟體系簽訂一份特殊的或有契約（contingent contract），這項契約明訂，未來流向這些資本資產的貨幣（獲利），取決於公司的經營狀況，而公司的表現又取決於產業與經濟體系的表現。

投資活動牽涉到利用勞動力與機械去建造對當前經濟體系而言極度昂貴且需要多年才能完工的工廠與設備（核電廠是一個極端的案例）。不過，即使投資產出處於醞釀生產期，企業也必須付款給生產那些投資產出的勞工，以及提供融資債務工具的所有權人。為某一項投資產出提供零組件的生產商必須從生產或投資的公司內部，或從外部資源取得支付上述幾種款項的現金。一個從事投資活動的企業必須擬定融資計畫，為投資的生產活動取得財源。為了取得資本資產而進行的投資決策，一向是和負債結構有關的決策。

這一章和後續幾章將闡述一個檢視資本主義經濟體內融資關係的方法。這個方法將現金流量與經濟單位的現值特質融入一個投資理論。現金流量承諾、現值的計算，以及流動資產所有權，將決定金融市場上的發展如何影響各個經濟單位的行為與生存能力。因此，經濟體系的穩定取決於投資活動與資本資產部位的融資方式。我們主張，不穩定性取決於經濟體系內部的機制，而非受到外部因素影響；換言之，美國經濟的不穩定並非導因於石油危機、戰爭或貨幣方面的意外發展，而是經濟體系的本質使然。

我們可以從凱因斯的《通論》、艾爾文・費雪對債務型通貨緊縮的詳細說明，以及亨利・賽蒙斯的著作，找到金融不穩定性理論的根本要素。[1] 親身經歷過 1930 年代種種事態的經濟學家在解釋那些事態為何會發生時，不可能對金融崩潰與金融崩潰前的投機世代視而不見。1930 年代，伊凡斯・克拉克（Evans Clark）與其他人便已經在一份由二十世紀基金（Twentieth Century Fund）贊助的研究中，就債務如何影響經濟體系行為、如何引爆 1933 年的崩潰，並在 1933 年以後對經濟復甦形成阻礙等問題提出解釋。[2]

隨著外界對凱因斯理論的標準解讀被傳統經濟學同化，他特別重視 1920 年代與 1930 年代初期明顯可見的金融與債務結構等議題的立場早已被遺忘。當今的標準經濟理論分析的是一個沒有金融部門的抽象經濟體。那些理論家假設，本質上來說，和這個抽象經濟體有關的定律，也能有效適用於具有複雜金融與貨幣制度及慣例的經濟體。誠如我們先前指出的，這種跳躍式邏輯說穿了只是一種信仰的實踐，而根據新古典綜合理論擬定的政策建議，也是以這個信仰的實踐為基礎。總之，現代「正統」經濟學不是、也無法作為設定良好經濟政策的理想基礎。

就某些重要的意義來說，在凱因斯對 1920 年代與 1930 年代各項事態的真知灼見中，被忽略的意見比被保留的意見重要得多。凱因斯原本提出一個投資理論，說明為何我們的經濟體系容易起伏不定，並提出一個對我們這個時代的美國經濟特別重要的投資金融理論。[3] 但隨著源自希克斯、韓森與保羅‧薩謬森（Paul Samuelson）等人的「正統」凱因斯理論逐漸被發揚光大，這個投資金融理論失去影響力。

在說明對美國經濟很重要的經濟流程時，絕對不能遺漏投機熱潮，必須說明這種熱潮何以會興起，以及金融與經濟體系如何會變得那麼容易發生危機，而且流於不穩定，這些都是特別重要的說明。當一個相對平靜的成長期轉化為一波投資熱潮，不穩定性就會發生。但平靜成長期為何會轉化為投資熱潮？原因在於扮演金融中間人的企業（公司）與組織隨著經濟體系的成功而產生轉變。在分析不穩定性時，歷史上幾次隨著投機熱潮之後來臨的驚人恐慌、債務型通貨緊縮以及深度經濟蕭條，乃至經濟自蕭條轉為復甦等歷程的重要性，都比不上長時間的穩定成長最終反而導致脆弱與不穩定融資結構發生等特有發展。

資本主義的特質：雙價格系統與金融

金融不穩定假說的根本論點是：

1. 資本主義市場機制無法促成持續性的價格穩定與充分就業均衡。
2. 嚴重的景氣循環導因於資本主義的根本金融特質。

這些論點，乃至金融不穩定性假說，和新古典綜合理論呈現鮮明的對

比，後者主張，除非遭受來自外部的干擾，否則一個去中心化市場機制終將產生自給自足、價格穩定的充分就業均衡。這兩種觀點之間的差異在於對金融與金融關係的詳細解說有所不同。金融不穩定性觀點非常重視資本資產所有權或營運控制權的融資方式，而這是標準理論漠視的部分。此外，金融不穩定性理論指出，實際上的情況會隨著各種機構的持續演進而發生變化，所以，即使景氣循環與金融危機是資本主義不變的特質，但經濟的實際運轉途徑卻取決於各個制度、慣例與政策。總之，歷史終究只是歷史，只不過，各項潛在發展的範圍還是會受基本的經濟關係所限。

接下來，我們有必要先精確定義何謂資本主義經濟體。在一個資本主義經濟體，生產手段屬於民間所有：營收總額和總勞動力成本的差額，能為資本資產的所有權人帶來所得。此外，資本資產可以進行交易，以及用於擔保（充作貸款的擔保品，用於抵押）。另外，經由生產工具或未來所得的擔保或抵押行為而衍生的金融工具，可以用來進行交易。而因為資本與金融資產可用於交易，所以，這類資產有價格。

不僅如此，這些資本資產與金融工具的價格是在市場上決定。誠如凱因斯所強調，資本資產與債務工具和年金很類似；兩者都預期會在未來一段時間產生現金流量。因此，市場流程會將各種不同資本資產與金融資產的契約性現金流量，或是或有現金流量轉化（資本化，注：指不將資產相關的支出計入當期損益，而是將之計入資產成本）為一組當期價格。

資本資產可以用來生產，而且資本資產的生產活動就稱為投資。買方為了投資而願意支付的價格，源自因投資而取得的資本資產預期將產生的所得。

資本資產的價格，以及資本資產價格和投資財產出之間的關聯性，是決定資本主義經濟體行為的關鍵決定因素。在一個資本主義經濟體，資本

資產所有權人的預期所得，會影響到投資產出的需求價格。

當企業可以用債務（債券）的形式賣掉源自資本資產所得的權利，那麼，在這樣的經濟體，源自資本資產的所得就會被分給債權人與殘餘（權益）所有權人。誠如先前所述，資本資產獲取的所得，以及各經濟單位對各式各樣金融工具的付款都屬於現金流量。所以，因各種契約關係而產生的複雜現金流量網絡，和源自當期產出的生產活動與分配的現金流量網絡並存，而且彼此交纏在一起。

資本資產與金融資產的價格取決於這些資產預期將產生的現金流量與資本化率（capitalization rate），而每一項投資的資本化率都體現出特有的風險與不確定性特質。由於來自產出的生產與分配的總獲利金額取決於投資步調，因此，今天的投資決定了可用來履行過去簽訂金融契約的現金流量。誠如先前強調過的，要維持現代資本主義經濟體系的正常功能運作，資本所得（乃自投資）就必須達到並維持在一個水準：資本資產的所得必須足以償還因過往債務而產生的成本。如果未能維持這個局面，資本資產與債務的價格就會下跌，而這兩者的下跌，會對投資需求造成不利的影響。

所以，資本主義經濟體的一項基本特性就是兩組價格的存在：一組是為當期產出設定的價格，另一組是為資本資產設定的價格。[4] 當期產出與資本資產的價格分別取決於不同的變數，而且是在不同的市場上決定。然而，這些價格息息相關，因為投資產出也是當期產出的一環。

儘管資本資產的技術特性是形成美國經濟體系這種「以目前貨幣換取未來貨幣」基本關係的導因，但複雜的金融體系存在，使得這個「以目前貨幣換取未來貨幣」關係的數字與程度變得更大。融資結構是資本主義適應性（adaptability）和不穩定性的導因之一。

由於美國經濟體系有很多公司和處理資本資產所有權的股票交易所，所以公司型資本主義經濟體的金融規模，遠大於主要由合夥企業和獨資企業主導的經濟體的金融規模。接下來只會討論公司型資本主義，這種資本主義已經盛行超過 100 年，而且目前它的掌控力量更甚於以往。

破解帕廷金解方

新古典綜合理論有必要說明正常的市場流程如何將一個最初未充分就業的局面轉化為一個接近充分就業的局面。為了達到這個目的，新古典綜合學派便假設，一個已知的外部貨幣變數會影響以所得來支應的消費。該理論假設，失業會引發工資與物價通貨緊縮，所以，物價水準平減後的貨幣價值餘額將會增加。這會進而促使消費財需求增加，而消費財需求的增加將提振就業。這個推理方式就是所謂的帕廷金解方，它是新古典綜合理論得以嶄露頭角的關鍵。[5]

米爾頓·傅利曼主張，上述帕廷金解方證明「資本主義市場機制沒有缺陷」的主張是正確的：換言之，市場流程終將促成充分就業均衡。[6] 在帕廷金解方提出之前，以下主張（很多人認為源自凱因斯）獲得相當廣泛的認同：（1）產品市場是決定總勞動力需求最直接的因素；（2）在特定貨幣工資率下，勞動力需求可能低於供給；以及（3）當貨幣工資因勞動力的超額供給而降低，可能不見得能有效消除失業。

不過，這些主張遺漏凱因斯理論與美國經濟體系的一個關鍵點：每一個特有的短期局勢當中，都存在一些會促成變化的動力，我們可稱之為引發失衡的動力。這些引發失衡的動力有時可能很弱，但它們會逐漸累積並逐漸增強，因此經過一段時間後，這些引發失衡的動力最後勢必會破壞現

有的均衡狀態。

然而，使用**均衡**這個詞可能會引起誤解。最好的方式可能是借用瓊安‧羅賓森（Joan Robinson）的用語，她將沒有發生快速破壞性變化的局勢稱為「平靜期」（periods of tranquility）[7]，羅賓森指出，平靜會因投資熱潮、持續上升的通貨膨脹、金融與貨幣危機，以及債務型通貨緊縮等遭到破壞。

凱因斯理論的標準解讀中所稱的未充分就業均衡，其實並不是真正的均衡。那只是債務型通貨緊縮與深度經濟蕭條之後的一個暫時狀態。在這個狀態，市場對失業的反應可能會導致工資與物價下，但這不足以提高就業，因為除非貨幣獲利（money profits，注：即名目獲利）得以維持，否則無法有效應付固有民間債務的償債資金需求，而且貨幣工資與物價下跌會使獲利降低。換言之，唯有維持獲利，才能取得足夠的現金流量來應付民間負債的償債需求。帕廷金效應的效力取決於內部企業債務（這些債務及相關成本的償還，取決於價格水準與貨幣獲利的水準）相對外部金融資產（回收這些資產的購買價格與獲利流量無關）。帕廷金解方無視於破產對資產價格的影響，也漠視破產會對民間組織為投資活動取得融資的能力造成負面影響。

因此，帕廷金解方和美國經濟體系根本風馬牛不相及，因為它採用的融資關係假設過於局限。當市場的反應是失業（帕廷金解方的本質）時，民間債務人很可能會因其工資與獲利的顯著降低，而無力履行原本的償債義務。

在全面通貨緊縮的情況下，所有民間債務最終都會被賴帳，所以所有資本資產都會掌握在擁有權益型負債的個人或公司手中。在這個拒絕償債的流程發生的同時，情勢更將因以下幾項影響而變得雪上加霜：獲利、工

資與投資減少對正常償債行為的影響,以及公司重組對投資活動所產生的麻痺性影響。唯有融資結構顯著簡化後(可能要花很多年的時間),價格的下跌才可能帶來經濟擴張的影響。在一個採用複雜金融慣例的世界,利用帕廷金的實質餘額效應來實現充分就業的途徑,很有可能是一條通往地獄的道路。[8]

此外,就實務的重要性來說,實質餘額效應絲毫沒有意義。文獻中的帕廷金解方與其他意圖處理所謂「失衡現象」的分析非常怪異,因為它們達到所謂的充分就業均衡後,就不會再問那個定義下的均衡情境中,是否包含一些持續進行中、而且可能導致均衡再次被破壞的流程。仔細檢視經濟體系實際上達到那種均衡時的事態,便可以找出一些持續進行中、而且往往會導致充分就業瓦解的流程。而且那些持續進行中的流程往往會朝上方發展(注:朝過熱的方向)的形式,打破充分就業均衡;換言之,一旦實現並維持充分就業,各經濟單位之間的交互作用往往會衍生一種比充分就業更熱絡的投機熱潮。

資本資產存量的部位與投資活動的融資,都是經由以安全邊際為基礎的貸款與放款活動來進行。貸款與放款的流程會製造出貨幣,所以,各經濟單位對銀行業者的付款承諾,正是貨幣供給的基礎。當未充分就業狀態演變成暫時維持的充分就業狀態,各種資本資產與金融資產的相對價值就會發生變化,而這會進一步誘使原本符合理想的融資安排出現變化。

在一個資本主義經濟體,資本資產因為擁有技術生產力而偶爾會有需求;資本資產的需求取決於這些資產的預期獲利能力。在一個能利用債務融資來維持或建立資本資產與金融資產部位的經濟體系,投機的要素不可能減弱,因為資產部位使用債務融資的程度與那類融資活動所採用的工具,反映出商人與銀行家針對未來的現金流量與金融市場狀況從事投機行

為的意願有多高。每當達到並維持充分就業狀態時，被成功沖昏頭的商人和銀行家往往會接受更大規模的債務融資。在經濟平靜擴張期，追求獲利的金融機構會發明並改造「全新」型態的貨幣，用以取代資產組合中原有的貨幣，而且會針對各種不同類型的經濟活動開創各式各樣的融資技巧；總之，金融創新是美國這種經濟體榮景時期的特性之一。[9]

金融機構引進的每一種新型貨幣，或是得到更大幅使用的舊貨幣，都會促使一些融資活動發生：包括為額外的資本資產與金融資產需求而進行的融資，或是更多投資活動所需要的融資。結果會導致資產價格上漲，進而提高當期投資的需求價格，同時使可供投資活動使用的融資增加。因此，金融創新往往會產生資本利得、增加投資，並提高獲利：也就是說，經濟體系會試圖擴張到高於穩定充分就業狀態的水準。

為投資需求提供融資，意味著將有超出目前平靜狀態所允許的需求產生。投資相關支出的增加將使獲利上升，這會回過頭來促使資本資產的價格上漲，從而使投資的需求價格上漲。因此，任何會促使債務融資活動（因為前一段時間的金融困境讓人記憶猶新，所以最初的債務融資活動很疲弱）擴張的充分就業均衡狀態，最終都會促使經濟擴張到充分就業以上的水準。所以，充分就業只是一種暫時狀態，因為針對負債結構及創新金融資產所進行的投機活動與實驗，終將促使經濟體系邁向一波投資熱潮，而投資熱潮會引發通貨膨脹，通貨膨脹熱潮則將經由我們即將說明的一些流程，形成一種往往會助長金融危機的融資結構。

因此，一個熱情對待金融創新的經濟體系，不可能長期維持物價穩定與充分就業的狀態，因為充分就業的局勢就隱含某些會造成失衡的動力，而一旦這些動力發揮顯著的作用力，原本的平靜狀態勢必會被這些動力破壞。

準租金與資本資產價格

根據凱因斯的觀點，用於生產活動的資本資產，預期將產生以準租金（Q_i）形式存在的所得。準租金是指出售在資本資產的幫助下生產的產出所獲得的營收總額，減去因生產產出而發生相關的現金支出、營運或技術決定的成本等之間的差額。資本資產能產生準租金的原因，和經濟體系的實際功能運作模式有關，和資本資產的抽象生產力無關。而由於準租金被視為獲利，所以資本資產能產生獲利，因為源自這些資產的產出所要求的價格超過單位現金支出成本。價格得以高於現金成本的根本原因是「產出的稀缺」，因此需要資本資產來生產這項產出。由於一個經濟體在短期內的生產能力取決於現有的資本資產存量，所以，需求的變化將使資本的稀缺性出現變化。當已實現獲利與預期獲利顯示特定類型的資本資產短缺時，就會發生為了紓解那些資本資產短缺而進行的投資活動。資本資產的獲利取決於需求的水準和需求的組成內容，而資本資產**只有**在能賺取獲利時才有價值可言。

資本主義會產生兩組價格，一組是資本資產的價格，一組則是當期產出的價格。這兩組價格息息相關，因為投資財也是當期產出的一部份，而那樣的投資財將和現有的某些資本資產類似，所以價格勢必和資本資產的價格一致。

誠如先前所述，當期產出的價格取決於貨幣工資率、現有資本資產條件下的勞動生產力，以及技術決定的勞動成本的成本加成，這項成本加成端賴需求維繫，也會受經濟體系的企業類型影響。各種投資財的供給價格，是眾多當期產出價格中的一組價格。另一方面，資本資產的價格則取決於市場上的供給與需求。其中，供給在當期是固定的，而需求則是反映

這項資本資產未來幾年預期將產生的現金（或準租金）的價值。為了釐清資本資產價格是如何決定的，我們有必要了解預期現金流量（或準租金）如何被轉化為資本資產的價格。

雖然資本主義經濟體的雙價格系統是在非常不同的市場上形成，而且取決於非常不同的變數，但這兩個系統並非完全無關。如果要生產投資財，用來替代投資財生產活動的資本資產的市場價格，必須等於或大於這項投資財的供給價格。

我們的經濟體有金融資產，這是「在一段時間內支付現金」的承諾。這些金融資產和資本資產相當類似，因為這兩種資產的所有權人都有權力取得一系列現金流量。此外，這些金融資產也和資本資產一樣有當期價格，也就是根據合約內容寫下的未來資本流量的資本化金額。

資本資產與金融資產預期產生的現金流量並不是確定的；每一項金融資產和資本資產都有一組屬於自己特殊的或有條件，在那些或有條件下，預期現金流量將不會發生。決定資產價格是從「一單位貨幣的價格是一元（可以是美元、馬克或日圓）」的事實開始。在美國經濟體系，銀行業者經由放款來製造貨幣，而且銀行存款是最主要的貨幣形式，銀行的債務人則有義務履行償還貨幣的合約。誠如第十章將討論的，債務人有責任償還貨幣給銀行業者，這正是讓銀行債務得以成為貨幣的要素。

由於一般預期投資與資本資產的所有權能產生貨幣，因此以往對美國經濟特性的基本描述說：生產活動的發生純粹是為了追求獲利，而非為了追求效用，這是正確的。在生產活動中使用資本資產時，也必須採購商品並雇用勞動力。而採購商品或雇用勞工時，必須付錢給供應商和勞工。因此，持有貨幣能確保當期產出的生產活動進行，並能保證各種契約的履行。

在一個有貸款與放款的世界，任何曾立下付款承諾的個人或組織，都必須保留一點貨幣（付款承諾的計價貨幣）在手上才是明智的，因為庫存貨幣就像是應對不利的意外事件的保單。因此，貨幣能提供一種以「免於受意外事件傷害」的保障來呈現的實物報酬。不過，一單位貨幣的價格永遠等於一元，所以，為了一美元可提供的保障而付出的價格不可能發生變化。然而，那一美元所產生的保障價值卻有可能改變。一旦發生這樣的情形，「持有貨幣」的替代方案價格，也就是其他資產的價格，就必須改變。

貨幣以外的每一種金融資產或資本資產都會產生合約性付款或準租金，而且，這些資產都有一個出售或用來當作貸款擔保的價值。有些資產可以輕易議定價格並換取貨幣，像國庫券或銀行與存款機構的定期存款。但其他資產（諸如部分完工的核電廠、煉油廠和專業化機械）則不行。貨幣是一種獨特的資產，因為它不會產生淨現金所得，不過，貨幣能讓持有者履行承諾，並從事當期（即現貨）交易。

在一個擁有眾多金融市場的世界，資本資產可以分開出售，或者企業能將這些資產集中起來，所有金融資產和資本資產就具備**兩種**現金流量特質。一個是當合約獲得履行或資本資產被用於生產活動，就會產生貨幣；第二個特質是，若資產被出售或被抵押，就能收到現金。資產能在需要時產生現金，而且取得的金額不會有明顯變化，這樣的能力就稱為資產的流動性（liquidity）。

任何資本資產的價格 PK 取決於那項資產的所有權預期將產生的現金流量，以及這一項資產所隱含的流動性。一項資本資產產生的現金流量，取決於市場與經濟的狀態，而一項資產所隱含的流動性，則取決於它被轉換成貨幣的難易度與肯定程度。諸如債券、甚至儲蓄帳戶等金融資產的價格決定因素，和資本資產的價格決定因素相同，包括現金流量，以及用來

圖 8.1 資本資產的價格水準：與貨幣供給和各種替代預期環境的關係

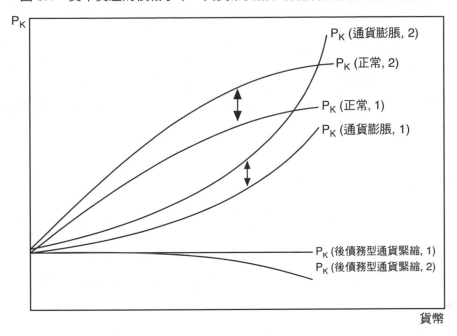

議定該資產價格的市場廣度、深度和回復能力。

關於資產價格的決定，有一個不變的事實：一美元的價格永遠是一美元，每一美元都和另一美元相似，而且目前存在的每一美元都能供應流動性。若各種金融資產與資本資產的預期現金流量及隱含不確定性等都給定了，而且若美元的數量比資產存量相對充裕，資產的價格將會很高；貨幣數量愈多，資本資產與金融資產的價格往往就會愈高（圖8.1的 P_K 正常）。

然而，每當為了防範付款承諾違約的傷害而產生的保險數量增加，保險人為取得那類保障而願意支付的保費又沒有降低，就會發生與上述規則例外的狀況。唯有當一般人認定現金短缺與違約很可能發生，世人對保險的無限彈性需求才會出現。不過，唯有很多人在最近或目前經歷過現金短缺與違約的情況，那種預期心理才會發生。在引發深度經濟蕭條的債務型

通貨緊縮期剛結束後，就算其他資產的數量固定不變，貨幣供給的增加可能也不會導致其他資產的價格上漲。對流動性的貪得無厭是一種病態，1929 年 1933 年大崩潰結束時的情形就是相當貼切的例子。（圖 8.1 的 P_K 後債務型通貨緊縮，1）

因此，某項特定或代表性資本資產或金融資產的價格 PK 與貨幣數量 M 之間，存在一種**函數**關係。正常來說，資本資產的價格是貨幣數量的遞增函數，因為當貨幣數量增加，體現在貨幣當中的保障價值就會降低。由於貨幣的價格永遠是一，那麼當貨幣數量增加，能產生所得的資本資產就會漲價。此外，這個函數關係呈現一種對數（logarithmic）形態，除非：

1. 在給定主觀估計的價值水準下，前述「對保險（由流動性提供）的無限彈性需求」存在；或是
2. 當一般預期價格上漲速度將超過保險價值的上漲速度，世人將相信以貨幣來體現的保險將會失去全部或部分價值。

流動性可以作為保險，而在它的需求彈性無限大的特殊個案中，即使貨幣供給增加，資本資產的價格還是很可能會下跌。（貨幣擠兌的狀況，P_K 後債務型通貨緊縮，2）然而，在通貨膨脹預期心理存在的個案中，有形資產的價格上漲速率，可能比貨幣供給成長速率更快；屆時將可能發生貨幣擠兌的狀況（圖 8.1 的 P_K 通貨膨脹）。

不過，有一個事實比這項關係的各種可能形態更重要：隨著實際的經歷導致世人對「資本資產及金融資產將產生預期現金流量」的看法改變，並改變一般人對「持有貨幣是否值得」的看法，這項函數便會移動。（以圖 8.1 的箭號來標示）。經濟的起伏主要並非取決於流動性沿著這些價格

曲線的波動狀況，影響流動性在正常、通貨膨脹與蕭條時期評價的各種關係轉變，才是左右經濟表現的主要因素。

流動性對不同資本資產的相對價格與資本資產價格指數的影響，是以 P_{Ki}、M 函數來衡量。我們必須先說明，資本資產之所以有價值，是因為世人預期這些資產能讓他們賺到準租金 Q_{Ki}。讓我們假設最初有失業的情況，而且帕廷金流程從這個起點展開。隨著帕廷金流程使擁有貨幣性財富的人消費所得比提高，獲利往往也會增加。這是千真萬確的事，因為獲利和「工資與獲利所得被用於消費的比例」直接相關。而在其他要素不變的情況下，Q_{Ki} 的上升往往會促使 PKi 提高。

Q_{Ki} 的上升也會紓緩現有負債結構所造成的限制，因為用於履行合約的可用資金便是來自 Q_{Ki}。因此，Q_{Ki} 的上升會使貨幣作為流動性保障源頭的價值降低。隨著這項保障的價值降低，每單位所得與融資承諾所要求的理想現金餘額也會減少，能產生 Q 的資產價格也會進一步上漲。若要這樣的情況發生，就必須將持有的貨幣用來換取非貨幣資產。此外，Q_{Ki} 與資本化率的上升將使財富增加，而這又能進一步促使支出所得比上升。此外，現金流量的改善不僅意味著支出能力改善，也會使貸款的能力增強。

Q_{Ki} 的上升與流動性價值的每下愈況，往往會促使資本資產的價格上漲，因為資本化率與預期報酬往往會增加。資本化率的上升是反映貨幣作為安全保障的價值降低。當負債結構還處於容易負擔的狀態，那麼，新增的債務可能是以有利的利率發行。負債結構反映世人在協商不同債務的條件時，賦予流動性（以貨幣體現）的價值。

當資本資產價格相對當期產出的價格上漲，將會促使消費與投資增加。此外，伴隨那樣一個流程而上漲的準租金，將使以貨幣體現的流動性價值降低。雖然帕廷金流程可能帶領經濟體走出債務型通貨緊縮後的經濟

停滯，但結果並不是朝均衡移動。帕廷金流程最初可能的確會催生一段相對平靜的擴張期，但平靜會使以美元呈現的保障（流動性）變得較沒有價值，資本資產與金融資產的絕對價值與相對價值因此會上漲（這些資產的價值主要源自於它們將創造的所得）。因此，平靜期將促使固有資本資產的價值水漲船高，也會使一般人願意接受的債務權益比上升。

在流動性的內部決定價值，意味經濟體系每一個可能的均衡狀態，都包含一些會引發失衡的動力。即使新古典經濟學派主張「市場機制的內部運作將帶領經濟從低於充分就業狀態走向充分就業狀態」的觀點有效，產生這個結果的流程也不會在充分就業狀態實現後停止運轉，而是會繼續帶領經濟向前推進，最終走向某種投機熱潮。

投資

投資的分析是從資本資產價格的決定開始。一如前一節所描述，貨幣的數量、流動性被賦予的價值，以及各種資本資產與金融資產的所得及流動性特質等，都是決定資本資產及金融資產價格的因素。資本資產與金融資產的價格，決定各種投資產出的需求價格。這些需求價格不是經由類比（投資猶如是某些現有的資本資產）而來，就是將一項專案回收的預期現金流量與流動性加以資本化而來。

然而，投資的需求價格並非由投資的步調決定。一項資本資產的市場價格，以及與這項資產類似的投資的需求價格等的存在，並不盡然意味著有效的投資需求存在；投資需求需要融資才得以有效落實。那類融資有三種來源：庫存現金與金融資產、內部資金（例如稅後總獲利與股利），以及外部資金。外部資金不是藉由貸款取得，就是藉由發行股份取得。一旦

採取貸款途徑，取得貸款的同時，就會產生付款承諾。付款承諾決定從事這項融資活動的經濟單位為履行其法律責任所需的最低現金流量。

投資就跟 GNP 其他的組成要素一樣，也是一種流量。假定投資流量超過某個水準後，投資的每單位供給價格上漲，那麼，能產生最高投資率的價格，就是由資本資產需求價格所給定的價格。

我們可以將經濟體系的活動視為對企業產生一系列資本所得流量的活動。這一系列所得流量將受到投資的步調影響；[10] 在單純的誇張假設下，資本所得（獲利）等於投資。在一個有企業債務的世界，利息、股利和債務本金的還款，來自總資本所得流量。此外，高階主管及其他輔助性部門等的勞動力成本，多半也是對資本所得的一種分配。因此，可用來作為投資總額財源的內部可用資金總額，必定少於投資總額所需的財源。

因此，可用於投資財源的內部資金，需要以外部資金來補強。所以，外部融資的取得情況是制訂投資決策時的關鍵考量要素之一。

投資專案的規劃牽涉到計畫進行投資的企業兩組連鎖決策。第一組決策和運用資本資產生產的預期營收，以及投資的成本有關。第二組決策和資本資產的融資有關：取得資本資產的決策，基本上就是發行債務（舉債）的決策。

為投資的生產活動進行融資的成本，是一種會反映到產出的供給價格的成本，這項成本和勞動力成本與買進投入資源的成本類似。企業必須借錢來支付工資的事實，將導致有效成本上升，因為貸款必須支付利息。因此，投資產出的供給價格包含醞釀期所產生的利息，一如收成後的正常小麥供給價格包含因儲存小麥而產生的附加利息費用一樣。

生產活動的融資通常屬於短期融資，而且那類融資大多數會牽涉到銀行放款。生產成本與所有產出的供給價格，尤其是具有明顯醞釀期的產

出，想必都包含一項反映利息支出的成本項目。

　　生產活動的融資是短期的融資，而承接營建融資後的貸款或永久性融資，大抵上則屬於長期的融資。用於承接營建融資的貸款資金可以經由債券的銷售、不動產抵押貸款或新股發行、乃至企業保留盈餘等來源取得。在制訂投資決策時（投資財的醞釀期不短），目前對於「未來將採用哪一種長期融資」的看法，牽涉到保留盈餘的推測數字，以及這項永久性融資發生時將普遍存在的資本市場條件。

　　因此，投資決策牽涉到投資的供給函數（取決於勞動力成本與短期利率）、投資活動的需求函數（源自於資本資產的價格），以及融資的預期條件及結構。儘管資產負債表的結構反映出實際使用的內部資金（保留盈餘總額）與外部資金（債券與股票）的組合，但投資決策是取決於內部資金與外部資金的預期流量。不過，對一個從事投資的經濟單位來說，它的內部資金流量取決於投資決策制訂後至投資活動完成那段期間的經濟狀況。所以，投資決策牽涉到和該項投資的未來績效是否符合技術專家先前的預估、以及與該投資案所生產的產品的市場是否強勁無關的一項不確定性要素。這項不確定性要素主要和投資活動所需要的內部融資與外部融資組合有關；而這項組合取決於未來將獲得的獲利流量中，有多少可以作為這項投資財的財源。

　　由於投資主要是處理和時間有關的種種決策，所以，若要詳細解釋投資，必須先設法理解經濟學中不確定性的意義與重要性。不確定性和「行動的結果無法如輪盤的平均結果、甚至和死亡率表的結果一樣可以精確得知」的事件有關。一言以蔽之，經濟學的不確定性和可透過保險取得保障的風險無關，也和賭博風險之類的風險無關。舉個例子，「為了持有任何型態的資本資產，應該採用怎樣的負債結構才適當？」與「該採用怎樣的

製造技術才適當?」的概念相同。當前為持有一項資本資產而應該採用的適當負債結構,只能根據歷史經驗與傳統慣例來決定。但在歷史上,投資活動的內部融資與外部融資的組合一向顯著起伏不定,負債結構也有長足的創新。一開始被視為安全的負債結構(以及中介機構持有的資產),事後有可能變成極高風險的負債結構。

不確定性主要是因為「在今日處理未來的事務」而起,因為在本質上,未來的事務牽涉到極高的推測成分。在一個不確定性的世界,經濟單位會接受過往決策所帶來的結果(這些結果經常出人意表),並進一步做出反應。現行不確定性的一項具體表現是「為固有的資本資產、金融資產和新完工的資本資產採用槓桿操作或債務融資的**意願**」。採用槓桿的意願會影響到兩組決策者,分別是利用債務手段取得購買資本財所需財源的資產所有權人,以及為槓桿部位提供融資的金融圈。誠如凱因斯所言,美國經濟體系的特性是「一個以安全邊際為基礎的貸款與放款系統。」借款人與放款人所要求的安全邊際,影響著資產部位與投資活動的外部融資使用程度。

誠如前述,資本資產與金融工具的部位是透過融資與再融資取得。每當資本資產換手,例如一棟房屋被賣掉,或是一家公司被收購,該項資產的部位就會被進行再融資:此時舊債務會被註銷,並產生新債務。在華爾街的世界,每一宗企業收購與合併案件,都牽涉到為資本資產所有權而進行融資的負債結構改變。若某些資本資產為了取得資產部位而融資的傳統負債結構改變,使更多的債務變得可接受,那麼,一向遵守過往傳統部位融資做法的企業,將獲得更大的舉債能力:在相同的資本資產規模下,它們變得可以發行更多的債務,並藉此取得現金。如果傳統的債務權益比維持不變,但市場對特定資本資產所產生的現金流量評價上升,那麼,持有

那類資本資產的企業也能取得更大的舉債能力。

或許「傳統做法與資產價值的改變會影響到舉債能力」的最佳案例，應該存在於買賣企業組織資本資產剩餘權利的股票交易市場。有關「投資決策如何制訂」的理論論述，牽涉到資產價格與投資產出價格的比較。在一個有股票交易市場的公司型資本主義經濟體，市場對企業資本資產與市場部位的評價，就代表資本資產的價格。這項市場評價是企業普通股與債務的市場價值，減去公司持有金融資產的價值。這項評價會隨著股票市場的發展而不斷改變。一旦股票市場進入熱潮期，經濟體系的基本資本資產隱含的市場價值便會跟著水漲船高；相反的，股票市場下跌會使這項隱含價值降低。

普通股與債券所有權的取得，經常是藉由透過債務所取得的資金來進行（融資帳戶〔 margin account 〕的使用使股票市場的資產產生槓桿部位）。當債務被用來作為取得普通股股權的財源時，股價的上漲將使股東獲得更大的舉債能力，並進而利用新增的舉債能力取得購買額外股份所需的財源。股票價格的最初上漲可能促使股票需求進一步上升。此外，在多頭市場上，前述的股票交易價值上升，將促使借款人與放款人樂觀的將預期中的股價上漲列為決定安全邊際的一項要素。

相對來說，股票市場評價的下跌將使舉債能力降低，並導致債務相對資產價值的負擔加重。而隨著普通股價格的下跌成為決定可接受的槓桿比率，或是必要安全邊際的固有要素，可接受的槓桿比率便會降低；借款人與放款人則將雙雙提高他們要求的安全邊際。

必要的安全邊際會影響從事投資活動的經濟單位可以接受的融資計畫。可以接受的外部融資對內部融資比會隨著時間而改變，這反映出各個經濟單位與存在債務融資活動的經濟體受到的經歷。若最近的經歷是「能

輕易償還未清償的債務」，那麼，往往會提高債務比例；若最近的經驗顯示償債成為一種負擔，而且具代表性的經濟單位發生未能履行債務合約的情況，那麼，可以接受的債務比例將會降低。

當前世人對融資活動的看法，反映出銀行家與商人認為他們在未來必須面對的不確定性。這些當期觀點會受到過去的狀況影響，尤其是近期的影響，也反映出「過往的經歷如何轉化為對未來的預期」。過去的成功經驗往往會使企業與銀行家降低對必要安全邊際的要求，因此往往會促使投資增加；失敗的歷史經驗則會產生相反的影響。

因此，投資是一種金融現象。只要詳細闡述投資關係各個不同的環節，就能說明不同的因素之間的交互關聯性，同時也能說明資產價格、融資狀況與所得流量如何影響投資活動。以下圖解說明能清楚闡述投資的全貌；這份圖解的設計就是為了辨識投資機制的各個環節，並點出美國經濟的不同流程如何產生交互作用。

資本資產的價格，不論是經由定義明確的市場直接訂價的資產，或以公司的債務和股票的市場（或經營階層）價值來間接取代價格的資產，都是投資產出的需求價格。而在特定勞動力、工資率、利率和體現在生產投資產出的資本資產存量中的技術等條件下，都有一個投資產出的供給價格。由於很多投資帶有接單訂做的本質，所以，生產者可將資本資產的價格視為由買方開價。假定專用於生產廠房與設備的現有資本資產存量及勞動力導致生產投資的能力受到限制，投資的供給曲線就會在投資產出超過某個基準之後向上攀升。

投資的決策將會在決策制訂後的某一天產生一項資本資產。如果一個投資專案獲准進行，這項投資財的各個不同組成要素所需要的勞動力與原料支出順序，將或多或少取決於該項資本資產的生產活動的技術條件。這

意味諸如 1984 年第二季期間發生的投資支出，多半是在那個期間以前就已經決定。此外，1984 年春天制定的投資決策，將會影響到未來好幾季的所得、就業和金融市場。

截至目前為止所討論的內容，構成一條投資的需求曲線與一條投資產出的供給曲線，需求曲線是一條位於資本資產價格的水準線，而供給曲線在跨過某個門檻後將會上升。這兩條曲線的交叉點可以求出那個期間訂購的投資數量，並進而可求出一份在這段時間完成所有已啟動投資專案會花費的投資支出表。（見圖 8.2）

然而圖 8.2 並沒有留下融資的空間：這張圖假設，交叉點所標出訂購的投資數量，將完全不涉及融資安排，顯而易見這是胡扯。除非一項投資的最終採購者提供某種擔保，保證他們絕對有能力支付完工後資本財的費用，否則投資的生產者將不會貿然展開投資財的生產活動。此時就輪到銀行家（泛指金融圈）登場了。即使超大型跨國公司的投資訂購量傲視其他經濟單位，而且經濟體系的多數資本資產也多隸屬那類企業的日子，銀行家、信用評等機構和股票市場分析師等還是盡職的監督並記錄各公司的信用。就從事投資活動的每一個特定經濟單位與一般投資活動而言，整體投資活動都取決於保留盈餘總額**與**外部融資的某個組合。投資相對內部融資的程度，受當前對各種融資關係所要求的安全邊際的看法影響。借款人和放款人都希望得到保障，借款人對保障的要求會使資本資產的需求價格降低，而放款人對保障的要求則會使投資產出的供給價格上漲。

在金融市場運作順暢的時期，這時的利率變化不大，金融慣例的創新不多、創新規模小，而且未見明顯的損害威脅或可能出現的金融倒閉案件，工程技術與行銷相關的考量，可能是決定投資與否最主要的因素。在這類時期，投資主要取決於對產能的技術需求，而這是根據現有產能過去

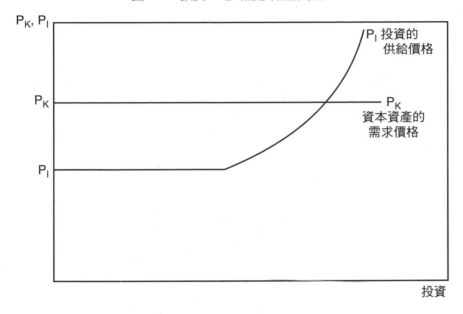

圖 8.2　投資：忽略融資相關考量

的行為與獲利能力推估而來。[11] 但在金融運作不順暢的時期，金融市場的
狀況對投資的影響就變得較舉足輕重，技術因素的重要性則退居第二。

　　一旦一個專案通過測試，即資本化後的預期準租金超出投資成本的幅
度，就足以補償因購買資本資產部位而面臨的固有不確定性，「投資與否」
的決策，就取決於這項專案可爭取到的融資條件。一如這一節最初簡略說
明的，根據理論，融資來源可分為三種。一種是不會因當期營運而被動用
的庫存現金與約當現金（國庫券、商業本票等）。二戰後不久，很多企業
都擁有這類庫存現金，因為戰爭時期的政府支出、投資管制與股利發放限
制等，使企業累積大量的現金和政府證券。這樣的情況也可能發生在大蕭
條或深度衰退之後，因為即使政府赤字使獲利改善，企業投資活動還是會
維持一段時間的停滯，這會使銀行業者與企業的流動性改善。誠如先前主
張的，緊接著大蕭條後爆發的世界大戰所遺留下來的高流動性融資結構，

經過 20 年才被揮霍殆盡。

　　投資的第二種融資來源是生產投資財期間扣除股利與租稅後所產生的總獲利流量；這些獲利流量是可用來作為投資專案財源的內部資金。總獲利低於資本所得總額，因為獲利還得扣除債務的利息與本金還款，另外還要分配到股利、租稅和企業類型相關的支出。當投資受限於內部資金流量可支應的財源，投資有可能會減少，而這將進而使總獲利與國民所得降低。唯有在企業的債務還款承諾很小、政府採行高額預算赤字、國際收支的經常帳有盈餘，或企業資產組合中有超額金融資產可作為投資活動的財源等情況下，企業投資活動的內部融資趨勢才會和獲利與所得一樣維持穩定或擴張。當需要支付利息與償還本金的債務金額很龐大，為阻止獲利與所得下降，就有必要使用外部融資來維持債務，甚至增加債務。

　　第三個融資來源是由外部資金組成。這些外部資金包括銀行或其他金融中介機構的放款，或是藉由發行債券或出售股權等方式取得的資金。「投資與資本資產部位採用外部融資」是美國經濟的顯著特性。

　　在判斷一項投資專案是否值得進行時，必須先比較專案的預期現金流量和該專案的成本。債券的價格和投資專案的成本類似，而對債券持有人來說，債券的利息和本金還款，和因持有資本資產而將得到的預期現金流量類似。債券發行人對債券持有人的付款，理當受發行人在付款義務存續期間的預期超額盈餘（現金流量）保障。所以，投資專案的預期淨盈餘必須超過債券的應付利息，這項投資才能為債券的持有人提供某種安全邊際。因此，若要透過債券來取得投資專案所需的財源，預期投資所得就必須超過債券的利息支出。

　　誠如先前所述，以各種不同安全邊際為基礎的複雜貸款與放款關係，構成美國經濟的特性。除非借款人和放款人都預期安全邊際將上升，或主

張先前的安全邊際過高，否則外部融資相對內部融資的比例不會上升。因過去不同的負債結構而產生的經歷，會影響到各經濟單位對「安全邊際過高（或過低）」的看法；換言之，攸關決策的安全邊際會隨著經歷而改變。

當一個人購買預期將產生特定獲利流量的資本資產時，他可以藉由降低資本資產的需求價格，來反映他對債務融資的依賴度上升（注：因為他買進新的資本資產，並因而採用更多債務），這樣的話，他的安全邊際便能提高，從而抵銷未來可能更無力履行債務合約的風險。因此，借款人風險會表現在資本資產需求價格的下跌。[12] 這不會反映在任何融資支出上；它只是反映一個觀點：除非能產生潛在的補貼性利得，否則就不值得承擔更高的違約風險。

內部現金流量可以應付某個水準的投資（對個別企業與經濟體系而言皆是如此）所需要的支出。一旦估算出預期內部現金流量（Q），就可以用一個等軸雙曲線（rectangular hyperbola，圖 8.3 的 QNQN）來表達這些內部現金流量和投資產出之間的關係，因為內部現金流量（即準租金，Q_N）經由公式 $P_1Q_1 = Q_N$ 而和價格 P_1 與投資的產出 I_1 有關。這個等軸雙曲線和投資產出的供給價格 PI 的交叉點會產生 I_1（內部），也就是可經由預期內部資金取得財源的投資（圖 8.3 的點 A）。

幫超過 I_1 的（內部）投資取得財源的管道，不是減少營運活動不會動用到的金融資產所有權，就是展開外部融資。若金融資產的所有權因此減少（注：指賣掉原本持有的金融資產），資產結構的安全邊際就會降低。此時若開始發行新的普通股，這些股票的發行價必須夠吸引人才行，這意味著現有的股票持有人感覺自己的股東權益被稀釋。若採用債務、債券、銀行貸款，或是短期市場貸款，那麼，未來的現金流量承諾就會增加，這會使經營階層與股東的安全邊際降低。不管是採用哪一種方式（減少金融

図 8.3　投資：內部資金與外部融資的影響

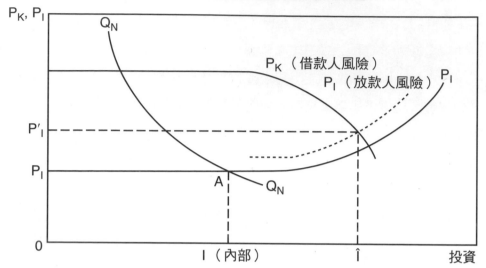

資產所有權、發行新普通股，或舉債），借款人的風險都會隨著外部融資的比重增加或流動性的減少而上升。這項借款人風險不會反映在任何客觀成本上，不過，卻會使資本資產的需求價格降低。雖然借款人風險的上升可能導因於各種資產組合與所得的變化，但隨著借款人風險上升對投資的影響開始發酵，將會導致一般人把這項融資活動視為債務融資。

　　投資財的供給進度會在某些產出後加速。然而，放款人風險將對資本資產的供給條件帶來愈來愈大、和技術供給條件無關的壓力。這股日益上升的壓力會具體呈現在銀行家所設定的融資條件上。在放款與債券合約上，放款人的風險將以較高的宣告利率、較長的到期期限，以及協定條款和附註等來表達。放款或債券合約上的協定條款與附註可能會限制股利的發放，限制進一步的貸款活動，並約束資產的出售；也可能要求借款人維持某個最低宣告淨值。實質上，合約協定條款與附註受簽約雙方就舉債的經濟單位所面臨的風險及不確定性等議題的協商影響，也取決於放款人可

能因這些風險與不確定性受到的潛在衝擊。雖然放款人面臨的某些風險是以可觀測到的利率上升來表達，但當槓桿程度上升，而且對未來現金流量的信心降低，融資成本的上升就不會只是以可觀測到的「利率上升」來呈現。

投資將持續增加到投資的供給曲線（包含放款人的風險）與投資的需求曲線（反映出借款人的風險）的交叉點。這個交叉點可以得出資產的內含價格，不過，這個價格無法觀察到。在圖 8.3，每單位投資財可觀察到的價格是 P'$_I$，這個價格略高於基本（即清淡時期）產出的供給價格。投資的數量是 Î，其中 O－I（內部）是採用內部融資，而 Î－I（內部）則是採用外部融資。

圖 8.3 說明決定美國經濟體系投資步調的部分要素，但未涵蓋全部要素。未納入這張圖的要素是長期融資（如承接營建融資後的貸款）條件的改變對資本資產需求價格的影響，以及短期利率的改變對資本資產基本供給價格的影響。圖 8.3 也沒有解釋資本資產價格 P$_K$ 與投資產出的供給價格 P$_I$ 的相對狀況。

在討論利率的變動如何影響 P$_K$ 與 P$_I$ 以前，必須先提醒一個重要的觀念：借款人的風險與放款人的風險（以 P$_K$ 與 P$_I$ 的虛線表示）是決定投資步調的**有效**要素。

若創業家過去的表現很成功，而且很有信心會更成功，借款人風險就會非常低，虛線低於 P$_K$ 線的情況將非常不明顯。若先前的借款人鮮少無法履行合約，那麼，借款人風險也會偏低，在那種情況下，要等到外部融資大幅增加以後，投資的供給曲線才會因那類風險變得更明顯而上升。投資步調將隨著借款人風險與放款人風險的變化而變化。[13]

當融資條件不會對投資決策造成侵入性影響，資本資產的技術生產力

與這些資產的供給價格就會決定投資。在那樣一個世界裡，投資的變化往往會成為一種規律又順暢的現象；無論是貨幣與金融，都不會成為決定經濟體系重大事件的要素。可惜美國的經濟體系並非那樣一個世界。唯有認同資本主義金融機構存在的投資流程組成要素，才有能力解釋觀察到投資活動的不穩定性。[14]

圖 8.4 說明預期現金流量與其他決定投資的各項關係結構。若實際的現金流量（$Q'_N - Q'_N$）超過預期現金流量（$Q_N - Q_N$），那麼，實際上需要的外部融資金額將低於預期。一旦發生這樣的狀況，一個包含新買進資本資產的資產負債表，受債務拖累的程度將低於預期。當上述狀況使資產負債表的狀態優於預期，意味著這家企業在往來銀行業者眼中，從事投資的經濟單位還擁有尚未充分利用的舉債能力，而這又代表後續投資案的融資條件將變得比先前更有利。

圖 8.4　投資的決定：內部與外部融資的替代結構

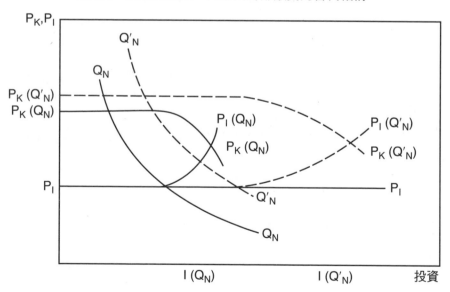

對應來說，若內部融資活動的可用現金流量低於預期，那麼，投資案所需要的財源，例如 $I(Q'_N)$，將需要以高於原先設想的外部資金來支應。這個情境意味著資產負債表結構將較預期差，而後續投資活動的融資條件也會變得更嚴苛。

當準租金 Q_I 偏離原先預期的水準，不僅會影響到投資對企業資產負債表的衝擊方式，也會影響到資本資產的價格水準。如果實際的準租金高於預期，那就代表實際獲利超過預期獲利，P_K 將會上漲，並使得 P_K 和 P_I 之間的落差擴大。在這個情況下，因借款人風險而產生的任何特定斜率，將使每個產出水準的需求價格隨著新 P_K 而變得更高。這個局面意味著投資需求的增幅相對比可用內部融資的增幅還高。超過預期的獲利因為內部資金流量改善，進而使投資需求增加，這會使資本資產的（內含）價格上漲，同時促使借款人採用外部融資的意願提高。即使金融市場的條件沒有改變，上述提到準租金與資本資產的需求價格之間的關係依然成立，不過，金融市場的條件確實會改變，而且會影響到 P_K 與 P_I。

內部資金或淨值的槓桿程度是金融市場條件影響投資的一個管道，但不是唯一的管道。融資條件也會影響資本資產的需求價格和投資財的供給價格；此外，這兩項價格之間的差距會受短期利率與長期利率的水準影響。

短期利率會影響投資產出的供給價格。所有正在生產中的產出供給價格，必須考慮到生產流程初期階段的利息。如果醞釀期很長，而且若有非常高比例的成本是在生產流程的初期發生，那麼，投資財的供給價格受融資支出影響的程度就會相當大。

由於商業銀行是商業活動短期融資上的專家，所以，投資生產活動的融資是銀行的重要活動之一。基本上，這種類型的融資是一種過渡型融

資，只會延續到投資專案結束為止，屆時就會發生承接營建融資後的貸款或永久性融資。因此，投資的生產活動是以投入資源的模式來使用銀行融資，融資的成本當然會影響到資本資產的供給價格。由於以短期債務來支應的那些項目在未來會成為資本資產，所以這類項目在完工前並不會有價值。部分完工的投資會造成對融資的無彈性需求；例如，半完工的電廠或輸油管線會導致融資需求變得無彈性。此外，當供應商交付零件，以便進行更複雜的安裝作業時，這個無彈性的需求曲線還會上升。

除非現有價格的供給彈性無限大，否則無彈性需求的上升，將導致可觀測到的價格上漲。因此，當投資的生產活動使用融資時，除非銀行體系**願意**且**有能力**以不變的利率為萌芽階段的投資活動提供不限金額的融資，否則就永遠不會發生無限彈性的融資供給。基於各式各樣的理由，像是銀行的權益基礎有限、銀行準備金遭內部需求與外部需求耗用，以及現代中央銀行（聯準會）壓抑貨幣供給的行動，銀行融資的供給最終將難以達到無限彈性的狀態。這意味當有利的投資條件維持好一段時間後，生產投資項目所需的融資成本就會上升。此外，融資的供給有可能因政策性決策或銀行與金融體系的內部流程而變得非常沒有彈性。這意味短期利率有可能快速且大幅走高。

當短期利率出現這種劇烈上升走勢，有明顯醞釀期的投資財供給價格將隨之大幅上漲。在現代的股票市場上，投資人經由短期融資活動取得建立股票與債券部位的部分財源。這意味短期利率的快速走高有可能導致長期利率大幅上升，換言之，這會使股票與債券價格下跌。

不過，短期利率與長期利率的上升，會對資本資產的需求價格與投資的供給價格造成相反的影響。資本資產的需求價格會在長期利率上升時下跌，而投資產出的供給價格則會在短期利率上升時上漲。這往往會使能促

進投資需求的價差縮小。若利率上升到非常高，作為資本資產的投資財現值有可能跌到作為當期產出的投資財的供給價格以下。那樣的現值反轉（present value reversal）一旦發生，將導致投資活動停擺。若利率上升幅度非常劇烈，而且伴隨著投資專案預估的獲利能力降低，即使是進行中的投資專案也會在中途被放棄。

雖然現值反轉的情況會發生（1930 年代確實如此，1974 年至 1975 年與 1981 年至 1982 年也再次發生，只是程度較輕微），但投資活動週期性出現緊縮與擴張並非取決於這個極端的狀況。資本資產的價格和投資的供給價格（包含融資成本）之間的差額，與利率呈現**反向**的變動。在採用低短期利率與長期利率的體制，這兩種價差會擴大，而這會導致外部融資對內部融資比上升。這會增加投資與獲利，而且會提高從事資本資產部位債務融資活動的意願。因此，當一個經濟體的金融市場成為決定投資的一項機制，那個經濟體**內部**就存在很多強烈不穩定的交互作用。

在融資條件的影響下，投資和利率之間的關係可以用一個負斜率函數來表示。由於可接受的放款人風險與借款人風險會隨著經濟體系的行為而變化，並因投資決定獲利的方式，乃至決定外部融資的使用程度而有所差異，故投資與利率的負斜率關係，會隨著過去一段時間的承諾（以債務來體現）履行狀況而改變。這個投資與利率負斜率的關係，並非資本資產技術生產力降低與投資財供給價格下跌所造成的單純結果。相對的，這個關係大致歸納了技術、行銷與財務影響力的行為。由於各項金融影響力高度受不確定性的考量影響，故若要在論述中使用投資與利率之間的負斜率函數，就必須體認到，當經濟的發展途徑改變世人目前對未來各種意外事件的看法，那這個函數也會改變。

第九章
融資承諾與不穩定性

　　美國經濟在不同時期有不同的表現，主要原因是，我們的融資實務與融資承諾的結構不斷改變。融資實務促使以合約來展現付款承諾，而合約的協商與簽訂，受當下的市場狀況與預期影響。當經濟活動隨著時間而逐步向前推進，付款承諾會陸續到期，並獲得清償，而付款承諾對可用於付款的資金之間的關係變化，乃至各種融資安排複雜性的持續演變，將會改變經濟的行為與穩定性，尤其是經濟體系的穩定性。

　　1970 年代與 1980 年代的美國經濟無疑比 1950 年代和 1960 年代初期更不穩定：早在 1960 年代中期，事實便已清楚顯示，經濟體系的穩定特質出現明顯巨大的轉變。二戰的遺產與大蕭條所造成的金融保守主義，共同促成金融穩定的健全融資結構，被一個容易趨向不穩定的脆弱融資結構取代，而且不時需要聯準會與其他協力主管機關介入干預，才能阻止顯著萌芽中的金融危機繼續惡化。由金融健全轉為金融脆弱的發展歷程並非空穴來風。追本溯源，這個變化源自以下幾個要素：特定的機構與規則開啟金融創新者新的獲利機會；追逐獲利的家庭、企業與銀行家一心追求創新

融資實務的動力；以及政府及中央銀行官員設定的法規與及行政干預。

　　經濟活動的融資導致殘餘的融資承諾。投資不僅會影響總產出、所得分配與生產產能，在一個資本主義經濟體，投資也會在融資結構中留下一種殘餘。此外，固有的資本資產存量部位是以源自資產負債表的負債工具來支應。當用來支應資本資產所有權所需財源的負債結構改變，就會進而影響融資關係與付款承諾的結構：合併、收購與購併行為並不會改變經濟體系的總產出或生產產能，但會改變負債結構。[1]

　　和產品、生產技術與行銷的創新者一樣，融資結構與制度的創新者可以經由創新而獲利。金融創新者，不管是借款人或放款人，都可以獲得極為可觀的財富。銀行、其他金融機構、企業和家庭總是不斷尋找新的方法，為這種經濟活動提供融資。成功的金融創新者能得到非常多的財富獎勵，也會受到模仿者群起仿效。一旦事實證明某個創新成功了，這項創新就會快速傳播，因為所有金融創新幾乎都源自某個概念的應用，模仿者並不受專利所約束。[2]

　　政府是改變金融市場慣例及制度的源頭，它是透過立法與主管機關（例如中央銀行）的命令或干預來進行那些變革。政府能影響金融行為與結構的規範。由法規、命令與干預行動，便可看出美國的掌權者及政府智庫如何看待金融機構與金融工具對經濟的影響。除了最極端的特殊利益法規與監理規定，所有法規與監理規定的背後都隱藏某個和市場行為與市場如何影響經濟體系、因此影響公共利益有關的理論。法規的修訂，例如羅斯福時代發生的改革，以及 1970 年代末期至 1980 年代的解除管制狂熱，都是要體現某個理論。但如果這個理論與經濟行為模式不一致，那麼，這樣的改革可能沒什麼好處，甚至可能造成極大的危害。[3]

　　若經濟體的行為因時間的推移而改變，被用來作為特定法規依據的知

識基礎就會被削弱。那麼，那項法規與根據這項法規建立的制度與慣例，就有可能失去正當性。1929 年至 1933 年間的金融崩潰，就使監理融資結構獲得正當性，但由於長期沒有發生真正的全面性崩潰，因此導致 1970 年和 1980 年代的解除管制狂熱發生。

要分析融資承諾如何影響經濟，有必要研究各經濟單位的現金流量。這個現金流量法將所有經濟單位一律看作銀行，不管這些經濟單位是家庭、公司、州及地方政府或甚至中央政府。

傳統的銀行業文獻強調，銀行家必須保持流動性與償債能力，而要實現這個目標，銀行業者必須著重自償性（self-liquidating，注：能自行回收成本並產生獲利）商業放款。經由這個方式，企業銷售帶來的現金流量就能夠付款給銀行；而這些付款能確保銀行的流動性與償債能力。相似的情況，一般企業也必須保持流動性和償債能力；這意味債務的付款承諾不得超過已經產生與預期的現金流量。

在 1970 年代至 1980 年代初期浮上檯面的問題，導因於老一代教科書在銀行及企業穩健運作規則方面的疏漏（或無知），但這些規則從早期就獲得普世認同，雖然還是經常有人違反這些規則。近幾年，超大型銀行的經營階層與各式各樣銀行業主管機關經常漠視一些約定成俗的智慧之見：這樣的狀況在 1970 年代的 REITs 問題、1970 年代末期的杭特兄弟 - 培基證券事件（Hunt-Bache affair），以及 1980 年代超大型銀行的國際融資曝險等事件中尤其顯而易見。這種漫不經心的態度，部分導因於那些超大型銀行認定，財政部、聯準會與其他政府機關為了防止大崩潰發生，會為他們提供紓困。1970 年代至 1980 年代初期的經驗，證明「超大型金融機構將得到保護」的信念一點也沒錯。一旦規模達數十億美元的銀行假設主管機關隨時都準備好採取行動來確保自家銀行的體質，而且一旦主管機關證

明這個假設正確無誤，銀行家就會把「紓困安全網的存在」當成既存條件來考量。[4]

　　然而，粉飾太平有不良的影響，就像紓困方案一樣。保護銀行與紓困銀行的作為，會影響經濟體系之後的表現。1966 年信用危機爆發後的干預行動雖然讓金融機構免於因不當行為而陷入自作自受的生存危機，卻使經濟從此在「金融危機」與「通貨膨脹上升」的困境之間來回擺盪，這些困境的持續期間不等。被超大型銀行倒閉的未知後果嚇壞的主管機關，搶在這些金融機構陷入危急之際介入干預，並提供保護，對不主張干預的自由市場經濟而言，這意味那些超大型銀行已經變得大而不當。

　　過去 15 年乃至半個世紀間明顯可以觀察到的不穩定性，部分是因為工業經濟體與正在工業化經濟體的融資需求。外部融資或銀行融資不再只是完全、或甚至主要用來支應企業與存貨所需；耐用年限長的資本資產投資與其所有權的維繫，也需要使用外部融資。耐用年限長的資產是以短期負債的資金來支應，這意味銀行與企業之間的關係將永遠存在「債務的契約付款」與「營運活動的收入」之間缺乏同步性（synchronization）的問題（注：即現代所謂的「錯配」，例如以短債支應長期資金需求等問題）。

　　當資本資產價格低廉且結構單純時，資本主義的運作就會非常好。當生產活動變得較資本密集導向，投資財的相對成本上升且醞釀期拉長，不穩定性便可能顯著擴大，因為在那樣一個資本主義經濟體系，很可能會出現「債務人以發行債務所取得的現金來償債，而非以源自生產活動所得的現金償債」之類的融資安排。為了追求經濟的穩定，絕對有必要研究在財務結構中眾所周知存在的債務與外部融資的寓意。

現金流量的分類

我們可將現金流量分為三種基本類型：所得、資產負債表和資產組合。[5] 所得現金流量來自生產的流程，包括公共部門與民間部門的工資與薪資、從某個生產與貿易階段轉到另一個生產與貿易階段的付款，以及商業的稅後總獲利。實際上，貨幣是繞著一個所得迴圈在打轉；這裡定義的所得迴圈包括企業間因買賣半成品而產生的所有付款，而且不僅限於因產出的最終銷售而發生的付款。[6]

此外，現金流量也受現有承襲而來的負債左右。只要閱讀債務工具的契約，就能判斷出這些由本金與利息組成的現金流量。這類現金流量被稱為資產負債表現金流量。金融工具的存續期間愈短，在資產負債表上每一美元負債的現金流量就愈大。

第三組現金流量是資產組合現金流量。這是經由資本資產與金融資產的買賣交易而產生。這些現金流量源自於取得／出售資產或是發行／舉借新負債等決策。任何一個期間的資產組合現金流量，部分都是因為先前許下的承諾；尤其是投資產出的生產活動完成時的現金流量，以及投資產出轉化為資本資產時的現金流量。

牽涉到投資活動的現金流量存在一種不對稱。對投資財的生產者來說，現金收入屬於所得科目的現金流量（注：即上述的第一類現金流量）；投資財的售價必須能收回生產活動的工資、融資和原料成本。然而，對投資財的採購者來說，這項交易是一種資產組合交易（注：牽涉到上述第三類現金流量），這些交易中的新完工投資財就像一種可能從經濟體系資產存量中取得的資本資產或金融工具。這樣的不對稱反映出「未來」如何成為生產決策的考量之一；由於當投資財被用於生產或貿易時，預期將產生

高於其生產成本的現金流量，所以，投資財會被同化為資本資產存量。

另外，將資產負債表現金流量分成定期、活期與或有現金流量等三種不同類型的現金流量也很有幫助。定期現金流量很容易理解，例如汽車融資契約或房貸，這類貸款要求每個月支付一個約定的金額，這些月付款都屬於現金付款承諾。

這類融資安排明顯源自一種以今日貨幣（採購價格中採用融資的部分）換取明日貨幣（一系列的每月現金付款）的交易。若以契約上的利率將這一系列的每月現金付款折現回到簽約日當天，這些付款承諾的總現值，就等於放款人今天付給借款人的金額。

任何藉由舉債來購買住宅或汽車的人都知道，貸款契約將每一筆付款區分成兩個部分，一部份是利息，另一部份是本金的減少金額。就所得稅目的而言，以及若這項契約必須在契約上明訂時間結清而言都很重要。因此，這類傳統的完全分期等額償還型合約存續的每一天，都存在一個未清償本金的合約價值。若在這份合約相關的付款利率下，將這份合約資本化，這項合約尚待繳納的款項價值，將等於尚未清償的金額（除非這項合約設有提前還款罰則）。

若某個日期的市場利率和合約最初設定的利率不同，那麼，以這個市場利率計算的剩餘付款資本化後的價值，將和合約上明訂的本金不同。若市場利率低於最原始的合約利率，剩餘付款資本化後的價值就會上升；若採用的市場利率較高，剩餘付款資本化後的價值就會降低。市場利率與「預期合約及或有合約的報酬資本化後的價值」之間的逆向關係，是了解資本主義融資的基礎。

其他定期的融資合約還可以區分為兩種類型：貼現票據（discounted note）與債券。以貼現票據來說，借款人同意在特定日期支付特定金額，

以便在今日換取比他同意償還的金額略低幾個百分點的資金。那種折扣具有特別的意義，因為它會出現在應計會計法（accrual accounting）中，而應計會計法或許可以說是使非欺詐性龐氏融資（指繳納利息與發放股利所需的資金是藉由舉債取得）得以存在的必要條件。[7] 最廣為人知的貼現工具是國庫券。貼現國庫券通常是短期工具，它的本金和利息是在一個指定日期一筆償還。1970 年代與 1980 年代，民間組織也開始嘗試使用高折價零票面利率（zero coupon，又稱零息）的債券，因為這些債券的期限很長。

債券是定期融資合約中較傳統的類型，以連續 25 年每年支付 100 美元、並在期末支付 1000 美元的債券為例，這種債券的價格會隨著當期利率高於或低於 10% 而上漲或下跌。

以上所述都屬定期合約的例子：此外，還有不確定存續期間的融資合約，這類合約被統稱為活期合約。最重要的活期合約是商業銀行及其他存款型金融機構（如儲蓄銀行）的存款。其中特別重要的是支票存款，這些存款很容易被用於當期活動的支出，很容易從某一家銀行轉到另一家銀行，或是很容易用來交換為其他資產。在美國的經濟體系，這類存款是以本金形式存在的貨幣。

活期存款可能被視為最短期的金融工具。就常見的實務而言，銀行在執行付款要求時，是將存款轉匯給另一方。如果只有一家銀行收受這種存款，這類付款指令就不會衍生任何問題。然而，在一個擁有非常多銀行業者的經濟體，付款行為通常會使資產在不同銀行間移轉。在一個機能運作良好的銀行體系，銀行是以某些經各方認同的銀行貨幣來進行同業間付款，而且銀行業者也可以透過各種協議，以其資產交換銀行貨幣。黃金一度被充作銀行貨幣；而在現代銀行業務中，存在中央銀行的存款，或是存

在中轉銀行（correspondent bank）的存款，就扮演著銀行貨幣的角色：相關的安排是以貨幣市場以及取得中央銀行放款工具的管道等形式存在。

融資工具的第三種類型則是有條件權利，或是或有權利。第三方對票據的背書會產生一系列或有權利。舉例而言，獲得政府擔保的洛克希德與克萊斯勒貸款、紐約州的道義支持債券（Moral Obligation Bond）、聯邦住宅貸款銀行（Federal Home Loan Banks）對不動產抵押貸款的擔保，以及銀行承兌票據等，都是因為背書而產生的或有權利。

此外，人壽保險、責任險與意外保險，以及公司的普通股，也都是或有權利的具體呈現，但這些或有權利和背書行為所構成的權利相當不同。舉個例子，普通股股東的或有權利是：若企業有盈餘或分配盈餘，他們可以依持股比例分得一部份盈餘，另外，若公司出售或清算，這些股東也可以收回依持股比例計算的出售價值或清算價值。因此，普通股的價值和公司清償所有合約性債務承諾後的剩餘預期現金流量密切相關。

定期債券合約中，還有一種特殊類型的或有權利，以這種或有權利來說，若債務人違約，不償還任何未清償債務，所有未清償債務都會立刻到期，並必須即刻償還。這項條款的設計，是為了保障長期債券所有權人的權利。如果這種或有權利條款不存在，那麼，債務金額超過其資產價值的組織，就有可能在長期債務到期之前就將它的資產揮霍殆盡。

金融不穩定性和一個經濟體的所得、資產負債表及資產組合等現金流量的相對重要性息息相關。所得現金流量（工資、薪資和為了取得最終產品與中間產品而支付的款項）是資產負債表及資產組合現金流量的基礎。若一個經濟單位已實現所得現金流量與預期所得現金流量足夠應付所有未清償負債的付款承諾，那麼這個經濟單位就處於對沖融資狀態。然而，一個經濟單位的資產負債表現金流量有可能大於預期所得收入，所以，除非

進行債務展期，甚至增加負債，它才能應付資產負債表現金流量；其中，必須進行債務展期的經濟單位，就是從事投機性融資的經濟單位，而需要增加債務才有能力償債的經濟單位，則是從事龐氏融資活動的經濟單位。因此，從事投機性融資與龐氏融資的經濟單位必須進行資產組合交易，也就是出售資產或發行債券，才能夠正常履行付款承諾，而從事對沖融資的經濟單位無須進行資產組合交易，就有能力履行付款承諾。當然，對沖融資型經濟單位也可能為了取得資產而進行資產組合交易，但這是基於商業策略而進行，而非所得現金流量相對不足以因應到期的付款承諾所致。

特別需要強調的是，早在簽訂合約之際，簽約的企業和銀行可能都已經預見到，為了正常履行付款承諾並維持業務的運作，企業可能會讓債務展期或增加債務。無論如何，儘管對沖融資型經濟單位無須為了正常履行責任而看金融市場的臉色，但投機性融資與龐氏融資型經濟單位卻深受金融市場的狀況影響。一個經濟體系的所得、資產負債表與資產組合付款的相對比重，決定金融體系瓦解的可能性。當一個經濟體主要是以所得現金流量來履行資產負債表的承諾，就相對比較不會發生金融危機；換言之，這種經濟體的金融體質強健。而若一個經濟體廣泛採用資產組合交易來取得資產負債表相關付款所需的財力，就很容易爆發危機；至少它的財務體質可能很脆弱。

來自營運與債務的現金流量

一個經濟單位的預期現金收入，取決於它的營運與金融資產。企業的資本資產所有權價值來自賺得的現金收入。從華爾街的觀點而言，資本資產的價值並不在於它們的實體生產力，而在於這些資產能產生的獲利。對

華爾街來說，一架波音 747 飛機提供載客里程的技術能力只是次要考量；真正重要的是一個組織在特定市場與經濟局勢下，以 747 飛機經營並獲取獲利的能力。相似的情況是，從華爾街的觀點來說，核電廠能否生產電力、會不會對環境造成危害或是否安全等，都不是那麼重要，重要的是核電廠的預期成本與營收的計算。誠如先前主張的，在美國的經濟體系，由企業掌握資本資產組合的獲利能力前景，是決定投資的關鍵要素，因為企業是否要針對資本資產的生產活動及所有權進行融資，取決於資本資產的獲利能力前景。

若資本資產真的因為可以產生獲利而有價值，那麼，一項資本資產的市場價格就取決於當前對未來獲利的預期，以及預期獲利被轉化為某個現值的方式。然而，資本資產的評價除了可以經由「未來所得的資本化」來推算，還有另外兩種評價方法：一是可在生產流程中取代現有資本資產的投資財供給價格；二是帳面價值，這是一項資本資產的原始買進價格減去折舊費用。

在這三種評價方法當中，帳面價值主要是一種會計與稅務概念；如果一項資本資產產生的所得目前沒有能力足夠回收各項成本，那麼，它在過去某個時間點的成本是多少、目前扣除折舊後的帳面（持有這項資產的組織的帳冊上）價值是多少，都不怎麼重要。從華爾街的觀點而言，若一組資本資產無法為目前或未來的潛在資產所有權人創造營收，這些資產就毫無價值可言。在一個會計作業有可能流於造假，而且在公司涉及各種多元複雜營運的世界裡，資本資產的帳面價值和資本資產被用於生產活動時的價值可能並不太相關。

新生產的資本資產的成本，也就是投資產出的供給價格，是決定經濟體行為的重要因素之一。購買投資產出的人應該是相信未來將有利可圖，

而且現有資本資產的價值也是相同思維下的結果。若將資本資產存量中各項資產的未來預期報酬資本化後，得出的價值高於投資財的價格，那麼，作為資本資產的投資財預期會產生足夠的獲利，以證明生產這些投資財的生產是正確的（注：即投資財轉化為資本資產後的預期獲利高於或等於投資財的生產成本）：「買或不買」特定投資產出的決策，取決於對資本資產的評價與投資產出的供給價格之間的關係。

企業持有的資本資產組合預期會產生的現金流量，稱為準租金。[8] 亞弗瑞德・馬歇爾（Alfred Marshall）與約翰・梅納德・凱因斯也採納這個用語，它令人產生「已完工資本資產存量的各個資產項目所產生的報酬，和土地租金類似、但非一模一樣」的概念。對大衛・李嘉圖（David Ricardo）而言，土地對生產活動的貢獻可歸因於大自然原始且堅不可摧的餽贈，而「租」是投入生產活動的勞務價值。然而，資本資產和李嘉圖所謂的土地不同，因為資本資產是透過生產而來，而且一般人預期這些資產在使用後會漸漸耗損。

我們可以將一家有負債結構的企業視為一部現金流量機器，這部機器可以因為運作而賺取準租金，並付款給它的債權人。儘管付款承諾（包括本金和利息）是經由合約而被設定，而且是已知資訊，尤其是定期債務，但準租金天生卻是一種經推測而來、而且非常主觀的數值。合約性承諾導因於「以今日的貨幣交換明日的貨幣」的融資合約。取得今日貨幣的目的不是為了取得收購資產所需的財源，就是為了取得各項經濟活動所需的財源。採用融資的資產包括固定資本財、原物料，以及為了用於生產活動而買進的半完工商品。若能（或不能）實現營收與當期生產成本之間的淨利率，就能證明（或不能證明）在生產活動中採用昂貴、耐用年限長的資本資產是正確的。

以早期的銀行實務來說，商業銀行貸款理當屬於自償性業務，意思就是，一筆放款的實收款項將被用來作為取得特定商品存量的財源，而這些商品的銷售，不管有沒有加工或運送，則是為了產生用來償還這筆債務的資金。這意味銀行在承作這筆放款之際，就明顯預見到借款人將會取得可用來履行這項合約承諾的現金流量，從某種意義來說，明確定義的買賣交易一旦完成，就能提供付款的工具。此外，這些買賣交易的步調相當快。若能專營那類自償性放款，對銀行業者絕對有利，因為那是一種良好的商業實務。具體來說，任何稱職的銀行家都能在某種程度上明確預見貸款客戶如何經營企業，藉此取得可償還銀行債務的資金。[9]

當一個經濟體系的合約性承諾是因商品貿易的融資活動而產生，那麼，透過配銷管道進行的商品轉移，將產生可用於償還債務本金與利息的現金；此時，債務的償還和所得流量息息相關。當一個經濟體系的合約性承諾是因為耐久年限長的資產的融資活動而產生，短期現金流量所產生的總獲利，就會相對比資本資產的價值來得小。此時除非融資合約是長期合約，允許資本資產有較長的時間可以生產預期租金，否則經濟的正常機能運作將無法產生足夠履行這項承諾的現金。在這些情境下，唯有將所得與資產組合的現金流量加在一起，否則無法履行付款承諾；具體來說，至少有一部份到期債務必須以新債務所取得的資金來應付。

對沖融資、投機性融資與龐氏融資

美國經濟的特質是，借款人與放款人的貸款與放款皆以安全邊際為基礎，而一般預期，企業的資本資產如果用在生產活動上，將會產生現金流量，而這些資本資產的部位則是用股份和債務的組合所取得的財源來建

立。相似的情況是，商業銀行、保險公司、儲蓄銀行等所持有的眾多金融工具部位，則是以資本、盈餘與債務的組合所取得的財源來建立。金融機構的債務可能包括活期存款或定期存款、現金解約價值（cash surrender values）等等。這些金融資產預期將產生合約上明訂的現金流量。

在美國經濟體系的融資結構中，可辨識的資產部位融資型態有三種：對沖融資、投機性融資與龐氏融資。這些融資結構因債務的現金付款承諾預期的現金收入間的關係不同而各有特色，而這些預期的現金收入是來自資本資產所獲取的準租金，或是透過持有金融工具而掌握的債務人合約性付款承諾。

對沖融資單位與它們的銀行家（即安排融資的人，他們可能擁有或未擁有這些工具）預期，來自該單位營運中資本資產（或是來自持有融資合約）的現金流量，將足以應付目前與未來的合約付款承諾且有剩餘。因此，對沖融資單位不可能背負大量的活期債務。或有債務在對沖融資單位的總負債中的占比也不可能很大，除非這些意外事件是因為某些知名的精算規則而產生，保險業便是如此。由此可見，商業銀行不可能是對沖融資單位。

從事投機性融資活動的經濟單位及它們的往來銀行家預期，在某些期間（通常是短期），該經濟單位來自營運中資產的現金流量將比現金付款承諾還少。然而，若現金流量與付款被分成所得（注：利息）和本金的返還等組成要素（例如完全分期等額償還型房貸的月付款），那麼，該經濟單位的每期預期所得收入，就會超過現有承諾的所得（利息）支出。現金流量不足的原因是，該經濟單位在這些期間的本金科目的付現承諾大於本金科目的收入。投機性融資牽涉到到期債務的展期。

從事投機性融資的經濟單位（及它的往來銀行家）預期，稍後期間的

現金收入將超過那些期間必須就目前的帳面債務履行的現金付款承諾。投機性融資牽涉到長期部位的短期融資活動。商業銀行是最典型的投機性融資組織。當對沖融資型經濟單位發生所得不足的狀況，就有可能成為投機性融資型經濟單位，而若投機性融資型經濟單位的所得暴增，或是獲得可解決原有債務的財源，也可能會轉變為對沖融資型經濟單位。[10]

龐氏融資型經濟單位和投機性融資型經濟單位相似，因為就最近的某些期間來說，這兩種經濟單位的現金付款承諾都超過帳面自有資產的預期現金收入。然而所得科目的現金付款承諾至少在某些期間會超出所得科目的預期現金付款收入的狀況。投機性融資型經濟單位的短期現金流量或許可能暫時不足以履行現金付款的承諾，但它們的未清償債務倒不至於因此增加，相較之下，龐氏融資型經濟單位光是融資成本就高於它們的所得，所以，未清償債務的面額將增加：龐氏融資型經濟單位會將它們的利息資本化後，加入負債結構。

從事投機性融資與龐氏融資的債務人與銀行家預期能順利經由再融資、增加舉債或降低不必要的金融資產存量等方式，順利應付債務的付款承諾。以對沖融資型經濟單位來說，唯有實際收入少於預期收入，它們才可能難以履行未清償的融資承諾，但投機性融資與龐氏融資型經濟單位非常容易受金融市場的發展所傷。投機性融資與龐氏融資型經濟單位總是忙著應付瞬息萬變的金融市場情勢，但對沖融資型經濟單位則不受那些變化影響。[11]

龐氏融資活動常常會讓人聯想到邊緣性（fringe）或欺詐性的融資實務，儘管不盡然有欺騙的意圖。必須藉由舉債投資來產生所得、並進而支付利息與股利的經濟單位，便是從事龐氏融資活動的經濟單位。投機性融資安排可能因利率或其他成本上升或所得短缺等因素，而轉化為龐氏融資

結構。[12] 另一方面，若盈餘好轉，或成本降低，尤其是利率降低，龐氏融資也可能轉化為投機性融資。再融資會改變付款的時間型態，故有可能改變一個經濟單位的資產負債狀況。

債務重整（Debt restructuring）通常是為了將投機性融資結構轉化為對沖融資結構，另外，放款人可能會為了將龐氏融資型經濟單位轉化為投機性融資型經濟單位，而在融資條件上讓步。在過去十年，克萊斯勒、紐約市、巴德溫聯合公司（Baldwin-United）與巴西等多元的實體組織所發生的再融資與債務重整活動，目的都是要使這些組織的融資活動慢慢朝對沖融資的方向前進。

▌各種融資類型的比重

對沖融資安排讓合約性承諾勢必會獲得履行，除非資本資產的實際準租金低於預期水準。對沖融資型經濟單位只會很容易受成本上升或營收降低所傷害，因為它的資產負債表付款承諾不會直接受金融市場的發展影響。投機性融資型經濟單位則必須在不同的金融市場募集資金，才有能力履行未清償債務的付款承諾。因此，投機性融資型經濟單位不僅容易因產品市場與生產要素市場的發展而受傷，這一點和對沖融資型經濟單位相同，也容易因金融市場的發展而受到傷害。所以，利率的上升與市場信用標準的改變，有可能影響到投機性融資型經濟單位的存活能力，包括以現金流量和現值來衡量的存活能力。

龐氏融資型經濟單位不僅一樣容易因可能影響投機性融資型經濟單位的發展而受傷，它的資產負債表狀況更會在藉由增加舉債來支付利息、甚至股利時急速惡化。在這種情況下，為履行融資承諾所需賺取的現金流量

將變得愈來愈大，資產負債表上的股東權益對債務比將會急轉直下。這時，龐氏融資型經濟單位取得正常償債所需資金的條件將變得愈來愈嚴峻，而所得短缺或利息成本的上升，將導致這類經濟單位愈來愈沒有能力履行付款承諾。雖然企業有時難免得從事龐氏融資活動，甚至週期性的採用這類融資，但當一個經濟體內有很多企業因所得短缺或利息成本遽升而被迫採用龐氏融資安排時，廣泛的破產風潮就有可能發生，因此，龐氏融資是引發破產潮流程的系統環節之一。

經濟體系的對沖融資、投機性融資與龐氏融資組合，是經濟穩定與否的主要決定因素之一。構成金融不穩定性的必要條件是：非常高比重的資產部位是藉由投機性融資或龐氏融資建立。這裡必須先解答一個疑問：是什麼決定每一種融資模式的經濟單位比例？為了回答這個疑問，我們必須分成兩個要點來探討：決定理想融資模式的因素是什麼？以及決定實際或已實現融資模式的因素是什麼？

一個經濟單位的理想融資狀況與實際融資狀況並不相同，因為任何一個期間的收入和支出，多半取決於過往諸多期間的承諾與活動。一旦許下融資、資本資產和投資承諾，除非付出代價（有時代價還很高），否則不可能輕言取消。

融資承諾與融資實務和資本資產所有權與投資生產活動承諾投入的實際資源息息相關。整體而言，一個經濟體的金融資產前景有可能比不上基本經濟單位（家庭、企業與政府）的財務前景。然而，透過投資活動，攸關重大的民間債務融資活動和資本資產的所有權及生產息息相關。資本資產被用於創造所得時預期在個個時間產生的現金流量，是決定金融工具時間層面上的根本因素。

金融體系的健全或脆弱程度取決於安全邊際的規模與強度，以及最初

的動亂進一步惡化的可能性。當經濟的發展導致源自資產的現金流量降低，不管是對沖、投機性或龐氏融資型經濟單位都很容易會受傷。當一個對沖融資型經濟單位來自營運活動的所得降低，或甚至違約不履行債務，它就有可能轉變為投機性融資型經濟單位。導致對沖融資型經濟單位出狀況的必要前提是：經濟的某個環節出狀況，當然，除非最初融資活動的對沖特性導因於一些不切實際的樂觀期待，包括和成本、市場與這兩者的長期發展有關的不務實的期待。請留意，即使對沖融資型經濟單位懷抱不切實際的樂觀期待，那些期待也只和產品與生產要素市場有關。

另一方面，投機性融資與龐氏融資型經濟單位很容易因利率的變化而受傷，換言之，它們容易因金融市場的發展而受傷，當然，也很容易因產品及生產要素市場的事件而受傷：利率的上升將導致現金流量承諾變得更沉重，問題是，預期收入並沒有增加。此外，由於這些經濟單位必須持續不斷的為它們的資產部位進行再融資，所以，一旦金融市場崩潰，就很容易對它們造成傷害。經濟體系的投機性融資與龐氏融資比重愈高，整體的安全邊際就愈低，融資結構也愈脆弱。

▌ 朝投機乃至龐氏融資發展的推力

經驗顯示，美國經濟體系的融資結構總是在健全與脆弱之間來回擺盪，而脆弱的融資結構是金融危機發生的前提。因此，我們需要解釋金融脆弱何以會發生，並探討如何恢復健全的局勢。

在一個以對沖融資活動為主的經濟體系，利率的型態（短期利率遠低於長期利率）使獲利可經由投機性融資安排的強行導入而取得。一旦將投機關係強行導入一個主要採對沖融資活動來支應各項部位所需財源的經濟

體系,這個經濟體系的資產需求將會增加,資產價值也會因此上升,換言之,這會促使資本利得產生。能取得資本利得與預期將取得資本利得的結構,是一種有利於從事投機性融資與龐氏融資的環境。在一個健全的融資結構下,獲利機會的存在,將使「由健全轉為脆弱的變化」成為一種內生現象。

在金融危機餘波蕩漾期間,受創的銀行家與商人會主動避免從事投機性融資與龐氏融資活動。在當今這個危機過後的經濟體系,所得、就業與企業獲利是靠政府赤字來維持,因此,企業獲利的增加幅度相對比企業投資的增加幅度還高。這使資本資產部位的外部融資比重降低,儘管危機過後各經濟單位得以用較低的利率進行營運所需的再融資,並將短期債務轉為股權與長期債務。在此同時,由於政府採用赤字運作的緣故,政府債務被注入銀行與金融單位的資產組合,銀行與金融體系的違約風險因此降低。總之,經濟在金融危機結束後漸漸走出衰退之際的融資結構,會比發生危機時的融資結構健全。[13]

以美國經濟體系而言,絕大多數的資本資產是由公司持有。公司的股權、債券與短期債務是家庭直接或間接透過中介機構持有的金融資產。資本資產可以取得的準租金取決於經濟的表現;因此,一個經濟單位的現金收入,也就是現金承諾關係,可能因最後實現的準租金不同而與原先的預估有差異。針對這項關係的差異所進行的調整,將導致資產組合出現變化,也會使投資產出的生產順序發生變化。此外,當經濟表現影響到一般人對未來經濟表現的看法,可接受的現金付款承諾也會隨之出現變化。在一個主要採用對沖融資的環境中,由於流動性非常充沛,所以世人賦予流動性的價值並不高,此時的利率結構讓人得以利用短期流動負債,取得資本資產部位所需的財源,並從中獲利。這種利率結構會存在,是因為固有

資產結構中，貨幣資產或流動資產的比重非常高，或者政府赤字大到足以產生相對高於資本資產當期支出還高的準租金。若一個擁有健全融資結構的經濟體，投資與政府赤字產生充足的獲利，安全性融資工具的短期利率將顯著低於因持有資本而可得到的獲利。此外，長期民間債務的利息與本金支出（支付利息與本金的時程與資本資產預期將產生的準租金同步）將比這些準租金相對較低。此時採對沖融資的企業在將債務付款承諾資本化時所採用的利率，將比資本資產的準租金資本化時所採用的利率還低。再者，企業與金融機構的短期「類」貨幣負債的利率，將比資本資產的對沖融資部位所使用較長期的負債利率還低。總之，這樣的獲利預期會導致經濟單位從事投機性融資。

那樣的利率型態讓經濟單位有賺取利差的機會：以長期債務與短期債務來取得資本資產部位所需的融資，並以短期（理當是有流動性的）債務來取得長期金融資產部位等，從中獲取利差。因此，這當中存在雙重獲利的機會。我們的金融機構與慣例使投資與資本資產存量可用的融資受到極大的限制：這項限制取決於追逐獲利的銀行家的資產組合決策。銀行家募集資金時可用的金融工具非常多元，這些多元工具的存在，意味每當資產價格與利率的結構讓持有資本資產與從事投資等活動有利可圖時，他們便會義無反顧的積極為資本資產的持有及投資活動提供融資。在一個主要採用對沖融資的環境，貸款的經濟單位與銀行業者都能經由更多短期債務的使用，取得維護資本資產部位或長期債務所需的財源，從而把握獲利的機會。

但獲利機會的存在，不盡然意味融資模式將立即由健全轉為脆弱。相較於以貨幣與其他短期金融債務體現的現金流量，民間債務的現金付款承諾，以及資本資產預期將賺得的準租金，畢竟不見得肯定能實現。具支配

力量的借款人風險與放款人風險,會限制這種透過負債管理來獲利的意圖迅速蔓延。[14]

　　想利用金融動亂後的利差來賺取短利,還必須解決另一個障礙:必須發展一個機構,優先吸收資本資產持有者的負債,並發行能滿足財富所有權人或其他金融機構在流動性或價值保證方面需要的工具。銀行家(這是泛稱各式各樣的金融市場操作者)向來積極追求在金融慣例上的創新。不過,正統觀點與保守主義可能隨時會發揮「管轄者」的功能,約束這種轉變的速度,從而構成一個阻止經濟體系吸收創新的障礙。

　　一旦投機性融資與龐氏融資促使獲利機會出現,阻止脆弱融資模式立即發生的第三個障礙是,從事投機性融資的組織在辦理再融資時,必須提供某種保證。所謂有保證的再融資,可能的形式是有一個深度而廣泛、可買賣銀行或其他機構的工具或信用額度的市場。一個慣例和制度問世後,總是需要一段時間才能擴散到整個市場。而由對沖融資轉變為投機性融資的步調,則取決於諸如商業本票之類的金融創新出現與擴散的速度。

　　此外,由於市場參與者本來就不會輕信和獲利潛力有關的樂觀預測,所以,就算促使投機性融資增加的利率條件普遍存在,也不見得會發生由對沖融資轉為投機性融資的情況。凱因斯在《通論》中觀察到,在金融困境過後,商人的貸款意願恢復較快,但銀行家放款意願較慢恢復。因此,銀行家的不情願放款,能減緩經濟體系朝以投機性融資和龐氏融資為主的融資結構發展的速度。[15]

　　利用能體現某些新實務的工具來促使融資程度提高的過程,將使內部決定的貨幣與流動資產增加。由於外界樂觀看待債務結構將得以維繫,銀行家遂積極提高銀行本身的負債,也就是貨幣,以便為資產部位提供融資。諸如商業本票之類的工具將使準貨幣(near money)數量的成長速度

超過貨幣數量的成長率。

　　貨幣與流動資產的內生增長，將使資本資產價格漲幅相對高於貨幣與當期產出價格的漲幅。資本資產價格及投資財價格之間的落差將因此擴大。在一個健全的融資結構下，需求促使短期融資供給增加，於是，投資將增加，並使現有資本資產存量的收益率上升。因此，不只有可創造某一組特定準租金的資本資產價格會上漲，平均準租金也會上漲。這意味透過保留盈餘進行的內部融資水準高於預期，而在負債結構上，促使經濟體系採用更多短期負債的力量會受到阻撓。獲利與可作為投資活動財源的內部可用資金增加，是健全的融資結構需要一段時間才會變脆弱的另一個原因。因投資熱潮而產生的獲利增加，使營利事業表面上背負債務的能力提高，一旦朝增加外部融資與投機性融資的方向前進，市場的反應將證明從事那類融資活動是正確的。

　　一般人可以接受的融資工具並不受技術所限；它們取決於主觀偏好，以及銀行家和商人對前景的看法。以 1950 年代盛行的融資結構來說，商人和銀行家增加短期債務的做法是正確的。然而，隨著成功而來的喜悅，會讓人漸漸輕忽失敗的可能性；由於長時間未發生嚴重的金融困境，經濟氣氛變得愈來愈盲目樂觀，於是，以短期融資來支應長期部位的做法漸漸變得司空見慣。[16]

　　當前的金融危機隨著時間漸漸遠去，中央銀行官員、政府官員、銀行家、商人，甚至經濟學家等，自然會相信新世代已經來臨。在這些情境下，諸如「基本事態沒有任何改變」以及「將造成經濟深度蕭條的金融爆發點已經出現」等卡珊德拉式警告（Cassandra-like warnings，注：指預言準確、但不為人所信服的警告）總會被當成耳邊風。由於懷疑論者無法提出足以證明其觀點且符合時下氛圍的資料，所以，常設型主管機關理所當

然會漠視非傳統理論、歷史和制度分析所歸納出來的論述。儘管如此，在一個充滿不確定性的世界，基於資本資產的醞釀期相對漫長、民間所有權以及複雜的華爾街融資實務等問題，原本因健全的融資結構而得以成功運作的經濟體系，將隨著時間的消逝而形成一個更加脆弱的融資結構。各項內生動力將導致一個以對沖融資為主的局勢變得不穩定，而且內生的失衡動力將隨著投機性融資與龐氏融資的比重上升而變得更強大。

投資活動的融資

投資是一種時間流程，而投資通常牽涉到非常大量的企業為了最終的資本資產而生產各項投入資源的活動。因此，投資牽涉到各式各樣複雜的付款，而企業必須為這些付款找到財源。即使各項投資專案在正式投產前還無法為最終所有權人產生任何營收，但還是要付出這些費用。投資專案的價值取決於該專案所完成的資本資產被賦予的價格，而這項價格取決於預期準租金，以及將以什麼方式為完工後的資本資產部位取得財源。美國經濟的投資活動是一種「以今日貨幣換取未來貨幣」的交易。就這個意義來說，這就像是投資一檔債券，或是購買一項年金。然而，來自一項投資的未來貨幣，經常取決於某項特定實務的命運，換言之，具體的獲利視績效而定。

投資是一種特有的活動，這是以當期價格買進勞動力、鋼鐵等，再加入某些元素之後，組合出某種資本資產。而唯有能產生準租金的資本資產才有價值可言。投資（有一段醞釀期）與持有資本資產（能在一段時間內產生所得）都是不可避免與時間息息相關的經濟活動。

取決於預期準租金的資本資產價格，是決定投資的需求價格（與步

調）的因素之一。投資的醞釀期與投資財的生產產能，會限制資本資產價格相對投資產出價格的漲幅，因為最終來說，資本資產可以用投資的供給價格取得。當能產生流動性的資產增加，或過往經驗對偏好的影響導致流動性的主觀價值降低等，將促使資本資產價格上漲，不過，這個動態不盡然會強到阻礙投資活動發生。投資正是導致完工資本資產的價格表現與古典學派經濟學家設想中的土地價格表現截然不同的原因。

每當一項資本資產的價格超過投資的成本，那麼一旦一項投資專案完全被同化到資本資產的存量中，便會實現一筆隱含的資本利得。那種資本利得就是引發投資活動的誘餌。

投機性融資與龐氏融資比重較高的融資結構不穩定性，導因於隨投資熱潮趨於成熟而發生的利率變動所造成的衝擊。當金融市場與產品市場對投資熱潮的獲利機會產生反應，熱絡的融資需求就會促使利率上升。資產現值和投資產出價格之間的差額，將因利率的走高而縮小。若情勢繼續惡化，甚至會發生「現值反轉」的現象：也就是資本資產價值降到投資的供給價格以下。利率上升會導致原本讓投資性的融資活動得以進行的安全邊際降低或徹底消失。而這往往會迫使相關經濟單位減少投資，或拋售資產部位。而每當世人普遍需要藉由積極賣出資產部位來創造部位時，資本資產與金融工具的價格就會崩跌，最後會演變成資本資產價格跌幅相對大於投資的生產成本跌幅。股票市場崩盤就是那類資產價格大跌的情境之一。資產價格下跌的不穩定性，有可能造成投資降低、獲利下降以及資產價格下跌的惡性循環。[17]

在過去，在嚴重的債務型通貨緊縮與深度經濟蕭條過後，每每會形成以對沖融資為主、極度健全的金融體系，資產組合也會充斥過量的流動資產。1960 年代中期以來的經驗顯示，巨額政府赤字與聯準會的最後放款人

干預，有助於提升金融體系的健全。換言之，現代經濟體系有能力在避免經濟遭受債務緊縮與深度經濟蕭條創傷的情況下，完成深度經濟蕭條的傑作。然而，政府赤字與最後放款人干預雖然會使脆弱的融資結構所帶來的後果終結，最終卻會引發通貨膨脹。拜通貨膨脹之賜，企業、家庭與金融機構變得有能力履行他們在價格穩定時期所無力履行的美元計價承諾。

投資、投資活動的融資以及投資相關成本的回收（先是藉由營建融資，然後是藉由已實現的準租金）是攸關美國經濟表現的關鍵。[18] 投資會對經濟體的融資結構產生兩種影響：投資專案需要融資，而投資活動能讓企業產生獲利，即維持民間融資承諾效力所端賴的準租金。從現金流量承諾的角度來看，一個投資專案相當於許多組織對有精確到期日或多少知道到期日的債務所做出的兌現承諾：應付的金額將隨著原料、勞動力與融資成本的改變而有所不同。償還這些債務的資金有可能來自內部，像是稅後總獲利的分配，或是來自外部，像是負債的交易，例如對個人、銀行或其他金融機構發行的新股份與新債券等。另外，對供應商（也就是投資產出的零組件生產商）的債務也會納入這個考量。

對以內部資金及債務的某種組合來支應因應收帳款增加而需要資金的供應商付款，以及勞動力的付款而言，是在投資財還未能創造出有用的產出之前就已經支付，有很多例子是在很多年前就已經付款。因此，投資會導致消費財需求先增加，但在一開始，供給能力卻不會同步出現抵銷性的提高：這將使淨利率上升。

投資的增加會使短期付款承諾增加。對於無法用稅後與發放股利後的總獲利來支應的投資而言，它們對金融市場的影響，相當於需要進行再融資的現有未清償債務對金融市場的影響。而當投資高於內部資金時對整體金融造成的影響，相當於增加負債結構中的投機性融資與龐氏融資比重。

由於投機性融資與龐氏融資的相對比重將決定金融的脆弱程度，乃至於經濟體系受金融不穩定傷害的程度，所以，當投資相對企業內部資金的比例上升，將導致融資結構變得更脆弱。當投資高於企業內部資金，將使負債增加。然而，若有部分投資是以內部資金來支應，資產負債表將出現淨值增加的狀況。

進行中的投資專案會導致資金需求在利率方面變得極度沒有彈性。原因是，就未來獲利的角度來判斷，部分完工的投資專案沒有價值可言，除非這項專案全部完工，而且上線運轉。但在投資專案進行中的各個不同階段，經濟單位卻必須依照時程完成付款並進行融資。由於複利計算的緣故，利率變化對醞釀期長的投資專案成本所造成的影響，遠比表面上看起來的單純利率變動影響複雜。所以，利率變動對投資的影響，取決於專案完工時間的長短與預期耐用年限的長短，完工時間較長與耐用年限較長的專案，受利率變化的影響較大。計入利息後，沉沒成本便會增加。一旦投資專案被投入生產活動，預期將產生的收入流量，就必須大到足夠讓這些收入流量資本化後的價值超過完工專案的成本，包括上述利息支出成本。

因此，利率是決定投資專案成本與資本資產價值的因素之一。預期準租金的現值決定完工後投資專案如果出售時最高的價格；而預期準租金也是所有不動產抵押貸款能否成立的基礎。要讓一項專案成為財務上可行的專案，這項專案的準租金現值就必須超過專案的成本。

因此，一旦一項投資專案開始進行，這項專案的成本與未來準租金的現值（乃至它的財務可行性），便會受利率變動影響。在判斷一項專案是否應該進行時，必須以某個當期利率與預期利率來計算一項專案的總成本與現值。而一旦專案開始進行，若利率下降，專案完工的成本就會降低，而且這項專案的現值就會大於最初計算的數值，而若利率走高，就會出現

相反的情形。

　　若某營運中的公司有一項投資是採用內部融資，那麼即使利率上升，它的現金支出成本也不會增加。在這個情況下，即使市場利率改變，它可能也無須重新計算這項投資案的現值。因此，繼續營運且有獲利的企業，不會因外在情勢而被迫承認一項專案已經不再值得進行。然而，若一項投資專案所需的資金是從金融市場募集而來，而且用於營建活動所使用的短期融資必須仰賴營建融資結束後的承接者貸款所提供的資金來還款，那麼，一旦利率在投資專案處於半完工狀態時走高，一個原本可行的專案就可能必須放棄。

　　採用外部資金來進行投資活動的企業有兩種安全邊際，其一是它的資產組合中持有的流動資產，其二是該投資專案的預期準租金現值高於專案總完工成本的差額。未來可能實現的資本利得，是這個投資單位得以為該投資專案募集資金的關鍵。在這當中，貸款單位的風險等級，取決於安全邊際的大小與確定性。企業的顯性及隱性信用評等，以及銀行放款部門主管對一筆信用額度的分級（就該信用額度相對優質放款的溢價，以及擔保品要求等方面而言），取決於（放款機構）感知上對安全邊際的需求。當利率上升，一項投資專案完工時可實現的資本利得就會降低。這是導致擁有進行中投資專案的企業信用等級降低的系統性因素之一；而信用等級的降低可能使融資成本進一步上升，並使專案完工時的隱性資本利得的現值進一步降低。金融市場對安全邊際降低所產生的反應，則會使安全邊際進一步縮小。利率的上升與風險經重新評價後對貸款行為所造成的限制，就像是一種自我應驗的預言，因為這些狀況會引發種種變化，促使融資成本進一步上升。

　　在投資熱潮期，原料與勞動力成本也會上升。此外，遇到短缺或瓶頸

的情況會愈來愈明顯，最終導致專案完工時間遭到延宕。當原料與勞動成本上升，最明顯的一個影響是專案完工成本的上升；不過，原料成本與勞動成本上升還會產生另一個更微妙的影響：專案完工時的預期資本利得降低了。有助於判斷一個專案的風險等級與決定其融資條件的安全邊際將因此降低，甚至可能徹底消失。

此時即使內部資金流量維持不變，當利率、投入資源成本與工程延宕等導致投資的成本上升，可用於內部資金相對投資專案成本的比例一定會降低。然而，有內部資金可用的投資專案勢必是某個繼續營運實體所發起的專案，而這個實體勢必還背負和該項投資專案無關的其他債務。若那些債務是短期債務，或是採用浮動利率的債務，一旦市場利率上升，背負這些債務的成本也會上升。因此，當利率隨著經濟擴張期的日趨成熟而走高，進行中的專案債務融資金額將增加，可透過內部資金取得的財源相對融資需求的比例也會降低。

一旦發生這樣的狀況，企業將動用它們的「緊急備用現金」，也就是原本為了緊急用途而儲備的資金，來因應上升的成本。經濟單位的流動性因上述因素而被剝奪的現象，是「現金付款承諾增加（因進行中的投資專案融資成本上升），導致金融與經濟體系脆弱度上升」的關鍵作用機制。

總之，當採用外部融資的投資熱潮發生，經濟體系的脆弱度就會顯著上升。促使投資熱潮形成的融資關係，必然會形成投機性融資活動顯著增加的環境，而這又會進而形成各種容易使危機發生的條件。換言之，可能導致債務型通貨緊縮發生的融資結構，以及觸發債務型通貨緊縮的事件，是造就投資熱潮且會在投資熱潮發生的那類融資關係所造成的正常結果。

金融市場與融資體制

在展開具顯著醞釀期的投資專案時，財務人員與銀行家等人的內心必須認定能順利透過內部與外部來源取得所需的資金。為了選擇以投機性融資或債務融資的方式取得或維持部位，商人與銀行家必須假設金融市場的機能運作將使債券得以順利發行，或使相關的經濟單位得以用「投資成本不高於完工資本資產的價值」的條件賣出資產。

因為金融創新是資本主義經濟體的鮮明特質，因此，一個經濟體的金融演進會特別側重於開發能為各項活動提供較高融資水準的工具與市場。這些市場能創造一些看似有助於確保短期融資的使用者及供給者可在需要時取得貨幣的工具，只要他們持有適當的資產或擁有足夠好的獲利前景。但這項保證的有效性，取決於金融市場的正常機能運作；所以金融創新的結果是：眾多資產持有人和潛在借款人都高度仰賴某些新金融市場或金融機構繼續正常運作。

標準經濟理論假設貨幣的需求和所得水準相關，因為貨幣是連結收入與購買行為的橋樑。根據傳統的觀點，貨幣的價值源自於它讓非「雙重欲望的巧合」型交易得以發生。然而，我們活在一個有資本資產的世界，這些資本資產可以買賣，而且可以用債務與權益工具的某種組合來融資買進。由於資產部位與投資的直接及間接融資活動，共同形成一個複雜的付款承諾網絡，所以我們需要貨幣來進行融資合約的付款。由於資本資產所產生的現金流量並非絕對確定，換言之，取決於經濟與市場的各項發展，所以，為了確保合約的履行，我們需要貨幣和可輕易議價轉讓的金融工具來提供理想的安全邊際。為使付款承諾能在意外狀況發生時還能正常獲得履行，安全邊際必須以流動資產的形式存在，但不一定非得以通貨或活期

存款的形式存在：只要是能在短期內或必要時轉換為通貨或活期存款的工具，就可以作為安全邊際。

由於投機性融資衍生「保留預防性餘額」的需求，故能輕易轉讓的工具自有其需求。每當流動性充沛，而且資本資產能產生高報酬，就存在以融資活動來獲利的機會。任何能為資本資產部位提供融資，而且能經由貨幣所有權來提供高度保障的金融工具或市場組織，都能以低利率舉債並以高利率放款：換言之，可以賺取利差。由於資本主義絕對不會放棄任何未被發掘的獲利機會，所以也開發利用利差來獲利的市場工具與慣例。

就這樣，一個流動資產的階級式結構應運而生；舉個例子，一個經銷商可能為了建立汽車存貨而向一家融資公司貸款，這家融資公司可能會利用商業本票向某一家保險公司貸款，而保險公司則有未清償的長期不動產抵押貸款承諾等等。於是，一個精巧綿密的融資承諾網絡就此形成，而這個網絡的生存能力，取決於各個經濟單位以「和資本資產潛在獲利能力一致」的利率來舉債的能力。

我們可以用雜耍表演來闡述這些融資關係的特質：在融資關係當中，各項事務的正常機能運作取決於信念，以及因績效而被強化的信念，即相信未來可以繼續取得短期債務再融資。一旦投資熱潮展開，資金需求數量就會隨著各項專案慢慢朝完工階段邁進而增加。如果到了某個階段，商業銀行可用融資數量的成長率趨緩，導致資金供給的彈性降低，那麼，勢必會發生利率急速上升的局面。

由於生產流動資產的金融機構經常會從事投機性融資活動，所以，當銀行支付的利率上升，它們的淨值將降低，因為此時資產價值將因利率上升而縮水，而且透過利差獲得的獲利會因利率的上升而降低，甚至完全消失。金融中介機構通常能敏銳感受到利率上升對投機性融資活動所構成的

壓力，而這些金融中介機構製造部位的能力一旦退化，將對機構的債權人的資產負債表造成負面的影響。這類影響發生的可能性向來都存在，其中，在 1929 年至 1933 年經濟崩潰期間銀行倒閉潮的爆發，特別令人深刻察覺到那種影響的可能性。幸好各國央行（包括存款保險組織）的干預，有效打斷那類高影響力的發展。

結論

美國經濟的不穩定導因於資本主義融資。資產部位特定的對沖融資與投機性融資活動組合，以及投資活動的內部及外部融資組合盛行一段時日後，經濟體內部就會產生改變這個組合的誘因。任何暫時的平靜都會被轉化為經濟擴張，而到了擴張期，資產部位的投機性融資與投資活動的外部融資都會增加。而投資熱潮會剝奪經濟單位的流動性，使金融機構的債務權益比上升。過去的成功經驗會促使一般人相信先前、甚至現在的安全邊際過大，並進而開始降低安全邊際。

每當短期利率與長期利率上升幅度大到導致現值降低、乃至現值反轉的關係發生，投資熱潮便會瓦解。通常在凶投機性融資活動而得以增加的需求促使利率、勞動力工資和原料價格上升之後，這種情況就會發生，因為那些支出的上升會導致淨利率降低，也會使經濟單位變得較沒有能力回收因過往決策而產生的成本。

熱潮的瓦解是否引發金融危機、債務型通貨緊縮和深度經濟蕭條，或是非創傷性的經濟衰退，取決於經濟的整體流動性、政府部門的相對規模，以及聯準會採取的最後放款人行動的涵蓋面是否夠廣泛。因此，經濟萎縮會造成怎樣的結果，取決於經濟體系的結構性特質與政策。

不過，朝投機性融資與投資活動的債務融資等方向發展的傾向，是制度結構與政策預期所造成。若採用其他制度和政策，美國經濟體系發生金融危機的可能性或許會比目前低。

　　證據顯示，自 1960 年代中期開始，金融危機變得一次比一次嚴重。政策如果要有效，就必須了解這種趨勢為何會存在，並制定能與這個理解相互呼應的政策。

PART 4

制度的動態

第十章

資本主義經濟體的銀行業務

　　在一個從事投資活動的資本主義經濟體，出現景氣循環是「天經地義」，但要了解為何如此，就必須明確了解投資與資本資產部位的融資活動。以保留盈餘之外的資金來進行的融資活動，牽涉到以貨幣計價的合約，而銀行是安排並從事企業融資的組織。因此，銀行業務的範圍遠超過獲得銀行特許權所許可的業務內容。商業銀行（商業銀行的負債包括支票存款）、其他儲貸機構、各式各樣的資金管理者（像是保險公司、退休基金和各式各樣的投資信託）與投資銀行家之間的界線，主要反映了法律環境與制度的發展史，和各種不同金融機構的經濟功能差異較不相關。

　　二戰後主導美國商業銀行和投資銀行之間的明確分野，是大蕭條後諸多改革的產物。不過，目前這個分野已漸漸瓦解，而且其他資本主義經濟體，如德國，也未曾存在這樣的分界線。此外，由於應付 1960 年代後「多事之秋」的豐富經驗，目前經濟活動與資產所有權的融資，以及貨幣的管理等，都已經變得更為複雜，所以，商業銀行、其他存款機構與各式各樣資金管理業者之間的界線更趨模糊。

我們可以預見，未來銀行業務的演進將會充分展現出在資產、負債與收費服務等領域的多元產品特性。雖然同屬銀行業，但個別銀行之間的差異將會非常大，從一般性的銀行，到高度專業且幾乎只從事單一範圍業務的組織（換言之，花旗集團〔 Citicorp 〕與拉札德公司〔 Lazard Freres 〕等業務性質截然不同的組織將並存）。

然而，一如銀行業務目前的組成，某一組銀行（商業銀行）還是具備特殊的重要性，因為這些銀行的整體規模龐大，也因為它們的負債是貨幣供給的主要來源。在一個資本主義經濟體，資本資產的創造與控制流程和貨幣息息相關。貨幣絕對不只是一種讓沒有「雙重欲望的巧合」的交易得以發生的通用配給券（ration coupon）：而是隨著銀行業者為經濟活動和資本資產及金融資產部位提供融資而產生的一種債券。由於在美國的經濟體系，銀行和貨幣之間的關係具有特殊的重大意義，所以這一章的討論將聚焦在這類存款銀行，至於非銀行金融中介機構與投資銀行業務則只會順帶一提。

凱因斯在 1931 年大蕭條即將肆虐整個資本主義社會之際時指出，銀行體系「在借錢給銀行的存款人和向銀行貸款的顧客之間提供擔保，以便為實體資產的採購提供資金……這層貨幣面紗……是現代世界特有的重要特質。」[1]當銀行家著手為貿易、投資和資本資產部位安排融資，就會創造出貨幣。貨幣數量一旦透過銀行對企業的放款活動而增加，便能將投資或持有資本資產的「欲望」轉化為一種有效需求；貨幣的創造是促使盈餘加速產生，並將盈餘分配到特定投資產出的生產活動的機制中其中的一環。*

---

* 對無政府／無家庭債務的封閉經濟體，也就是最基本的資本主義經濟體而言，以上所述百分之百正確。

貨幣被創造出來後，借款人就會立下一個合約性承諾，承諾未來將還錢給放款銀行。企業借款人履行這些承諾的能力，最終取決於資本資產被用於生產活動後所賺到的準租金，只不過，最直接的現金來源可能包括債務人的貸款展期，或是某個向債務人採購的經濟單位的貸款。資本主義經濟體的正常機能運作，取決於能產生獲利用於償債的所得創造系統，以及從事放款活動，讓投資得以進行，從而產生獲利的金融體系。

　　銀行的負債是貨幣，所以銀行和放款人（money lender）不同，放款人的融資活動再多，也不會超出他們保險箱裡的財物。銀行在放款的同時，也承擔未來代替借款人還款（注：還給存款人）的責任，而銀行之所以願意承擔這項責任，是因為它們認定，隨著時間經過，終將取得履行這些責任所需要的資產，這些資產可能是來自更早之前的借款人還款，也可能是來自某些市場交易（貸款、出售行為）。這個銀行業務特質為融資結構提供了彈性；即使來自資產或營運活動的現金收入不確定，各經濟單位卻還是得以許下各種商業承諾。

　　在現代工業資本主義興起前，銀行創造貨幣的主要目的是為了支應企業所需的資金，也就是為處於生產與配銷流程中的商品提供必要的資金。由**商業銀行**這個「標籤」便可見到，銀行的業務最初是以這種類型的融資為主。[2] 在這類銀行融資業務中，償還銀行債務所需的現金來自近期的商品銷售活動。

　　現代經濟體系對耐久性的固定資本資產融資（包括這些資產處於生產階段以及啟用後所需的融資）的需求比早期大得多。生產活動中使用的資本愈多，每單位產出「以今日貨幣換取未來貨幣」的承諾數量就愈大。耐久性資產和債券類似，過去的支出都會轉化為未來的所得。投資銀行業者藉由承銷與配銷新證券，並以經紀商與交易商的角色為現有的證券造市等

方式，來安排投資活動與資本資產所有權的融資活動。1930年代的改革將投資銀行與商業銀行的民間債務業務分開，除了少數例外，目前一個組織依法不得同時從事這兩種類型的業務。[3] 但商業銀行與投資銀行業務間的界線是人為的產物，近幾年也快速瓦解，因為銀行為固定資本資產部位提供融資，而投資銀行業者也開發出能間接提供企業融資所需資金的存款型負債。

新古典綜合理論認為，銀行業務，尤其是商業銀行業務，是呆板、靜態且被動的業務；因此，銀行業務對經濟行為沒有顯著的影響。根據這派理論，貨幣供給、貨幣供給的變化，以及利率的暫時性波動，能充分體現銀行業務的影響。這派觀點也主張，聯準會能藉由控制銀行準備金與利率，引導或控制貨幣供給。[4]

但事實上，聯準會無法精準控制銀行業者。[5] 銀行業務是一種動態且不斷創新的營利業務。銀行創業家積極藉由銀行資產與負債的調整來累積財富，換言之，他們希望藉由調整業務類別，善加利用他們察覺到的獲利機會來賺錢。銀行家的這種積極主義不僅會影響資金的數量與分配，也影響到價格、所得與就業的週期行為。

認為銀行業務只透過貨幣供給影響經濟體系的狹隘觀點，促使經濟學家與政策制訂者幾乎完全忽略銀行資產組合的組成要素。在二戰後的那幾十年間，銀行業務的主管機關，包括聯準會、聯邦貨幣監理署與聯邦存款保險公司，並未控制銀行業的資產、其他負債和銀行資產相對股東權益的比例（即槓桿比率），也沒有對此有強烈的主張。隨著銀行業務在1960年代至1970年代加速創新，很多不同型態的貨幣正式浮上檯面，而隨著各種制度持續演進，相應的貨幣本質也出現變化。若不將融資演進與創新列入考慮，就無法了解貨幣、銀行業務與融資間的關係：事實上，貨幣是一

種內生決定的變數：貨幣供給是對需求的一種回應，而不是由聯準會控制的一種呆板機制。[6]

貨幣數量的改變導因於各經濟單位與銀行的互動，經濟單位希望支出可以超過它們的所得，而銀行則扮演促成那些支出的角色。在一個資本主義經濟體，企業的投資與資本資產採購等活動，是使基本支出超過所得（赤字融資〔 deficit financing 〕）的根本因素；不過，事實也顯示，某些家庭與政府也會採用赤字融資。因家庭赤字開支而發生的債務能否繼續存在，取決於就業行為與貨幣工資。另外，在雷根政府之前，承平時期聯邦政府的高額赤字開支，多半是經濟衰退期的一種特有現象，由此可見，租稅和支出高度仰賴不穩定的經濟體系：1981 年的雷根租稅方案似乎使政府的承平時期赤字成為一種永久性或結構性的特色。至於履行因結構性赤字而暴增的政府債務所需要的現金流量要如何產生，迄今仍是一個無解的疑問；其中一個顯而易見的管道，是透過所得、乃至通貨膨脹稅收來取得這些現金流量。

州及地方政府的債務向來和稅收預期息息相關。那類地方政府債務問題的禍根，通常來自因全球或本地經濟條件改變而發生的稅收短缺。

誠如先前說明的，在只生產消費財與投資財的資本累積型經濟體這個簡單的寓言故事中，消費財的勞動力成本加成等於投資財的工資總金額，因此，消費財生產活動的獲利，取決於投資財的生產活動。[7] 投資財生產活動的勞動力成本加成，取決於為投資的生產活動提供融資的人所要求的保障，以及投資財生產活動的市場條件。投資的需求取決於未來預期獲利資本化後的價值超出投資產出供給價格的差額，以及融資條件。

當一般人對未來的觀點改變，投資財的需求價格也會改變。儘管如此，除非能順利取得融資，否則需求價格的上漲並不會導致投資增加。因

此，我們必須了解，銀行業務與金融體系的運作模式如何使投資的融資需求增加，進而導致以金額計算的融資供給增加？以及銀行取得資產的能力與意願增加，如何促使投資活動增加？貨幣，即銀行負債，源自於投資活動與資本資產存量部位的融資流程。

由於資本資產的當期價值、乃至於投資產出的需求價格是在金融市場上決定，加上投資活動未來能取得的融資金額，取決於銀行業務流程，而且投資的供給價格取決於融資成本等，因此，金融市場與銀行業務會影響投資活動。

資本主義經濟體系的奇特循環性（唯有目前一般人相信能確保經濟表現良好的投資活動未來一定會發生，目前確保經濟表現良好的足夠投資才會發生），讓銀行業務與金融體系的存在成為一種必然。銀行與金融體系不僅目前必須維持有利的資產價格與投資的融資條件，一般人也必須預期銀行與金融體系未來將能維持有利的資產價格與投資的融資條件。而由於銀行與金融體系那樣的正常機能是讓資本主義經濟體系得以維持圓滿運作的必要條件，所以，這個體系一旦瓦解，勢必會導致經濟體系機能失常。

仰賴投資活動來維持正常機能運作的經濟體，當然也仰賴外部融資。如果外部融資的需求超過特定融資條件的融資供給，那麼，融資條件，也就是白紙黑字寫在合約上的條件，簽訂合約的一方透過這項合約，以貨幣換取另一方在未來支付款項的承諾就會提升。融資條件包括擔保品的提供、淨值的維護，以及發放股利前的獲利占債務還款金額的保障倍數，還有利率等條款。註明其他條件的附註項目存在，導致利率成為投資的融資合約條件中一項令人誤解的指標。仔細分析，這些附註項目的設計，多半旨在保護承作融資的經濟單位免於受債務人的資產損耗（dissipation）所傷。用來為資產所有權及投資活動取得融資的貨幣合約，都包含一些保護

條款，讓提供融資的經濟單位免於因借款人脫產的道德風險而受害。

當期融資條件的上升，意味原有的金融資產及資本資產的價格將下跌。這會使投資的需求價格降低。此時，實際發生的投資金額受一個微妙的機制控制：投資需求價格的上漲會促使融資的需求增加，而除非融資的供給有彈性，否則融資需求的增加，將使融資條件上升，從而使資本資產價格下跌，投資的需求價格下跌。[8]

由於我們活在一個不確定性的世界，而且目前對未來的看法影響著資本資產價格，所以，經由融資條件發揮作用的控制機制，通常受正向、失衡的回饋支配。資本資產的需求價格相對投資產出的供給價格上漲，會促使投資活動增加，這不僅會使獲利增加，也會使獲利相對未清償債務的付款承諾增加，銀行業者與金融市場的可用融資無論任何條件也會增加，商人的投資意願也同步上升。由於銀行家和商人生活在相同的預期氛圍之中，所以，追逐獲利的銀行家一定會想盡辦法來迎合顧客；這種行為將強化失衡的壓力。相反的，促使資本資產價格下跌的流程也會使銀行家為企業提供融資的意願降低。

這裡提到投資與融資的觀點，與貨幣、銀行業務和金融市場觀點一致的看法，明顯與標準觀點不同，標準觀點將「貨幣對經濟的影響」以及「與創造貨幣的具體交易有關的所有考量」當兩回事來看待。貨幣主義與「標準」凱因斯學派的研究方法都假設貨幣可能與制度的慣例完全無關。不過，事實上，貨幣是由經濟體系的運作所決定，而且，通常會存在一個貨幣階級，當中存在各種不同用途的特殊貨幣工具；貨幣不僅是在融資的過程中所產生，事實上，一個經濟體系有很多不同類型的貨幣，每一個人都能創造貨幣，問題只在於要如何讓他們創造的貨幣得到其他人的認同。

銀行與金融機構的資產組合偏好會決定各種資本資產的資本化率與投

資活動的融資條件。不同類型的資本資產、需要大量融資的生產技術，以及各式各樣企業與金融組織形式等，是我們這個世界的基本特質。在這樣的一個世界，融資方面的優勢和劣勢可以抵銷生產方面的優勢或劣勢。換言之，若一個經濟單位擁有足夠抵銷技術劣勢的融資優勢，一樣有可能成功。

要了解我們的經濟體系，就必須謹慎且嚴肅的檢視銀行業務。銀行業務是為投資活動與經濟成長提供融資的根本要素，但銀行業務卻往往也會引發不穩定性，並使不穩定性增強。

銀行的業務內容

銀行業務並非只有放款業務；一個放款人要放款以前，手上必須先有貨幣。最基本的銀行業務活動是承兌業務，也就是為某一方的信用進行擔保。當銀行承兌某一項債務工具，便等於是同意在債務人不願意或無力付款時，出面支付特定的款項。這種承兌票據或背書票據後來可以在公開市場上出售。所以，一筆銀行放款相當於銀行購買一張已承兌的票據。

從商業本票市場的狀況，便清楚可見銀行的放款承諾如何影響信用與經濟活動。根據標準的實務作業，一個發行商業本票（公司的無擔保付款承諾）的經濟單位，必須擁有至少與未清償商業本票總額相同的未動用銀行信用額度。商業本票的買方和賣方都了解，如果有需要，履行到期本票付款所需要的資金可以從銀行取得。銀行的再融資保證讓商業本票市場得以存活，因為對放款人來說，銀行的保證讓商業本票得以具備和銀行定期存款相當的品質。[9]

當一個銀行家為信用進行擔保或授權開立支票時，他手中不盡然需要

擁有閒置資金。如果一個銀行家手上長期有閒置的資金，他可能會是一個貧窮的銀行家。與其持有無法賺取所得的資金，銀行家寧可掌握能取得資金的管道。由於銀行業者可以透過金融市場操作取得需要的資金，所以，它們才會勇於做出融資承諾；而基於進行金融市場操作的需求，銀行業者會持有可在市場上轉讓的資產，而且能取得其他銀行的信用額度。美國的企業系統能夠正常運作，端賴不會以實際資金放款與貸款的形式呈現的大量融資承諾，以及連結不同金融機構的貨幣市場，讓人有信心提供眾多的融資承諾，並在需要時讓這些承諾獲得兌現。

銀行業者與銀行家並非只是被動從事放款或投資的資金管理者；他們做的是「獲利最大化」的生意。他們積極吸引需要貸款的顧客，從事融資承諾，和企業與其他銀行家拉關係，並四處尋找資金。他們努力蒐羅可用的資金，並藉由提供資金的方式收費，並因此獲利，儘管他們也得為這些資金付費。實質上，銀行等於是利用其他人的資金和槓桿效果來放大自己的權益資產數量，而這當中的獲利則來自承兌債務、提供資金擔保，以及雜項服務，還有資金貸款與放款之間的利差。

銀行的顯性負債有三種基本類型：活期存款（支票存款）、定期債務、以及股東權益，外加諸如承兌匯票、信用狀、信用額度，以及因顧客關係而產生的責任等或有負債或隱性負債。銀行的顯性資產則包括各式各樣不同型態的貨幣、放款與證券，而隱性資產則是擁有信用額度或對債務進行背書的人的負債，以及銀行本身的信用額度，包括它和中央銀行之間的業務往來。

放款代表銀行為了交換企業、家庭與政府未來對銀行付款的承諾，而在目前支付的款項。證券或投資則反映銀行以手頭資金或透過市場取得的資金在金融市場上購買證券的行為；而這些證券也代表著未來不同日期的

付款承諾。

放款和證券不同，牽涉到顧客關係，在這項關係當中，銀行業者利用貸款的經濟單位自願提供的非公開訊息。銀行和放款顧客間可能存在「雙方將延續彼此關係」的某種隱性承諾，但證券不存在那種延續性承諾。由於銀行放款活動涉及到非公開訊息，所以，若銀行不承兌某一項或有負債，放款理當是不可轉讓的。因此，聯邦準備銀行設置貼現窗口的初衷，就是為了改善放款的可轉讓性。

由於借款人經由放款合約而承擔向銀行付款的義務，故銀行業務會產生兩種資金流量：一開始先從銀行流出的資金（放款），以及之後將流回銀行的資金（還款）。究竟流進與流出銀行的是什麼？而這些流量又是流向誰？從誰那裡流出？

銀行的付款對象其實是其他銀行，不過，在付款的同時，銀行也會從顧客的帳戶扣款。收到款項的銀行會將這筆付款貸記（credit）到某個存款人的帳戶。換言之，這些付款來自付款銀行某個顧客的信用額度帳戶，並被貸記到受到款項的銀行某個顧客的帳戶。當個人、公司和政府單位彼此付款，便等於啟動銀行間的轉帳作業。

對聯邦準備系統的會員銀行來說，銀行間的付款會促使存款從某一家銀行在聯邦準備銀行開立的帳戶，轉移到另一銀行在聯邦準備銀行開立的帳戶。對非會員銀行來說，會有另一家銀行，稱為中轉（correspondent）銀行介入，所以，這筆轉帳會出現在中轉銀行的聯邦準備銀行帳戶中。企業、家庭與州及地方政府付款時，是轉移它們在各商業銀行帳冊上的存款，而會員銀行與非會員銀行之間的付款，則是轉移它們在各地聯邦準備銀行帳冊上的信用。一般大眾以銀行存款為貨幣，而銀行業者則是以在聯準會的存款為貨幣。這就是美國貨幣與銀行業務系統根本的階級特質。

在美國這種系統，銀行為顧客進行的付款會變成存款，通常是其他銀行的存款。若銀行是基於放款協議而為某位顧客付款，此時這名顧客就會欠銀行一筆錢；這時，他必須在經濟體系中經營業務，或是在金融市場進行操作，才會有能力在到期日履行對銀行的責任。活期存款有交換價值的原因是，銀行的許多債務人都有未清償債務，而他們向銀行償還這些債務時，需要使用活期存款。這些債務人將會努力工作，並出售商品或金融工具，以取得活期存款。存款的交換價值取決於債務人為履行承諾而產生的存款需求。

銀行放款表面上雖然是「以今日的貨幣換取未來貨幣」的契約，但實際上是以銀行今日帳冊上的「借項」（debits）換取未來帳冊上的貸項（credits）的交易。[10]

假定放款／活期存款的比例是 100％，一個月的營業日有 20 天，而且所有放款都為期一個月。平均而言，每個營業日會有 5％的未清償放款到期，並以註銷銀行帳冊上的活期存款的方式償還這些貸款。另一方面，貸款的顧客在舉借的貸款進入帳冊後，必須在經濟體系裡從事各種營運活動，才能一步步累積存款，讓存款餘額達到必要的金額。實質上，借款人的銷貨收入與營業收入將累積到足夠償還貸款的存款；借款人在這個月內的營運將使放款銀行在聯準會的淨存款增加。

以美國的例子來說，借款人一個月內在經濟體系的營運活動，共將使銀行收到的聯準會存款相當於未清償貸款金額加上應付利息。若銀行要維持百分之百放款的狀態，它將進一步承作和本月還款金額相同的放款或投資，而利息收入則主要用來支付銀行的貨幣成本、勞動力成本……等。

在美國，聯準會的會員銀行必須將帳冊上某個特定比例的存款負債，存到某一家聯邦準備銀行，或是持有通貨。這些存款是銀行家對銀行家付

款的工具，換言之，這些存款對銀行家而言是貨幣，而其他經濟單位的付款工具則是銀行開立的支票或通貨（在銀行間流進與流出）。

隨著支票流入銀行並被出示為付款用途，這些支票就會被貸記或借記到銀行在聯準會的帳戶。（對非會員銀行來說，貸記與借記的行為是發生在中轉銀行的帳冊上。）加入這個聯準會帳戶或從這個帳戶扣除的淨差額，就是銀行準備金部位的變化。所謂「製造部位」的銀行活動，就是設法讓銀行準備金帳戶餘額增加（藉由出售資產或貸款）到法定準備金的金額，或將超過法定準備金的餘額用來償債或購買資產。

活期存款與定期存款是銀行對其他人的欠款。銀行總資產和銀行借貸資金之間的差額，就是銀行股東權益的帳面價值，這是衡量銀行股東投資狀況的指標之一。在 1983 年的美國，某些超大型銀行的帳面價值相對資產的比例大約只有 3％，很多大型銀行的這項比例大約是 8％，而較小型銀行的這項比例最高達 12％。換言之，銀行擁有的每一美元資產中，大約有 88 至 97 美分是以貸款所取得的資金來支應。1983 年年底，超大型銀行的這項比例介於 2.8％（如槓桿最高的美國銀行〔 Bank America 〕與信孚銀行〔 Banker's Trust 〕）至 5.9％（如槓桿程度較適中的梅隆銀行〔 Mellon Bank 〕）。

銀行家只要設法讓銀行的資產報酬高於它的資金成本，銀行就能賺錢，而能為銀行產生所得的資產是放款與投資。銀行業者擁有比較大優勢的業務是放款業務，尤其是對企業的放款。銀行業者普遍都設置「企業開發」等類似名稱的部門，主要目的就是要尋找並吸引企業借款人。

銀行的放款業務功能可分為三方面：吸引借款人、打造放款結構，以及監督借款人。銀行家在追求獲利的過程中，還是必須針對承作的放款打造一個適當的結構，以達到敦促借款人幾乎百分之百履行合約責任的目

的。銀行家在放款之前，必須先清楚了解借款人如何透過經濟體系的營運活動，取得償還貸款的資金。

債務人履行付款承諾的資金來源有三個：來自營運活動的現金流量、再融資或債務展期，以及出售資產或淨貸款。結構良好的銀行放款應該同時對借款人及承作放款的銀行家有利；這意味一筆放款的款項將被用來為借款人產生一筆足夠履行合約上註明的承諾，而且有剩餘的預期所得（現金）。

銀行放款部門的主管是負責打造放款結構與監督放款的銀行主管。放款部門主管是銀行業務成敗的關鍵。一個專業的放款部門主管深知自己和借款人之間是夥伴關係：唯有貸款顧客成功，放款部門主管才會成功。此外，成功因為使用銀行貸款而賺錢的借款人將蓬勃發展，這代表他們未來勢必會回頭貸款：對銀行業者來說，延續性的長期關係是有利可圖的。因此，在銀行家與顧客眼中，為能產生足夠甚至超額現金來履行合約性承諾的活動提供財源的放款，是最優質的放款。若打造的放款結構能使預期現金流量達到足以履行合約性承諾的水準，借款人與放款人就在從事對沖融資。傳統的商業放款（以這種放款來說，商品存貨的銷售能產生足夠償債的現金）就是對沖融資的一種。

履行承諾的另一個現金來源是發行新債券。以一個繼續營運的組織，例如製造業公司來說，一批批陸續買進的原料，會透過各種不同的轉化流程而變成產出。在那樣一個流程，這個繼續經營的組織因為買進第一批原料而產生的債務，可能在它為下一批取得債務融資的同時清償完畢。這個連續性的融資安排可以用一個變動的總債務取代，在這當中，在到期債務獲得清償之際，它又會舉借新的債務。

和生產流程的特定投入資源非直接相關、但和一個商業組織的整體獲

利能力有關的債務，是啟動投機性融資關係的關鍵要素。以短期債務來進行的資產部位（包括能在一段漫長期間內產生報酬的資產）融資活動，將使再融資成為企業負債結構中根本的必要環節，而這就是投機性融資的特性之一。一個經濟實體能否有效維持投機性融資結構，取決於兩個要素：一是它的獲利流量是否足夠支付債務的利息，二是金融市場（可轉讓這類債務的場所）的正常機能運作。若放款部門主管預期借款人的潛在獲利足夠支付債務利息，並因此能取得再融資，他們就會同意與借款人建立那類浮動的債務與融資關係。

履行合約責任的第三種現金來源是出售資產或抵押資產。以抵押擔保品的價值為基礎的放款和以營利型預期現金流量的價值為基礎的放款，類型並不相同。的確，在打造一筆主要以預期現金流量為基礎的放款時，放款部門主管或許會堅持取得以抵押擔保品形式存在的安全邊際。不過，這可能不是主要的考量：以現金流量導向的放款來說，依據的是某些商業活動的總預期附加價值。然而，主要根據擔保品來判斷放款可行性的決策，考量的是作為抵押品的資產預期的市場價值。

以諸如擔保證券或土地放款來說，持有抵押資產期間的所得並不足以支付放款的利息。營建專案要等到建案完工，才開始會有所得入帳。因此，放款部門主管之所以願意進行這類放款安排，理由是他們預期標的資產一旦售出，其售價將足夠償還放款本金與應計利息。（以營建專案來說，承接營建融資的長期貸款將足夠應付成本加上資本化後的利息）。這類放款為財務結構注入一點龐氏融資的氣息。此外，銀行有可能是不得已才承作龐氏融資型的放款，例如，借款人的所得低於預期，或是投機性融資展期時，利率上升幅度超過借款人與放款人原先的預期等。因此，儘管利息融資（為了支付利息而貸款）的資本化是融資結構的常態環節，但銀

行家和商人卻可能因為經營環境不利下，被迫進行那類融資活動。當這樣的情況發生時，融資結構中的龐氏融資比重就會上升。

因此，融資結構的整體脆弱度與健全度（這是經濟週期穩定性的基礎）導因於銀行家所承作的放款。較現金流量導向的銀行家有助於維持融資結構的健全性。若銀行家重視的是擔保品價值與資產的預期價值，就容易出現脆弱的融資結構。

銀行業的獲利方程式：槓桿、資產盈餘、負債成本

▋ 槓桿

淨利是屬於組織所有權人的所得；淨利率，即獲利能力，是淨利占所有權人投資金額的比例。獲利能力可以視為兩項要素的產物：每一美元資產的淨利，以及資產相對所有權人投資金額的比例。所有權人的投資金額是指資產價值與債務價值的差額（注：即資產負債表上的股東權益）。銀行與其他金融機構的資產幾乎全都是由金融工具組成，而金融工具的價值有票面價值（face value）和市場價值之分。在一個具備穩定金融條件的體制，利率與其他融資條件不會有太大的變化，而且金融工具能輕易轉讓，因此，證券的市場價值將會相當接近其票面價值，而且放款到期時，也篤定能收回票面價值。在這些情況下，銀行資產與所有權人權益的市場價值與帳面價值，大致上是相等的。

依據銀行的會計慣例，放款的損失準備不會直接列在帳上；銀行將這些損失從未清償的放款中扣除，而不是加到權益科目。銀行往往會保守評估房地產的價值，所以在經濟平靜期，以股價衡量的銀行市場價值，有可

能遠高於帳面價值。儘管如此，在金融平靜期，銀行帳面價值比一般企業的帳面價值更能反映其資產在市場上的價值，因為折舊費用和資產的經濟價值之間的關係可能並不顯著，甚至毫無關連。然而，當利率上升、放款開始產生損失，而且經常發生債務重新議約與重組的狀況（一如 1975 年與 1982 至 1983 年）時，銀行業者就會一改傳統的保守作風，學習一般企業，用較創意的會計手法來處理它們的帳面價值，因為一般企業**不會**在利率變動時重新評估個別資產的價值。

　　銀行的市場價值和其他營利導向實體的市場價值一樣，都代表其未來盈餘資本化後的價值，而資本化率受市場利率與推估確定和預期的盈餘成長率所影響。股價與股份的帳面價值之間的差異，是釐清一個組織是否值得投資的指標之一。當市場價值高於帳面價值，顯示若證券市場以和現有權益相同的比例將保留盈餘予以資本化，便可取得資本利得，也就是超過保留盈餘的價值。

　　我們可以將銀行的槓桿，即資產相對股東權益的比例，視為一家銀行能透過抵押的「好名聲」，來讓其他經濟單位的多少債務數量變得大致上可令人接受。另一方面，槓桿可以解讀為利用其他人的資金來取得資產。對非銀行金融機構，例如壽險公司、REITs、共同基金來說，槓桿顯然反映出貸款相對股東投資金額的比例。然而，對以各種隱性方式抵押其信用的銀行業者來說，銀行帳面負債所顯示的槓桿比率，勢必低估銀行股東權益或銀行股東的投資對其他經濟單位所提供的擔保程度。

　　如果一家銀行的帳面資產是 250 億美元，資本、盈餘和未分配獲利為 12.5 億美元，那麼，它的資產是股東投資的 20 倍。此外，若該銀行的稅後獲利和備抵呆帳損失為 1 億 8750 萬美元，那麼，獲利相對資產的比例將是 0.75%，股東權益收益率為 15%。假定這家銀行將三分之一的盈餘用於

股利發放，保留盈餘將是股東投資的 10%，所以，該銀行的股東權益每年會增加 10%。

假定資產管理獲利能力相當的另一家銀行，資產是股東投資的 12 倍。若那家銀行大約有 2500 萬美元的資產，208 萬 5000 美元的股東權益，代表它將獲得 18 萬 7500 美元（0.75％）的資產報酬，這占股東權益的 9%。如果它的股利是 5%，保留盈餘將是股東權益的 4%。在這個情況下，儘管這兩家銀行的資產管理效率一樣好，但第一家銀行，也就是使用較高槓桿者，成長性也會比較高。

因保留盈餘而增加的帳面價值顯示，銀行業務隱含一種內部動力來促使成功的經濟單位成長。不過，銀行業者有可能為了追求總保留盈餘，而汲汲營營於與整體實質經濟擴張潛力格格不入的資產及負債成長率。舉個例子，很多標準政策論述對貨幣成長的根本假設是，經濟的實質成長潛力最多是每年 4%。在很多標準經濟學家眼中，這意味若貨幣流通速度固定不變，維持 4% 穩定成長的貨幣供給，將促成無通貨膨脹的成長。[11] 以美國的例子來說，股東權益報酬率為 15% 的銀行，每年將努力創造 10% 的成長，而股東權益報酬率為 9% 的銀行，則設法每年成長 4%。若世界上充斥股東權益報酬率為 15% 的銀行，而這些銀行也都把三分之一的盈餘用於股利發放，那麼，為了維持資產相對股東權益的比例與獲利能力不變，這些銀行就必須設法維持每年 10% 的資產成長率，而這樣的目標成長率將會對整個經濟體系造成一種壓力；銀行將試圖每年成長 10%，但主管機關則會試圖將銀行負債的成長率壓抑在每年 4% 的水準。

銀行的資產並不代表某種實體資源的投入（不考慮銀行營業據點所在的華麗建築物與供銀行行員消遣用的眾多花俏電子產品）。銀行將股東的投資和借貸而來的資金混雜在一起，用來支應企業、政府與家庭活動所需

的資金。然而，對股東來說，銀行的股份並非他們唯一可選擇的投資標的，他們還能持有其他企業的股份。所以，為了吸引資金，民間資產投資銀行股票的獲利能力，必須不亞於投資在其他企業股票的獲利能力。所以，在考量過諸如風險或特許經營等所造成的差異後，銀行資本的獲利率，必須不亞於其他形式資本資產的獲利率。如果每投資一元到一般業務可獲得15％的盈餘，那麼，若銀行的股東權益報酬率高於15％，競爭市場力量就會增加對銀行業的投資，但若銀行的股東權益報酬率低於15％，就會減少對銀行業的投資。

若一家銀行提高槓桿後，未對每一美元的資產所回收的獲利造成負面影響，它的獲利能力將上升。提高槓桿對保留盈餘與獲利能力的綜合影響，可能使來自銀行業者的融資供給快速成長，進而導致資本資產價格、投資產出的價格與最終消費產出的價格全部快速上漲。[12]

銀行的盈餘來自放款與投資的利息與貼現、承兌業務、放款承諾的手續費、外匯手續費、本票處理等收入減去負債成本與勞動力、設施和管理等成本。銀行總是努力將營收最大化，同時將成本最小化。在營收端，銀行一向不遺餘力的追尋更多全新可獲利的資產，以及額外的收費方法。另一方面，銀行家總是努力控制營運成本，並設法以有利的條件取得資金。在負債端，獲利與資產對股東權益比例之間的關係，意味銀行總是不斷尋找新的舉債方法。

銀行家總是努力尋找新的放款方法、尋找新顧客，以及取得資金的新方法，也就是新的舉債方法；換言之，銀行家無時無刻背負著創新的壓力。保留盈餘也使銀行努力追求最低目標的獲利成長率。因為若要維持銀行的獲利率不變，例如維持資產報酬率，那麼，股東權益帳面價值的成長率就必須和資產及非權益型負債的成長率相當。

若假設營運成本獲得有效控制，那麼，當銀行每單位資產的淨盈餘增加，或資產相對股東投資的比例上升，銀行的獲利率勢必會上升。單位資產淨盈餘增加意味不斷試著擴大負債和資產之間的利差。不同利率之間的利差受相對風險與付款的時間（這可簡化為一項風險因子）影響。為了提高資產的盈餘，銀行家勢必會基於追求更高收益率的目的，而採納較長期或較高風險的資產。[13] 而不管市場利率處於什麼水準，銀行家為了降低負債的應付利率，則會努力在安全性方面，對存款人做出愈來愈大的承諾；在做法上，就是設法縮短負債期間，並提供特殊的擔保。銀行業者為了提高資產與負債之間的利差，將設法創造新形態的證券，以改善提供給存款人和借款人的服務；總之，新金融工具是因為獲利壓力而產生。

　　槓桿的提高對銀行獲利的影響非常顯著：若一家資產報酬率為 0.75％ 的銀行將資本（注：股東權益）相對資產的比例從 6％降至 5％，它的帳面價值獲利率就會從 12.5％上升到 15％。如果槓桿連年提高，獲利率也會逐年上升。由於股利相對帳面價值的比例是固定的，故這意味由保留盈餘控制的成長率將從 7.5％上升至 10％。每股盈餘會增加，而這一檔股票的市價也會隨著盈餘的成長而上升。

　　整體而言，在 1960 年至 1974 年間，通貨膨脹與金融不穩定性漸漸成為令人憂慮的重大議題，銀行業的槓桿比率上升大約 50％。槓桿上升是當時金融環境變遷的現象之一，其他變化還包括企業負債結構的投機性融資與龐氏融資比重上升。銀行槓桿比率的上升是促使經濟體系朝金融脆弱發展的因素之一，因為銀行槓桿的上升使顧客的短期貸款（與槓桿）得以增加：銀行的槓桿比率高低與投機性融資及龐氏融資在經濟體系的重要性高低，堪稱一體兩面。

▌銀行經營階層的動機

銀行股股價隨著銀行獲利能力成長而上漲，對一個有大量專業管理制度的銀行界尤其重要。典型的銀行專業總經理一開始入行時並不是有錢人。銀行的總經理只是努力實現個人財富的受雇者。不過，因租稅結構的緣故，要把所得儲蓄下來累積財富是非常困難的事；因此，企業高階主管累積財富最有效的途徑，就是透過可以隨股價上漲的股票選擇權與資本利得。[14] 身為股票選擇權的持有人，銀行經營階層當然會對自家銀行的股票價格與交易非常有興趣。

任何股票的價格都和每股盈餘、銀行感受到風險等級（perceived risk class）的盈餘資本化率，以及那類盈餘的預估成長率有關。[15] 如果銀行的經營階層能經由提高槓桿來使盈餘成長率加速，但同時又不會導致感受到的銀行盈餘保障及安全性降低，那麼，它的股價就會上漲，因為此時盈餘與盈餘的資本化率，將隨著成長預期上升而提高。在一個擁有制度化組織與美國這種租稅法律的資本主義社會，制度化企業的經理人追求財富的行為，將促使整個社會著重於成長，而這又會促使各方努力提高槓桿。不過，銀行業者與一般企業爭相提高槓桿會導致安全邊際降低，從而使經濟體系陷入不穩定的可能性上升。

▌審慎與監督

銀行業務相關文獻提出「**審慎銀行家**」（prudent banker）的概念：這個概念主張，銀行家只接受適量的風險。對銀行家來說，風險來自資產、負債與槓桿的選擇，換言之，風險來自資產負債表的組成結構。不過，銀

行家背負的風險並非客觀的機率現象，而是主觀評定的不確定性關係。此外，一個經濟單位在任何時刻可以接受且承擔的風險受過往的經驗影響，尤其是不久前的經驗。在 1960 年代初期以前，銀行業者是藉由改變資產結構（以一般性放款取代政府債務）來改善獲利能力，但 1960 年代中期以後，銀行業者卻是藉由改變負債結構與提高槓桿比率等方式來追求獲利。獲利驅動因子（銀行業務的固定因子）在不同時期是以不同的面貌出現，但整個二戰後世代發展出來的共同趨勢是：和經濟週期性表現有關的曝險程度變得愈來愈高。

傳統上，銀行的曝險程度會受到顧客與集體組織監督的約束，儘管這些約束力量有缺陷。若某一個結構下的銀行業有倒閉的可能性（而且真的有銀行倒閉），而且銀行的倒閉會使存款人、股東和貸款的顧客發生損失，那麼精於使用銀行服務的老手，就會隨時留意往來銀行的資產組合與槓桿特質，並在必要時做出回應。二戰後世代，由於存款保險與聯準會干預所構成的保障往往涵蓋銀行業非權益型負債的持有人，換言之，受保障的不只是小存款人，因此顧客監督的重要性遂漸漸降低。雖然就法律而言，每個帳戶受保障的價值有一個上限，從原本的 5000 美元上調到 10 萬美元，但 FDIC 為破產銀行的合併提供融資，而不是直接關閉並清算這些銀行，因此，幾乎倒閉銀行的所有非權益型負債都被視為有效負債。FDIC 為儲貸機構提供的存款保險也是以相似的方式操作。*

這種處理銀行倒閉案的方法，以及一般認定「聯準會為了避免銀行業

---

* 賓州廣場銀行在 1982 年倒閉，銀行擁有的開放性負債（open-ended liabilities）意味 FDIC 拒絕承認它的所有負債有效。但 1984 年伊利諾大陸銀行的個案因茲事體大，所以，FDIC 與聯準會「被迫」宣布將承認所有存款債務有效，但在此同時，它們在處理某些較小型的銀行倒閉案時，還是堅守法律規定的 10 萬美元存款保險保障上限。

者徹底結束營業,絕對會與存款保險機構通力合作」的信念,意味存款人根本無須擔心往來銀行的存活能力。因此,目前可能使存款流失、造成利率劣勢,以及借款人尋找替代融資來源等存款人監督做法,已經無法對銀行的槓桿與資產負債結構造成約束。一般人設想,監理主管機關的保障,使民間的監督變得沒有必要。

集體組織監督(Collegiate surveillance)是其他銀行與貨幣市場機構在設定銀行間金融工具交易條件時,無形中施加的限制。由於準備金不足與短缺最初會以聯邦資金的放款或貸款來處理,所以集體組織監督會以「放款意願的差異」或「對特定銀行的放款條件差異」等形式來表現。當特定銀行或某一類銀行陷入困境,就會出現放款利差的現象,於是,陷入困境的銀行為了取得貨幣市場貸款,就必須付出較高的利率。[16] 當外界認定一家銀行陷入困境,它可能就無法出售定存單或舉借聯邦資金;它將被迫到聯準會的貼現窗口貸款。

▊ 銀行檢查作業

隨著廣義的中央銀行業務吸收銀行業務相關的風險,顧客與集體組織監督因而趨於鬆散,在這個情況下,銀行檢查作業作為用來約束銀行曝險水準的工具,自然變得愈來愈舉足輕重。銀行檢查作業多半只是例行公事,主要是會計師的工作,例如檢查銀行是否遵守適當程序、採用適當文件,以及是否從事公然欺詐行為等,這些檢查作業並未深入調查銀行業務組織的經濟存活力與曝險程度。雖然一個檢查人員可能了解中型銀行(規模介於 2000 萬美元至 1 億美元)的營運與交易狀況,但嚴格來說,現有的銀行檢查程序並無法取代顧客與集體組織監督等功能對超大型銀行過於

複雜的資產與負債結構進行監督。1970年代與1980年代，問題銀行的數量增加，問題也變得更加複雜，這多半是整個環境的週期性起伏變得愈來愈顯著，導致銀行業者曝險程度增加所造成。

從1974年至1976年間銀行業者在REITs方面遭遇的問題，以及1980年代初期在外國放款方面遭遇的問題，便清楚可見銀行檢查的力量有多麼匱乏。這兩組問題都是危機爆發前所盛行的授信作業所留下的遺毒。銀行檢查人員沒有實權，即使他們深諳問題的本質，也無力約束超大型銀行的授信政策。根據美國目前這種機構安排，檢查主管機關可用的武器是聘任監察人員進駐銀行，以及撤銷存款保險。雖然銀行檢查機關威脅派出「管理人（conservator）來保護（銀行）資源」的舉措，確實能對小型銀行產生威嚇效果，但這類威脅對諸如在房地產或南美洲信用曝險的大通曼哈頓銀行等超大型銀行來說，卻無法收到任何成效。

除了缺乏令人信服的權力，一樣重要的是，銀行檢查程序也反映出檢查機關對銀行業務缺乏了解。銀行就像是一部現金流量機器。存款與提款是現金流量，而唯有能創造現金流量的資產才有價值可言。經由債務人履行合約、資產被銷售或抵押等方式，銀行可以創造現金流量。若要讓資產實際上真的可以銷售或抵押，就必須維持某些金融市場的適當機能。要使銀行業者實現合約性現金流量，債務人的現金收入必須達到某個最低預期數值。不過，企業債務人可用於償債的現金收入，取決於以債券的計價通貨來衡量的總獲利，而政府債務人的現金收入取決於預期稅收，家庭的現金收入主要則是取決於工資與薪資。

銀行檢查人員必須了解，銀行的債務人未來必須取得多少潛在的現金流量，才能使銀行達到原本預期的現金收入。若希望以銀行檢查作業有效取代顧客及集體組織監督的功能，銀行檢查作業就必須對銀行營運有條件

的進行經濟分析。若無法有效控制銀行的曝險部位，銀行家為了實現獲利成長的目標而提高槓桿的種種作為，有時可能反而會引發大規模的現金流量困境。結果，存款保險組織與聯準會將被迫介入干預，保護眾多銀行業發生債務違約的狀況。但那種紓困（這是防止經濟陷入深度蕭條的必要對策）形同讓當初促使企業、政府與家庭債務負擔增加，以及銀行曝險部位增加的融資實務就地合法。由於銀行監理者或市場組織未能防止危機前的種種局勢發生，因而造成嚴重的後果，而為了抵銷這些後果，聯準會不得不強制規定銀行準備金成長率，問題是，經濟體系的潛在產出成長率可能不見得能支持那樣的銀行準備金成長率。貨幣在推升通貨膨脹方面的影響力，部分導因於主管機關未能藉由監理干預行動，以及聯邦準備系統無法成功使用公開市場／貼現率操作來控制銀行業務。[17]

▎ 銀行負債的顯性成本與隱性成本

活期存款、定期存款，以及從各種不同市場借貸的資金，是銀行的非權益型顯性負債，而這些負債的成本（直接的利息支出和取代直接利息支出而提供的服務），以及銀行為了使用特定類型負債而依規定必須保留的資產並因此放棄的盈餘，是銀行的主要費用。

定期存款、定存單、附買回協議與聯邦資金，也都包含隱性的利息成本。銀行業者為了爭取那類存款，勢必會登廣告、發送贈品、拜訪潛在存款人，並使用貨幣掮客的服務等。定存單，尤其是大面額的可轉讓定存單，是銀行負債管理業務的主要工具之一，銀行負債管理是指銀行為了取得資產部位融資活動所需的資金，而積極爭取並使用各種花招的一切作為。

銀行的付款系統主要是由支票組成，支票的處理成本很高。雖然採用電腦連線的電子裝置讓銀行的營運得以機械化，但簽名的核實還是得仰賴人力來進行。銀行會為了處理支票與存款而收取服務費，不過，有時銀行也會吸收上述成本，作為不向支票存款支付完整市場利率的交換條件（從大蕭條以後，法律就禁止對支票存款支付利息，這項法律一直到 1982 年至 1983 年才修改）。一般估計，支票處理成本大約介於支票存款金額的 3.5％至 4.5％。這意味當利率遠高於 6％，銀行往往不會收取服務費，而且願意支付利息給支票存款，而當利率較低時，銀行則會針對這項業務收取服務費。

　　銀行必須針對活期存款與定期存款保留現金準備。這些現金準備有時是以庫存通貨的形式存在，有時則是以聯邦準備銀行存款（專為會員銀行提供）或一般銀行存款（非會員銀行）的形式存在。庫存現金與準備金無法賺取所得，這意味因持有這類現金部位而放棄的利息，屬於一種隱性成本。各種不同形式的負債占用不同比例的準備金：傳統活期存款占用的準備金，比定期存款和附買回協議、歐洲美元等負債還多，而聯邦資金則完全不會占用準備金。

　　由於存款準備金代表被放棄的所得，而且由於各種負債在不同程度上會侵蝕存款準備金，所以，銀行經營階層勢必會設法以占用較少準備金的負債，來取代消耗較多存款準備金的負債，直到顯性成本能抵銷以法定存款準備金形式存在的隱性成本差額為止。每當利率上升，負債的顯性成本就會上升，銀行也會努力以低準備金消耗型負債，來取代高準備金消耗型負債。由於活期存款一向是高準備金消耗型負債，所以，銀行會在利率上升時期，試圖以其他負債來取代活期存款。這會促使銀行業者發明新型態的負債，並支付更高的利率給較節省存款準備金的現有負債。

▌ 小結

以標準的銀行業務觀點來說，存款準備金決定銀行業務系統的整體非權益型負債規模，不過，特定金額的準備金可支持的負債金額，因負債的組成結構與負債消耗存款準備金的程度而有所不同。若各種負債消耗準備金的程度維持不變，那麼，當利率上升，以較不消耗存款準備金的負債來取代原有負債的趨勢就會成形：能和銀行存款準備金（無論數量多寡）相容的總資產必然會增加。相反的，當利率降低，消耗存款準備金程度較高的負債相對總負債的比重，預期將會增加。

由於一單位的存款準備金能支持不同金額的銀行負債，所以，銀行業者可以提供的融資金額，會因融資的需求而調整；這項金額並不是呆板的由聯準會的行動決定。銀行追求獲利最大化的作為與準備金成本隨著利率升降的不斷變化，促使銀行業者為了順應需求而調整融資的供給。一旦將銀行家的行為與動機列入考慮，便可以察覺到，銀行負債的變化並非導因於銀行業者對聯準會各種倡議的被動回應：貨幣，也就是必須接受檢查的銀行負債，是由內生因素所決定。

貨幣政策意圖藉由控制銀行存款準備金成長率來決定銀行資產與負債的成長率。由於銀行的經營階層追求的銀行資產成長率，以及受保留盈餘控制的銀行資產成長率，有可能顯著高於貨幣政策當局希望達到的銀行存款準備金目標成長率，所以，在景氣好的時期，此時客戶明顯有好信用，銀行業者又必須設法應付這些客戶的大量融資需求，銀行業務系統將充斥許多試圖規避聯準會約束的創新。換言之，此時銀行家會設法讓資產及非權益型負債的成長率，至少達到銀行股東權益成長率相等的水準（或甚至更高），但聯準會則會試圖讓銀行必須接受檢查的負債成長率低於銀行股

東權益成長率。

在一個沒有中央銀行可以保護銀行債權人的世界，銀行業提高槓桿的傾向，會受到顧客與集體組織監督的約束，但這種約束不夠完整。在一個有中央銀行業務與存款保險幾乎能充分保障銀行非權益型債權人的世界，顧客與同儕監督的效力就會退化。因此，並沒有任何有效的市場障礙可以阻撓銀行的擴張，當然也就無法阻撓銀行對需求所造成的顛覆性影響。每當主管機關在景氣強勁擴張階段採取約束貨幣成長的行動，金融危機的危險就會浮現，所以主管機關還是會被迫介入干預，以保護銀行業者的存活能力。這種干預將導致存款準備金被挹注到銀行體系的比例，超出非通貨膨脹型經濟擴張時期所需要的挹注比例。就這樣，銀行業務最終將導致貨幣主管機關採取行動；不過，這種為中止債務型通貨緊縮而採取的強烈手段，最終卻會帶來引發通貨膨脹的貨幣成長。

為了控制源自於銀行業務的破壞性影響力，有必要對槓桿比率設下一個法定限制，並對銀行股東權益成長率加以設限，這項成長率必須與無通貨膨脹型經濟成長相稱。政策應該遵守這個指導原則，不過，當世人為了回應賺取獲利的機會而積極發展新金融慣例與新金融制度時，這個指導原則將變得知易行難。

銀行的獲利方程式：
作為成本的存款準備金，以及融資實務的演進

資產報酬、負債成本、營運成本與股東權益的槓桿程度等，決定銀行的獲利能力，而一心追逐獲利的銀行家，當然會設法從以上所有要素著手。槓桿要素明顯會影響銀行可用的融資數量。雖然聯準會試圖藉由管理

銀行業者可取得的存款準備金來控制銀行的信用與貨幣，但主管機關從未對槓桿比率設限。聯準會控制特定負債所必須提存的存款準備金數量與效能，但要藉由這些工具來控制銀行的信用總量（遑論經濟體系的總信用），根本是不可能的任務。充其量，主管機關只能期待以這個方式對顯性的銀行負債設限：多半是以擔保與承諾的形式存在的隱性負債，則無法透過存款準備金加以控制。

聯準會為了透過控制貨幣市場來控制經濟，意圖藉由幾個方法來決定銀行業的信用與存款，包括改變現有存款準備金貨幣數量、設定銀行針對特定負債必須提存的存款準備金比例，以及固定銀行（經由聯準會貼現窗口貸款）取得存款準備金的利率等。因此，銀行追逐獲利的環境是聯準會一手打造的傑作。然而，聯準會操作的可用存款準備金限制，並非活期存款可用存款準備金的確切決定因素。聯準會只能控制它本身的未清償負債數量，以及會員銀行和（在特殊的情境下，）其他經濟單位向聯準會貸款的條件。

流通通貨的數量取決於這種形式的資金需求。儘管有存款保險，信用卡的使用也很普遍，但近幾年卻看到通貨相對貨幣總供給的比例在上升。通貨占比的上升，使特定金額的聯準會負債所支持的銀行營利性資產金額減少。在不確定性與金融不穩定性環伺的時期，通貨比例的上升，顯示一般人變得比較重視流動性。

另一個需要考慮的要點是，戰後世代，非會員銀行的成長速度高於會員銀行。[18] 非會員銀行以其他商業銀行的存款來作為準備金存款。1976 年年底，會員銀行的存款金額是 6187 億美元，而非會員銀行的存款為 2579 億美元。若我們假設非會員銀行存款的法定存款準備率為 10%，那麼，非會員銀行依規定必須提存的存款準備金大約只要 260 億美元。260 億美元

大約只相當於 6187 億美元的 4.2％。所以，與非會員銀行實際上使用的資金相比，它們的潛在銀行準備金幾乎可以說是無限多。因此，對非會員銀行而言，「準備金的可取得性」並非一個有效的約束。

每當利率上升，聯邦準備銀行的準備金存款所產生的隱性成本就會上升。因此，利率愈高，因聯邦準備系統會員資格而產生的劣勢就愈嚴重。聯準會愈努力藉由壓抑準備金成長率來壓制通貨膨脹，非會員銀行的競爭優勢就愈大，因為非會員銀行有取之不盡、用之不竭的潛在準備金金庫可以使用。由於非會員銀行可以使用非會員銀行加上會員銀行的存款來作為準備金，所以，大型非會員銀行（規模達數百億乃至數千億美元）的成長，將更能取得準備金存款。

隨著非會員銀行的絕對規模與它們持有的銀行資產和存款占比持續成長，銀行體系漸漸形成一種階級式結構，其中，會員銀行以聯準會存款與通貨來作為準備金，而非會員銀行以銀行業存款和通貨作為準備金。非會員銀行的成長（透過重新核發特許經營權，或是會員資格的轉移）快速促成這個階級式結構的發展。1960 年年底，美國大約有 1 萬 3500 家銀行，其中 6900 家（51.1％）是非會員銀行。到 1976 年年底，美國大約有 1 萬 4671 家銀行，其中有 8914 家（60.8％）是非會員銀行。由於非會員銀行的成長會助長週期性起伏，而且更快速順應融資的需求，因此，非會員銀行業務是導致融資的供給會順應需求而進行調整更深層的要素。[19]

追求獲利最大化的銀行體系有個根本特質是，必須有能力創造存款準備金的替代品，並將存款準備金消耗程度降至最低。若要壓制導致金融脆弱度惡化的推力，可能必須對銀行的槓桿比率設限，並約束經由保留盈餘來實現的股東權益內部成長率。意圖藉由控制現金資產對存款負債的比例來控制銀行業務，明顯是搞錯重點。

獲利方程式延伸至非銀行金融機構

除了商業銀行，諸如儲蓄信貸協會、合作儲蓄銀行、人壽保險公司、銷售與消費融資公司、REITs 與貨幣市場基金等，也都是信用的來源。即使其中某些機構屬於合作社型組織，但它們一樣也是追逐獲利的高槓桿型組織。這些機構會為了掌握獲取獲利的機會而供應融資。

這些非銀行金融中介機構與商業銀行的並存，使融資的供給絕對會順應信用市場的需求而調整。專業化金融中介機構經常和特定產業密切相關：例如，銷售融資公司與汽車業、儲蓄信貸協會與小家庭住宅，以及REITs 則與大規模商業及住宅營建業等。其他金融中介機構主要則是向某些特定來源籌募資金。因此，退休基金、保險公司和貨幣市場基金和特定的籌資方式息息相關：退休基金和保險公司是根據事前預訂的時程取得資金，所以，它們在資產方面擁有非常大的彈性；貨幣市場基金則必須和存款機構競逐金融資源。然而和商業銀行與儲蓄銀行不同的是，貨幣市場基金沒有可以提供資產的基本客群。

誠如表 10.1 所示，1974 年之前那 10 年間，商業銀行與大型非銀行金融機構的金融淨值相對總資產的比例是降低的，除了儲蓄信貸協會以外，所有機構的這個數字都大幅降低。1974 年至 1978 年間，所有組織的金融淨值都小幅增加，不過，儲蓄信貸組織還是例外。在 1964 年至 1978 年間，表列的所有機構槓桿比率（上列比例的倒數）都見上升。

主要為汽車與消費性耐久財的採購提供融資，以及承作家庭放款的融資公司，在負債的管理上相當積極。這些融資公司藉由發行債券、商業本票與向銀行貸款等方式，為其資產部位取得資金。由於銷售融資業務使用的是它們資產的銷售點發起者（point-of-sales originator），所以，融資公

表 10.1　金融淨值相當於總金融資產的比例

	1964 年	1974 年	1978 年
商業銀行	7,27	5.82	6.14
儲蓄信貸協會	6.62	6.23	5.54
合作儲蓄銀行	9.35	7.89	8.62
人壽保險公司	7.57	4.35	5.04
融資公司	7.64	5.60	3.15
商業銀行	7.09	5.55	5.74

資料來源：Flow of Funds Accounts, Board of Governors Federal Reserve System: 1964–December 1976 supplement; 1974, 1978–September 1979 supplement, Flow of Funds Accounts.

司通常是透過取得資金來回應信用需求的組織（這類組織和商業銀行很像，因為它們是先承作放款後，再尋找資金）。

　　對融資公司的需求增加，一開始會促使銀行貸款增加，接著是商業本票增加。標準商業本票融資程序要求，本票發行人必須持有未清償商業本票金額以上的銀行未動用信用額度。因此，商業本票強勁擴張到最後，將會抵觸信用額度所構成的上限。一旦發生這個情形，融資公司就會發行債券，釋出信用額度。所以，融資公司的短期擴張受限於銀行的信用額度，而長期擴張則受限於它們出售債券的能力。

　　融資公司是相當不受約束的金融組織，這類組織能在全國各地營運，它們使用的資產與負債也很有彈性。表 10.2 列出融資公司在 1964 年、1974 年與 1978 年的資產負債結構。從這份表格明顯可見，1964 年至 1974 年間的負債期限縮短了：1964 年的永久性融資（股東權益與債券）是資產的 44％；1974 年時，永久性融資占資產的比重降至 32％。（到 1978 年，較長期的融資回升到 35％）。相較之下，融資公司對公開市場本票型融資的依賴度，從 1964 年的 18％上升至 1974 年的 29％與 1978 年的 33％。由於融資公司對短期貨幣市場融資的依賴度上升，因此也變得更容易受利率

表 10.2　融資公司的資產及負債結構

	1964 年	1974 年	1978 年
活期存款與通貨	4.51	3.85	3.02
房貸	9.87	11.03	7.41
消費信貸	56.55	46.41	46.05
對企業的放款	29.13	38.71	43.45
金融淨值	13.96	2.60	3.16
公司債	30.38	29.14	35.21
銀行放款 NIC	24.35	21.64	14.28
公開市場本票	18.43	28.51	32.53

資料來源：Flow of Funds Accounts, Board of Governors, Federal Reserve System, 1964–December 1976; 1974, 1978–September 1979.

驟升傷害。

　　另外，融資公司的資產組成結構也改變了，尤其是消費（家庭）放款與企業放款的結構：1964 年，融資公司的總資產中，有 57％是家庭放款，29％是企業放款；到 1974 年，家庭放款占總資產的比例降至 46％，企業放款占比則上升至 39％；到 1978 年時，家庭放款依舊大約相當於資產的 46％，但企業放款上升到 43％。

　　雖然融資公司最初只經營家庭放款業務，不過，隨著這類組織取得各種能在金融市場上遊刃有餘的技術，它們也得以提高其資產占股東權益的比例，從 1964 年的 7 倍，提高到 1974 年的 14 倍，乃至 1978 年的 30 倍以上，在此同時，這些組織也漸漸朝企業放款業務前進。

　　美國複雜的融資結構是由各式各樣以股東權益為基礎來進行槓桿操作的機構所組成，而且這些機構通常是經由利差來賺錢，換言之，貸款利率低於資產報酬率。為了透過利差賺錢，它們的負債必須比它們的資產更能體現凱因斯的流動性溢價（liquidity premium）。若可以排除金融困境發生

的可能性，那種金融中介機構便會在其現金收入足夠履行負債承諾的時期提高資產淨值比，這並不會使負債的流動性降低。不過，隨著企業與金融機構對公開市場本票（即商業本票市場）的依賴性增加，將導致資本資產價格與股票價格很容易因那類負債的流動性要素不利的再評價（reevaluation）而受傷，而這會導致公開市場利率上揚，從而使金融中介機構透過利差賺錢的能力降低。事實上，1970 年代末期與 1980 年代初期低迷的股票市場與投資活動，便可視為經濟體系對原本認為金融困境不可能發生的觀點，轉變為認定金融困境可能發生所做的反應。這會使以零違約資產來體現的流動性價值得以上升，並促使很多民間債務的流動性報酬降低；它也導致資本資產價值及股票價值下降。

順應需求而調整融資供給的特性

銀行與金融理論的標準觀點主張，聯準會能藉由存款準備金基數的控制，有效管控活期存款金額、乃至銀行的融資活動。然而，銀行及金融中介機構的逐利行為，卻導致實際上的金融成長率和聯準會期許的水準有所差距。

若只是狹隘聚焦在傳遞銀行業務影響的付款工具供給，不可能理解採用融資的投資活動對經濟的影響。貨幣強行在資本資產的直接所有權人與最終所有權人之間插入一層融資面紗，但具備這項功能的工具還有很多種，包括其他金融機構的負債、商業本票和公司債，以及權益股份等，也會在這兩種所有權人間插入一層融資面紗。

貨幣的獨特性在於它是銀行採取融資行動下的產物，所以，當銀行持有債務工具的承諾獲得履行時，貨幣便會被摧毀。由於貨幣是在正常業務

發展過程中被創造與摧毀，所以，流通在外的貨幣金額會順應融資的需求而調整。銀行對經濟體系攸關重大的原因是，銀行的營運不會像放款人一樣受到箝制：銀行手上沒有貨幣也能放款。銀行業所享受的這項彈性，意味長期需要資金的專案能在必要時安排取得所需的資金。銀行的信用額度和承諾的效用一點也不亞於庫存資金。

投資的流程端賴銀行業務賦予金融體系彈性。不過，銀行家和其他貨幣市場操作者一心追逐獲利，總是不斷尋找各種能變出貨幣的新方法。金融體系的確有必要順應企業界瞬息萬變的融資需求而進行調整，但若金融創新與積極追逐借款人的行為，導致實際的資金需求超出投資的融資活動對資金的需求，就會有多餘資金被用來追逐現有的債券、普通股和資本資產。這個情況一旦發生，將導致資本資產價格相對投資產出的供給價格上漲。誠如先前解釋的，這樣的狀態將使投資活動乃至獲利增加，導致資本資產價格與長期融資工具的價格進一步上漲。到最後，金融市場的行為有可能將原本看似穩定的擴張，轉化為一場熱潮。

雖然金融創新司空見慣，但這些創新的接受度，取決於一般人主觀上對「持有貨幣」所體現的流動性溢價評價降低（儘管微小）。當經濟歷經一段機能運作良好的成功時期，流動性的價值便會降低，一般人也往往會接受較積極的融資實務。銀行、非銀行金融機構與貨幣市場組織因此得以用新型的負債展開實驗，並在不明顯折損其負債的信用的前提下，提高資產對股東權益比。在這些情境中，隨時可以向積極的金融機構取得融資供給會使資本資產價格上漲，並引發資本資產部位與投資活動的短期（即投機）融資。[20]

銀行業務與融資有可能成為嚴重破壞美國經濟體系的動力，不過，若缺乏銀行業務流程，融資的彈性與順應企業活動需求而調整，對有活力的

資本主義而言必要的融資活動不可能存在。銀行是引發不穩定性的要素之一，這個特點應該不足為奇，畢竟銀行家是為企業、政府與家庭提供短期融資的專家，而銀行家若不教導顧客使用銀行精心打造的便利工具的方法，便無法銷售他們的服務。除非企業、政府與家庭向銀行貸款，否則銀行家無力維持生計；換言之，銀行家是銷售「債務」的商人。

銀行業務是內生不穩定因子：
中央銀行成為最後放款人

對銀行業務的標準分析已經促成一個由中央銀行（以下將稱之為主管機關）與追逐獲利的銀行組成的賽局。在這場賽局中，主管機關實施利率與存款準備監理規定，並在貨幣市場上操作，以維持它們認為適當的貨幣金額；另一方面，銀行則是為了繞過主管機關而不斷發明與創新。主管機關或許能壓抑存款準備金基數的成長率，但存款準備金的效能卻取決於銀行業務與融資結構。

但這是一場不公平的賽局。銀行圈裡的創業家掌握的籌碼遠比中央銀行的文官多。在戰後，主動權一向掌握在銀行圈手上，主管機關則屢屢被金融市場運作方式的變化嚇得措手不及。追逐獲利的銀行家在和主管機關交手的這場賽局中，幾乎每一次都穩占上風，不過，銀行圈在這場賽局中的勝出，也導致經濟陷入不穩定；真正的輸家是受失業與通貨膨脹傷害的人。

屠夫與烘焙師傅供應肉品與麵包的出發點是自利之心。這句亞當斯密的名言促使某一派人士主張，追逐私利的行為，將促使市場達到均衡狀態；新古典經濟理論的結論也承襲以自利心出發的行動對市場的影響的概

念。銀行家是基於自利心才承作放款，以及向大眾推廣他們的服務，而投資人則是基於自利心，只要資本資產的價格超過投資財的供給價格，才使用銀行家推銷的服務。在商品生產活動方面，產品的供給流程所產生的所得，正好等於產品供給的市場價值，而在金融市場上，融資的需求將產生相等的融資供給。此外，若融資的供給超過以資本資產與投資產出用當期相對價格計價的融資需求時，超額的融資供給將會推升資本資產價格相對投資產出供給價格的水準，而這將使投資的需求增加，因此融資需求也會增加。

　　但在一個有資本家融資的世界，每一個經濟單位追逐私利會促使經濟達到均衡狀態根本是錯誤的說法。銀行家、使用槓桿的投資者，以及投資的生產者等人的自利心，只可能帶領經濟走向通貨膨脹型擴張，以及引發失業的經濟萎縮。供給與需求分析認為市場流程將促成均衡，但並無法解釋資本主義經濟體的行為，因為資本主義的融資流程，意味著經濟體系隱含會引發不穩定的內生動力。金融脆弱是金融不穩定性的先決條件，基本上是內部市場流程所造成。

　　主管機關的監理體制、特許權限制與中央銀行對銀行存款準備數量與有效性的決定權等，都是在控制銀行業與金融業固有不穩定的動力。然而，主流經濟理論產生出一個奇怪的觀點，主張各種監理安排是未開化的迷信與無知的表現，因為中央銀行監理規定與裁決權的設計所要處理的現象，實際上並不存在於自然界。這個怪異的觀點主張認為，不穩定性（熱潮、通貨膨脹、資金緊縮、經濟衰退與蕭條）主要導因於為了控制與抵銷不穩定性而採取的莽撞作為。

　　當初設立聯準會等機構是為了控制與遏止銀行業務及金融市場的種種失序，但目前這些機構卻都成為某個否定那類失序情況可能發生的經濟理

論的奴隸。當今的標準理論主張主管機關應該聚焦在貨幣供給,而且應該利用各種操作來達到固定的貨幣供給成長率,而主管機關大致上也認同這個理論的觀點是有效的。因此,自願被障眼法蒙蔽的貨幣政策官員,往往會漠視各種會使貨幣現象影響到經濟活動的融資關係。

實質上來說,蒙蔽主管機關的貨幣供給障眼法,完全不考慮資產組合轉變發生的方式,也不認為這些轉變會影響到經濟體系的穩定。銀行股東權益基數的日益降低、負債管理相關業務的成長,以及隱性負債的使用量增加等問題,實質上全遭到漠視,**總是要等到**金融市場有瓦解之虞時,才有人開始關注這些問題。到了那時,大家才又會正視當初讓聯準會得以存在的理由,而此時聯準會將再次以最後放款人之姿向銀行體系挹注準備金,並為了防止整個金融體系瓦解,向銀行業者提供再融資。

每當主管機關扮演最後放款人,就能提高銀行業者的準備金基數,並讓此刻飽受威脅的金融慣例得以就地合法。此外,每當主管機關被迫以最後放款人之姿介入干預,除了有立即倒閉危險的機構外,很多金融機構就會繃緊神經,因為他們害怕接下來輪到他們。因此,成功的最後放款人干預結束後,隨之而來的將是一段金融重建期,這個時期將瀰漫保守主義的氛圍,因為那些繃緊神經的機構會努力設法改善其財務狀況。在一個有大政府的資本主義經濟體,自動生效與權衡型的財政穩定器將造成龐大的財政赤字,用來維護獲利與就業。由於巨額的財政赤字與最後放款人干預,歷史上常見的急速沉淪期也因而被中途打斷。

最後放款人行動以及巨額的政府赤字使準備金基數增加,政府持有的銀行體系債權也會增加。實質上,各銀行業者因此得以在經濟衰退期間與經濟剛走出衰退時好好的休養生息,為接下來的商業擴張提供融資的能力提供支持。由於干預行動會導致經濟衰退過程突然且迅速終止,金融動亂

迫使主管機關出手，展開最後放款人干預，不再導致價格連續下跌；取而代之的，主管機關為防範債務型通貨緊縮與經濟蕭條而採取的行動，反而為後續的經濟迅速擴張、乃至通貨膨脹奠定堅實的基礎。

在經濟擴張期，會有很多新金融工具與新融資方法問世。但通常一旦經濟陷入緊縮狀態，新方法與新機構便會露出各式各樣的缺陷。此時為了防止局部的弱點引爆全面性的資產價值下跌，主管機關會出手干預；這種干預的形式是：聯準會接受在它的資產組合納入新型態的工具，或是默許新機構與市場的再融資協議。由於主管機關的干預往往會讓那些新融資方式就地合法，所以，中央銀行的作為等於是讓後續經濟擴張期可以合法使用的新金融工具變得比先前更多。

若要限制銀行業務的破壞性影響，主管機關必須擺脫上述那種障眼法的蒙蔽，並相信它有必要介入引導，並控制金融慣例與實務的演進。在一個充斥積極追逐獲利的商人與金融中介機構的世界裡，創新者的腳步一定遙遙領先監理者；換言之，主管機關根本無法防範資產組合結構的變化發生。不過，主管機關能設定各類資產的股東權益消耗比例，將銀行的資產股東權益比控制在特定範圍內。若主管機關善加約束銀行業者，而且充分掌握邊緣型銀行及其他金融機構的活動，就更有條件減弱美國經濟朝破壞性擴張發展的傾向。

銀行家會監督借款人與信用額度的持有人。一旦信用額度啟用，銀行家就必須持續關切借款人的狀況，也必須留意各種可能影響顧客生存能力的商業及財務發展。基於作為放款人的銀行家會採取前述作為，當他成了借款人，他自然也會接受所屬銀行的實際放款人或潛在放款人監督。然而，基於存款保險與處理問題銀行的合併方法等理由，存款人監督的功能已蕩然無存。目前提供存款保險或核發銀行特許權的機關所進行的銀行檢

查作業，已經取代存款人監督的功能；因此，應該賦予提供保險的主管機關約束及控制銀行業者的商業活動。一旦沒有存款保險，存款人自會遠離股東權益比例偏低且資產品質有疑慮的銀行。所以，負責監理與提供保險的主管機關取代存款人監督，當然必須有能力約束銀行的資產對股東權益比與資產結構。

商業銀行的準備金主要來自聯準會持有的政府證券。但政府證券或對銀行體系供應準備金的公開市場技術，並非供應準備金的唯一方法。在大蕭條以前，非以黃金形式存在的準備金，多數是以銀行貼現窗口貸款的形式存在。若要加強聯準會對商業銀行的控制力，一個方法是讓貼現窗口再次成為銀行存款準備金的正常來源。若商業銀行業者主要是透過聯準會的貼現窗口貸款，它們就必須接受聯準會的指導，並順應聯準會的要求進行調整。

只要銀行準備金主要來自公開市場的政府證券購買行為，超大型銀行就幾乎完全不受聯準會的壓力所箝制。若正常的運作規定要求銀行必須在貼現窗口貸款，那麼，銀行業者的資本適足狀況與資產結構就必須受聯準會監督。所以，若能擴大以貼現窗口來作為銀行準備金的正常來源，應該就能削弱容易導致美國經濟陷入不穩定的諸多影響力，這種不穩定性的影響力導因於銀行的商業與資產部位融資擴張太快。

第十一章

通貨膨脹

　　自 1960 年代中期開始，消費者物價的表現便與戰後初期的行為模式
迥異（見圖 11.1）。原本在 1967 年以前表現溫和且偶發的通貨膨脹，在本
質上出現了改變；通貨膨脹變得更嚴重，而且明顯呈現週期型態。尤其過
去一段時間日益惡化的通貨膨脹，和如今不時發生的金融危機息息相關。
在過去，金融不穩定性是深度經濟蕭條所導致，但以今日的經濟結構來
說，金融不穩定性似乎和週期性通貨膨脹的日益惡化較為有關。

　　我們已經在第五章說明，在美國這個資本累積型經濟體，價格是傳遞
獲利的媒介，以及加速促成盈餘的工具。此外，價格所傳遞的獲利有時足
夠應付因負債結構而產生的成本，並足夠回收企業過去為取得資本資產而
支付的價格，但有時不足以應付上述成本與費用。另外，勞動成本的已實
現總成本加成，取決於為生產產出而產生的融資需求，而這項成本加成所
傳遞的現金流量，將被用來應付過往融資所造成的成本，並產生可用的新
財源。這個論述說明，絕對價格（也就是市場流程的觀測結果）與相對價
格（也就是可使用的替代方案條件）是同時產生的；這兩種價格一樣真

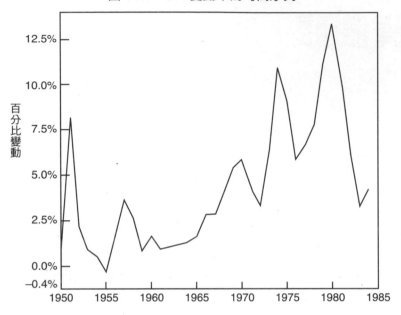

圖 11.1　CPI 變動率的時間序列

百分比變動

資料來源：Economic Report of the President, February 1985, U.S. Government Printing Office, Washington, D.C., 1985, Table B 56, p. 296.

實，也一樣基礎。

　　利用最基本的價格方程式 $P_C = \dfrac{W_C}{A_C}(1+\mu)$，消費者物價的變動率（即通貨膨脹率）等於工資增加率減去勞動生產力增加率，再加上這項成本加成的增加率。[1] 這個關係的第一部份記錄了「當工資增加幅度超過生產力，便會引發通貨膨脹」這個過分簡化的定理。然而，關於工資與物價關係的這類簡化說法，漠視價格成本加成的變化所帶來的影響。我們在此提出的觀點，將著重於成本加成在大政府型資本主義的通貨膨脹發展流程中的核心作用力。

　　我的理論著重在融資需求的組成結構，以及作為獲利分配的所得支

出，是消費財價格的決定因子。這與正統凱因斯理論的乘數分析（multiplier analysis）一致。在最基本的正統凱因斯模型，透過投資的生產活動而賺到的所得，和透過消費財生產活動賺到的所得，共同被用來作為支應消費財需求的財源。若針對支出行為做出誇張的假設，那麼，因此而產生的價格，將使消費財生產活動的總獲利（也就是資本所得總額）等於投資財的工資總金額。貨幣工資率成為產出的正常供給價格中的一環，不過，若要貨幣工資持續不斷上漲，那麼，由於投資（與政府）需求所面對的供給價格反映上述較高的工資成本，因此若要滿足投資（與政府）需求，就必須使用融資。即使是在工會勢力強大的情境下，工資經由協商來設定，工資的提高都必須有銀行與金融體系的融資才得以落實。

商人與銀行家對獲利的計算，是決定就業、工資和價格的第一步。這個主張和新古典貨幣主義理論的觀點呈現鮮明的對比。諸如米爾頓·傅利曼等貨幣主義者主張，「實際」經濟成果，包括就業、就業在產出之間的分配、相對價格（包括工資與利率），是「由瓦爾拉斯學派的一般均衡方程式系統所得出，前提是，這些方程式必須包含勞動力與商品市場的實際結構性特質，包括市場缺陷、需求與供給的隨機變異性、蒐集職缺與可用勞動力等資訊的成本、人員流動的成本等等。」[2] 根據傅利曼這一段華而不實且敷衍了事的說明，實際經濟結果的決定，與貨幣及融資現象無關；根據貨幣主義者的分析方式，貨幣成長率只會影響價格水準的行為。

貨幣主義者的通貨膨脹理論奠基於貨幣數量理論，其中貨幣供給把新古典經濟學價格理論所決定的相對價格轉化為貨幣價格；但貨幣不是決定相對價格、已完工產出、已消費產出與已投資產出的要素之一。

銀行家的業務是迎合消費者。因此，當企業在生產或投資活動的融資需求上升，會使銀行對企業資產的所有權及未清償的銀行負債增加，換言

之，貨幣將增加。投資生產活動的增加尤其需要增加銀行信用（未清償的銀行負債因而也會增加），就算銀行信用並未因此增加，先前閒置的貨幣餘額也會因投資生產活動的增加而得到活化。但隨著貨幣流通速度增加而出現的貨幣供給變化只是通貨膨脹流程中的一環，而非引發通貨膨脹的導因。

在美國的經濟體，引發通貨膨脹的因果鏈始於投資或政府支出的增加，這會使成本加成上升；貨幣供給或貨幣流通速度的增加，通常和投資或政府支出的增加有關。投資需求取決於融資的可取得性。由於經由銀行業產生的融資供給會順應需求狀況而進行調整，所以，貨幣供給會因此發生變化，以迎合決定融資需求的經濟活動。

貨幣工資與價格平減後的工資

文獻與媒體將實質工資與名目工資（即貨幣工資）視為不同的項目。這些用語反映出一個觀點：具經濟攸關性的工資取決於勞動力所生產、而且能以工資購買的實質產出。

「勞動力供給與需求取決於工資價格比」的主張，稱不上經濟理論的結論，它其實只稱得上一個假設：「真實公理」（the axiom of reals）只是正統理論的一個假設。[3] 正統理論為了證明一個去中心化的市場經濟體最終將促成一致性的結果，所以它假設，唯有工資相對價格上漲，勞動力供給才會增加。

這種聚焦工資相對於價格的觀點，並不足以解釋工資如何影響一個有投資活動發生，而且資本資產及融資合約採貨幣計價的經濟體系裡的各項發展。貨幣工資率與獲利流量會決定債務的付款承諾能否履行。當勞工背

負固定金額的房貸與分期付款等債務，他們履行這些義務的能力會隨著貨幣工資的增加而改善，即使當期的價格會隨著貨幣工資的增減而漲跌。企業關心的是貨幣總獲利的流量；對一家企業來說，當貨幣工資上漲，意味相同比例的成本加成將產生較大的貨幣流量。在單純的模型中，當投資財生產活動的總工資上漲，消費財生產活動的貨幣總獲利也會增加，而當投資財生產活動的總工資下跌，消費財生產活動的貨幣總獲利則會減少。根據較廣義的觀點，消費財的生產者履行其財務義務的能力，端視決定已實現總成本加成的那些工資及其他所得而定。

在各種農產品價格支持計畫發展出來以前的農業，清楚展現出履行債務承諾的能力和價格之間的關係。農業產出需求的減少或供給的增加會導致價格下跌，而價格的下跌經常導致農民失去履行債務承諾的能力。美國在南北戰爭後，因回歸金本位而導致農產品的美元價格下跌，是促使威廉・詹寧斯・布萊恩（William Jennings Bryan）發表著名的黃金十字架（Cross of Gold）演說的直接因素。

當一個世界存在以貨幣計價的跨期合約，這個世界的貨幣工資與價格變化路徑就會決定那類合約是否會獲得履行。若貨幣工資與價格的變動比例相同，新古典經濟理論所稱的「真實」工資就不會改變，不過，可用來履行付款承諾的現金流量則會改變。所以，名目數值還是很重要的。

勞動薪酬系統並不是以貨幣來設定所有的工資和薪資。通常員工也會得到某種以商品和勞務形式存在的酬勞。舉個例子，對員工發放的健保福利通常是固定的，而且是以可用勞務（而非須承擔的成本）的形式存在。這類將提供固定商品與勞務組合的協議，使雇主的現金流量很容易因成本上升而受到損害。

由於多數勞動力酬勞是以貨幣計算，所以由買進商品決定的部分福

祉，取決於工資被用來購買什麼東西。儘管工資的協商只能以貨幣為基準來進行，但工資要用來購買什麼東西，則是取決於價格的行為模式。即使勞動契約與政府的行動會影響到貨幣工資，貨幣工資對商品與勞務的支配力量，還是取決於市場上的種種發展。勞動契約只是啟動一個流程，不會確立任何結果；工資契約和已實現的生活水準之間還有無數的調整必須進行。影響工資水準的立法與集體協商，只能在制度內啟動一個流程：集體協商或許對工資水準有一點影響，但最終決定工資水準的是市場流程。

參照我們最基本的經濟模型（請見附錄 B），貨幣工資的購買力和消費財的產出直接相關，並和投資及消費財生產活動的就業與工資率負相關。若消費財生產活動的產出相對其就業的比例沒有改變，那麼，每當投資財的就業水準相對消費財就業水準上升，消費財產業的貨幣工資購買力就會下降。在這個情況下，基於這個基本模型的詳細說明，當消費財生產活動增加，通貨膨脹就會趨緩或停止上升；若消費財產出增加速度比工資總金額增加速度快，價格水準往往會下跌。

增加投資等於是為經濟體帶來通貨膨脹上升的推力。由於相對工資率受市場需求或工會力量（各有差異）影響，所以增加的投資活動會使投資財生產活動所需的專業技術需求上升。在一個著重投資活動的經濟體，投資財產業的工資相對於消費財產業的工資往往會上升。這樣的相對工資上升會使單位產出的成本增加，往往會推高消費財的價格水準。

若我們檢視更多複雜的關係，將政府、獲利中用來消費的部分，以及動用工資來進行的儲蓄等列入考慮，就會發現，貨幣工資購買力的演變途徑，取決於以所得支應的消費財需求規模，而不是取決於源自消費財生產活動的需求。因此，以獲利支應的消費需求一旦上升，將導致價格上漲。企業花在員工醫療健保、廣告、產品開發等的費用，可以解讀為是廣義獲

利的一種分配。那類支出會使必須回收的成本增加，也會使消費財的需求上升，因為為了進行這些活動而支付的手續費與工資都會成為工資所得。整體而言，那類企業支出會成為一種自我應驗的預言，因為這種支出不僅會提高單位成本，也會使已實現產出價格上漲；價格會隨著一般人花在這類活動的支出增加而上漲。除非工廠車間的生產力改善，否則這些所得的增加可視為是獲利被分配到企業輔助性業務的工資與薪資，將會製造通貨膨脹壓力。[4]

　　基本上，通貨膨脹可以分為兩種。一種是即使貨幣工資漲幅落後價格漲幅，價格還是上漲；第二種是，價格上漲，而貨幣工資漲幅趕上價格漲幅，甚至超過價格漲幅。當決定成本加成的因子相對消費財的產出上升，價格上漲幅度就相對會高於工資，此時工資的購買力會降低。這種型態的通貨膨脹不會「自給自足」的長久維持下去。而如果工資購買力的降低幅度非常大，就會發生工會鬥爭、雇主為使工會夭折而提高工資，或政府干預（例如提高最低工資或設定法定工資指數）等情事。當這類情況成為常態，經濟體系就會轉為第二種類型的通貨膨脹：開放性通貨膨脹，其中，上漲的價格促使工資提高，而提高的工資又促使價格進一步上漲。

　　價格平減後的貨幣工資降低觸發貨幣工資上升的時點，取決於制度安排、政治氛圍、價格平減後的貨幣工資下降幅度，以及通貨膨脹屬於常態還是偶發現象。一旦通貨膨脹預期心理形成，勞動市場組織與政治氛圍就會促使工資指數的制度化。若價格平減後的工資只是溫和、不規律，而且意外下跌，並不會引發貨幣工資上漲。勞動市場的遲鈍反應會阻礙開放性通貨膨脹的形成。這個阻礙意味，當一個經濟體的政府工資、移轉支出與以獲利支應的消費活動變化較小，甚至沒有變化，投資財產業的工資總金額相對消費財產業的工資總金額只會出現小幅度且暫時性的變化，不會促

使貨幣工資率上升。然而,若以非源自於消費財產出的所得來支應的消費財需求顯著且長時間連續增加,這個通貨膨脹障礙就會遭到破壞,因為貨幣工資上漲而起的通貨膨脹就會發生。

在二戰前,逆週期(contra-cyclical)型經濟政策(注:指為阻止經濟陷入週期性衰退而實施的政策)都沒有產生成效,或是根本不存在。在新政與後二戰世代之前,政府還只是美國經濟體系的一個小環節,而且無論是政府或民間,都鮮少為了穩定經濟體系而付出心力。承平時期的通貨膨脹和景氣循環的經濟擴張息息相關。因此,在當時,通貨膨脹的延續期間都很有限,每次價格上漲都沒有引發「價格連續上漲」的預期心理。唯有世人普遍相信貨幣工資購買力將連續降低,否則看似能產生工資指數化(indexing,注:指根據通貨膨脹變化調整工資)效果的制度並不會出現。

二戰之後,政府占經濟體系的比重大幅上升。政府工資、採購與移轉支出,催生了對消費財的需求,但這些消費財產業並未直接擴大供給。而消費財需求相對消費財產出的比例一旦上升,就會產生通貨膨脹壓力,移轉支出尤其往往會促使這項比例上升。

以獲利來支應的消費支出相對消費財生產活動工資總金額的比例一旦上升,往往會促使工資的購買力降低。就簡單的意義來說,這包括以股利、利息與資本利得來支應的消費。然而,以美國經濟來說,有非常高比重的資本所得總額(營收減去技術決定的勞動成本與原料成本)是以工資與薪資的形式分配給投入行政、行銷、廣告和其他輔助性業務功能的勞工。這些工資和薪資部分會用在消費財的支出,促使技術決定的成本加成增加,同時使每一元工資所得的購買力降低。

因此,價格的趨勢主要取決於經濟的運轉方式(以最終需求的組成結構,以及可用於消費財支出的所得來源相對消費財直接生產活動所產生的

工資所得等意義來說）與貨幣工資的趨勢（包括各種生產活動的技術成本，以及獲利的分配）。通貨膨脹會不會變成開放性通貨膨脹，取決於貨幣工資是否會對工資購買力的降低產生反應，換言之，它將決定通貨膨脹障礙是否禁得起打擊。

誠如上述，每一個經濟體都有一個通貨膨脹障礙，因為超過某個點後，價格的上漲會促使貨幣工資同步上漲。通貨膨脹障礙的位置，決定貨幣工資的上漲是否（或在什麼階段）會成為通貨膨脹的主要決定因子。通貨膨脹轉變為開放性通貨膨脹（其中，貨幣工資、投資、政府赤字以及價格會競相上升）的具體決定因子之一是：以非直接生產管道的工資所得來支應的消費需求極度龐大，而且持續成長。戰爭和國防支出、指數化的移轉支出系統、獎勵投資的政府政策、商業相關的廣告、行銷與行政，以及消費財的信用採購行為等，都是那類消費需求的潛在財源。

當一個經濟體存在複雜的企業結構與政府結構，一如目前的情況，貨幣工資的演變趨勢並不會誘發通貨膨脹。首先，通貨膨脹是「在一組固有的價格下，為取得過多的消費財供給提供資金」所造成。當供給沒有跟著增加，對消費財供給的任何限制（例如戰爭時期發生的狀況，或是因乾旱造成的供給限制），或可用於支應消費財需求的任何所得增長，都會導致價格上漲。

根據這個觀點，一旦通貨膨脹障礙被突破，貨幣工資的行為將變成比較像是一種防禦性反應，而不是引發通貨膨脹的導因。當投資、政府移轉支出、企業支出與消費者債務等為消費需求提供的財源，使商品的需求相對供給增加，價格便會上漲，因而使價格水準平減後的工資降低。當市場情勢助長貨幣工資進一步上漲，換言之，當相對處於充分就業狀態，而且企業獲利相當高時，就會發生開放性通貨膨脹。工會會使貨幣工資的反應

加速，使通貨膨脹障礙降低；當工會的力量增強，將使通貨膨脹障礙減少，而工會力量轉弱，則會使這個障礙增加。

過去 20 年出現的新現象是，即使在高失業率時期，通貨膨脹（包括貨幣工資的提高）依舊維持高檔。這幾次停滯性通貨膨脹是發生在移轉支出快速增加的時代，即使是在景氣循環的經濟擴張期，政府赤字也未見降低，而當失業增加，政府赤字更是暴增，而且政府工資率與工資總金額都快速提高。1960 年代末期、1970 年代與 1980 年代初期的幾個經濟衰退期，企業總獲利與消費者物價都維持高檔，甚至上升。以維護獲利為目的的政府政策，讓企業與銀行業者得以在 1966 年、1969 年至 1970 年、1974 年至 1975 年，1979 年至 1982 年，以及 1983 年至 1984 年間的金融創傷後倖存；但這卻衍生出成本加成式通貨膨脹。

在過去幾十年的經濟衰退期，價格平減後的貨幣工資往往在降低，因為以維護獲利為目的的政府赤字，使成本加成得以維持或甚至上升。因此，一旦就業水準趨於穩定並開始上升，提高貨幣工資的壓力就會變得顯而易見。工資上升（即使是在勞動市場低迷的時期也會發生這樣的狀況）的最好解讀方式，就是將其視為對「能產生獲利的政府赤字會導致經濟衰退期的成本加成上升與價格上漲」的防禦性或制度化反應。

貨幣工資

二戰結束後不久，情勢便清楚顯示，標準版的凱因斯理論有一個嚴重的缺陷：它實際上並未對價格做出解釋。後來，菲利普（Phillips）、菲爾普斯布朗（Phelps-Brown），以及薩謬森（Samuelson）與梭羅（Solow）的研究填滿了這個真空，他們主張，貨幣工資的變化與失業水準之間存在

一種反向關係，而這個關係也導致失業率與價格水準的變動之間有一種反向關係。[5]

這個反向關係被奉為抵換學說（doctrine of the tradeoff）的神主牌，這個學說主張，通貨膨脹是經濟體系為了維持低失業率而必須付出的代價。後來的文獻將穩定價格狀態下的失業率稱為一種「自然」失業率：每當通貨膨脹被充分預期，無論通貨膨脹率位於什麼水準，實際的失業率就會等於這個自然失業率。自然失業率理論家主張，這種抵換關係只有在通貨膨脹率暫時且意外上升的時候才會存在。[6] 在這個觀點下，失業率與通貨膨脹率之間的抵換，取決於虛張聲勢；即使雇主正確洞察到未來的狀況，但唯有讓勞工相信通貨膨脹將低於未來的實際通貨膨脹水準，失業率才有可能降低。失業率往往總是朝「穩定價格與未實施旨在降低失業率的貨幣政策與財政政策」環境下的失業率水準移動。這個觀點堪稱古典經濟學派勞動力供需觀的 一種現代表述，反映勞工偏好與生產力的勞動力供給與需求，決定就業水準與實質工資。

圖 11.2 顯示，美國的通貨膨脹率（以 CPI 變動率衡量）和失業率之間並不存在明顯的一致關係。在甘迺迪－詹森執政期間（1961 年至 1969 年），失業率和通貨膨脹之間確實存在一種清晰的反向關係，這個關係似乎顯示，當失業率低於 4%，就會導致通貨膨脹持續走高，但隨著通貨膨脹持續走高，失業率並沒有繼續降低。

若我們將圖中垂直或向後彎曲的部分視同通貨膨脹障礙，那麼，1955 年至 1957 年，以及 1968 年至 1969 年時，這個障礙位於 4% 的失業率（但 1955 年至 1957 年的通貨膨脹率低於 1968 年至 1969 年）；1972 年至 1974 年時，這個障礙位於 5% 的失業率，而到 1978 年至 1979 年，這個障礙是 6% 的失業率。這張圖顯示，任何特定失業率水準都會發生大區間的通貨

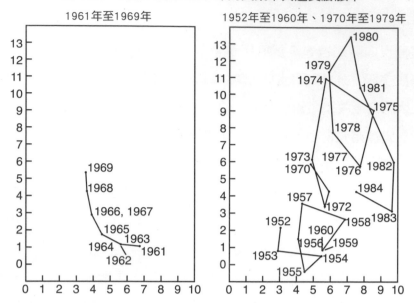

圖 11.2　1952 年至 1984 年的失業率與通貨膨脹率

資料來源：Economic Report of the President, February 1985, U.S. Government
Printing Office, Washington, D.C., 1985, Table B 56, p. 296, and Table B 29, p. 266.

膨脹率。

　　菲利普當初是以涵蓋 1862 年至 1957 年間的英國數據來證實這個抵換假說，但美國戰後時期的真實數據卻明顯與這個假說互相矛盾，這代表我們需要一個與「抵換不盡然會發生」的事實相符的理論。此外，自 1966 年起，價格上漲的傾向就顯著提高；換言之，在不穩定的時代，通貨膨脹推力持續增強。

　　抵換理論中使用的英國數據源自工會的紀錄，而且這段期間的數據涵蓋很多個景氣循環。在這段時間，景氣循環經濟擴張期的特色是工資上升，而經濟萎縮期的特色是工資下降。經濟擴張期的其他特質還包括投資增加與有利的對外貿易收支，而經濟萎縮期的其他特質則是投資與對外貿

易收支的對應降低。因此，價格水準的起伏不僅是反映貨幣工資的變化，也受產出的組成要素影響。

根據基本模型的價格公式，[7] 當勞動市場疲軟，資本財生產活動的工資上升，將促使就業與消費財生產者的產出增加。一旦發生這樣的狀況，消費財價格將反映調整後生產力的工資上漲而走高。由於勞動力的生產力通常會在經濟擴張初期上升，所以在經濟開始擴張時，價格上漲幅度不會太大，或甚至不上漲。然而，一旦勞動市場吃緊，即使投資財生產活動的就業增加，也不會促使消費財生產活動的就業出現同樣的增幅，因此，成本加成與貨幣工資都會上升；通貨膨脹因而發生。所以，當經濟擴張造成勞動力短缺時，通貨膨脹會愈來愈高。

通貨膨脹也會因市場組織的本質而有所差異。若價格彈性占優勢，投資的增加將使價格上漲，進而可能造成工資上漲壓力。然而，若供給能隨著需求的增加而增加，那麼，成本加成就不必然需要提高。唯有在勞動力短缺的狀況發生後，投資活動就業人口的增加，才會促使需求情勢變得容易導致單位成本加成上升與工資提高。

透過英國的數據所觀察到的失業率與通貨膨脹率抵換現象，反映出某個與美國機構體制截然不同的工資與價格行為。美國經濟目前的特質為：（1）有效率但不完全的工會主義；（2）即使是在嚴重的經濟衰退下，維護獲利的大政府；（3）使用昂貴且耐用年限相對長的資本資產產業占經濟體系的比重非常高。當年在收集這些支持抵換關係的數據時，英國並沒有上述這些特質，或是說表現出的形式並不相同。

當勞動力部分隸屬工會，經濟的遲緩並不會促使擁有強大影響力工會的職務或產業的貨幣工資降低。換言之，勞動力成本與價格的下降壓力將因工會力量的有效發揮而被緩解。

在經濟衰退期間，大政府的財政赤字能維護（實際上甚至可能提高）單位勞動力成本的已實現成本加成。政府藉由租稅和各種監理計畫來強制執行各種成本；但也會創造有助於應付那些成本的所得。若政府提高社會安全稅與社會安全補貼，那麼勞動力成本的上漲會以社會安全相關收入的財源來彌補前述支出。在那樣的計畫下，每次政府租稅促使產出的供給價格上漲，政府就會透過支出來創造足以應付因較高價格而產生的所得。通貨膨脹不單是政府財政赤字造成；若政府支出相對消費財產出增加，即使預算處於平衡狀態，一樣會形成價格上漲的局面。

誠如前述，從 1966 年的信用危機以後，美國經濟就變得比二戰後初期那幾年不穩定。不過，儘管金融市場情勢與預期投資獲利能力將經濟推向衰退，政府採取的財政立場卻有效維護了總需求。在經濟衰退期間，政府赤字所維護的獲利、甚至提高的獲利，是以較高的單位成本加成（消費財產出的衰退量較小）的形式出現；換言之，政府控制經濟蕭條的方法導致通貨膨脹上升。在一個金融不穩定的經濟體，維持充分就業的承諾意味著，失業率與通貨膨脹率可能都出現長期向上發展的狀況。

當資本密集型生產模式的重要性上升，來自勞動力成本加成的現金流量的穩定性會變得更加重要。若投資部門的就業水準維持不變或增加，投資財的工資率卻上漲，消費生產活動的單位勞動力成本的成本加成勢必會提高。投資活動的工資增加，將使生產消費財的企業更有能力回收履行債務承諾所需的成本。但一旦上升的成本加成導致工資購買力降低，就奠定開放性通貨膨脹發生的基礎，因為屆時貨幣工資勢必會提高。

當投資生產活動與政府的貨幣工資提高，可用來支付債務相關成本的單位消費產出現金流量就會上升。成本加成型通貨膨脹讓人更得以輕鬆履行因債務而產生的現金付款承諾，因此，這種通貨膨脹對投資有利，但這

個有利影響會延後顯現。經濟擴張會形成各種助長經濟進一步擴張的條件，除非投資成本與融資條件受到影響，否則經濟將會持續擴張。不過，若一般認為貨幣工資走高的趨勢可能會迅速反轉，那麼，經濟擴張所造成的工資與價格上升，將無法引發進一步的投資支出與工資及價格上漲。

　　然而，若一般預期且認為貨幣工資有可能繼續走高，那麼，投資人，尤其是投資金融工具的投資人，將會設法找出預期保有、甚至提升其價格水準平減後資本價值的投資案，不管他們是否為產出提供財源。於是，各式各樣的原物料商品與工藝品泡沫將接踵而至，有可能是住宅、黃金、郵票、鑽石，甚至收藏品泡沫，而且融資條件會因為考慮到預期通貨膨脹而修正。一旦利率反映預期通貨膨脹而快速調整，那麼，通貨膨脹真的發生時的金融債務負擔就不可能減輕，而這個通貨膨脹流程也不會促成進一步的投資。當一般人預期通貨膨脹將發生，意味著投資活動、就業和價格上漲之間的關聯性就會遭到破壞；通貨膨脹率不再和失業率負相關。若貨幣工資隱含內部動能，而且財政立場促使貨幣工資的成本加成上升，那麼，在失業率上升的同時，通貨膨脹也可能持續走高。

　　菲利普與菲爾普斯布朗的菲利普曲線（Phillips Curve）確實有效將歷史上的觀察資料歸納起來，但它反映的是某個特定時代的制度條件。在當前的經濟體系，通貨膨脹和投資活動之間經由成本加成而形成的密切連結已不復存在。通貨膨脹已成為一種長期的現象，而非週期性的現象，因為政府與企業支出長期不斷增加，已使價格水準長期不斷走高。

　　總而言之，通貨膨脹有很多不同的型態：通貨膨脹可能反映各種可能的工資成長，也可能反映需求的不同融資組成結構。這個觀點和「通貨膨脹走到哪裡都是一種貨幣現象」、「通貨膨脹導因於政府」、或「通貨膨脹導因於工資增幅大於生產力增幅」等簡單說法，呈現非常鮮明的對比。在

觀察到通貨膨脹的同時，貨幣與工資／生產力等現象雙雙存在；貨幣與工資／生產力現象都是通貨膨脹流程的一環，不過，它們既不是最初引發通貨膨脹的機制，也不是通貨膨脹的完整形成機制。此外，若要解決通貨膨脹的弊病，控制貨幣供給或貨幣工資都只能治標，不能治本。

工資的財源取得

　　勞工的酬勞包括貨幣工資與其他經由傳統慣例或雇主與員工協商所決定的報酬。協商談判主要是指諸如工會與組織化的雇主們之間的集體協商，而非個別勞工與個別雇主之間的分別協商。此外，立法機關會就工資、工時和各種不同的工作場所條件等雇用條件設限。

　　勞動力成本不僅包括稅前的工資，也包括由政府強制要求的成本、因工會契約或雇主為抑制人員流動率而產生的成本。因此，我們在討論通貨膨脹時所稱的工資水準是很多項目的一個平均值，而且任何變動都是由構成員工薪酬的不同要素波動所組成。

　　我們的價格決定模型考慮到消費財生產、投資財生產，以及政府聘雇等領域的具體工資波動。根據這個模型，這些組成要素與潛在變動狀況截然不同，這都是絕對必須留意的主題。

　　整體貨幣工資水準的上漲，勢必是從某一種特定工資的上漲開始。唯有簽訂聘雇契約的各方相信未來將有足夠支付較高工資的資金流入，工資才有上漲的可能。由於貨幣工資上漲蘊含「技術決定的平均成本與增量成本（incremental costs，注：增產一單位產品所造成的總成本增加金額，又稱邊際成本）將上升」的弦外之音，故根據成本與營收的演算方法，價格必須上漲，否則單位成本加成一定得降低。然而，由於必須應付負債結構

與企業經營所衍生的成本，現金流量至少必須達到某個水準，因此，銷貨收入和技術決定的成本之間必須維持一個最低差額，才有可能履行各式各樣的承諾。所以，勞資之間幾乎不可能達成「保證讓雇主破產的工資增長幅度」之類的協議，而可能會導致雇主破產的工資合約勢必也會重新商定。*

若其他條件不變，價格的上漲通常會使銷售量減少。而若要避免貨幣工資與價格的上漲傷害到企業的存活能力，價格的上漲所導致的銷售量降低比例，絕對不能超過成本加成的上升比例，這個條件意味著產品需求不能有彈性。

如果需求有彈性，提高工資和價格的企業，總獲利流量勢必會受到損害。當工資的上漲導致產出顯著降低，勢必也會導致預期獲利流量縮減，並使相關企業的市場評價降低。任何企業都不可能氣定神閒的接受那類發展。帶頭提高貨幣工資的企業無法在需求有彈性的市場上銷售它的產品，而根據假設，在競爭市場上，個別經濟單位的需求都是有彈性的。

當特定企業的需求曲線非無限彈性，那就代表它是一家賣方獨占企業或寡占企業：也就是說，這家公司掌握市場力量。若一家企業是受到約束的賣方獨占企業，並因而擁有未充分利用的賣方獨占力量，那麼，導因於工會契約的工資上漲，可能會讓它得以擺脫那些約束，並進一步施展先前未充分行使的賣方獨占力量。因此，當企業擁有未充分利用的市場力量，或者預見到市場力量將增加，它就會同意提高工資。唯有在受約束的賣方獨占力量存在，而且工資的提高將使這個約束放寬時，單純的工資推動型通貨膨脹才會發生。由於工資是企業必須回收的成本，所以，當一個產業

---

* 1982 年至 1983 年，大陸航空為了破壞工會合約而尋求破產保護一事，便明顯可見這個道理。

被少數經濟單位支配，那個產業的企業和工會之間就會存在一種共生關係；一旦企業碰上必須隱瞞它們坐擁市場力量的政治局面時，就會以提高工資為幌子，掩蓋它們行使市場力量之實。

若需求增加，例如當某一項產出的市場接受度持續上升時，較高的貨幣工資可能不會損及總獲利流量。成功導入新產品的企業能享受到需求增加與需求無彈性的雙重利益，不過，它們也會需要額外的勞動力。因此，這些企業會開出較高的工資與更優渥的雇用條件，以便善加掌握這類通常為時短暫的競爭優勢所能帶來的利益。

貨幣工資的上漲可能也是導因於某些特定需求在景氣循環擴張階段的增加。在大政府型資本主義經濟體，引領經濟擴張的領域通常是和政策措施有關的領域，這些領域也經常和制度變革有關。經濟政策與持續演進的經濟及金融制度，會使不同部門在經濟擴張期的貨幣工資及就業水準出現差異性變化。

平靜世代（1946 年至 1965 年）與動盪世代（1966 年迄今）見證了各式各樣的型態轉變，包括政府干預型態、實施後又陸續撤銷的各種支出計畫、為特定產出、產業及所得提供財源的制度與慣例的普及等。這些不斷改變的型態影響了支出的可能資金來源，並進而使相對工資出現變異。因此，在美國這種去中心化的工資決定流程中，因政府計畫而受益的技術與產業，經常會成為推動工資通貨膨脹的重要部門。

民間企業生產產出時必須支付工資，而銷貨收入是這類工資的資金來源。若這項產出是一種消費財，那麼，它的銷貨收入主要是來自工資所得。而若這項產出是一種投資財，那麼，銷貨收入最初的資金來源是某些短期性的營建債務，後續的資金來源，則是資產的最終使用者長期的債務工具。由於資金提供者（注：放款人）預期（借款人）未來的獲利流量將

足夠償還這些債務所衍生的成本，所以才會願意提供這些財源。從銷貨收入回收的成本包括將用來應付債務相關支出的獲利；預期獲利會對資本資產及投資產出的價格和融資條件構成限制。

投資財生產活動所產生的工資會受限於可取得的短期（營建）融資與承接營建融資後的貸款融資；融資可分為內部與外部融資。投資財生產活動工資的上漲程度，受限於企業為取得資本資產而能負擔的價格，而價格首先受限於可使用的融資。此外，可使用的融資受限於銀行家認為那些投資財成為資本資產後，預期將產生多少現金流量。總之，相關人士目前對未來的獲利與融資成本的看法，決定資本資產的需求價格。

在景氣循環的擴張階段，投資財的需求會增加。投資財生產活動的勞動力需求增加，會使就業人數增加，並進而促使工資、獲利與價格走高。一旦投資活動的就業水準上升，那麼，消費財、消費財產出與消費財生產活動的就業等需求就會增加；於是，消費財生產商的總獲利也會增加。因此，投資財就業人數與工資一開始的增加，將促使消費財的就業人數、工資與價格上升。然而，金融市場對助長危機及週期性經濟衰退發生的融資階層增加與脆弱融資結構所產生的反應，會對上述流程構成限制。實際上，可用融資會對投資財生產活動的工資率成長幅度構成限制。隨著投資生產活動的成本變得愈來愈高，若無法從銀行體系取得支應這項生產活動所需的現金，強勁且長期的通貨膨脹推力就不可能形成。融資的缺乏反映出銀行家與金融家缺乏信心，認為未來的現金流量不足以應付未來較高的投資產出所衍生的各種成本。

此外，每一個資本主義經濟體都有非常大量的人仰賴固定所得或政治因素決定的所得過活，例如軍隊、公務員和得到應享權益（entitlements）的人。若退休基金與政府員工的薪資未隨著民間工資上漲，使用於當期消

費產出的貨幣需求將比技術決定的成本相對降低。這將使未來用於回收資本資產價格的獲利降低，並令人開始懷疑將來的獲利能否充分回收以當前這種高價進行投資而花費的成本。在一個接受政府工資及退休金與其他固定所得的購買力週期性降低，而且民間部門掌握主導權的經濟體，開放性通貨膨脹是一種自我約束的流程。

銀行體系為進行中的投資活動與資本資產部位提供融資的能力是有極限的，但這些極限也有彈性。這些極限取決於銀行及非銀行機構能否有效經由創新，擴大可用於企業融資的資金額度，也取決於銀行準備金的變化趨勢。由於投資活動與資本資產的民間融資額度有其極限，所以，在小政府時代，只有在世人逐漸淡忘先前的債務緊縮所帶來的痛苦回憶後，才會發生強勁經濟擴張伴隨價格顯著上漲的情況。大大小小景氣循環的相繼發生，便是反映這個融資極限的存在。

當中央銀行察覺到融資結構的潛在不穩定性（各經濟單位的流動性多半會被剝奪），它可能會不願意減緩銀行準備金的成長率。中央銀行經常面臨「可能引發金融危機」和「放任通貨膨脹走高」之類的兩難抉擇。即使中央銀行會以供應準備金的方式為各方進行融通，但在通貨膨脹連續走高後，投資成本、融資條件、預期價格與獲利條件，乃至擴大的不確定性等，還是會導致投資活動趨緩。這再次證明，即使中央銀行採取寬鬆立場，經濟的擴張與通貨膨脹還是具有自我設限的特質。

因此，當一個經濟體的政府小而被動，在履行債務承諾的過程中所發生的種種回饋，將限制開放性通貨膨脹發生的可能性。要讓一個開放性通貨膨脹變成非暫時現象，就必須推翻因為融資關係而產生並造成限制的那些回饋，例如政府在戰爭時期對產出的無盡需求。在大政府型資本主義經濟體，這些造成限制的回饋，被各式各樣的補貼與維護投資產出的政府計

畫、以及將直接與間接的公務人員和接受移轉支出的人的所得指數化等因素阻斷。當政府採取行動為退休老人供應某個固定數量的飲食、醫療照護、國防或生活水準，而且未對供應商的價格設限，以政府資金來支應的支出，就有可能維持或甚至引發無法約束的通貨膨脹，這種通貨膨脹只會受限於政府規模的大小，以及政府維持財政赤字的意願與能力。

開放性通貨膨脹多半是通貨膨脹障礙破裂所造成，而通貨膨脹障礙的破裂，導因於消費財相對獲得融資的消費財需求呈現短缺狀態。若要在防止經濟衰退的前提之下壓抑通貨膨脹，消費財產出必須隨著獲得融資的消費財需求增加而增加。成功壓抑通貨膨脹的政策源自一個理解：消費財的產出會帶來通貨緊縮的壓力，而投資與政府支出會造成通貨膨脹壓力。在大政府型市場經濟體系，意圖藉由控制貨幣供給或貨幣工資率來控制通貨膨脹雖然會成功，但成功只是短暫的，因為這種經濟體系最重要的政策目標是「維持合理接近的充分就業」，而政府為了維持就業水準所採用的方法，並未能促使有效的產出增加。大政府型經濟體的政府規模之所以龐大，是因為它的移轉支出與軍事支出龐大，這很容易引發失控的通貨膨脹。

當政府成為啟動通貨膨脹的引擎

在小政府型經濟體系，由於缺乏能力來以外部融資來支應愈來愈高的民間投資，因此這種經濟體的通貨膨脹會自我設限。在這種經濟體，通貨膨脹取決於金融創新對資產價格和投資活動的影響，以及商人與銀行家是否感染投機的風氣。由於投資、融資與獲利的交互作用會導致不穩定性增加，所以融資結構脆弱的現象不時會發生。脆弱的融資結構經常會瓦解，

因而使投資支出大幅降低。有時候，這樣的發展會引來怨聲載道及經濟衰退等惡果；有時候更是以金融危機及接踵而來的深度經濟蕭條收場。因此，小政府的非干預型資本主義經濟體，並不適合「歹戲拖棚」型慢性通貨膨脹發展的環境，而且容易爆發債務型通貨緊縮與深度經濟蕭條。

承平時期的大政府型資本主義在二戰後趨於成熟，而在這種資本主義成功後，隨之而來的是融資結構的趨於脆弱，而且發生以下幾個現象：經濟週期激烈起伏、看似積弊成習的通貨膨脹，以及一波波頑固的高失業潮等。最後放款人的再融資活動與巨額的政府赤字，雖然成功打斷債務型通貨緊縮，並使獲利獲得維繫，卻也維護各經濟單位以較高價格來應付支出的能力，只是這個影響稍微落後。投資活動所產生的通貨膨脹影響，則因政府干預所衍生的通貨膨脹後果而擴大。換言之，政府為防止經濟陷入深度蕭條而進行的干預對金融與獲利產生的正面影響，超過金融無彈性與實現獲利的不確定性（這會壓抑民間投資）對通貨膨脹所造成的抑制效果。

1966 年至 1982 年間，加速上升但仍維持週期性的通貨膨脹，可歸因於移轉支出、州及地方政府支出的快速成長，以及軍事支出的暴增。由於這類支出相對 GNP 的比重達到非常高的水準，所以除非這些支出的成長率降至無通貨膨脹的 GNP 成長率以下，或最多相等，否則經濟不可能實現無通貨膨脹的目標。

不過，政府對經濟體系的干預並不限於對商品與勞務的採購和移轉支出，也會經由政府為債務背書及實施特殊租稅政策等，以「鼓勵特定產出」的形式存在。這種計畫與干預的一項特質是，它們通常會設下具體的數字目標：像是打算興建多少單位的住宅、要提供特定組數的醫療服務，或是某個特定日期要把某人送上月球等等。

那類數字化目標決定了特定產出或服務的無彈性需求曲線，這條曲線

會隨著價格的上漲而上升。這也會導致特定類型勞動力的需求曲線變成一條無彈性上升需求曲線。這種目標型政策使擅長這些產出的生產者與勞動力的市場力量增強。政府設定的量化目標，以及外界認定政府一定會為了達成這些目標而提供融資的信念，是讓生產這些產出的供應商與勞工得以掌握市場力量的因素之一。歷史與理論顯示，沒有人會放著現成的市場力量不善加利用，尤其是在政府未就它採購的產出設定購買價，或未就供應商的勞動力成本設限時。因此，在積極累積軍備的時期，國防生產活動的獲利與工資，就有可能成為啟動通貨膨脹流程的引擎，而政府為老人支付醫療服務費用的承諾，則將造成醫療服務成本的暴增。

政府規模快速成長所產生的通貨膨脹影響，並非完全導因於政府的財政赤字。要達到預算平衡（就算目前沒有平衡，最終也要達到平衡），政府收入必須在政府支出增加之際增加。除非對純粹的剩餘債權人（residual claimant）課稅（這種情況實際上並不存在），或所得稅的設計不會對勞動力的供給造成任何影響（實際上不可能這樣設計），否則租稅一定會影響到供給價格。而要實現幾近充分就業的目標，必須以擴張型貨幣（與財政）對策來抵銷租稅對供給價格的影響。不過，這個抵銷效果會因擔心通貨膨脹持續走高與租稅將扼殺供給等憂慮而受到限制。唯有在金融危機餘波蕩漾的階段，財政政策與赤字融資活動才是輕鬆帶領經濟邁向無通貨膨脹擴張的好管道，因為此時企業、家庭和金融機構全都渴望得到政府債務與反映銀行對政府債券所有權的銀行貨幣所能提供的流動性與安全性。

以稅收資金來支應的政府支出對價格的影響，和動用獲利來支應的消費活動對價格的影響幾乎沒兩樣。以消費的個案來說，價格上漲使扣除消費支出的獲利得以達到目標水準；以租稅的個案來說，價格上漲使稅後獲利等於投資、政府赤字和其他決定獲利的要素所決定的獲利水準。

通貨膨脹過去都會伴隨著戰爭發生。政府強行徵募資源的能力是引發戰爭時期通貨膨脹的導因，因為這會促使以非源自消費財生產活動的所得來支應的商品需求占總商品需求的比重增加。然而，在承平時期，移轉支出與州及地方政府支出也會強行徵用資源，這會導致獲得融資的消費財需求相對技術決定的消費財生產成本的比例上升。在戰爭時期，政府預算是否維持平衡並不重要：戰爭的實質資源成本會引發通貨膨脹。相似的，在承平時期，州及地方政府支出、移轉支出與國防支出都有實質資源成本，而這些成本會以造成通貨膨脹的價格壓力來呈現。

成本加成的組成要素

討論過政府與投資的作用力後，我們接著要說明成本加成的其他決定要素。基本上，通貨膨脹是在調整生產力的工資與成本加成的發展過程中所造成。可實現的成本加成取決於各類工資與非工資所得所支應的消費支出。

在價格公式裡，[8] 由稅後盈餘支應的消費支出能使成本加成提高，因為扣除租稅與「以獲利支應的消費支出」後的獲利是儲蓄用於投資的主要來源。若資本家的生活開銷非常大，這些支出就會反映在技術決定勞動力成本的成本加成上。然而，動用「由銷貨收入與技術決定成本間差額」所定義的獲利來進行的消費活動，並不僅限於以股利所得或資本利得支應的消費；它還包括以源自企業的工資所得來支應的消費。

我們無法取得技術決定的勞工與輔助性勞工之間的勞動力所得分類明細，不過，我們可以取得製造業的生產性與非生產性勞工的所得分類明細。非生產性勞工占總就業人數的比重愈高，動用獲利來支應的消費就愈

高，未來將實現的「技術決定成本的成本加成」也愈高。當非生產性勞工相對總就業人數的比例上升，將促使掌握市場力量的經濟單位提高它們的成本加成，因為它們有能力基於回收成本的目的而調漲價格。[9] 對沒有市場力量的經濟單位來說，用獲利分配到的工資來支應的消費活動，將促使價格與技術決定的成本間平均已產生的缺口擴大。因此，若總工資與薪資中，流向非生產技術決定勞工的工資與薪資金額占比上升，相對生產力平減後的貨幣工資（productivity-deflated money wages）的價格就會有上漲壓力。

技術流程能提升勞動生產力，而在一個競爭經濟體，技術流程應該會造成價格出現下降趨勢。一個在 1950 年代興起的學說主張，貨幣工資每年應該根據某個生產力係數進行調漲；從那時開始，政策便固守這個論點。這個學說反映出一個信念：對掌握市場力量的企業來說，生產力的提高不會導致價格下跌；因此，改善工資購買力的唯一管道，就是貨幣工資上漲、而價格大體上維持固定。若貨幣工資反映生產力的上升而上漲，而且若受雇於輔助性工作的勞工比例上升，那麼，企業就必須提高價格，才能賺到足夠應付各項費用的現金。

表 11.1 說明製造業非生產性勞工相對總就業人數的比例如何較過去提高。相對平靜的世代，像是 1952 年至 1966 年，容易使非生產性勞工相對生產性勞工的比例上升。整體來說，若非生產性勞工將工資與薪資花在消費用途，經由消費財實現的技術決定的成本加成，就會反映這項需求。鑒於消費財與投資財的生產商都會雇用輔助性勞工，所以，當所得上升，獲利（扣除消費財生產過程中技術決定的勞動力成本之後）也會增加。換言之，在一個無政府的經濟體，關於消費財，我們可以歸納出以下等式：（假定所有工資及薪資都只用在消費財）：

消費財,總營收 =	消費財生產活動的技術決定的工資
	＋消費財生產活動的經常性工資
	＋投資財生產活動的技術決定的工資
	＋投資財生產活動的經常性工資
現金支出成本 =	技術決定的工資
	＋消費財生產活動的經常性工資
「傳統」總獲利 =	技術決定的工資
	＋投資財生產活動的經常性工資
調整後「總獲利」 =	技術決定的工資
	＋投資財生產活動的經常性工資
	＋消費財生產活動的經常性工資

　　展開投資活動的前提是，來自資本資產預期所得的現值，必須超過投資的供給價格，這是投資活動的必要條件。然而，展開投資活動的必要且充分條件還包括，**必須能在必要條件下取得融資**。在平靜時期，儘管未來所得不會改變，但這些所得的市場價值會上升，因為平靜能使不確定性降低，也會改變銀行業者、民間金融資產所有權人與申請貸款的經濟單位的資產組合偏好，於是，即使投資的需求價格上漲導致融資的需求增加，融資的供給還是會增加，而這會促使投資活動增加。一旦投資的供給低於充分彈性狀態，投資財生產活動的勞動力成本加成便會上升。

　　被分配到輔助性功能（研究、開發、銷售與行銷等部門）工資的那部份獲利，與沒有那類支出時的狀況相比，會促使消費財獲利增加更多。相似的情況是，如果資本資產價格與企業股票的市場評價上升，消費財生產活動的獲利就會增加，因為資產的增值將使工資與獲利所得的儲蓄率降低。

　　當以輔助性工資的資金來支持的需求促使技術決定的勞動力成本加成

表 11.1　製造產業非生產性勞工占總就業人數的比例

產業	1952 年	1966 年	1976 年
耐久財	19.2	25.8	25.6
伐木與木材	9.2	13.1	15.2
家具與配件	14.4	17.1	18.1
石材、水泥與玻璃	14.9	19.7	20.3
初級金屬	15.4	18.6	21.7
金屬製品	19.6	22.1	24.6
機械，不含電力	23.3	29.7	35.1
電力設備	23.2	30.6	34.6
電動汽車	20.4	22.2	22.5
飛機	25.6	40.3	48.4
儀器	24.7	36.1	38.7
雜項製造	15.5	20.2	23.4
非耐久財	20.2	25.3	27.7
食品等	27.2	33.6	32.2
菸草製造	8.0	14.8	17.0
紡織廠	7.8	10.9	12.9
服裝	10.6	11.1	13.9
造紙相關	16.2	22.3	24.8
印刷與出版	34.6	36.4	43.2
化學相關	30.7	40.3	42.4
石油與煤炭	28.0	37.7	35.6
橡膠與塑膠	20.2	22.1	22.9
皮革與皮製品	10.4	12.4	13.6

資料來源：*Employment and Training Report of the President*, 1982, U.S. Government Printing Office, Washington, D.C., 1982.

上升，就會導致一個平靜擴張的經濟體出現通貨膨脹傾向，例如 1952 年至 1966 年間普遍可見的狀況。然而，非生產性勞工相對總就業人口的比例即使上升，也只會緩慢上升：在那 14 年間，耐久財製造商的這個數字僅從 19.2％上升到 25.8％。因此，儘管 1952 年至 1966 年間的部分通貨膨脹壓力確實可歸因於工資所得組成結構的改變，但因年度變動程度很低，故這股通貨膨脹推力，大致上被技術要求的勞動力生產力提升所抵銷。

在 1966 年至 1976 年間的金融動盪期，耐久財生產活動的非生產性勞工占比上升到 28.7％，非耐久財生產活動則是上升至 27.4％。因此，勞動力轉為經常性與輔助性型勞動力的速度明顯趨緩。然而，花費在那類勞動力的支出，並無法輕易隨著生產活動的變化而調整。1970 年代，民間產出與就業的不穩定性加劇，導致固定勞動力成本相對變動勞動力成本的比例變異性上升。此時總就業人數減少的不穩定性增加，這意味技術決定的勞動力成本加成需要提高，才能保護企業免於受可預見的週期性產出縮減所傷。但唯有銷售端的組織掌握某些未充分利用的市場力量，那種「違反常情」的漲價狀況才可能發生。

非生產性勞工相對生產性勞工的比例上升，已經導致不穩定性提高，因為這導致與源自技術的產出無關的現金支出增加。舉個例子，和 1952 年盛行的就業結構相比，1976 年的就業結構導致企業更加依賴所得與就業的持續維護。目前美國經濟體端賴大政府來維護現金流量，但政府對經濟衰退的固有反應，意味即使在景氣循環的經濟萎縮階段，通貨膨脹流程並沒有中斷。

經濟體系不同部門的貨幣工資發展路徑，取決於產品價格、租稅和債務可提供的財源。不管是在 1966 年以前的相對平靜期，或是 1966 年以後的動盪加劇期，各種工資的波動比例都不盡相同。

1952 年至 1966 年這個相對平靜期的特色是：貨幣工資的增幅相對較小，而價格水準平減後的工資增幅較大。在 1952 年至 1966 年，民間經濟體系平均可支配週薪（所得概念的一種，指扣除租稅後的實得薪資）年增率是 3.05％，而 1966 年至 1976 年間，平均可支配的週薪每年成長 4.57％。然而，一旦將上述貨幣所得調整過價格變動的影響後，1952 年至 1966 年的平均可支配週薪年增率每年僅剩 1.61％，1966 年至 1976 年的年增率更降至 0.06％。在 1952 年至 1966 年的那 14 年間，代表性勞工對商品與勞務的購買力提高 25.1％，但從 1966 年至 1976 年，美國經濟體系並沒有給勞工帶來明顯的所得提升。

1952 年至 1966 年間，民間產業可支配薪資年增率最高的領域是營建業；在營建業，價格平減後的可支配週薪每年成長 2.3％。由於營建承包屬於投資產出的一種，而在 1952 年至 1966 年間，投資活動的融資可輕易取得，所以，營建業的勞動力需求非常強勁。

但到了 1966 年至 1976 年期間，民間部門只剩下礦業的價格平減後的週薪顯著上升。從 1966 年至 1976 年間，批發與零售貿易的價格平減後的週薪便呈現減少的現象。平靜時期特有的薪資全面穩定改善的現象，因金融動盪期與通貨膨脹而被終結。

1952 年至 1966 年，營建業的平均週薪成長率明顯高於諸如服裝等消費財領域的週薪成長率。除非營建業的勞動生產力成長率高於其他產業，否則這些產業的工資變動差異，意味投資產出的價格水準相對消費產出的價格水準是上漲的。若將 14 年期間的工資成長率差異乃至（想當然爾）價格成長率差異加以複利計算，意味價格比率（price ratios）出現顯著的變化（投資財每年成長 3.47％，14 年後，轉變為原本的 1.61 倍，而消費財每年成長 2.56％，轉變為原來的 1.42 倍）；若投資財生產活動與消費財

表 11.2　可支配的週薪，平均週薪與每週薪酬（當期美元）

項目	平均年成長率		
	1952 年至 1966 年	1966 年至 1976 年	1952 年至 1976 年
平均可支配週薪			
民間總額	3.05	5.68	4.15
礦業	3.35	7.08	4.91
營建業	3.47	6.28	4.80
製造業	3.26	5.96	4.38
批發與零售貿易	2.90	5.43	3.96
金融與保險	2.96	5.45	3.99
平均週薪			
耐久財製造業	3.71	6.12	4.72
機械業	3.80	5.59	4.54
非耐久財製造業	3.54	6.24	4.67
服裝	2.56	5.68	3.87
批發貿易	3.70	5.93	4.67
零售貿易	3.27	5.07	4.07
當期美元計之每週薪酬			
聯邦政府	4.74	7.62	5.94
州及地方政府	4.33	7.06	5.46

資料來源：*Employment and Training Report of the President*, 1982, U.S. Government Printing Office, Washington, D.C., 1982.

生產活動的生產力增幅相同，那就代表投資財價格相對比消費財價格上漲了大約 13.50%。這意味若要回收因投資產出而衍生的成本，每單位消費產出的獲利流量就必須增加。

1966 年起，營建業的平均可支配名目薪資，還是繼續以相當高的成長率（每年 6.26%）持續增加；然而，若轉換為價格平減後的所得，成長率就會降為 0..66%。營建業所得的快速成長，使資本資產價格相對其他產出的價格得以持續上漲。在金融不穩定性已成為經濟體系明顯特質的這個

表 11.3　可支配的週薪，平均週薪與每週薪酬（1967 年的美元計價）

項目	平均年成長率		
	1952 年至 1966 年	1966 年至 1976 年	1952 年至 1976 年
平均可支配週薪			
民間總額	1.61	0.06	0.97
礦業	1.91	1.46	1.73
營建業	2.30	0.66	1.62
製造業	1.83	0.34	1.21
批發與零售貿易	1.46	-0.18	0.78
金融與保險	1.52	-0.17	0.82
平均週薪			
耐久財製造業	1.97	0.51	1.54
機械業	2.36	-0.028	1.37
非耐久財製造業	2.11	0.63	1.49
服裝	1.14	0.059	0.69
批發貿易	2.33	0.31	1.49
零售貿易	1.83	-0.54	0.85
平均每週薪酬			
聯邦政府	3.15	2.00	2.67
州及地方政府	2.89	1.44	2.29

資料來源：*Employment and Training Report of the President*, 1982, U.S. Government Printing Office, Washington, D.C., 1982.

世代，營建活動嚴重衰退的情境和前述相對增長率有關。

　　我們很難取得政府員工的人均薪酬數據，不管是州、地方政府或聯邦政府員工的薪酬數據皆是如此。不過，利用國民所得帳戶中的公務員薪酬及《總統就業及訓練報告》（*President's Employment and Training Report*）中的政府就業人數數據，就可以推算出每位員工的年度與每週薪酬數據。另外，藉助 CPI，就能將這些數據轉化為價格水準平減後的數值，因而得以算出每名員工價格調整後的薪酬成長率。

表 11.4　1952 年、1966 年與 1976 年聯邦政府員工薪酬

	1952 年	1966 年	1976 年
	（單位：10 億美元）		
員工薪酬			
國防公務員 *	4951.00	8928.00	17562.00
其他公務員	3163.00	7847.00	20750.00
公務員薪酬合計	8154.00	16775.00	38312.00
公務員人數	2420.00	2564.00	2733.00
年度薪酬／員工	3369.00	65425.00	14018.30
每週薪酬／員工	64.79	125.82	269.58
1967 年美元價的每週薪酬	83.28	129.44	158.11
	成長率（每年%）		
	1952-1966	1966-1976	1952-1976
總薪酬	5.15	8.26	6.47
每週薪酬／員工	4.74	7.62	5.94
以 1967 年美元計價的每名員工每週薪酬	3.15	2.00	2.67

*Table 32, Federal Government Receipts and Expenditures, National Income Accounts.
†Table L1, Total Employment on Payrolls of Non-Agricultural Establishments, *Employment and Training Report of the President.*

　　從 1952 年至 1976 年的 24 年間，聯邦政府公務員的平均每週薪酬每年成長 5.94％，若分段觀察，1952 年至 1966 年間，這項薪酬每年成長 4.74％，1966 年至 1976 年間則是每年成長 7.62％。若考量 CPI 平減後的數字，1952 年至 1966 年間，每名聯邦政府員工的薪酬成長 3.30％，1966 年至 1976 年間成長 2.00％，整段期間的年度成長率為 2.67％。

　　1952 年至 1966 年間，民間經濟部門的價格水準平減後的勞工可支配週薪，每年成長 1.61％，增幅僅聯邦政府員工薪酬增幅的一半。在 1966 年至 1976 年間，聯邦公務員薪酬在考量價格水準變化後，每年成長 2％，相較之下，撫養三個人的民間經濟部門勞工的可支配週薪，每年僅成長

0.06％。在這種情況下，聯邦政府員工的價格平減後的薪資成長率，是民間經濟部門勞工薪資成長率的 30 倍。州及地方政府員工的薪酬也呈現非常相似的狀況，但落差稍微小一點。

在這整個期間，聯邦、州及地方政府員工的薪酬成長率遠高於民間雇用勞工的可支配週薪成長率。然而，在第一階段的平靜期，民間雇用勞工的可支配週薪每年成長率也達到令人矚目的 1.6％，只不過，到了第二階段的動盪期，民間雇用勞工的可支配週薪幾乎停止成長。

某種意義來說，政府等於是對民間產業勞工可支配的價格水準平減後的薪資造成三重打擊。政府員工薪酬成長速度比民間企業薪資成長率還快；移轉支出相對工資增加；而當政府支出增加時，租稅就必須提高，因此租稅往往會使勞工的實質可支配所得降低。不管是因為租稅（例如社會安全捐提高）或通貨膨脹，近幾年窮人、公務人員與接受獲利的人等生計的改善，多數是犧牲「接近貧窮者」而來，因為時薪型員工價格平減後的可支配薪資降低了。

工會與通貨膨脹

工會契約所約定的過高工資協議常會被視為通貨膨脹的導因。然而，由於缺乏有效工會的經濟體一樣會發生通貨膨脹，擁有完整工會系統的經濟體通常會維持價格穩定，所以，強勢工會的存在不盡然意味著通貨膨脹必然發生。旨在壓抑通貨膨脹的政策通常是以「工會工資協議指導原則」之類的形式存在。相關的壓力是以談判、工資與價格管制，或是模糊的所得政策等形式存在。

除非雇用較高貨幣工資勞動力所需的成本需要使用融資來支應，否則

貨幣工資協議並不會引發通貨膨脹；換言之，貨幣工資協議會導致必要的融資活動產生變化。事實上，支付貨幣工資的能力，取決於支付工資的資金如何取得。

由於貨幣工資是消費支出的資金來源，所以，若就業人數沒有減少，需求將隨著貨幣工資的上漲而增加。較高的貨幣工資會使消費財的供給與需求曲線雙雙提高。由於消費財的需求主要是以來自消費財產業、投資財產業，以及政府雇用人員工資的資金來支應，所以，為了不使貨幣工資的上漲導致就業人數減少，源自融資型投資活動與採用融資的政府支出工資金額一定要增加。若希望消費財生產活動的營收足夠支付較高的工資，並產生足以支持較高投資供給價格的獲利，非消費財生產活動的工資必須上漲。

在經濟體系通常非常接近充分就業的狀態下，若融資型投資活動與政府支出增加，那麼，投資與消費產品的獲利就會增加。這也會使願意提供職缺的企業雇用人數增加，並進而帶動貨幣工資上漲。

融資型投資活動與政府支出的金額必須提高，通貨膨脹才會繼續存在。這樣的金額增加是通貨膨脹繼續存在的必要條件，而持續增加的高勞動力需求，將促使貨幣工資上漲，因此也是促使通貨膨脹繼續存在的要件。若投資與政府活動新增的融資無法創造足夠的新獲利來支付上漲的貨幣工資，那麼，通貨膨脹就會被打斷；勞工將不得不接受較低的消費標準，獲利也不會增加，因而不足以回收當初為了取得資產而付出的價格。

要讓工會協議引發通貨膨脹，採用融資的投資活動與政府支出必須增加。若政府工資是以某個指數釘住民間工資、若政府採購合約主要採成本加成，而且若移轉支出會隨著生活成本進行指數化調整，那麼，貨幣工資的上升就會促使政府支出增加。由於到目前為止，聯邦政府未曾發生過無

法以債務型融資來應付其支出的狀況，故美國經濟隱藏一個制度性安排，能將民間就業人口貨幣工資的上漲，藉由誘導政府支出增加的方式，轉化為通貨膨脹。

但投資支出所採用的融資增加，不見得能應付已經議定的貨幣工資上漲，也就是說，採用融資的投資活動不保證會隨著貨幣工資的上漲而增加，這個世界上並不存在一個能促使這兩者亦步亦趨增加的固有機制。然而，若採用融資投資活動的貨幣金額是在貨幣工資上漲之後才增加，就會產生失業的結果，而就目前美國經濟體系而言，失業會促使政府支出增加，以及政府收入減少。在那樣一個經濟體，採用融資的政府赤字將會增加，如此才能抵銷融資投資活動不足而對獲利造成的全部或部分影響。

當投資活動、政府對商品與勞務的支出以及移轉支出快速增加時，工會似乎總是能成功實現提高貨幣工資的目標，從而使單位勞動力成本加成上升。當來自非消費財生產活動的所得中，可用於消費財支出的金額增加時，工會顯然就能成功抗拒貨幣工資購買力的降低。工會似乎相當有能力**保障**會員免於受導致勞工的價格平減後的所得降低的政策與經濟體特性（例如較多投資與移轉支出）傷害。因此，投資人與政府為其活動進行融資的能力，決定通貨膨脹流程會發展到什麼程度。

誠如先前說明的，在 1966 年以後的動盪時期，政府支出大幅增加。移轉支出、聯邦雇員薪酬與州政府支出等項目的增加速度都超過 GNP 成長率。不過，這些快速成長的經濟部門並未直接為消費財生產活動的較高工資提供財源，而是為消費財生產活動的較高成本加成提供財源。相似的，總勞動力中的非生產性勞工的比例較高，也不會直接影響到技術決定的成本，而是影響到總成本加成。貨幣工資的變化並不會單純轉嫁到價格上，成本加成的變化才是這個流程的關鍵環節之一。

工會一向無法成功善加利用通貨膨脹來提高生產性勞工的價格平減後的可支配所得。在貨幣工資上漲幅度相對溫和的時期，平日由工會代表出面的民間部門勞工價格平減後的可支配所得的成長率，反而高於 1966 年以後通貨膨脹動盪時期的成長率。

當組織起來的勞工有機會利用某些快速上升的需求曲線獲取利益，工資就會大幅增加，這顯然取決於需求先要增加。投資熱潮將使營建業的工資上升，而投資熱潮的崩潰，將促使營建業非工會的勞動力比重增加。醫療健保成本的上升，和聯邦醫療保險、聯邦醫療補助以及第三方（藍十字協會〔 Blue Cross 〕與藍盾協會〔 Blue Shield 〕）付款計畫之間的關聯性較高，和醫院、安養院與診所員工的工會組織較不相關。當州際高速公路系統大幅提高長途貨物運輸的效率，卡車司機的工資就會大幅上升。

雖然工會的工資協商可能使通貨膨脹推力加劇，但最基本的通貨膨脹推動力量還是導因於非源自消費財生產活動所得的支出對經濟體系加諸的超額需求。若在投資財勞工、政府員工、接受移轉支出者和賺取獲利者對消費財的消費比例增加之際，消費財生產活動的勞工還被動接受實質工資降低，那麼那種通貨膨脹推力就會減弱。

1952 年至 1966 年，消費支出年增率是 2.06％，承包營建業勞工的可支配所得成長率稍高於消費支出年增率，而礦業勞工可支配所得成長率（每年 1.91％）和消費支出年增率大約相當。然而，聯邦、州及地方政府雇員的薪酬成長率遠比人均消費的整體成長率高。

1966 年至 1976 年間，在民間雇用的族群中，可支配所得增加幅度超過價格平減後的人均消費（2.47％）唯一的族群是礦業勞工；雖然聯邦、州及地方政府員工的薪酬大幅上漲，不過他們的工資卻依舊低於整體消費的成長率。

在 1966 年至 1976 年間，儘管勞工所得的購買力遠遠落後，但人均消費成長率卻加速上升，這顯示由價格調整工資所得以外的財源來支應的消費必然快速增加。因為婦女勞動參與率大幅提高而增加的勞動力，以及移轉支出等，是使消費成長率高於勞工所得購買力成長率的原因之一；另一個解釋是，獲利所得被用於消費的比重上升。

要實現在集體協商過程中議定的貨幣工資漲幅，唯一的方法就是為上漲的工資取得資金來源。若可用融資並未同步增加，貨幣工資的上漲將伴隨就業的降低，此時的獲利相對於價格也將降低。而上述的淨利率降低，會對投資決策造成負面影響。事實上，若沒有在產生通貨膨脹流程中提供適當的投入，貨幣工資的上漲會啟動一個弱化工會的流程，它將導致工會無力維持現有的貨幣工資漲幅，更遑論針對進一步提高工資的計畫進行協商。

然而，若政策環境設下某個失業率目標或某個投資產出目標，議定的貨幣工資上漲就有可能啟動通貨膨脹流程。因為在這些情境下，貨幣政策與財政政策將被用來作為各項支出的資金來源，或是達成上述目標的投資誘因。若政府願意在經濟體系偏離既定的就業與產出目標時，採取擴張性財政政策與貨幣政策的行動，唯有就這個複雜的意義來說，貨幣工資的自發性增加才會引發通貨膨脹。當政府承諾興建某個目標數量的住宅，或承諾達到某個失業率時，貨幣工資的增加才會促使政府與投資支出的融資增加。總之，唯有貨幣政策與財政政策的設定是為了維持目標就業水準或產出，貨幣工資的自發性上漲才會引發通貨膨脹。

任何企圖藉由箝制工資協商來處理通貨膨脹的做法，若不同步壓抑會使單位勞動成本的成本加成上升的需求，充其量也只能獲得短暫的成功。通貨膨脹主要是導因於各界對經濟體系各種不同類型產出的需求對消費財需求所產生的回饋，而不是導因於工會的貨幣工資政策。

大政府的恩典與詛咒

1960 年代中期以後，金融體系流於脆弱與不穩定，而大政府是防止這樣的金融體系因全面性金融危機、債務型通貨緊縮與深度經濟衰退而崩潰的主要力量。儘管如此，1966 年以來的金融創傷，還是引發一次比一次嚴重的斷層與經濟衰退。不過，1974 年至 1975 年與 1981 年至 1982 年的經濟雖然嚴重衰退，卻都未曾發生大蕭條，這終究是好事一樁。所以，能防止債務緊縮與深度經濟蕭條發生的大政府，堪稱一種恩典。

作為雇主與發放移轉支出的單位，我們的政府組織（包括聯邦、州及地方政府）不僅龐大，成長也相當快速。目前不僅領取政府薪資的勞動力占比增加，政府勞工的薪酬上漲速度也比其他領域的員工快。此外，移轉支出計畫激增，而且這類支出被有效指數化。政府以擴大政府規模的做法來回應 1966 年經濟趨緩與 1970 年和 1974 至 1975 年間的經濟衰退（1981 年至 1982 年的國防擴張，使政府規模進一步擴大）。當大政府的擴張速度高於經濟體系的產出擴張速度，就會引發通貨膨脹；通貨膨脹會導致投資決策缺乏效率，而且，通貨膨脹是一種殘酷的稅收。因此，會引發通貨膨脹的大政府，堪稱一種詛咒。

1930 年代中期以來，由於每當所得與就業人數降低，大政府都會出面維繫需求與獲利，並為資產組合注入安全資產，因此，美國經濟每每得以避免陷入深度的經濟蕭條。然而，大政府防止經濟陷入深度蕭條的那個流程卻會引發通貨膨脹，而且，隨著政府在經濟衰退期間為支應赤字而發行的政府負債被注入資產組合，意味經濟體系在後續的擴張期為投資活動提供資金的能力也逐漸累積起來。

金融不穩定性是擁有複雜金融體系的資本主義經濟體根深蒂固的特質

之一。不過,這並不意味所有資本主義經濟體都同樣不穩定。目前世界上存在各種資本主義經濟體,而我們的想像力更能夠建構無數多可能的資本主義經濟體。

若想要打造一個更好的資本主義經濟體系,就必須減輕、甚至消除促使經濟朝不穩定發展的推力。這意味我們必須改變美國現行系統運作與政策操作的制度框架。這個問題沒有神奇的解方:若想達到更好的成果,就必須進行嚴肅的改革,但在推動這些改革之前,必須先有一個理解:**任何擁有民間資本資產所有權、民間投資和複雜金融體系的經濟體,一定是一個不穩定的經濟體。**事實上,通貨膨脹這個不穩定性的特點,正是規避以「深度經濟蕭條」形式來表現的不穩定性而採取行動所帶來的結果。

通貨膨脹的紓解

當消費財生產活動的工資上漲速度超過生產消費財的平均勞動生產力成長速度,或是成本加成的組成要素相對消費財總工資費用增加,就會發生消費者物價通貨膨脹。當貨幣工資增幅溫和,而且當成本加成的組成要素停止上述那種相對上升的狀況,通貨膨脹則會趨於緩和。

貨幣工資的過往發展闡述了通貨膨脹障礙的效力:當實質工資的降低主要導因於成本加成的提高或勞動力的平均效率降低,通貨膨脹障礙會強迫勞工接受較低的實質工資。當工會勢力薄弱,而且失業率很高,通貨膨脹障礙就會很高:近期失業率愈高,通貨膨脹障礙就愈高。此外,高失業率會削弱工會的勢力。因此,高失業率會對通貨膨脹造成複合性的影響,包括直接的影響,以及經由對工會勢力的影響而產生的間接影響。

當期貿易與服務收支赤字對成本加成的決定是一個減項。打破通貨膨

脹的一個方法，就是讓經濟體系充斥消費財，而要達到這個目的，一個方法就是維持巨額的國際貿易收支赤字。

1982 年年底時，失業率非常高，此時，為各州及地方政府愈來愈高的支出提供資金來源的聯邦政府計畫卻趨於穩定或漸漸減少，而在 1983 年與 1984 年，整個國家充斥進口商品。所以，儘管當時政府赤字非常高，通貨膨脹率卻漸漸降低。雷根之所以能在採納巨額財政赤字與放寬貨幣供給的同時，「成功」紓解通貨膨脹，主要原因在於他打破工資對殘存通貨膨脹的反應，並維持極高的國際貿易收支赤字。

根據我們的通貨膨脹模型，雷根打擊通貨膨脹計畫的成功並非反常的現象。

PART 5

政策

第十二章
政策簡介

若「起而行」跟「坐而言」一樣容易，小禮拜堂早就成了大教堂，
窮人的茅廬早已變成國王的宮殿。

——威尼斯商人

　　莎士比亞筆下的波西亞（Portia）以她便給的口才，一言道出經濟政
策的問題：條列目標很容易，但落實目標去建立制度並展開能實現那些目
標的流程，卻是另一回事。很少人會說充分就業、穩定物價與消除貧窮等
目標不符合理想；但困難的是要如何找到方法來達到這些目標，以及其他
同樣值得讚賞的目標。空口承諾但缺乏有效計畫的日子已經過去；我們不
能只是忙著討論「要做什麼」，而是要著眼於「如何做到」。

　　我曾提醒讀者要小心防備一些被奉為政策處方、但實際上華而不實的
論述，所以，我在此也要警告讀者，我雖然擅長診斷當前經濟困境並分析
國人不滿的原因，但我對自己提議的補救措施並不是很有信心。我們必須
了解到，一次解決資本主義所有缺陷的解決方案可遇而不可求，儘管如

此，我們還是必須起而行，開始推動一個嚴肅的變革計畫。不過，即使一個改革計畫成功了，這樣的成功也會很短暫。創新，尤其是金融創新，絕對會導致不穩定性的問題層出不窮的發生；最後的結果將是同等程度（但非完全相同）的不穩定性，歷史上發生的事件就可見一斑。

這樣的狀況必須歸咎於政治領袖與為這些政治人物提供建議的經濟學家，因為不管是他們，還是經濟體系，都無力實現誇口承諾要達到的成果。地位崇高的政策顧問未能引導政治領袖與大眾意識到經濟流程的極限，還有管理者實現既定政策目標的能力有其極限。擔任顧問的經濟學家未能讓立法人員與行政人員理解，雖然政府可以謀事，但成事與否還是端賴經濟體系的力量。精確來說，我們的經濟領袖似乎並不懂一個道理：即使我們已經達到幾乎普遍富足的狀態，但美國經濟體系的正常機能運作，還是會引發金融動亂與危機、通貨膨脹、貨幣貶值、失業與貧窮。總之，擁有複雜融資結構的資本主義存在許多固有的缺陷。

經濟顧問，無論是自由派或保守派，都認定經濟體系基本上是「健全」的。他們或許會提倡諸如改變聯準會操作技巧、租稅改革、國家健康保險與「向貧窮宣戰」等政策，來因應他們發現的某個或某些瑕疵，不過，整體而言，這些經濟顧問對現代資本主義的基本制度相當滿意。根據他們目前信守的真理，美國經濟體系出現的任何瑕疵，都是導因於次要的特質，而非根本的特質。

儘管如此，提供政策資訊的經濟學家對於細節的看法其實也有差異：有些人提議以財政修補措施來微調經濟，有些人則希望透過穩定的貨幣成長來實現無通貨膨脹的自然就業率。然而，秉持這兩種立場的經濟學家都不認為資本主義隱含任何根本的錯誤。在他們眼中，1966 年的信用危機、1970 年的流動性緊縮、1974 年至 1975 年的銀行業危機、1979 年至 1980

年的通貨膨脹惡性循環，以及 1981 年至 1982 年的美國及國際困境等失常現象，不是導因於「衝擊」，就是導因於「失誤」。而由於他們認為資本主義不存在基本缺失，所以也主張不需要採行徹底的矯正對策。

但真相是，美國經濟體系確實存在某些根本的缺失。誠如我們先前說明的，資本主義經濟體天生就有缺陷，因為它的投資活動與融資流程會誘發內生的不穩定動力。資本主義經濟體的市場並不怎麼適合為專業化耐久型、昂貴的資本資產提供融通。事實上，政策機關所採納的基本經濟理論，並未考慮到資本資產及現存的各種融資關係。華爾街的活動與銀行家對生產活動及投資活動的投入，並未被融入基本的分配導向理論，只是硬生生的被附加上去而已。

近幾年的經濟政策討論一向聚焦在要如何在財政政策與貨幣政策的相對規模與力度方面做出最好的取捨，才能維持經濟穩定與經濟成長。如果未來我們希望漸入佳境，就必須展開一場超脫財政政策與貨幣政策層次及技巧的嚴肅辯論。那樣一場辯論將承認美國經濟確實存在不穩定性，並仔細探討美國的制度系統與政策干預，究竟是會強化還是減弱這個固有的不穩定性。

第一步是必須準備一個可供公共討論的政策主張。這個政策主張很重要，因為它將確立我們要討論哪些替代方案，也因為這些替代方案的呈現方式有可能影響到決策。諾貝爾經濟學獎得主詹姆斯‧托賓（James Tobin）1966 年在艾賽克斯大學（University of Essex）的一場演說中，巧妙的描述顧問的角色，他主張，顧問的任務是要審查證據，並向在上位者提出應該留意的問題。他指出：「陳述問題的方式，以及組織相關資訊的方式，可能對解決方案產生非常大的影響。」[1]因此，當權者會說出諸如「失業與通貨膨脹之間存在抵換現象」之類的天真說詞，原因在於他們壓

根沒有察覺到這樣的抵換現象只短暫存在於二戰後的某個期間,目前幾乎沒有任何證據可以證明這樣的抵換現象依舊存在。而由於當今政策建議機關所使用的經濟理論與計量模型,已經將這個抵換關係納為內建的環節之一,所以,政策的問題自然也以這項關係存在的角度來表述。這些模型並未過問這個抵換關係是否反映出新增就業所生產的產出特性:換言之,這些模型並未區分「透過更多消費財生產活動而實現的較低失業率(這會產生通貨緊縮力量)」與「透過政府移轉支出、國防支出或更多投資財生產活動所實現的較低失業率(這會推高通貨膨脹)」之間的差異。

精確來說,宮廷政治最重要的考量是迎合君主的心思。若經濟學重要到不能放手給經濟學家處理,當然也絕對不能留給成為朝臣的經濟學家處理。若我們要朝新方向前進,就必須將經濟議題列為嚴肅的公共事務與辯論主題。眼前的局勢既然是那些顧問與行政菁英一手造成,他們自然不可能提出有意義的改革。而除非大眾了解為何要改革,否則,他們就不可能接受將隨改革而發生的成本;改革的正當性源自於各方的理解。

政策主張的重要性

我們可以將托賓對智庫的角色定義,形容為他認定是由智庫掌控政策主張。君主與大眾則仰賴知識份子有系統的闡述各項議題與界定替代方案。在民主國家,各項議題的定義,甚至各項議題提出審議的順序,都會影響到結果。舉個例子,國會在 1970 年代推動預算流程改革的目的,是要讓最終預算成為審議個別決策後的結果,而不只是對偶發結果的一種追認。現有的法規,從各項農業補貼計畫到各種不同的移轉方案,乃至於進口配額等,就像是一盤大雜燴,這些林林總總的法規導因於國會、各級政

府，以及大眾對他們在不同時期所發現的個別問題做出的個別回應，而不是源自某個一貫的經濟觀所產生的設計。因此，現有的經濟結構是一連串未考慮各項計畫與制度間交互作用的一連串「頭痛醫頭、腳痛醫腳」型決策所造成。

當今的經濟危機和 1930 年代的經濟危機一樣影響深遠，只不過表面上看起來不是那麼危急。1965 年以後的不穩定性、通貨膨脹和慢性高失業率都令人不滿，這代表戰後初期那幾年成效良好的政策處方，可能不再能夠達到符合理想的成果。此外，政界對於後續應有作為也未能達成共識。保守派政治人物力促自由市場，只不過，他們的企業金主為了能讓自己的市場力量變得制度化且正當化，正努力遊說相關的立法；商人和銀行家因為所屬產業的進入障礙可能降低而感到恐慌，紛紛反彈，但與此同時，技術變遷與制度革命又使得傳統的企業型態界線漸漸被淘汰。事實上，美國企業界一方面口惠實不至的主張放寬企業管制，並且不斷吹捧亞當斯密的教條，但另一方面又努力維護亞當斯密最憎恨的事，那就是由政府委託管理的市場力量，並想盡辦法將它正當化。

另一方面，自由派份子並未針對我們現行的資本主義提出詳盡且透徹的評論，也未啟動創新實驗和變革，取而代之的是，他們執著於過去的一切。他們支持提高最低工資，卻又未曾質疑大蕭條以後，最低工資相關的法律是否曾經發揮任何實質的作用，畢竟當時的政策目標是恢復通貨膨脹。自由派份子不願意坦然正視從以前流傳至今的固有政策缺陷，而且基本上，他們並沒有勇氣主動朝新方向前進。

結果，政治人物未能提供可供參考的分析和概念，只是忙著喊一堆空泛的口號：自由市場、經濟成長、國家計畫、供給面經濟學、產業政策等一堆語焉不詳且無助於釐清政策目標、或無法釐清如何實現政策目標的措

辭。於是，對市場流程的優點和缺點的種種錯誤理解，成為各式各樣變革計畫的基礎。政策提案明顯不智的一個理由是，這些提案還是奠基於新古典經濟理論相關概念。雖然經濟理論對政策的制定攸關重大（因為若不了解我們的經濟如何運作，就不可能找到解方），但除非現實世界發生的事件也被經濟理論視為可能發生的事件，否則經濟理論不可能和現實世界有關。光是就這一點而言，標準經濟理論就明顯失敗；因為若標準理論的核心論述是可信的，那麼，美國經濟體系顯而易見的不穩定性根本不會發生。

說穿了，目前的經濟政策只是一盤大雜燴。每一項為了修正某個缺點而設計的變革，都會產生對經濟與社會生活其他層面造成負面影響的副作用。每一次特定目的的干預，都會衍生出進一步的干預。若我們有意改善目前的處境，就必須展開制度與結構的變革，推動能抑制經濟體系朝不穩定性與通貨膨脹發展的改革。然而，標準理論無法在這方面為我們提供指引；因為這個理論根本就認定那種問題不存在。在這個全新的改革時代，我們不可能只是推動一系列小幅度的變革，而是必須開發一個透徹且融會貫通的方法，有系統的應對我們的經濟問題；政策必須涵蓋整個經濟體系，並以一致且可行的方案將所有環節組合在一起：零零碎碎的方法與拼拼湊湊的變革，最終只會導致局勢更加惡化。

與整體富裕環境並存的貧困，以及缺乏愉悅感的富足等，都是嚴重失序的症狀。[2] 誠如我們先前指出的，金融及經濟持續的不穩定性是美國資本主義經濟體的常態。透過民間投資活動實現經濟成長的承諾，結合政府移轉支出與暴增的國防支出，強化金融不穩定性與慢性通貨膨脹。事實上，美國的問題有一部分是我們選擇以漫不經心的方式管理我們的經濟，完全漠視潛在的後果所造成。因此，此時此刻，我們需要另一種政策策

略。我們必須根據對美國這種類型經濟體系的理解（容易引發金融脆弱、失業與通貨膨脹的經濟體系），從頭（1933 年）開始建立一套全新的政策結構。

未來將採納的方法

保守派份子力促自由市場、自由主義者承諾實現經濟成長，以及假激進份子呼籲實施國家計畫與工業政策，這三種政策口號都具備一個共同點：他們的政策方法都是以凱因斯學派之前的經濟分析為基礎。經濟理論範疇從未發生過真正的凱因斯革命，相同的，政策領域也從沒發生過。除了亞爾文‧韓森針對經濟蕭條所提出的處方，沒有人真正參透（遑論落實）凱因斯理論的政策寓意。政策制定機構跟他們的客戶只從凱因斯理論學會分析陷入深度蕭條的經濟體和赤字融資的政策工具。凱因斯對資本主義的深刻批判，以及他為了更善加處理投資及融資關係而有意重新嚴肅系統化闡述經濟思想的意圖，都已經被徹底遺忘。即使是在經濟學專家心中，凱因斯經濟學都已經成為一系列頭腦簡單型貨幣政策及財政政策的指導原則，更不用說是政治人物與一般大眾了。我們目前需要的是一個根據全新經濟理論打造的政策策略，必須承認美國經濟屬於資本主義、擁有複雜的融資結構，並因那種經濟體系的內部流程而流於不穩定。事實上，我們必須根據一套奠基於凱因斯學術貢獻的理論來打造我們的政策，這套理論因為被轉化為正統理論裡的一個小環節而遭到淡忘。

以凱因斯理論出發的理論視角，可以推演出以下幾個要點：

1. 市場機制是有效控制各種瑣碎決策的有效工具，但在重要的公平、

效率與穩定性測試上並沒有效。

2. 在美國這種成熟、複雜且極度多變的金融體系，會從內部衍生嚴重的不穩定動力，所以，嚴重經濟蕭條是非干預主義型資本主義的自然結果：因此，不能放手將金融事務留給自由市場決定。

3. 若一個經濟體系的資本投資占民間全國生產毛額的比重很高，而且投資財的生產成本很高，去中心化的市場機制會變得特別不穩定，而且沒有效率。

4. 若一個資本主義形式的組織缺乏對抗市場力量的保護措施，它的財務資源不會被冒險投入大型的耐久資本資產。因此，如果希望由民間經營那類產業，就必須在法規與制度上，給予賣方獨占及寡占企業適度的正當性。 最好是將資本密集型賣方獨占及寡占企業解讀為某種特殊形式的包稅人（tax farmers）。但政府必須能控制大規模資本密集生產單位的所有權，甚至應該持有那些生產單位的全部股權。

5. 大政府型資本主義比小政府型資本主義穩定：由過去一個世紀的經驗以及一個將金融機構列入考量的經濟理論便可得知這一點。大政府的較大穩定性來自政府赤字的影響：政府赤字能產生穩定獲利的逆週期現象。然而，若希望大政府不要造成助長通貨膨脹的結果，那麼，一旦通貨膨脹成為普遍的現象，預算結構的設計就應該朝「經由預算盈餘來限制獲利」的方向前進。

6. 由於大政府的預算結構必須內建「在通貨膨脹發生時產生預算盈餘」的能力，所以，稅收占 GNP 的比重必須很高。因此，租稅系統的設計非常重要，因為租稅會導致財富分配變得沒有效率，同時會引發避稅或逃稅的行為。

除了上述從理論衍生的觀點，任何一個要作為經濟政策新基礎的觀點，也必須融入很多歷史事實、制度特質和政策推力。

1. 美國經濟當前的制度結構是根據凱因斯理論出現以前的概念打造而成。這個制度結構主要是羅斯福世代的產物，它反映出一個在大蕭條期間產生的偏差：它偏好投資與資本密集，但排斥勞動力參與及通貨緊縮。然而，一旦大政府成功消除漫長深度經濟蕭條的威脅，這個羅斯福式制度結構便會對經濟體系造成一種通貨膨脹偏差。

2. 政策目標著重於投資與「經濟成長」，而非就業，這是錯的。一個充分就業的經濟體系一定會擴張，而力求透過能誘發資本密集型民間投資活動的工具來加速成長的經濟體，不僅可能無法成長，甚至可能會演變成所得分配愈來愈不公平、技術的選擇無效率，而且整體績效不穩定的經濟體。

3. 著重於資本密集型生產活動究竟是理論的失敗還是政策的失敗，實在無從判斷。當然，也有一些人即使缺乏根據，還是一味強調投資活動是就業、所得、成長、價格穩定等所有好事情的源頭。不過，事實上，不恰當與不適合的投資活動和投資的融資活動反而會妨礙充分就業、消費、經濟成長與價格穩定。

4. 過於龐大且昂貴的移轉支出系統會造成社會動盪，往往會降低實質國民所得，而且使經濟體系產生通貨膨脹偏差。

5. 美國經濟的特質是，民間部門決策的成本因公共部門的維護而普遍得以回收，即使公共部門為民間部門決策的成本回收提供支持的做法有傷效率與公平。這反映出美國天生對不確定性的恐懼。凱因斯經濟學的教誨是，明智的干預行動可以抑制整體週期性的不確定

性，而若有明智的整體干預系統，就不需要干預細節，因為針對細節所採取的干預行動並不受歡迎，而且不見得有益。

6. 政策必須時時體認到，可以有效管理的領域終究有限。由於管理者的職能有其極限，所以，政策的管理會朝需要最少管理的機制偏移；具體來說，利用市場與操縱市場的機制，將比意圖影響經濟細節的監理及管制規定更受政策管理者偏愛。

我們必須強調，一個追求充分就業、價格穩定與更加公平的計畫，絕對不會是單純的一次性計畫。世界上沒有任何神奇的經濟解方；沒有任何一個計畫或具體的改革能一次永久匡正所有時弊。若將一套完整改革計畫拆成個別的環節，並分開來實施，如果沒有搭配必要的輔助對策，最終可能徒勞無益。任何有助於改善現況的計畫必定要付出代價；有些經濟單位可能會變糟，而且會有調整成本。不過，以目前來說，某些經濟單位已經變糟，而延續現有的路線發展也有調整成本。儘管如此，一個旨在引導經濟體系朝就業前進、而非一味朝成長前進的改革計畫，應該能迅速顯現效益。改革主要的目標將是實現人道經濟體系，而這是邁向人道社會的第一步。

第十三章
改革政策主張

　　一個改革計畫必須從對當前系統的針砭出發,即找出目前有什麼差錯,並解釋為何會發生那些差錯,才不會淪為只是純粹在抒發偏見。我們找出出錯的地方,而且這些錯誤顯而易見。從 1960 年代中期開始,經濟體系就出現動亂的特質,這些動亂是以金融不穩定、通貨膨脹與失業率上升等形式呈現在我們眼前,在此同時,生活水準提升的速度也大幅減緩。這樣的動亂情勢和之前 20 年間顯而易見的平靜與進步呈現鮮明的對比。

　　我們分析後的結論是,動亂,尤其是金融不穩定性,是資本主義經濟體的常態;1946 年至 1966 年間的平靜時代則是反常現象。此外,資本主義固有的不穩定性,導因於它過於仰賴投資活動來取得獲利、企業過於仰賴獲利來履行債務,而且過於仰賴是否可取得外部融資來投資。不過,取得融資的前提又是「獲利必須足以應付先前的債務,以及為了取得資本資產而付出的價格」。資本主義之所以不穩定,原因就在於它是一個牽涉到昨日、今日和明日的融資與資本的累積系統。

　　雷根政府的經濟計劃是以一個信念為基礎:大政府是無效率與通貨膨

脹的導因，而且認為一個漠視在資本主義累積流程裡屬於根本要素的融資關係的單純、簡化的價格理論，便足以代表經濟體系的行為。不過，早在羅斯福政府上任後那幾年便已就緒的現有產品、勞動力與金融市場的制度結構，並沒有真的適合大政府型資本主義。羅斯福的這些改革行動是在凱因斯的《通論》出版前就已經進行，而且反映出因為大蕭條的割喉競爭理論所導致的價格水準通貨緊縮，而不是根據凱因斯的總體需求理論或卡萊斯基的獲利決定理論：總之，羅斯福式改革結構是以凱因斯理論之前的理論為基礎。

新政以後的制度演進與法規更迭，包括雷根政府時代投入的努力，並未改變羅斯福總統第一個任期訂立的制度結構的根本特質。由於美國的經濟結構自 1930 年代以來便維持一種基本的連續性，所以，經濟政策上從未發生過凱因斯革命的變革。雖然在二戰後漸漸蔚為主流的大政府型資本主義環境下，諸如 1933 年以前的小政府型資本主義偶爾發生、而且經常有發生之虞的總需求崩潰與獲利崩潰，永遠不會成為顯著且立即的危險，但美國的制度結構並未隨著這樣的新知進行調整。自 1967 年開始，為維護總需求與獲利而採行的貨幣政策及財政政策，確實成功的以緩步加速、但呈現週期性的通貨膨脹與週期性失業率上升趨勢，取代深度的經濟蕭條。於是，政策問題變成：如何在不增加深度經濟蕭條可能性的同時，制訂能減緩通貨膨脹推力、失業衝擊及生活水準改進速度放緩等問題的制度結構與對策。

二次世界大戰後至 1960 年代中期，依照希克斯－韓森對凱因斯理論的標準解讀而歸納出來的規則所進行的需求管理，成效堪稱斐然。所以，近幾年最值得一提的成果就是：需求管理與最後放款人干預已經擊退深度經濟蕭條。

以未發生深度經濟蕭條為標準來看，美國經濟自 1967 年以後的表現遠比二戰前那個時期來得好，儘管以穩定性、失業、經濟成長與利益分配的角度來說，1967 年以後的狀況並不如 1946 年至 1966 年。二戰後的 20 年間堪稱對經濟體系的實務測驗，那時的特色是健全的金融體系、負責任的財政立場，以及雖然夠大、但還不至於過於龐大的政府。

　　我將以四個主題來檢視我對所謂完整改革計畫的政策主張：大政府（以規模、支出與課稅而言）、就業策略、金融改革與市場力量。這些計畫的細節當然可以進一步討論與協商；不過我要強調的是，過於簡單或華而不實的計畫，通常和一些口號有關，像是供給面經濟學、貨幣就是一切（money matters）或產業政策等，這些計畫絕對行不通。我是從承認資本主義天生就有瑕疵的理論視角來延伸出這份政策主張。然而，儘管所有資本主義都有瑕疵，我們還是能發展出一個 1967 年以來比較沒有明顯瑕疵的資本主義。

　　一個改革計畫必須能了解並著手處理市場機制的優勢與缺點。去中心化市場是處理經濟體系特定產出與價格的優質社會裝置，不過，在以昂貴資本資產進行生產活動的經濟體系，去中心化市場並非確保穩定與保證效率的完美裝置。最重要的是，決定資本資產價格與投資流量的資本主義市場流程，會在經濟體系形成強烈的不穩定動力。一旦我們達到一個能在穩定獲利的同時、又抑制充分就業所帶來的爆發性成長的制度結構，那麼，經濟體系的細節便可放任市場流程決定。

　　基於政府行政管理能量所受到的限制，就協調與管制的目的而言，去中心化市場是較好的機制。由於市場上所發生的一切皆取決於取得獲利的機會，所以，能輕鬆管理的租稅與補貼措施，可以納為政策措施的一個選項。

資本主義天生就有瑕疵，因為會衍生不平等、缺乏效率與不穩定性等後果，這個主張讓我們有充分的理由為政策安排一個思考背景。然而，儘管不公平與無效率的情況很嚴重，卻從未成為阻止經濟機能繼續正常運作的障礙。不穩定性，以及隨之而來、歐威爾所謂的「失業夢魘」[1]，是資本主義最為人所詬病的缺點。一旦消除「失業夢魘」的技術層面問題獲得解決，能將不平等狀態降至最輕微的經濟計劃便是最好的計畫。這意味低投資、高消費、充分就業，而且朝小組織部署、從而將階級式組織最小化的經濟體，是比較理想的選擇。（若能將分配到官僚機構的人員薪資獲利降到最低，往往可以壓抑不穩定性）。

　　效率是一個難以捉摸的目標。於是，經濟學家便做出一個跳躍式的結論：單純的競爭性交易經濟體是有效率的。經濟學家對所得的特有觀點，像是將治療環境導致的疾病所產生的成本視為一種所得，但為了預防疾病發生而投入的金額則不被視為所得，粗淺說明效率的概念有多麼令人迷惑。就更深的層次而言，基恩・格雷（Jean Gray）與彼得・格雷（Peter Gray）曾指出，效率有很多不同的類型，而能提高分配效率的系統，在穩定性方面可能沒有效率。[2]

　　早在以國民所得衡量經濟表現的做法開始之前，湯瑪斯・洛夫・皮卡克（Thomas Love Peacock）就在《異想城堡》（*Crotchet Castle*）中，藉著書中的角色佛力歐特牧師（Rev. Dr. Folliott）之口說：「相較於其他國家，這個國家的生活情況最好，因為它有最多的生活必需品；這些必需品被分配到最多人手上；它擁有最多誠實的人，還有最多為了共同利益而堅決團結在一起的人。」

大政府

　　大政府是當今的資本主義比當年導致我們陷入大蕭條的資本主義更優質最重要的理由。有了大政府，一旦朝深度蕭條前進，政府就會採用巨額的赤字來維護或提高企業的獲利。而維護獲利後，產出與就業就得以維持或增加。若一個大政府能妥善設計租稅與支出方案，它也可以成為通貨膨脹的一個障礙。然而，「大政府有其必要」的主張，並不盡然意味政府的規模必須變得像當前美國的政府那麼大，也不盡然意味當今政府支出、租稅與監理規定的結構有其必要性，或符合理想。政府的每一種結構都會產生一些系統性影響，而 1970 年代與 1980 年代令人困擾的通貨膨脹，多半是我們先前與目前採用的大政府所造成。

▎大政府的規模應該要多大才適當？

　　在定義什麼樣的新制度能促進就業，而且能成為有效的通貨膨脹障礙以前，必須先判斷大政府的規模應該要多大才適當。一個大政府必須大到足以確保它能以充分的政府赤字起伏來抵銷民間投資的起伏，以達到穩定獲利的目的。這意味政府的規模至少必須和投資規模一樣大。

　　1929 年至 1930 年間，民間投資顯著降低超過三分之一。民間投資跌幅最大的年度發生在 1974 年至 1975 年間，跌幅 10.0％，以及 1981 年至 1982 年間，跌幅 14％。在 1929 年與 1930 年，聯邦政府財政分別呈現約 9 億美元的盈餘（請見表 13.1）。所以，在 1930 年，民間投資與政府赤字的總額共降低 61 億美元，大約是 1929 年的總額 153 億美元的 40％。1974 年時，財政赤字是 110 億美元，1975 年是 690 億美元：這段時間新增的

表 13.1　民間投資與聯邦政府赤字

	1929	1930	1933	1974	1975	1981	1982	1983
民間投資總額	16.2	10.1	1.4	229	206	484	415	472
政府赤字	-0.9	-0.9	+1.3	+11	+69	+64	+148	179
合計	15.3	9.2	2.7	240	275	548	563	651

資料來源：*Economic Report of the President*, February 1985, U.S. Government Printing Office, Washington, D.C., 1985, Tables B15 and B74.

580 億美元財政赤字，不僅彌補民間投資減少的 230 億美元，還綽綽有餘。1981 年時，聯邦政府赤字是 640 億美元，1982 年更達到 1480 億美元，增加超過 840 億美元，這個金額明顯超過同時期減少的 690 億美元投資。

　　1929 年至 1933 年間的經濟衰退和近幾年的經濟衰退最顯著的差異在於企業獲利的變化；1929 年的企業獲利為 101 億美元；1930 年為 66 億美元；1933 年是負 17 億美元。相較之下，1974 年的企業獲利為 836 億美元，到 1975 年時，企業獲利反而上升至 959 美元。因此，1930 年時，政府的影響並無法維持獲利，而到了 1974 年至 1975 年的經濟衰退期，獲利實際上是增加的。由於獲利得到維護，經濟才得以迅速停止衰退並產生反轉。

　　表 13.2 是不同年度的國內民間投資總額與聯邦政府支出的規模比較。1929 年時，聯邦政府支出為 GNP 的 2.5％；1940 年，由於整個國家為了二戰整備，政府支出達到 GNP 的 10％。從二戰後，聯邦政府支出占 GNP 的比例更從戰後初期幾年的大約 14％，一路上升到 1983 年將近 25％。（1981 年，經濟陷入衰退，聯邦政府支出占 GNP 的比例更達到 27％。）

　　事實清楚顯示，若維持充分就業所需要的投資大約占 GNP 的 16％至 17％，那麼，只占 GNP2.5％左右的聯邦政府支出，絕對無法產生足夠的赤字來穩定經濟體系的獲利。另外，我們似乎也可以根據目前政府支出的結構來推斷，如今已擴大到 GNP20％的政府支出與政府的財政赤字，至少

表 13.2 民間投資總額與聯邦政府支出

年度	GNP	國內民間投資總額	聯邦政府支出	GNP 占比	
				民間投資	聯邦政府
1929	103.4	16.2	2.6	15.7	2.5
1933	55.8	1.4	4.0	2.5	7.2
1940	100.0	13.1	10.0	13.1	10.0
1950	286.2	53.8	40.8	18.8	14.3
1955	400.0	68.4	68.1	17.1	17.0
1960	506.5	75.9	93.1	15.0	18.4
1965	691.1	113.5	123.8	16.4	17.9
1970	992.7	144.2	204.2	14.5	20.6
1975	1549.2	206.1	356.6	13.3	23.0
1980	2631.7	401.9	602.1	15.7	22.9
1983	3304.8	471.6	819.7	14.3	24.8

資料來源：*Economic Report of the President*, February 1985, U.S. Government Printing Office, Washington, D.C., 1985, Table B1.

是過去十年間導致通貨膨脹加速上升的部分原因。

　　1929 年的 GNP 為 1034 億美元，投資為 162 億美元，相當於 GNP 的 15.7％。1933 年的 GNP 是 558 億美元，投資為 14 億美元，相當於 GNP 的 2.5％。若那段時期的所得與投資年增率雙雙達到 3％，那麼，GNP 理當是 1164 億美元，投資則理當是 182 億美元。

　　1929 年至 1933 年的經驗顯示，政府的規模必須大到足以抵銷「當投資規模比充分就業狀態下的投資規模降低 10％時」對獲利的影響。這意味政府的規模至少必須和投資的規模一樣大。政府支出至少需要達到繁榮時期 GNP 的 16％，甚至達到 20％，才能保護經濟體系免於因投資與獲利災難式的崩減而受到衝擊。

　　在經濟復甦的 1983 年，GNP 是 3.3 兆美元，那一年的失業率是

9.5%。若以歷史失業率6%來作為充分就業的臨時指標,並以傳統的方式衡量失業率,即GNP每增加3%,失業率會降低1%,就可以大略估算出充分就業狀態下的GNP為3.6兆美元。這意味占GNP 16%的政府支出等於5760億美元,18%的政府支出將是6480億美元,20%的政府支出則是7200億美元。1983年的政府收入預估約6430億美元,支出為8262億美元;在經濟復甦的年份,政府的收入大約是充分就業狀態下的所得(注:即GNP)的18%,支出則是這項所得的23%。若希望達到以政府赤字穩定獲利的目的,在投資大約相當於充分就業下GNP的16%至17%的經濟體,上述政府支出可能過高。

然而,由於那時實際上的GNP低於充分就業狀態下的GNP,所以,政府支出應該高於、收入應該低於各自在充分就業狀態下的水準。1983年的財政狀況產生1860億美元的赤字,這相當於充分就業所得的5%。1983年的投資大約是4700億美元,即大約粗估充分就業所得的1.31%。若我們認定在一個大政府經濟體系,充分就業狀態下的投資相當於GNP的16%至17%,那麼,上述政府赤字的規模略高於穩定總獲利所需的政府赤字。

若以慷慨的角度來衡量,即政府支出應達到GNP(7200億美元)的20%,那麼,1983年的租稅系統並未失序。不過,但若可能達到近乎充分就業的目標,那麼,那一年實際支出的金額超出平衡預算應有的支出金額幾乎達1000億美元,換言之,支出還是過於龐大。

▋ 政府的有效活動範圍:大政府應該做些什麼?

由於1983年的充分就業下GNP大約是3.6兆美元,而若要追求經濟穩定,政府的花費必須達到GNP的20%,即政府支出達7200億美元。表

面上看，似乎沒有足夠的嚴謹計畫能讓我們達到這個必要的政府支出金額。遺憾的是，在一個表面上永遠停戰、但軍備競賽未曾停歇的世界，軍事部門的 GNP 占比非常高，這嚴重限縮大政府可用於資源創造與人文和文化用途的支出。

雖然政府經常被貶為大而不當、無效率的階級式組織，並被批判只為當權者和趨炎附勢者效勞，棄大眾的利益於不顧，但其實早些年的政府非常有效率的為選民效勞，雖然經常也很官僚。但如果我們想避免大蕭條的發生，就不得不繼續採用大政府，只不過，我們必須將政治與知識資源投資到創造與維護有效率的政府機器上。

1983 年，光是沿襲而來的計畫就占估計充分就業狀態下 GNP 大約22.4％。為了提高大政府的使用效率，我們倡議一個只會占用充分就業下GNP1.25％的就業策略，以及占用充分就業狀態下 GNP1.33％的孩童補助計畫。這意味那些沿襲而來的計畫加上這個就業策略共將占用的資源略低於 GNP 的 25％。不過，這項孩童補助計畫加上就業計畫，應該能讓我們省下撫養未成年兒童家庭援助計畫（以下簡稱 AFDC）幾乎所有的成本，以及非常多的失業保險費用。

由於租稅計畫必須根據目標失業率來平衡各項支出，所以，我們必須研擬一個能產生相當於充分就業狀態下 GNP 20％的租稅計畫。然而，在一個有移轉支出存在的世界，應稅所得基數極可能包含來自移轉支出的收入。孩童補助將耗用充分就業狀態下 GNP 的 1.33％，而這些移轉支出當中，可能有大約 25％又會被租稅系統徵收。

我的理論分析著重於經濟流程的資源創造面。即使是在《通論》發表前，凱因斯與其他學者都強調，以債務融資型公共工程來控制與抵銷失業是相當可行的做法。由於以前的公共工程通常能留下道路、學校、醫院等

當今所謂的基礎建設，所以，《通論》的早期重點與外界對它的最初解讀，促使當局著重於主要能生產公共資本資產那類公共就業機會。不過，戰後世代的政府規模擴大的原因是，它開始提供以終生保障為目的的移轉支出。

我們的整體政策觀點是希望能以可以創造資源的公共支出來取代龐大的移轉支出和應享權益，目前這兩項費用占非軍事支出的比重非常高（見表 13.3）。將社會安全及其他計畫維持在目前的水準，並大幅降低利息支出與削減政府在非老年及殘障與醫療保險（non–Old Age, Survivors, Disability, and Hospital Insurance）方面的支出，就能研擬出一個符合「支出不超過 GNP20％」指導原則的計畫。若民眾、國會與行政團隊想要增加國防計畫或非老年及殘障與醫療保險支出，就必須提高充分就業狀態下的稅收。

主要的變化發生在非社會安全支出上。占用 GNP1.33％的孩童補助金與一系列已擬好、為確保最低工作所得的計畫，估計約占 GNP1.17％，將

表 13.3　1983 財政年度預算支出占實際 GNP 的比例，以及占充分就業估計 GNP 的比例，

項目	占實際 GNP 的比例	占充分就業下 GNP 的比例	
		實際預算	目標預算
總支出	24.7	22.5	20.35
國防	6.5	5.9	5.30
淨利息	2.8	2.5	1.75
非 OASDHI*	8.4	7.6	7.00
社會安全	5.3	4.8	4.80
醫療	1.6	1.5	1.50

*OASDHI ＝老年及殘障與醫療保險

資料來源：*Economic Report of the President*, February, 1984, U.S. Government Printing Office, Washington, D.C., 1984, Table 1.1, p. 29, plus computations.

被納入政府支出。這麼一來，若想實現「政府支出大約等於 GNP20％」的整體目標，就必須認真改造非社會安全支出與非軍事計畫。

改造政府移轉支出系統的一個目標是要使移轉支出不再阻礙勞動市場參與，其中兩種可能造成勞動參與障礙的移轉支出包括：必須進行經濟狀況調查的 AFDC，以及社會安全法條文中限制收到社會安全補貼的人不得有工作所得的規定。

1983 年時，美國有大約 5500 萬名未滿 16 歲的孩童；16 至 19 歲的青少年也有 1600 萬名。每名孩童在 16 歲生日前可以得到每年 900 美元（即每個月 75 美元）的補助金，這將產生 495 億美元的成本，大約相當於充分就業狀態下 GNP 的 1.33％。以下將討論的青少年就業與平民保育團計畫，將為 16 歲以上的青少年提供賺取所得的工作機會。

來自孩童補助金以及青少年就業與平民保育團等的所得，應該列為家庭應稅所得基數的一部份。因此，這兩項計畫將因未被納入稅基而得以回收部分的金額。全民孩童補助金可以讓有工作、但因家庭成員過多而陷入貧困的人得以脫貧。

政策主張也必須顧及政府在農業方面的支出。即使是在充分就業的經濟體，農民可能也很需要保護，因為農產品產出的價格常常會嚴重下跌，並導致農民受創。然而，若農業生產力的提升速度像過去 50 年的多數時間一樣快，而且比製造業生產力的提升還大，那麼，這項保護應該也無法阻止農產品消費者物價下跌。

▍平衡預算的重要性

在進入和預算有關的討論以前，必須先釐清的一個初始條件是目前未

清償的政府債務規模。在 1983 財政年度的年底，聯邦債務總額是 1 兆 3820 億美元，但其中有大約 2400 億美元是聯邦政府對公共機關的債務，有 1550 億美元是對聯邦準備系統的債務。因此，銀行、保險公司、外國政府與其他「民間」實體持有的政府債務，大約是 1 兆美元。

債務是付款承諾的具體呈現，為了使這些付款承諾有價值，債務人必須有能力賺取對他有利的正現金流量。債務人是藉由在各個不同市場買賣，來實現扣除營運成本後仍高於債務付款承諾的淨現金流量。「償債能力」不代表真正償債。即使一個經濟單位長期呈現負現金流量的狀態，它的負債可能還是有價值，負債是否有價值的關鍵，在於外界是否認同它的負現金流量只是暫時現象，換言之，外界相信，在合理預期一定會發生的情境下，這個經濟單位將擁有正現金流量。因此，儘管美國二戰期間維持巨額的財政赤字，美國政府負債的品質也沒有急轉直下，因為戰爭終究是短暫的，而且當時一般預期美國將打贏戰爭，何況，根據前例，一旦回歸承平時期，美國政府的未清償債務確實都在降低。

若一個政府原本就已經採納能在合理與可達成的情境下產生有利現金流量（盈餘）的租稅與支出體制，那麼即使碰上經濟衰退，這個政府的信用也不會迅速崩壞。

政府債務和一般債務沒兩樣，所以，也有可能發生政府債務拋售潮。若是外國人拋售政府債務，會導致本國貨幣大幅貶值；而若是本國人拋售政府債務，則會引發通貨膨脹，而且，必須付出更高的利率來讓人持有政府債務。

附帶一提，當中央銀行（聯準會）遇到政府債務持有意願急速降低的情況，為了維持政府債務的名目價格而將政府債務貨幣化（monetize）時，就可能引發聯準會乃至商業銀行負債擠兌。一如民間企業的獲利必須

足夠應付因債務而產生的支出、銀行負債必須以源自資產的收入來償還，外國債務必須透過出口盈餘來回收等，政府債務也必須以扣除當期支出的剩餘稅收來償還。這些用來償還債務的現金流量不一定要時時刻刻不斷的流入；只要「能產生正現金流量」的合理情境存在就夠了。

因此，要維持外界對政府債務的接受度，政府的租稅與支出計畫必須有盈餘，不一定是目前維持盈餘，而是在戰爭結束後或失業率降至 6% 等情況下維持盈餘即可。到 1981 年雷根政府實施租稅措施以前，美國政府預算都處於可能（或實際上）達到盈餘的狀態。

不過，雷根的租稅措施與軍備計畫開啟結構性赤字的時代，預期至少到 1989 年財政年度，政府赤字占 GNP 的比重都會非常高（見表 13.4）。在資產組合經理人與參與銀行部位配置的相關操作者眼中，「1989 年的財政赤字將被壓低至充分就業下 GNP 的 3.6%」的預測，代表嚴重赤字將長期與我們同在，而且延續時間將超過想像。雷根的預算政策暗示，未來的發展不是美元遭到擠兌，就是藉由通貨膨脹，「賴掉」高額的債務。不管是哪一個方式，利率都會因為市場的反應與聯準會為保護美元或阻止通貨膨脹等作為而上升到新高水準。

再次重申，任何背負高額未清償債務的組織，都不可能在債務品質沒有惡化下，長久且拒絕履行其淨現金流入的承諾。相同的，外界必須相信政府只是一時偏離平衡預算或預算盈餘的狀況，例如戰爭將會結束、資源開發計畫將要完成，或是所得將回歸充分就業水準等。

特定政府預算立場會在經濟體系達成某個預期績效時，達到預算平衡或有盈餘，而在經濟體系表現不如預期時產生赤字的第二個理由是，赤字會使獲利增加，而財政盈餘會使獲利降低。企業獲利是判斷一個資本主義經濟體運作成果良窳的關鍵要素。所以，旨在控制經濟體系整體績效的政

表 13.4　預期財政赤字金額相當於預期 GNP 的比例

	財政年度	
實際	1983	6.1
預估	1984	5.3
	1985	5.3
	1986	5.1
	1987	4.8
	1988	4.1
	1989	3.6

資料來源：*Economic Report of the President*, February 1984, U.S. Government Printing Office, Washington, D.C., 1984, Table 1.1, p. 29.

策，需要一個能影響獲利的工具。貨幣政策就是其中一種工具，不過，誠如先前的主張，貨幣政策會先影響資產價值與流動性，乃至影響企業、家庭及金融機構的償債能力，最後才會進而影響所得與就業。旨在壓抑過當經濟擴張與通貨膨脹的貨幣政策，是經由擾亂金融市場及資本價值的方式來運作。而旨在誘發經濟擴張的貨幣政策，則是經由利率與可用的信用來運作，但若當期與預期獲利很低，那貨幣政策並不會使投資增加。在所得水準和通貨膨脹水準很高時，將財政預算轉為盈餘，並在投資與所得很低時，將財政預算轉為赤字的大政府，才是最主要且有效的經濟穩定因子。

　　鑑於當前美國政府債務品質所面臨的問題，眼前的目標應該是追求預算平衡，並以可輕易達成的績效水準走向預算盈餘。雖然自 1960 年以來，年度失業率最低曾降至 3.4％，但過去 10 年疲弱的經濟表現顯示，能如現在失業率位於 6％水準的情況實現平衡預算的租稅與支出計畫，才是應該要鎖定的目標。

　　在一個仰賴個人所得稅或增值稅的租稅系統，稅收和名目所得密切相關。如果課稅級距與條件沒有調整，而且公共支出並未指數化，那麼，一

旦通貨膨脹突然竄升，即使是在經濟表現低於目標就業率的時期發生，都會導致赤字減少或盈餘增加；獲利將因為對通貨膨脹的反應而比原來的水準低。

或許支出與租稅計畫指數化是啟動嚴重通貨膨脹的主要力量。所以與其放棄財政武器，試圖藉由貨幣政策來打擊通貨膨脹，不如著重於非指數化的政府租稅及支出計畫對通貨膨脹的壓抑作用來對抗通貨膨脹。

政府支出與租稅的非指數化，一定會導致政府供應商、接受移轉支出者、政府員工與納稅人陷入一種艱難的處境。當通貨膨脹壓力減輕時，當局可用適當的租稅與支出時程調整，抵銷通貨膨脹的影響，但由於通貨膨脹將為政府帶來更多淨收入，所以，政府也必須維護因通貨膨脹而遭到壓抑的獲利，以及投資。就控制經濟表現而言，財政對策是比貨幣操縱手段更強大的武器。

原則上採取預算平衡的理由是，若要維護政府債務的價值，政府需要保持隱性財政盈餘，而且將政府預算從赤字轉為盈餘，是特別強大的抗通膨手段。

▌ 租稅

一旦政府規模龐大，稅收必定也很多，而且，它的租稅結構勢必會對相對價格、供給條件與融資實務造成顯著的影響。由於當今一切以軍事為優先，而且有非常多沿襲而來的固有承諾存在，所以，大政府的支出主要將集中在移轉支出和軍事方面的商品及勞務支出。在大政府的支出當中，研擬中的就業計畫和失業保險將與民間 GNP 負相關。為穩定獲利而發生的財政赤字，以及為控制通貨膨脹而產生的財政盈餘，必須源自稅收

的變化。

　　根據我們的分析，對特定租稅以累進（progressive）或累退（regressive）的標準來分類沒有太大的意義。銷售稅通常被歸類為累退稅，而企業所得稅則被視為累進稅，但一如我們對「價格決定」的分析所示，企業所得稅和銷售稅一樣，都會顯現在產品價格上。相似的情況是，雇主對社會安全計畫的提撥款也是一種必須透過價格回收的勞動力成本。市場上的交互作用將決定哪些價格承擔企業所得稅與社會安全捐的負擔，而政策決策則決定受貨物稅與銷售稅影響的約略價格。

　　由於任何一個「課徵稅金占 GNP20％」的租稅系統，勢必包含一些極高稅率的稅負，所以，大政府型經濟體必須著手因應避稅與逃稅的行為。避稅是合法的行為，也就是一種導致應稅活動減少或徹底消失的一種行為改變（modification）。逃稅則是非法的，逃稅是指即使有進行需要繳稅的活動，卻沒有繳稅。租稅政策需要考慮政策會導致哪些行為改變，而且必須利用預料中的避稅反應來促成政策目標。

　　當然，所有租稅勢必都會對價格水準產生影響。貨物稅、企業所得稅、增值稅（全部或部分，例如雇主的社會安全稅）等，往往會使價格上漲。只有個人所得稅往往會藉由需求降低而使價格下跌，而且即使這項租稅會經由減少努力來產生某種推升價格的影響。任何尋求抵銷通貨膨脹壓力的租稅系統，都會以累進式個人所得稅為中心。由於我們可以將累進式個人得稅設計成隨名目所得變化而進行調整的租稅，所以，這項租稅有可能成為穩定價格、乃至獲利的重要因子。

　　從我們的理論分析便明顯可見，政策應以實現及維持健全的融資結構為目標。「健全」的一項關鍵要素是最容易取得的短期資產（即短期政府債務）的品質。而維持政府債務品質的必要條件，是一個能在經濟體系的

所得與就業表現良好,或是通貨膨脹面表現不好時產生盈餘的現成租稅結構。

此外,在對沖融資盛行的時期,融資結構較為健全。權益,也就是不會衍生法律上必要的付款,是企業較偏好的融資工具。由於企業所得稅允許利息扣抵應稅所得,因此這種租稅將誘發債務型融資,所以,它當然是比較不理想的一種租稅。企業所得稅也允許企業在計算應稅所得時,從營收中扣除諸如廣告、行銷與取悅高階主管人員等非生產性費用。由於廣告與行銷是建立市場力量的手段,而「高階主管的風格」是效率不彰的導因之一,所以,企業所得稅將助長市場力量與效率不彰,同時也會助長債務型融資的使用。因此,我認為應該將「廢除企業所得稅」列入政策主張。

「實現近乎充分就業」是主要的政策目標之一。由於雇主對社會安全系統的提撥款堪稱一種針對勞動力所創造的附加價值所課徵的增值稅,所以,基於避稅的心態,企業在選擇生產技術時,往往會以資本取代勞動力。鑑於資本密集型技術與企業債務融資會引發不穩定性,所以,雇主對社會安全計畫的提撥款是一種兩害租稅,因為它不僅會導致就業人數減少,還會助長不穩定性。通用增值稅(universal VAT)比美國這種部分增值稅更好。

在採用資本密集型生產方法的經濟體,特定的價格在某種程度上是可以獨斷決定的。風險規避的銀行家在為資本密集型生產技術提供融資以前,一定會先確認借款人的市場力量是否提供保障。因此,反對以貨物稅來促進政策目標的價格效率的論述並不存在,旨在利用價格系統與避稅行為來實現社會目標的高額貨物稅,很可能會列為租稅計畫的一環。

1983 年時,個人所得稅、個人對社會安全計畫的提撥款,以及企業所得稅,達到充分就業下估計 GNP 的 11.9%(請見表 13.5)。

表 13.5　1983 年財政年度的聯邦預算收入

租稅	金額（10 億美元）	稅收之%	占充分就業下 GNP 的比例
個人所得稅	$289	48.1	8.0
企業所得稅	37	6.2	1.0
社會安全稅與提撥款	209	34.8	5.8
貨物稅	35	5.8	1.0
遺贈稅	6	1.0	0.2
關稅	9	1.5	0.3
聯準會提撥款	14	2.3	0.4
其他所有項目	1	-0.2	-
合計	$601	99.9	16.7

資料來源：*Economic Report of the President*, February 1984, U.S. Government Printing Office, Washington, D.C., 1984, Table B72, p. 305.

　　基於先前說明的理由，企業所得稅與雇主對社會安全計畫的提撥款，是非常不理想的租稅。應該以一項融合企業所得稅與員工的社會安全計畫提撥款的所得稅，來取代當今眾多以所得為基礎且大雜燴般的租稅。

　　廢除企業所得稅會衍生一個問題：有心人將利用公司來作為避稅的手段。這個問題可以用幾種不同的方法來因應。純就分析而言，最簡潔的方式是將公司視為獨資企業或合夥企業。這需要將每股所得充分轉嫁給股東，不管實際上是否有發放股利。另外，或許更容易管理的替代方案，是將 REITs 條款通盤適用到所有公司，換言之，企業所得稅還是保留，但將 85％或 90％的獲利用來發放股利的公司得以免稅。不管是採用哪一種方法，租稅系統的主要支柱都必須是統一所得稅（unified income tax）；在這樣的結構下會產生大約充分就業下 GNP12.5％的租稅，或是超過總稅收 60％以上的租稅。

　　誠如先前提到的，我們目前已經有針對勞工創造的附加價值徵收的加值稅，它是以企業為勞工提撥的社會安全計畫「提撥款項」的形式存在。

目前這項租稅產生大約充分就業下 GNP 的 2.9％；「能產生大約充分就業下 GNP3.0％的完整增值稅」似乎是一個相當容易實現的稅收目標。

由於汽油與／或石油懲罰稅能促進環境保護，並將進口來源國分散到非產油國，所以，這項租稅應該可以輕易徵收到大約 1080 億美元，即 GNP3％（大約是總稅收的 15％）的石油相關及其他貨物稅。

這項租稅改革政策主張能解決租稅適足性與結構的問題。為了穩定獲利並壓抑通貨膨脹，租稅計畫必須能產生足夠維護政府債務品質的稅收，而且必須允許稅收起伏。政治方面的證據顯示，個人所得稅無法解決大政府全部的財源負擔，所以，有必要推行一套重大的增值稅與貨物稅計畫。

這項租稅計畫和雷根 1985 年租稅改革計畫以及國會近幾年為簡化所得稅而提出的各式各樣建議不同。我們的計畫一開始就主張，若要穩定經濟體系，政府支出就必須大約等於 GNP 的 20％，而且一旦經濟處於或接近充分就業狀態，必須保持預算平衡。這意味若以 1983 年為基期，並以 6％的失業率作為充分就業標準，租稅系統必須從基準所得（base line income）中多徵收 20％的所得，這比 1983 年的普遍水準高出大約 10％。

由於所得稅是經濟穩定計畫的一環，所以稅收應該會對所得與價格的變化相當敏感。這顯示應該針對中等所得水準採用累進課稅級距與稅率。因此，雷根總統的 0％、15％、25％與 35％的稅率級距表不宜採用，應該要設置更多課稅級距。由於社會安全稅與企業所得稅這兩種源自所得的租稅將被廢除，所以總統提議的稅率在每一個區間都應該提高，而且，極高所得者的稅率應該要更高。

這些租稅改革建議反映出各種不同租稅對經濟穩定、就業與價格水準的影響。平等的議題雖然明顯很重要，但我們大致上忽略這個議題。稅制的基本立論很簡單：租稅會產生分配、所得分布與總體經濟面的影響。政

府可以將所有預算用來維護經濟的穩定，不過，由於每一種租稅都會對供給和價格產生影響，並誘發避稅及逃稅行為，所以，租稅政策的細節可能引發有違常理的政治結果，或是造成不公平。由於這個主張實施增值稅與更著重於貨物稅的計畫，屬於旨在降低雇主的社會安全稅與企業所得稅等不當稅捐的整體配套計畫的一環，所以，這個計畫應該能大幅改善所得分布與分配效率。

就業策略

雖然經濟穩定政策是要維護獲利，不過它還希望達成一個人道目標：實現近乎充分就業的目標。這個政策的目標不是要對特定就業機會做出保證；就跟獲利一樣，追求的是整體的充分就業目標，而非特定近乎充分就業的目標。

當前的策略尋求透過補貼需求的方式來實現充分就業。相關的工具包括融資條件、投資活動的財政誘因、政府合約、移轉支出與租稅。但目前的政策策略引發了慢性通貨膨脹和每隔一段時間就會爆發的投資熱潮，最終更常引爆金融危機與嚴重不穩定。所以，政策的問題在於如何研擬一個不會引發不穩定、通貨膨脹與失業的充分就業政策。

這樣的政策主要的手段是：在最低工資水準打造一個無限彈性的勞動力需求，這項需求不能取決於長期與短期的商業獲利預期。由於只有政府有能力在不考慮勞工聘雇行為對獲利能力的影響下提供就業職缺，所以，這項無限彈性勞動力需求必須由政府來創造。

政府就業政策策略的設計，應該要能產生可以促進福祉的產出，即使這些產出可能無法輕易在市場上買賣。由於這些就業計畫屬於長期計畫，

只不過，在景氣良好時期只維持基礎運作水準，但在經濟衰退時期可以擴大辦理，所以，相關工作的執行需要持續不斷的檢討與調整。

一個就業策略必須具備四個勞動市場特點：

1. 發展能以非通貨膨脹基準工資提供大量就業機會的公共、民間與官民合作機構。
2. 改良移轉支出的結構。
3. 去除勞動力參與障礙。
4. 導入限制貨幣工資與勞動成本的對策。

上述就業策略的四個特點彼此息息相關。若要廢除龐大的移轉支出機器，就必須保證當前與未來可能需要那類支出的人能獲得替代所得。若要去除勞動力參與障礙，就必須提供就業機會給目前可以自由進入勞動市場的勞工。對貨幣工資與勞動成本設限，是維護充分就業的承諾必然會衍生的結果。

草擬政府各項就業方案的計畫，並找出在充分就業經濟體系中限制貨幣工資的方法以前，必須先檢視如何改良移轉支出結構，以及如何去除勞動力參與障礙。

▌移轉支出與勞動市場參與障礙

美國已朝大規模調整社會安全系統的路線前進。禁止強迫未滿 70 歲勞工非自願退休的立法規定，意味到最後，津貼金額將隨著退休年齡而變動，或者就算受益人繼續工作，也能領取社會安全計畫發放的所得。就政

策層面而言，對社會安全補貼領取人設定工資所得限制的勞動市場參與障礙已經站不住腳。此外，由於複利的效果與平均餘命延長等緣故，儘管退休年齡稍微延後，退休年金所得還是大幅增加。因此，若採民間年金的架構，社會安全計畫中的彈性將能誘發勞動市場參與，並使通貨膨脹緩慢上升的壓力減輕。

依據身分發放的移轉支出中，最重要的一項是 AFDC。AFDC 在 1930 年代剛設立時，社會規範要求為人母者不應該工作，尤其是家有幼兒的母親。所以，當時旨在支持被撫養孩童的立法，自然而然也反映這項社會規範，而且，有資格領取這項移轉支出的人，也僅限於沒有充足所得的母親。不過，以目前的勞動市場參與率來看，已經使 1930 年代的社會學假設顯得過時與落伍。

AFDC 雖然重要，但就資助孩童而言還只是小型的政府計畫；主要的計畫是孩童免所得稅，這項計畫能產生一種隨著家庭所得增加而增加的報酬。我們主張全民孩童補助金要取代 AFDC，而且這項補助金所得必須納入家庭應稅所得。這筆補助金的金額應該設定為每個月 75 美元，或每年 900 美元。一旦發放，所有父母都能獲得淨利益，而要負擔大家庭開銷的貧窮勞動階級將受益良多。全民孩童津貼一旦實施，AFDC 便可廢除，因此造成的就業障礙也會消失。不過，社會上必須有充足的就業機會，這個方法才可能成功。

▌ 邁向勞動參與之路

要讓每一個人都能透過工作獲取所得，經濟體系對各種形態到各地理區域的勞動力需求必須是無限彈性的。在此同時，這種無限彈性需求必須

不會導致其他職業與雇主可用的勞動力供給無謂減少，導致工資上漲壓力提高。此外，就算雇主願意聘請所有有意願工作的人，卻沒有義務聘請特定具體數量的勞工。所以，唯有政府出資且採用不會引發民間工資上漲壓力的工資率就業計畫，才能達成上述目標。

由於這個計畫提供全民就業機會，因此它有效設定一個最低工資。大政府穩定經濟體系免於陷入嚴重衰退的力量一旦確立，最低工資法規就沒有存在的必要。一個要衡量失業與最低工資的世界，必定是一個內部不調和的世界；一個有效率的最低工資計畫必須保證每一個人都能找到最低工資的就業機會。

就業的策略必須處理青少年與成年人失業的問題，也必須為較年老的人提供就業機會。至於就業策略所採用工具，可效仿 1930 年代的做法，用一些縮寫式的用語來強化大眾對這些工具的辨識度，例如平民保育團計畫（CCC）、國家青年局計畫（NYA），以及公用事業振興署（WPA）等。在新政時期，這些計畫被視為暫時性的計畫，不過，由於資本主義固有的不穩定性與就業機會慣性短缺等問題，我們認為這類計畫應該永久實施。

CCC 是羅斯福政府時代最普及的就業計畫，這項計畫為青少年提供一種井然有序且管理嚴謹的生活及就業場所。這些場所並非訓練中心，而是讓青少年從實作中學習的場所。1930 年代這類計畫的主要工作內容是維護與改良國家公園及森林。如今這件工作已經被荒廢了 40 年，所以 1980 年代的 CCC 也可以從這件工作開始做起。

1930 年代的 CCC 共有大約 25 萬名青少年登記加入；如今類似計畫的目標應該設定在 100 萬人。目標族群則是 16 歲至 20 歲的青少年。實質上，這個計畫應該是讓青少年由學校過渡到職場的一項工具。

CCC 應該提供生活費與適當的所得。在預算的估計上，大約可以編列每名參與者每年 8000 美元預算；其中大約 3000 美元列為工資，5000 美元則屬於生活費與就業資助金。這項計畫每年會花掉大 80 億美元，或大約 1983 年充分就業下 GNP 的 0.22％。

這個族群長期處於高失業率狀態，而 100 萬人大約是這個目標年齡（16 至 20 歲）族群（約略 2000 萬人）的 5％人口。100 萬人的 CCC（或甚至人數更少的 CCC），就能對青少年失業問題帶來可觀的影響。

大蕭條期間曾發生的青少年問題，尤其是青少年就業問題，當今依舊存在，而且顯而易見。NYA 就是回應這些問題的解方。再次實施的 NYA 應該和原始的 NYA 一樣，以很多不同的形式存在，因為年輕人的問題非常多元。這個計畫鎖定的基本目標人口，應該是介於 16 歲至 22 歲的人口，無論是否在學，以及還在就學、但稍微年長一點的年輕人。

NYA 提供的就業機會與所得，必須足夠彌補 16 歲生日過後不再有資格領取的孩童補助金。應該透過這項計畫，為高中、專科及大學學生提供實習職缺。其中，這項計畫將代替各大專院校與相關機構的必要工作支付工資，說穿了，這是對各大專院校提供補助。這項計畫也應該為失學的青少年提供就業機會以及暑期工讀機會。NYA 失學計畫與暑期工讀計畫可以提供必要的訓練。

這個目標人口群（與 CCC 的目標人口部分重疊）涵蓋 7 個年齡層，共約有 2400 萬人。這個計畫應以支付參與者的勞動力成本為主；使用這項勞動力的大專院校與政府單位將供應原物料、提供監督和管理。以每名接受者平均 3000 美元計算，這項計畫大約會占用 0.5％的 GNP，以 1983 年的 GNP 來說，這筆支出大約是 180 億美元。不過，這項計畫會雇用大約 600 萬人，也就是目標人口群的 25％左右。由於 NYA 和 CCC 的目標

族群重疊，所以可能影響到幾乎 30％的目標人口。

政府應該將 NYA 列為主要的資源創造計畫之一。自甘迺迪政府執政以來的各種不同的方案，就試圖藉由促進或補貼投資活動，達到經濟成長與充分就業的目標。但自從促進投資成為主要的政策目標，經濟體系的成長、就業與穩定特質就日益惡化。

先前打擊貧窮的戰爭從一開始就未考慮周全，它部分聚焦在藉由訓練目標人口族群的方式來創造資源。未來的 NYA 雖然具備所得維護的特點，儘管如此，它的主要目的將是支持人力資源的發展，以及能培養成熟人力資源的機構的發展。

WPA 將提供就業機會來取代成年人的福利與延長的失業保險。除非能取代福利的東西已經就緒，否則不能輕言廢除福利。然而，除非採用開放式的就業方案，否則就業機會無法取代福利。由於充分就業經濟體系就像是一個沒有人見識過的化外之境，所以，我們無從釐清究竟有多少需要接受福利的人（目前被衡量為失業者），以及目前尚未進入勞動力的人，將會登記爭取 WPA 的就業機會。此外，若為落實社會安全計畫的改革而允許領取社會安全津貼的人得以重新投入工作，那麼，就應該經由WPA，設法為較年老的勞工提供全職及兼職的就業機會。

能在經濟機能運作順暢的時期雇用所有上門來的人，這樣的 WPA 究竟要有多大的規模？尤其 WPA 將取代現有的福利計畫，而且可用來補強社會安全計畫？這個估計值見仁見智。如果將青少年失業排除在外（CCC與 NYA 會處理這個問題），假定失業者還是能領取 13 週的失業保險金，而且採用會產生 6％失業率的民間雇用目標，那麼，在充分就業狀態下，「WPA 大約會有 200 萬人參與」似乎是相當充裕的初步估計。若設定WPA 勞工每年的工資為 7000 美元，並提供 3000 美元的費用與原物料補

助金，一個涵蓋 200 萬名勞工的 WPA 計畫將花費 200 億美元，或大約 GNP 的 0.55％。

原則上，不該對有意加入 WPA 的人進行經濟狀況調查。此外，由於 WPA 將為較年老的成年人提供補充所得，並為承擔養育孩童責任的婦女提供所得，所以，這項計畫可能也有責任研擬一些兼職的工作計畫。

預估 WPA、NYA 和 CCC，搭配正常的政府活動與民間就業，這樣的發展趨於成熟後，將為所有想工作的人提供就業機會，並因此為這些人與經濟體系提供所得。這些永久性的計畫將能創造移轉支出所無法產生的產出，像是公共服務、環境改善等，同時能創造並改善人力資源。屆時美國都會中心，也就是失業人口與領取福利者最集中的地區，公共環境的改善將會立竿見影。WPA、CCC 與 NYA 一定會成功，因為這些計畫是個能夠完成而有意義的工作，並能產生有形產出的就業計畫。

▌貨幣工資

對貨幣工資率變化、價格水準變化與失業之間的關係進行的標準分析，向來是以一個假設為基礎：失業的降低源自商品及勞務需求的增加。這暗示就業的增加勢必會帶來價格上漲的壓力。

以目前的政策策略來說，失業的增加將促使政府更有誘因去促進民間投資與移轉支出、降低稅率，以及放款金融市場條件。當前政策策略的影響是經由總需求增加導致特定需求增加，乃至就業增加的路徑所傳遞：這條路徑會助長價格與工資的上漲。

一旦轉而採納上述的就業計畫，就業的週期性變化將會被 WPA 勞工占比（注：WPA 勞工占總勞工數的比例）的變化取代。當民間雇主的勞

動力需求增加，WPA 勞工的占比將會降低。在有 WPA 的情況下，就算投資誘因增加、貨幣供給增加或稅率降低等，也無法逆轉總需求的降低。因為這個政策的核心是低工時的勞動力需求與工資所得，所以，它引發通貨膨脹的潛力將比當前的政策還低。

這項就業策略將導致勞動力市場趨於緊縮，不過，由於 WPA 的工資將顯著低於民間就業機會，所以，只要 WPA 就業人數為正數，對民間雇主來說，勞動力的供給就會維持無限彈性。在這些情境下，市場與制度因素不可能引發工資緩慢上升、甚至加速的壓力。

在當前的政策下，總需求的維繫端賴投資誘因的增加與移轉支出。政策端為了維護生產投資產出的勞動力需求而費盡心力。這個著重於特定部門的政策，最終造成投資財生產者及他們雇用的勞工（營建業與機械業勞工）的市場力量持續上升，而這又導致他們的工資上升，消費財生產活動的成本加成因而上升。當前政策策略造成的投資財生產活動工資緩慢上漲，最初會導致成本加成上升，接著又會帶動消費財生產活動的貨幣工資上漲。

前述就業計畫可能造成的通貨膨脹壓力比當前的策略路線低。若採用 WPA、CCC、NYA 策略，貨幣工資隨著被誘發的投資需求與更寬鬆的融資條件而上升的壓力將達到最小。WPA 的工資基準線不應該經常變動。若民間就業市場的工資因工會壓力而被推高，並進而導致失業率上升，WPA 的勞工供給就會增加，預算赤字則會上升。然而，若 WPA 就業計畫的工資維持不變，民間就業機會的貨幣工資有可能在市場競爭的影響下而無法上漲；民間工資與 WPA 工資之間的差額往往會由市場決定。

當然，如果政策要求「WPA 工資應該相當於平均工資的某個比例」，政策端的就業策略就有可能成為通貨膨脹的推手。若政策目標是要追求工

資穩定，以及反映生產力提升而緩慢下跌的價格，那麼，WPA 工資，以及一般政府員工及軍事合約的工資，就不該反映因正常民間投資與就業週期波動而起的短暫溫和通貨膨脹壓力而上漲。

金融改革

資本主義的歷史不時被伴隨著金融恐慌與崩潰的深度經濟蕭條打斷，此時各項融資關係崩解，相關的機構也被摧毀。每一場大規模的經濟蕭條，都帶來「制度結構改造」的結果，而且，這個結果通常是經由立法的途徑而來。我們可以將貨幣、銀行業務與金融立法的歷史，解讀為一段追尋可消弭不穩定性的制度結構歷史。經驗顯示，這個追尋的過程失敗了，而理論也顯示，找不到永久的解決方案。

在擁有行動派中央銀行的大政府式資本主義經濟體，債務型通貨緊縮與深度經濟蕭條的嚴重性可以獲得控制。此外，中央銀行可以為了遏制週期不穩定性的嚴重性，實施旨在控制並引導融資結構演進的行政管理行動與法規。若說我們這種經濟體的融資結構起始於投資，以及民間持有的資本資產部位存量的融資活動，一點也不為過。大致上來說，由於資本資產主要控制在大型公司手上，而這些經濟單位也掌握投資產出的指揮權，所以，旨在管理或遏制不穩定性的政策，也應以融資勢力與公司實務為起點。

聯準會的成立宗旨是要控制不穩定性。有鑑於目前聯邦準備系統每每在嚴重債務型通貨緊縮可能發生之際介入干預，因此，聯準會有必要擴大有效的管轄範疇，採行一些防患未然的積極措施，讓容易助長金融不穩定性的實務難以發展成形。聯準會必須關注融資關係結構的不斷改變會對經

濟體系的穩定所造成的影響。這個對中央銀行責任的定義，和聯準會向來遵循的做法呈現鮮明的對比，在過去，聯準會向來不干涉金融領域的慣例與制度。聯準會必須在金融制度的演進之路上扮演指引的角色，聯準會必須偏好能強化經濟穩定的制度與實務，並阻止會使不穩定性強化的制度與實務形成。

金融改革要有效，唯有融入整體改革系統的一環。只要主要的短期政策目標是要鼓勵投資，能促進投資的融資活動與資本資產所有權的制度與經營方式，就一定會蓬勃發展。不過，不適當的投資融資活動與資本資產所有權，向來是資本主義經濟體內部引發動盪的主要影響力。因此，以「就業」取代「投資」來作為短期的經濟政策目標，是旨在降低不穩定性的金融改革先決的條件。

政策的問題在於如何設計一個能減輕不穩定性的金融機構系統。儘管銀行是資本主義經濟體的核心金融機構，但銀行業務卻是一種黑箱般的神祕作業；銀行業務就像是隱藏在謎題裡的玄妙經濟事務。銀行家是顧客的受託人，他們基於客戶的利益提出建議並採取行動，問題是，他們本身的所得取決於他們向客戶銷售的服務。為了減輕銀行業受託人義務與私人利益之間的利益衝突，當局已經在商業、投資及儲蓄銀行業者之間畫下一條楚河漢界。但近幾年的經驗顯示，每當有龐大的獲利機會存在，那些機構之間的界線就無法維持。

▌ 作為金融機構的一般公司

由於公司擁有經濟體系多數資本資產，所以，也取得大多數的資本所得，進而會根據法律與負債結構，將這些資本所得分配到租稅、償債（本

金加利息）與權益所得總額等。公司可能會保留權益所得，也可能不會。公司堪稱掌握特殊勢力的金融機構，這讓它們得以向非常大量的經濟單位募集權益資金，也讓它們得以舉債。由於公司的股東責任有限，所以，企業的所有權和商業經營權有可能是分離的。

由於公司能以公司的名義（而非以股東代理人的名義）舉債，所以，公司能促進投資活動，並促進大型資本資產的使用。誠如凱因斯提到：「股票交易所每天都會重新評估眾多投資的價值，而這個重新估價的過程，讓個人（而非全體社群）有機會頻繁的修正他的承諾。就好像一名農夫……在早上十點至十一點間決定撤回資本，又在這個星期稍晚重新考慮是否要重新投入這筆資本。」[3] 一旦公司成為資本資產的主要持有者，而且有股票交易所存在，那麼，就算公司對資本資產所有權的持有承諾有可能延續到這些資產的預期生產年限之久，投資人的持有期間也可能隨著個人不斷改變的需求與偏好而改變。

若資本資產很便宜，為從事商業或貿易所需的資本資產就可能很容易取得，那麼，只需要單純的獨資企業或合夥企業，便有能力取得資本資產。可是一旦資本資產變昂貴，而且預期這些資本資產具獲利能力的耐用年限超過一個成年人的平均餘命，那麼，只有永續經營的公司，資本資產持有期間能和資本資產的耐用年限匹配。

資本資產可分為兩類。一類是諸如農地或都市土地之類的資本資產，這些資產可用來生產各式各樣的產品，而且，很多人有能力利用這類資產賺取獲利。這類資產的價格或價值不會因為所有權人或使用者的不同而不同。此外，由於這類資產不用藉助人力就可以產生現金，所以，這些資產適合作為抵押貸款融資之用，換言之，這類資產適合用來進行資產連結型融資，而非所有權人連結型融資。流經生產流程以及商務管道的資產（存

貨），也適合進行這種資產連結型融資，因為履行這類債務的資金將在存貨賣出時取得，換言之，用來履行債務的資金幾乎在融資活動發生之際便已存在。

由於耐用年限長的一般用途資產與耐用年限短的商用資產都適合進行資產連結型融資，所以，既有債務的付款承諾，有可能和這些資產預期將產生的現金流量息息相關。其中的金融流程關係和對沖融資的金融流程關係很類似。

第二類資本資產則包括除了特定用途外沒有顯著價值的廠房與設備。由於這些資產只有在使用於某一小組生產流程時才會產生現金流量，所以，這些資產只對會使用到這些生產流程的企業有價值，對其他企業而言的價值很小，甚至毫無價值。為取得這類特殊目的資本資產所需財源而動用的債務，必須是持有並運作這些資本資產的組織的債務。若這項資產預期將產生現金的期間，超過典型的獨資或合夥企業的平均餘命，那麼，獨資企業或合夥企業就無法以那類資本資產的所有權來進行對沖融資活動。而若獨資或合夥企業非使用那類資本資產不可，公司老闆的個人資金就必須足夠支應取得資產所有權所需的財源，要不然就必須採用投機性融資。唯有負債的到期期間和資產預期將產生現金的存續期間相近，才有可能採用對沖融資。

公司是最適合持有與運作昂貴、特殊目的資本資產的社會工具（social instrument）之一，因為這類資產作為取得準租金的工具，預期的耐用年限很長。通常公司債不會被連結到任何特定資本資產所產生的獲利：公司債主要是連結到整個組織的盈餘，所以，公司債就像是一種個人貸款。由於公司需要使用到耐用年限部分重疊的多項資本資產，所以，以特殊用途資本資產進行營運的公司必須維持永續經營。

若公司不存在，耐用年限長的特殊目的資本資產的債務融資活動，就必須採投機性融資：在這個情況下，債務的期間將比資產預期將產生「租」的年限短。公司能藉由發行長期債務，實現對沖融資型的負債結構，而這有助於穩定融資結構。

　　不過，公司的形式或組織會促使融資活動與特定資產的所有權及收購活動分開。若短期債務的成本較低，以公司整體獲利能力為基礎來貸款的公司，就有能力使用高於短期資產所需財源的短期債務，從而達到節省成本的目的。雖然我們可以說公司已經開始成為昂貴、特殊用途且耐用年限長的資本資產的對沖融資工具，但由於公司擁有發行非連結特定資產的債務能力，所以，公司可以經由舉借短期債務來取得並持有長期資產。因此，儘管公司最初只是作為對耐用年限長資本資產提供對沖融資的工具之一，這種組織卻可能成為一種投機性融資工具，而且由於公司不僅能促進資本密集型生產活動，更能促進投機性融資，所以，公司是一股引發動盪的影響力量。

　　因此，融資結構存在一個本質上的固有弱點。這個弱點部分導因於技術層次的問題：使用耐用年限長的昂貴資本資產時，相關的融資最好以攤銷（amortized）期長的工具來進行。這個弱點也部分導因於偏好：資產所有權人想要控制他們持有資產的期間。公司是處理因技術而產生的融資問題的工具之一。不過，由於公司是永續經營的實體，所以，這個偏好問題形成一種對市場的需求：一個可轉移個別資產的市場。因此，股票市場與債券市場是公司這類商業組織必要的附屬品之一。不過，那樣的市場也讓股東得以經由短期債務進行永久性負債（權益）的投機性融資活動。

　　公司的形式消除因成人平均餘命與廠房及設備耐用年限不一致而衍生的本質缺陷。然而，公司卻無法消除因「持有財富的家庭可能偏好持有期

間較短的資產」而衍生的本質缺陷。此外，每當融資需求很高，而且快速上升，這個本質缺陷尤其明顯，因為短期融資市場較有能力藉由發行新工具與創立新機構等，來回應急速增加的強勁需求；上升的利率會導致長期金融工具的持有人產生虧損，而這會使長期市場被迫關閉。由於這些本質缺陷的緣故，在榮景時期，促進資產部位融資展期與融資的投機性融資和市場機構的成長，是引發經濟與金融朝動盪的方向發展。

現金流量是企業總營收和勞動力與購入原料成本之間的差額，它被用來支應企業債務相關的成本，而負債的市場價值也取決於現金流量。某種意義來說，很多公司都堪稱是包稅人，因為它們的售價取決於應付債務成本所需的現金流量（一如稅收的需求決定租稅的設定一樣）。根據現金流量的需求來決定價格的先決條件是：市場不能有太大的約束力量；所以，賣方獨占或幾近賣方獨占的市場地位，通常是舉債的先決條件。誠如先前說明的，大政府相關的政策使大量可用的獲利不會向下崩落，而通常導因於監理規定的市場力量，會保障資本的特定使用者的單位成本加成。

因此，若一家擁有市場力量的企業，預期現金流量不足以應付債務相關的成本，也不足以作為擴大融資的基礎，這家公司一定會提高成本加成和價格。由於價格，尤其是受管制的企業所制定的價格，通常會低於不受約束且使獲利最大化的賣方獨占價格，所以，價格上漲會使總獲利增加。然而，價格也有超過賣方獨占價格的可能性，一旦發生那樣的狀況，淨營收將無法增加或甚至降低。一旦一家超大型企業發生這樣的情況，政府就會以補貼、特殊租稅抵減、公開為其債務背書，以及增加總獲利流量的措施等手段來進行干預。在近幾次危機期間，政府藉由政策將獲利與償債能力列為首要目標的狀況便明顯可見。

由於很多組織的投資決策合理性有賴源自民間租稅的稅收來證明，因

此這些投資決策和公共決策很類似。舉個例子，醫院採購的每一部大腦掃描器的成本，都會出現在藍十字協會（Blue Cross）與藍盾協會（Blue Shield）的費率上，而對雇主來說，那一部掃描器的成本是一種必須從產品價格回收的勞動力成本。實質上，美國的醫療系統有賴租稅的支持，但納稅人對這些服務的供給價格如何決定，卻絲毫沒有置喙的餘地。美國具有一種或有社會主義（contingency socialism）的特質，在這當中，某些特定組織的負債不是受政府的公開干預保護，就是受政府授與的賣方獨占訂價力量保障。

所以，金融改革必須正視多半屬於私領域、但又具備公共本質的事務。大型或超大型組織的債務隱含公共擔保的意涵（即或有負債），這造成一種有利於超大型公司與超大型銀行的融資偏差，因為市場會給予這種隱性公共負債較優惠的對待。即使這些超大型企業的投資效益不彰，政府還是能藉由干預，使其現金流量承諾獲得履行。政府干預的一個方式是產生巨額的赤字。不過，這些巨額的赤字是在未來引發通貨膨脹的基礎，但若政府放手不管，此時此刻民間債務違約的威脅就很可能先造成失業的惡果。

由於大政府意味 一旦所得與就業減少，政府勢必會採用可維護獲利的赤字，所以，在大政府型經濟體就沒有必要採用能促進市場力量的政策，市場力量能在經濟衰退時，經由維護價格來保護獲利。在一個採用大政府的世界，個別的破產案件是可以容忍的，因為這些案件不會導致全面債務違約的狀況發生。因此，應該讓破產變容易，並讓破產的代價降低，因為破產能讓無以為繼的投機性融資或龐氏融資結構轉化為可維繫的對沖結構。一旦破產的流程簡化，壓抑通貨膨脹的競爭動力就能解放並自由運作。如果一個經濟體願意以開放的態度面對破產，就不會有政治層面上大

到不能倒的組織存在。

此外，為削弱公司導致不穩定性惡化的那種力量，必須設法消除因高企業所得稅稅率而使企業偏好債務型融資的偏差；換言之，**企業所得應該廢除**。此外，短期公司債應該與資產連結，而非與公司連結。必須鼓勵銀行經由所得與資產文件齊備的放款形式，來對公司放款，同時鼓勵它們經由所得與資產文件齊備的承兌手段，只要有證據可證明採用融資的資產能產生短期現金流量，對公司提供公開市場放款。應該讓那類工具在聯準會決定銀行現金基數與扮演最後放款人的流程當中占有一席特殊的地位；換言之，聯準會必須隨時做好透過貼現窗口參與那類融資活動的準備。

█ 銀行與銀行業務

銀行是資本主義經濟體的核心金融組織。一旦銀行的資產與負債確定，經濟體系融資活動的框架大致上就會底定。追求獲利的銀行家會改變銀行的資產及負債組成結構；尤其是在景氣良好時期，銀行家及貸款顧客之間的互動，將使銀行資產負債表中表彰投機性融資及龐氏融資的資產比重提高。在這個情況下，金融體系將從原本的健全狀態，演變成脆弱狀態，所以，為了防範經濟朝金融不穩定的方向發展，讓情勢難以控制，有必要持續不斷的管制銀行體系，並定期推動銀行體系改革。

銀行的規模和銀行可服務的企業規模有某種相關性。有很多小型獨立銀行業者的去中心化銀行體系，有助於形成一個主要由中小企業組成的產業結構。相似的，高度集中化的銀行體系是由分行遍布全國各地的大型銀行業者組成，這會助長產業集中度。

如果一家銀行的信用額度上限只有幾百萬美元，它就無法應付超大型

公司的短期融資需求，這樣公司自然會尋求與最大型的銀行合作。此外，任何一家銀行都無法獨力處理規模達數十億甚至數百億美元的公司所需要的銀行融資；超大型甚至中型的企業通常會同時和很多不同的銀行業者維持往來，並使用多家銀行的信用額度。但不管一家超大型企業的總部設在何處，它都會和超大型貨幣中心型銀行維持融資關係。

過去幾十年間，雖然銀行業務由各地理區域分治的局面漸漸轉變，但美國的銀行體系還是相當去中心化，距離「只受少數幾家超大型銀行支配」的狀況還相當遙遠。而儘管這個系統依舊維持去中心化的狀態，銀行業務相關法律與銀行業務管理作業的設定，還是應該著重於「促進與鼓勵較小型獨立銀行業者的蓬勃發展」的議題。可惜當前銀行業監理規定與銀行業法規方面的變革卻不是朝這個方向前進。

誠如我們在第十章指出的，從銀行業者為一家企業提供融資的那一刻起，這家銀行就成為企業的合夥人，因為這筆貸款能否順利償還，取決於借款人的營運是否成功。此外，銀行業者與企業夥伴通常會重複交易：它們會持續往來。

貸款顧客的蓬勃發展將決定銀行家的獲利，因此，受這個夥伴關係激勵的銀行業者會對企業家提供建議與指引。為了充分服務這些顧客，銀行家應該以放款人和配銷代理人（placement agent）的角色，為顧客提供廣泛的融資選項。所以，當局從 1930 年代以來針對銀行作為交易商、承銷商和財務顧問等角色所設定的限制並不是很恰當。

要適當利用小型銀行的活力來促進經濟發展，就必須允許這些小型銀行在從事商業銀行業務之餘，也能從事投資銀行與商人銀行（merchant banker）的業務；換言之，應該允許這些小型銀行從事較小型企業的股票與債券承銷及配銷業務。

由於已有專業化的組織在處理大型企業的投資銀行及商人銀行業務需求，所以，不允許超大型商業銀行從事這類業務或許是正確的。但華爾街畢竟不能代表整個經濟體系。很多企業主要還是仰賴本地的商業銀行為它們提供專業財務建議與指引，這些銀行也是那些企業唯一能實際使用的股票或債券發行承銷商。如果經濟政策的目標是要支持競爭市場，那麼，就應該允許規模適中的商業銀行自由從事承銷商、與第三方配售債務、提供收費財務顧問服務，以及安排合併、撤資和收購等收費型案件等業務。

　　聯準會試圖藉由監理銀行可取得的準備金，控制銀行提供融資或創造存款的能力。如果銀行業者和金融市場只是自動創造存款的機器，而且只會經由資產組合裡的超額現金或現金短缺來影響經濟活動，那麼，藉由控制銀行存款準備金來控制經濟體系的意圖或許還有一點道理。但事實上，銀行業者是複雜的獲利追求者，它們的實際負債與潛在負債種類非常多元，而這些負債都是為了回應獲利機會而進行的創新。

　　為了遏制銀行業務不穩定的影響，有必要監理銀行資產的金額與成長率；其中，主要的控制手段是資本適足率，以及銀行資本成長率。從目前的情況來看，銀行檢查與監督作業的確是將「銀行資本適足率」列為重要的考量，但貨幣政策並未將這個要素列為考量。為了遏制可能引發不均衡的潛在力量，為了保護經濟體系免於陷入債務型通貨緊縮，同時排除超大型銀行因獲准維持較高資產權益比而產生的偏差，應該授權聯準會為所有銀行（換言之，所有會因支票的開立或存款隨時遭到提領而發生存款轉移情況的機構）設定一個資產權益比例。5%的資產權益比似乎很合理，尤其若將隱性的銀行負債所消耗的資本列入考慮。若整體銀行資本面臨受損的情境，聯準會應該擁有調整這個數字的權利。資本適足條件的管理不該過於拘泥，不過，若資本有明顯短缺，就必須評估是否針對股利的發放進

行懲罰式的限制。

這種統一的資本資產比，將使較小型銀行的放款及投資能力提高。當然，這些較小型的銀行未來還是必須設法解決一個問題：尋找資產與配銷負債。對較小型的企業來說，由於較小型銀行的資產資本比獲准提高，所以較小型企業有機會獲得更有利的的融資條件，得以在資產基數擴大下，用較低的成本加成來賺取由市場決定的報酬率。改革之後，即使大型銀行的成本加成提高，但市場根據小型銀行的資金成本而決定的成本加成很可能會降低非常多。若不同的銀行業者能採用公平的資產權益比，將有助於促進大型企業與小型企業融資條件的平等化。

以目前而言，管理良善且具備合理獲利能力的銀行能將盈餘保留下來，因此，這類銀行的資本成長率得以超過經濟體的無通貨膨脹永續成長率。為實現與穩定價格一致的銀行權益內部成長率，銀行盈餘的配發比例必須提高。

對資本資產比與盈餘配發比的控制，是引導銀行業務發展的強大武器。統一的資本資產比一旦設定之後，就不該經常調整，不過，應授權監理銀行業務的主管機關在銀行權益成長過快或過慢時，適當調整盈餘配發比例。

另外，應該將「可輕鬆或自由進入市場」列為政策目標之一。銀行改革要去除障礙，讓較小型的銀行擁有更多融資選擇的彈性，也應該能使較小型的企業更容易進入市場。總之，整體監理趨勢應該朝「銀行業務進入障礙降低」的方向前進。

銀行業務的獲利能力並沒有高到一旦這個市場能自由進入就會導致銀行資本出現爆發性成長。藉由限制保留盈餘來控制銀行業務的成長率，比透過監理銀行存款準備來管理銀行資產的擴張這種已經證明徒勞無功的做

法，較可能在不引發通貨膨脹的前提下，實現可用融資的成長。

商業界與非銀行金融機構已經動用或未動用的信用額度，絕大多數是由銀行業者提供。若銀行業者聚焦在資產連結型融資活動，那麼，商業界的短期債務將帶來和企業現金收入一致的付款承諾。在這個情況下，企業的銀行債務將屬於對沖融資關係的一環。

實質票券說（real bills doctrine）的一項原則便主張，銀行融資活動應該局限在資產連結型融資活動。這個學說主張，若銀行業者只為生產流程中的商品提供融資，就能創造正確數量的貨幣；這個正確數量的貨幣將促成價格的穩定。但長久以來我們都知道，將銀行資產限制在實質票券的範圍內，並無法防止可能引發通貨膨脹的貨幣供給成長。

這個概念確實不太能確保不引發通貨膨脹的貨幣數量存在，不過，卻較能確保金融體系的穩定。這意味監理主管機關必須引導銀行能多透過對沖融資活動來取得獲利機會，而資產連結型的存貨融資就是對沖融資的一種。

聯邦準備法最初規定，唯有反映資產連結型短期融資活動的銀行放款符合重貼現的資格。在聯準會成立早期，重貼現作業是銀行準備金的重要來源。但在 1929 年崩盤後，銀行準備金的最主要來源不再是重貼現活動，而是國庫券的公開市場操作。

當聯準會為某些活動提供融資並因此取得資產時，銀行體系將取得準備金，或者一般大眾將取得通貨。若聯準會主要是取得國庫券，如透過公開市場操作提供銀行準備金的做法，它等於是為政府活動提供融資。不過，當聯準會透過貼現窗口取得民間企業的債務，它主要是為商業活動提供聯合融資。此外，若聯準會經由資產連結型短期企業債務的貼現作業來供應準備金，它就等於參與並鼓勵對沖融資。

因此，針對顯性負債提撥的銀行準備金主要的功能已經改變，這些準備金還是必須像現在一樣保留下來；它們的價值並非來自它們對經濟活動的影響，而是因為透過貼現窗口創造準備金的流程，讓聯準會得以經由特定工具，成為特定活動的融資參與者。鑑於這種聯合融資活動能增加特定的信用供給量，而且能使這種信用供給變得更加確定，所以，聯準會的參與將產生引導企業與銀行融資實務的作用。

資本主義經濟體系的根本特質會引發不穩定，而反映這些根本特質的影響力幾乎無所不在。若能引導銀行側重資產連結型的短期融資活動，就能減緩這股引發不穩定的推力。其他金融機構，像是銷售貸款公司、人壽保險公司，甚至一般商業界的公司，也應該能直接或間接經由合格票據貼現來使用貼現窗口。貼現的資格規定可以用來確保資產連結型融資活動的蓬勃發展。

▋ 中央銀行業務

要降低脆弱局面（終將）導致金融不穩定性發生的可能性，就必須主動引導各項融資實務的演進。各國央行是有責任遏制並抵銷金融不穩定性的機構，而且，延伸來說，各國央行有責任防止金融不穩定性發生。

各國央行藉由干預金融市場來影響融資結構的正常機能運作。限制中央銀行只能監理會員銀行和控制貨幣供給是錯誤的。當其他金融機構沒那麼重要，將中央銀行的責任定義為「監理商業銀行或貨幣」或許是正確的，但如今，那樣的責任限制已經不合時宜。

作為最後放款人，中央銀行必須確保關鍵的部位製造市場的資金供給不會因擠兌而遭到打斷，另外，中央銀行必須清楚界定它將保護的金融市

場是哪些。最後放款人干預是一種巧妙的操作，這項操作允許特定經濟單位與產業部門倒閉，但又確保可用的總融資不會崩減。

在「企業負債需要經由再融資取得」的融資結構之下，中央銀行業務的重要性便會提升。尤其是，中央銀行業務是因龐氏融資與投機性融資活動的存在而存在。只要商業銀行有在從事非銀行投機性融資組織的融資業務、再融資業務與或有融資業務，中央銀行就必須只能和商業銀行維持直接的往來。但即使中央銀行只和商業銀行往來，它還是需要認清它的責任：維護所有金融活動的正常行為表現。

在 1929 年至 1933 年的經濟大萎縮時期，聯邦準備系統並未出手防止金融體系瓦解。於是，許多專業的局部中央銀行應運而生，美國實際上的中央銀行從此成形，它是一組從事去中心化操作的機構所組成，其中，聯準會是最受推崇的實體。後來，一項微小但並非不重要的結構性改革，將 FDIC、貨幣監理署以及專為儲蓄機構設置的專業保險及監督機關等專業化機構納入聯準會，成為聯準會的不同部門。

在一個擁有複雜融資結構的現代資本主義經濟體，各式各樣的創新導因於眾多獲取獲利的機會。在這樣的環境下，中央銀行業務猶如一場學習競賽，中央銀行總是試圖在這場競賽上，影響這個瞬息萬變的系統的表現。唯有中央銀行官員深諳制度結構的行為模式，並精準評估各項變化對這個系統的影響，中央銀行業務才可能成功達到目的。各國央行必須在融資結構的演進過程中扮演掌舵者的角色。

除了法律上規定（例如金本位的規定）中央銀行必須買進或賣出的某些公開標售或標購的全部資產，中央銀行能全權控制它的資產組合。中央銀行有權決定它要保護的資產，也有權選擇要使用哪些資產來向銀行體系供應準備金，並能利用這些權力來影響企業融資方式。中央銀行在創造準

備金時收購的資產，能為某項活動提供融資，而這項活動也因而獲得有利的融資條件。只要銀行業者需要中央銀行的存款來作為準備金，而且只要中央銀行掌握獨家通貨發行權，那麼，中央銀行就能影響銀行的資產組合。

若金融業很健全，代表投機性融資與龐氏融資占企業融資活動的比例並不高，而且企業也會持有龐大的貨幣及流動資產存量。健全的金融業意味銀行資產主要是由政府債務以及反映對沖融資活動的民間債務所組成。在這些情境下，中央銀行以國庫券為主的操作並無不妥。

在一個健全的融資結構下，公開市場操作可能對可使用的融資造成箝制，但又不會引發顯而易見的現值反轉問題。當在途投資（investment in process）主要以投資人的個人資金而非借貸資金來支應，就算利率上升，履行付款承諾所需的現金也不會大幅增加。此外，長期融資條件與資產價值並不會對短期利率的短暫變化產生激烈的反應。在這個情況下，雖然銀行融資條件的變化的確會對經濟活動的水準造成某種影響，但並不會影響到融資關係的存廢。中央銀行藉由降低銀行準備金來限制銀行放款活動的種種作為，將不會導致銀行業者可提供的融資額度降低；銀行業者將直接以企業債務取代其資產組合中的政府債務。因此只會影響到國庫券的利率。

不過，健全的金融環境只是一種暫時的狀態，因為這代表在經濟擴張期，信用擴張速度可能高於信用基數的擴張速度，而且當信用基數萎縮，信用的萎縮速度可能較慢。這類銀行信用變化的累積影響，最後將導致金融體系趨向脆弱。在由健全轉為脆弱的過程中，銀行會減少使用國庫券作為部位製造工具。

若國庫券未被用來作為製造部位的工具，那麼，即使中央銀行操作主

要是以國庫券為標的，商業銀行業者和中央銀行之間也不會存在直接的業務接觸。若銀行體系很脆弱，銀行準備金所造成的束縛，就會幾乎完全反映在銀行的放款成長率上；這樣國庫券就沒有安全閥或避震器效應。所以，相較於健全的融資結構，在脆弱的融資結構下，特定中央銀行行動對可用融資與利率的影響將較大。

在脆弱的金融環境，中央銀行不能盲目遵從規定，一味沿用在金融體系較健全時期曾成功達到目的的那些技巧。當國庫券在銀行資產組合中無足輕重，而且國庫券並非銀行製造部位的工具時，利用公開市場操作來引導金融體系就是無效的做法。銀行準備金的變化必須和銀行持有的資產有關；貼現窗口是控制準備金的適當工具。若中央銀行有意影響銀行業對資產的偏好，乃至企業融資方式，較可行的工具是規定銀行必須藉由向中央銀行貸款，來取得銀行業資產部位所需的共同融資資金。

若企業與銀行實務可能導致融資結構趨於脆弱，中央銀行就有責任展開引導銀行業者朝對沖融資業務靠攏的操作。主管機關必須看穿銀行的資產負債表面紗，直搗向銀行融資的組織的資產負債表。

面對潛在借款人，銀行家應該提出的第一個疑問是：「您計畫如何還款？」中央銀行管理業務時，也應該依循這個原則。若銀行業者想要從中央銀行取得共同融資資金，應該透過呈現出對沖融資活動的企業資產來進行。

聯準會應該停止完全以公開市場操作來決定銀行體系準備金的做法。公開市場操作的一項替代方案是，聯準會可藉由銀行資產的貼現作業，為銀行業者提供準備金。就貼現工具而言，當中央銀行購買源自融資業務且符合資格的特定票據，或以特定票據放款時，就等於是為銀行供應準備金。若聯準會、商業銀行業者與貨幣市場機構之間希望發展適當的關係，

或許可參考英格蘭銀行（Bank of England，注：英國央行）在第一次世界大戰前的貨幣市場關係。[4] 根據這個模型，銀行業者的準備金基數（以及通貨供給）多半將來自聯準會對銀行放款（或公開市場票據）的貼現，這是為商業活動提供融資而產生。聯準會進行貼現時較偏好或有資格的票據，是反映企業或製造業存貨的資產連結型票據。因此，在金融體系很脆弱的狀況下，典型的英國貼現市場結構很適合作為中央銀行控制短期信用供給的工具。

若銀行準備金多半來自和商業存貨所有權連結的短期票據貼現，那麼，只要放款到期，而且確實有償還，銀行準備金餘額就會降低。此時為了讓準備金達到目標水準，銀行業者必須把票據貼現，如此一來，銀行業者和聯準會間的業務關係就會延續下去。因此，未來宜推動一項**重大**必要的改革：聯準會的操作由公開市場操作改為貼現。旨在創造準備金基數的貼現窗口法，能為短期資產部位的對沖融資活動創造較有利的條件，並使融資結構朝脆弱發展的傾向變得較不明顯。

以貼現窗口工具來說，聯準會利用隨著企業融資而產生的票據來創造準備金。聯準會除了藉由購買這類票據來創造一個市場，也確保這種票據在金融市場上受保障的地位。因此這種票據會被列為優先風險等級的票據。屆時，融資關係的結構將不再是受聯準會的資產組合引導，而是受合格票據市場上的優惠利率引導。

在這樣的系統中，每天都有一部份的準備金基數會消滅，而市場為了補充準備金，需要到聯準會辦理貼現。在一個複雜的融資結構中，每一家銀行都有各式各樣製造部位的方法。然而，若準備金出現淨短缺，某些銀行還是必須到貼現窗口貸款。每一家銀行都擁有一定金額的貼現窗口信用額度，並能用優惠利率動用它的信用額度；如果超出信用額度就適用懲罰

利率。銀行能以優惠利率動用的信用額度，可能非常接近它的資本與保留盈餘帳戶金額，這能吸引資產資本比較高的銀行業者更積極保留盈餘。

在這種狀況下，聯準會設定的重貼現利率就成為決定融資條件的關鍵利率。具體來說，銀行與貨幣市場經由不符資格的票據進行融資的利率，將高於以合格票據進行融資的利率。因此，投機性融資與龐氏融資的利率，將高於對沖融資的利率。雖然對所有持有合格票據的人來說，準備金的供給具有無限彈性，但它的利率卻是由聯準會根據這項利率對經濟體系的衝擊假設來設定。

聯準會必須對銀行融資業務進行兩種管制。一項是資本適足率管制，另一項是存款準備率管制。資本適足率屬於較長期的約束，若銀行業者的資本適足率跌落到目標水準以下，懲罰可能是限制股利的發放，或甚至採用懲罰性的貼現利率，而存款準備率則是一種較短期的管制。

以現有的系統來說，我們很難找出或捏造出任何具有說服力的理由來說明為何存在 12 家聯邦準備銀行。紐約區聯邦準備銀行代表聯準會進行操作，所以，它是唯一有理由存在的聯邦準備銀行。如果聯準會轉採貼現工具，那麼，目前這個高度去中心化的銀行業務系統才需要區域性的貨幣市場。屆時，區域性的聯邦準備銀行將和個別銀行與本地貨幣市場維持一種放款人的關係；貼現窗口操作工具才是和這種地區性組織結構相容的工具。

貼現窗口工具確立了中央銀行、商業銀行和各種貨幣市場機構之間的融資關係。銀行家深知放款人有權利監督借款人，以確保借款人維持誠信。而作為商業銀行潛在與實際放款人的聯準會，則有權利監督銀行業者的實務作業，並進行評判。當不符資格的票據成長過快，聯準會或許就應該更嚴格審視銀行取得信用的能力。所以，銀行業者與聯準會之間的銀行

業務關係，自然會衍生出銀行檢查業務。

銀行持有的合格票據數量有可能因為企業貸款需求降低而減少，一如1929 年至 1933 年間經濟大萎縮時期的狀況。在採用大政府的世界，由於政府會在經濟衰退期採用巨額的財政赤字，所以不會發生嚴重的經濟萎縮。財政赤字意味金融市場必須吸收國庫券，當民間債務減少，若銀行想保持百分之百投資的狀態，就必須購買國庫券。一旦銀行購買國庫券，國庫券市場就會成為一個有效的部位製造市場。當銀行業者開始購買國庫券，而且聯準會希望準備金快速成長，它便可以在公開市場上購買國庫券，藉此來擴大準備金基數。

因此，當銀行業務系統所使用的工具改變，聯準會產生準備金基數的機制也必須調整。貼現窗口，也就是創造準備金的貼現市場工具，適合一個可能因負債結構發展高度側重投機性融資而發生金融危機的經濟體。鼓勵使用經歷生產流程的資產所連結的票據，有利於對沖融資的發展，只不過，在一個資本主義世界，平靜時期總是會發生一種朝投機性融資活動前進的推力。

由於會引發深度經濟蕭條的徹底債務型通貨緊縮不可能在大政府的環境下發生，所以，聯準會作為最後放款人功能的重要性也會改變。在金融創傷消退後，聯準會必須讓正常貼現以外的管道也能取得銀行準備金，以便促進財政赤字的融資活動。

由於大政府有助於維護獲利，聯準會因此得以不用身先士卒，而是能先允許企業和金融機構破產，並等到事後才介入提供再融資。聯準會的干預應該根據以下原則進行：讓符合在正常所得狀況下藉由重整債務及正常融資條件繼續生存、但在危機融資條件與衰退時期所得水準下失去償債能力或流動性的組織取得融資。聯準會拖延愈久出手干預，危機過後的所得

和就業減少幅度愈大。然而，聯準會愈快出手干預，後續的價格上漲幅度愈大，下一次經濟擴張展開後的融資結構就愈脆弱。

每當聯準會介入為某些資產部位提供再融資，就等於是在保護從事特定型態融資活動的組織，而且預料它將再次進行相同的干預。不過，導致整個經濟體系容易發生危機的那種脆弱性，實際上是導因於投機性融資與龐氏融資的不當擴張。所以，說穿了，中央銀行的干預，形同保證近期內絕對會再發生另一場危機，當然，除非它禁止先前造成脆弱性的那些融資實務。所以很顯然的，中央銀行的最後放款人干預，必須能催生有利於對沖融資活動的法規或行政管理變革。

聯準會可在銀行準備方面採取極為嚴格的立場，進而蓄意誘發一場金融危機。那樣的貨幣政策會將不確定性導入資產組合，儘管大政府和最後放款人干預能降低不確定性。若聯準會蓄意以政策工具來促使流動性或信用危機或緊縮發生，就能約束未來可能引發脆弱融資結構的資產組合的成長。[5]

因此，聯準會的政策需要持續不斷的「抑制」投機性融資及龐氏融資的使用。不過，龐氏融資是資本主義社會投資流程中常見的債務融資方法。因此，當一個資本主義經濟體不存在容易引發不穩定性的融資實務，它可能比較不創新，擴張力量也較弱；換言之，為了降低災難發生的可能性而採取的立場，很有可能會導致資本主義體系的創造力火花遭到撲滅。

儘管聯準會的立場偏好對沖融資，那也不代表未來不會發生龐氏融資與投機性融資活動。由於銀行放款主管與放款委員會未來難免會承作到實際的龐氏融資，也就是利息和本金的還款承諾預期只能仰賴下一階段貸款所取得的資金來履行，因此確實有必要善加安排交易的結構。

若中央銀行力圖抑制投機性融資與龐氏融資，而且商業銀行業者獲准

從事承銷業務，那麼，銀行放款部門主管就能將銀行可用於放款的資金，導入中期或長期債券或股票。商業銀行可以扮演中間人，直接和壽險公司、退休基金、其他資金管理公司以及民間個人接觸，以便配銷銀行顧客所發行的債券和股票，那種融資結構有助於對沖融資的發展。

「維持商業界對沖融資活動」是聯準會刻不容緩的重要政策目標。聯準會愈能敦促銀行業務朝短期貿易及生產存貨融資活動靠攏，金融體系就愈穩定，而且為了防範全面性危機所需要的特殊再融資規模就愈小。一個利於維持穩定的融資結構，必須以公司可用來取得資本資產所有權的融資工具為起點，接著銀行必須能朝資產連結型融資活動靠攏，最後則是必須改變聯準會的觀念、目標及工具。

產業政策：撇開超大型公司支配一切的可能選項

目前制度化且官僚的非專業技術分工型公司支配商業界的時間並不長。誠如我們所知，1776 年或甚至 1876 年時，這些公司並不存在。它們會成為最主要的商業組織形式，原因在於它們能發行不因特定個人或資產的命運而受影響的長期股權型股份。正因如此，公司為耐用年限長、專業技術分工的昂貴資本資產取得融資的成本，低於獨資企業或合夥企業的融資成本。因此，公司助長資本密集型生產技術的支配力量，並促使經濟體系的發展著重於精簡勞工的技術使用。

一旦資本密集型生產技術取得支配力量，有可能造成慢性勞動力剩餘的惡果。此時此刻，我們有必要開創並鼓吹能讓具生產潛力的閒置勞動力投入工作的企業，而且必須擬定能讓勞動力密集與資本密集生產模式並存的政策。

政策關注公司組織形式的作用力是對的，不過，政策制訂者應該分清楚階級式且制度化的公司和創業型公司之間的差異。前者的力量來自它的財務地位和市場力量。階級式公司的管理是專業的管理；這類企業的重要主管，有些是一步一腳印的靠內部晉升流程得到今日的地位，其他則是外聘而來，這些主管和公司草創階段及早期的成長歷程並沒有太大的關係，甚至毫無關係可言。

然而，創業型公司多半是創辦人或創辦小組人格的延伸。它當前的領導階層主要必須負責引領組織的成長與發展。即使它目前的財務狀況可能非常好，但主要的優勢並不在於它的財務資源。

競爭市場是促進效率的手段，而「市場易於進入」是促進競爭與變革的機制之一。除非有市場力量及外部性存在，否則市場本來就能勝任調節產品與流程的工作；一旦存在市場力量與外部性，不管是政府造成，或是市場流程造成，可能就有必要利用監理規定來約束市場力量的行使。

若監理規定與政府在市場上的干預行動能促使市場表現出競爭市場該有的樣貌，監理規定和干預就是有效的。當市場力量存在，或其他會促市場失靈的理由存在，就有必要進行這樣的干預。提倡競爭產業、促進融資與協助及支持訓練精良且具生產力的勞動力發展等形式的產業政策，都是非常符合理想的市場干預行動。[6]

政府與社會也是知識的供應者。競爭產業對知識的利用，將保證使那些知識成為廣泛福祉的基礎，而不是只為少數人創造「租」的資產。另外，監理規定與干預是確保交叉補貼的發生形式是：保證讓可能沒有能力支付這些服務的現金支出成本（更不用說資本成本）的經濟單位，獲得某種最低程度的服務水準。

在一個獲利呈現週期不穩定性的世界，銀行家在為資本密集生產技術

提供融資之前，一定會要求借款人必須抑制不利結果的發生，而這可能會造成市場力量的興起。然而，一旦市場力量存在，掌握市場力量的經濟單位可能會（過去也確實）利用這股勢力來限制產出、阻礙其他企業進入，進而維護價格與獲利。在這些情況下，政府就有可能為了建立公平競爭的規則，或是為了在市場力量存在的市場上創造貌似競爭解決方案而介入干預。但充其量，過去為了控制與疏導市場力量而採納的監理規定，都只獲得短暫的成就：被監理者經常反過來成為監理者。

在小政府資本主義經濟體，由於總獲利不穩定，所以，銀行家要求作為銀行融資對象的經濟單位必須掌握市場力量還說得通。在大政府資本主義經濟體，市場力量使成本加成得以提高，但因此而得到的獲利，卻被消耗到企業經營相關的經常性成本。為了行使市場力量，結構繁冗且經常性費用龐大的公司必須將獲利分配到企業經營相關的經常性成本，所以，一旦面臨需求降低的狀況，這類企業一年很可能虧損 10 億美元以上。

一旦大政府將總獲利維持在穩定狀態，銀行家就難以理直氣壯的要求它們的融資對象必須擁有市場力量。當然，就算整體獲利得以維持，特定企業還是有可能虧損；照理說，那種虧損導因於不恰當的經營決策，或是某些可能衝擊特定產品市場的非人為且難以預測的發展。以特殊用途與耐用年限長的資產來說，若經嚴格審查後，判定這些資產未來的現金流量足夠支應相關的債務成本及回收買進這些資產的費用，即使這些資產的所有權人沒有掌握市場力量，一樣能為這些資產找到融資的來源。克萊斯勒、洛克希德與各式各樣核能產業崩潰的經驗顯示，與其靠市場力量，還不如改用銀行家與投資人所做的放款風險分析。

現行的反托拉斯法很失敗；以法律來應對反托拉斯，顯示市場力量的問題並未獲得解決。任何旨在營造有助於競爭市場發展條件的產業政策，

都應該研究是否要對特定組織的資產或員工部署設定規模上限。規模的限制或許各有不同,一切取決於產業的特性。

公司規模的大幅成長,多半是融資及金融市場上的種種情勢使然。中央銀行及商業銀行轉而採用資產連結型融資,並減少企業連結型融資的短期融資,這個提議將使超大型企業的優勢略微縮減。允許較小型銀行為顧客從事投資銀行業務的提案,也會使超大型企業的融資優勢有些減少。此外,允許較小型銀行從事投資銀行業務,將使企業更容易進入各種產業。

先前討論的企業所得稅變革、聯準會操作技巧的改變,以及投資銀行業務工具的更加容易取得,有助於促進較小型企業的發展,而這應該有助於新企業的進入與現有較小型企業的擴張。

有了 WPA 工具提供的有效最低工資,再加上趨於穩定的總獲利,1930 年代初期工資及價格全面降低的狀況不可能再次發生。因此,農業、勞動力、製造業與貿易領域過去為抑制價格下跌彈性而採用的工具,對妥善組織而成的大政府資本主義並不重要,因為這些工具往往會加重通貨膨脹的壓力。

誠如道路、某些電力公用事業、洛克希德與克萊斯勒近幾年的歷史清楚可見,利率、失業率與通貨膨脹目前的起伏,會導致很多公司的財務體質逐漸惡化。由於目前很多公司都背負沉重的債務負擔,所以,市場力量所提供的保護一旦因為租稅與融資改革而喪失,將使這些企業陷入財務困境。此外,對資產管理規模所設下的任何明確限制,無疑將會先促使幾家超大型企業被分解為幾個較小且較好管理的經濟單位。

美國的資本市場既廣且深,能處理為數龐大的股票與債券。由於美國資本市場能處理如此大量的證券,所以,對需要進行財務重整的產業進行社會化,可視為一種暫時的處置方式。當克萊斯勒破產,破產流程應該由

政府的再融資公司來處理，這家公司將先合併破產企業的業務，再將它的業務分解為可在市場上生存的部分，以及無法產生獲利的部分。應該將第一個可能（或目前已）有生存能力的部分視為獨立的民間實體，並在市場上出售。至於第二個不具生存能力的部分，若有足夠的新資金進駐，它說不定能獲得重生，只不過潛在風險很高。若這家再融資公司預見第二個部分有能力在重整期結束時轉為民營化，那麼，應該準備注入重建與重組資金。若它無法在重整後民營化，政府再融資公司接著應該要清算它的剩餘資產。

民間企業無力善加管理的資本密集產業有兩種：鐵路與核能電廠。這兩種產業結合資本密集與巨大外部性。當局應該先嘗試採用公共所有權模式來應對這兩個產業，只不過，這個建議會引發難解的政治質疑；在其他先進國家，這兩個產業的運作良窳，幾乎也都和它們是否是由政府持有直接相關。在我撰寫本書之際，除非透過某種政府融資手段，否則無法取得重建這類採用攸關技術的產業所需的龐大資金；簡單又直接的方法，而且就減輕可能衍生的政治問題而言，這個方法有前例可循，就是設立一個諸如田納西河谷管理局之類的政府機關來管理經濟體系的這些環節。

鐵路業不僅資本密集，也是雇用非常多勞工的雇主。但近幾年我們從各種營收分配實驗所得到的教誨是，補貼與免費的財富，通常會被轉化為較高的員工薪酬與更繁複的階級式員工組織。所以，在政府大規模投資諸如鐵路與核能發電等產業前，必須先擬定政府員工與政府產業工資政策。雖然一般的工資與所得政策因無法管理而不可行，但政府員工與政府合約工資政策應該還是有可能有效推動。

結論

    1960 年代中期以來的政策失靈和正統經濟分析的陳腔濫調有關。而經濟分析的陳腔濫調，又進而和凱因斯經濟學從原本的嚴肅批判資本主義轉為一系列繁瑣無謂的政策操作有關。凱因斯的根本結論是：資本主義的缺陷主要導因於它無法良好的處理資本，但當前的政策行動並未受到一點啟發。政策與主流經濟思維對美國經濟的想法，輕率的漠視聯準會最後放款人干預的需求與影響。

    凱因斯之所以能察覺到資本主義的缺陷，原因在於他比他的前輩、同儕和後輩了解使用資本的資本主義在融資及時間方面的特點。獲利的維護與最後放款人干預因凱因斯的分析而取得正當性，使得大政府將相關的政策組合社會化，進而消除深度經濟蕭條發生的可能性。由於大政府的作用力，作為限制價格通貨膨脹壓力的自由競爭市場工具，才得以產生令人愉快的結果。我們迫切需要的大政府能（也確實）為經濟體系提供一個底線，確保所有人至少都能享受最低的生活與服務水準，從而讓「自由市場將導致勞動力標準降低」的論述變得無關緊要。一旦我們體認並接受「大到足以遏制總獲利波動程度的政府」是成功資本主義經濟體的先決條件，也就能朝去除競爭障礙與簡化負債結構的方向，重新調整經濟結構。唯有批評資本主義的經濟學，才可能成為制訂成功資本主義政策的指南。

    我們建議讀者最好將本書提出的政策建議視為一套基於討論的目的而設計的政策主張，而不是沒有商量餘地的計畫。經由本書分析，我們主張應進行系統性的變革，而不是東拼西湊的個別變革。存在於美國資本主義的諸多問題並沒有簡單的答案；任何一個解決方案都無法以動人的三言兩語和標語來傳達。

任何利益都有代價。但在這個處於歷史關鍵時刻的經濟體系，利益有可能超過成本。1946 年至 1966 年間，美國和其他先進資本主義經濟體獲得一項長期改善的利益，這些改善讓民眾在 1946 年至 1966 年間整體的情況大幅好轉。但 1966 年之後，經濟體系變得非常不穩定，後續得到的利益既小且不確定。此外，經濟幾度差點陷入嚴重的蕭條，若當時真的陷入深度經濟蕭條，1946 年至 1966 年間實現的很多福祉可能一筆勾銷。

　　我們需要做的是重新調整經濟體系的結構，讓經濟體系得以在保留「大政府防範經濟大蕭條」的力量之餘，降低因大政府而產生的通貨膨脹推動力量。但那種結構調整的成就將會是短暫的。在最初一段時間後，資本主義融資容易引發不均衡的那個基本傾向，將再次把融資結構推向脆弱的邊緣。一旦那樣的狀況發生，就會需要採取更新世代的改革行動。一勞永逸的好事絕不可能發生；不穩定性雖然會因一系列的改革而暫停，但還是會不斷以新的面貌出現在我們面前。

附錄 A

融資結構

對沖融資

這一節將以公式說明一個從事對沖融資的經濟單位在現金流量、資本價值與資產負債表上的特質。而在說明的過程中,我們也會定義幾個變數,後續說明使用投機性融資與龐氏融資的經濟單位特質,以及檢視融資特質對系統行為的影響時,也會使用到這些變數。

CC 是債務的合約性現金付款承諾。Q_{1s} 與 σ^2_{Qi} 分別是商人和它們的往來銀行家預期將獲得的準租金,以及準租金的變動。就一項資產部位的對沖融資而言:

$$CC_i < \overline{Q}_i - \lambda\sigma^2_{Qi} \quad i \text{ 是任何數值} \qquad (1)$$

其中 λ 大到足以使指定給 $\overline{Q}_i - CC_i$ 的主觀機率小到可接受。

方程式(1)可改寫為:

$$CC_i = \tau \, (\overline{Q}_i - \lambda\sigma^2_{Qi}) \text{，i 是任何數值，} \tau < 1 \qquad (2)$$

現金流量的安全邊際是以 τ 衡量；τ 愈小，安全邊際愈高。

若以相同的比率 K 將現金流量承諾與資本資產推估確定將獲得的準租金 $\overline{Q}_i - \lambda\sigma^2_{Qi}$ 加以資本化，那麼，現金付款承諾的資本化價值將是 K(CC)，預期準租金的資本化價值將是

$$P_{k,i} = K \, (\overline{Q}_i - \lambda\sigma^2_{Qi}) \qquad (3)$$

由於不管 i 為多少，$CC_i < (\overline{Q}_i - \lambda\sigma^2_{Qi})$，所以，$P_{k,i} > K(CC)$。資產的市場價值相對債務的市場價值之間有一個安全邊際，這項安全邊際可改寫為：

$$P_k = \mu \, K(CC) \quad \mu > 1 \qquad (4)$$

其中，資本價值的安全邊際是以 μ 衡量；μ 愈大，安全邊際就愈大。

對一個債務人來說，債務的現金付款承諾當然比資本資產的現金流量更確定。此外，不履行債務承諾的人將會遭受懲罰。債務的所有權人也假設 Q_i 的變異性大於他們願意忍受的現金收入變異性；正因如此，他們才會願意持有債券，而不是持有資本資產或股權。在這個情況下，借款人和放款人所採用的借款人現金承諾資本化率，很可能大於資本資產的現金流量的資本化率。因此，資產的市場價值相對負債的市場價值之間必須有一個安全邊際，換言之，$\mu > 1$ 的意思是，$\overline{Q}_i > CC_i$ 的幅度相當大。預期準租金必須超過因債務而產生的現金付款承諾一個相當程度的金額後，才會有

資本價值的安全邊際存在。因此,「資產價值相對債務價值必須有安全邊際」,代表預期現金收入相對合約性付款的安全邊際必須很大。而要確保這兩者之間的存在很大的安全邊際,一個方法就是採用極高的權益部位。

採對沖融資的經濟單位預期來自營運活動的現金流量將產生足夠應付債務相關付款承諾的現金。然而,意料外的情況(與經濟衰退)隨時可能發生,來自營運活動的現金流量因而有可能低於先前的預期,而且低於履行債務承諾所需的金額。為了防止那樣的可能性發生,一個經濟單位持有的貨幣與有價金融資產,將超過各項買賣交易所需。誠如凱因斯提到,持有與債務相同計價單位的資產是適當的(可以作為一種隱性保險政策)。因此,對沖型投資者的資產負債表中,除了包含 $\eta K(CC)$ 的資本資產,還會包括 $P_K K$ 的貨幣或其他流動資產;這些貨幣或流動資產並非該經濟單位的營運活動所需。對沖融資型經濟單位的資產負債表可能具備以下特質:

$$P_K K + \eta K(CC) = K(CC) + Eq. \; ; \eta \lessgtr 1 \qquad (5)$$

其中 Eq 是股權,而 η 稱為緊急備用流動資產,這是衡量與營運活動無關的多餘資產能帶來多少安全邊際的指標。

有三個參數決定一個經濟單位的財務狀況特質,包括邊際現金流量 τ,邊際資本價值 μ,以及緊急備用流動資產所提供的安全邊際 η。對沖融資型經濟單位在所有時期的這三項特質都是:$\tau < 1$,$\mu > 1$,且 $0 < \eta \lessgtr 1$。τ 愈小,μ 就愈大,而 η 愈大,該對沖經濟單位的安全邊際就愈大。

由於每一期的已實現準租金 Q_{iR} 都超過付款承諾,無論 i 是多少,$Q_{iR} > CC_i$,所以,對沖融資經濟單位往往會產生淨貨幣流量 $Q_{iR} - CC_i$。在

這個情況下，如果一個對沖融資經濟單位願意，便能增加現金部位相對付款的比例；每一個時期的營運往往會增加 η。此外，若我們假設 Q_{iR} 的所得部分超過 CC_i 的所得部分，這個組織每一期的權益都將增加；μ 往往會增加。因此，除非這家公司採取調整資產組合的作為，否則 $d\eta/dt$、$dEq./dt$ 與 $d\mu/dt$ 都將大於零。

一家企業可利用權益的增加以及現金的自然累積，來支應購買資本資產所需的財源。所以即使資本資產的購買金額超過權益的增加金額，債務權益比也會維持不變。若對沖融資的經濟單位能成功達到原訂的預期，就能在以債務融資取得資本資產的同時，又不發生安全邊際惡化的局面。

另外也值得一提的是，在一個有股票市場的世界，當對沖融資單位實現原本的預期，它的股份的帳面價值就會上升。此時持有那種股份的人，很可能獲得以股份價格增值形式來表現的所得。若經濟體系的運作狀況讓對沖融資相關的承諾與預期都獲得滿足，那麼，為了維持原有水準的債務權益比，或甚至提高這個數字，就必須產生營運上額外的外部融資活動。

投機性融資

當一個經濟單位在某些時期（通常是近期）的現金付款承諾 CC_i 超過預期的 $\overline{Q}_i$，它便是從事投機性融資。具體來說，當一個經濟單位的 CC_i 超過預期的 $\overline{Q}_i$，它便是從事投機性融資，因為 CC_i 包含本金的償還。當債務本金的償還金額超過準租金，通常是以短期債務來支應。所以，我們可以將投機性融資單位定義為一個近期 i、$CC_i > \overline{Q}_i$ 較小的經濟單位。

然而，就一個投機性融資單位來說，由於稍後預期將獲得的 $\overline{Q}_S$ 大於當期未清償債務在那些日期的付款承諾，所以，Q_S 的資本化價值就會超

過 CC_s 的資本化價值，也就是 $P_{ki} > K(CC_i)$。這是因為一旦初期 CC_s 中的本金獲得清償，進入 CC_s 的資本化階段時，就不會因為這些債務而產生進一步的付款承諾。在投機債務到期後，資本資產的預期盈餘總額便能產生資產價值的安全邊際。資產價值的安全邊際是誘使放款人與借款人勇於從事投機性融資的根本要素。

對投機性融資單位來說，CC_i 與 $\overline{Q}_i$ 在這些早期階段的差額，必須以再融資來滿足。所以，投機性融資的先決條件是：借款人與放款人都相信能讓這家企業輕易在規定的日期籌到 $CC_i - \overline{Q}_i$ 現金的市場必須存在。此外，這項融資預期將能以不會導致其他未清償融資承諾難以或甚至無法履行的條件取得。

若在近期 i，$CC_i > \overline{Q}_i$，而且在一組現行資本化率下，$P_k > K(CC)$，那麼，在另一組因較高利率而形成的資本化率條件下，$K(CC) > P_k$。因此，若一個組織從事投機性融資，它的償債能力（P_k 超過 $K(CC)$ 的差額）就取決於一組現行利率是否處於一個適當的區間。一個從事投機性融資的經濟單位較長期的存活能力，取決於資本價值相對債務價值之間是否存在一個安全邊際。**就最根本的本質來說，投機性融資是以推測「利率將不會上升到某個可接受範圍以上」為基礎**。利率的上升會使投機性融資型企業的安全邊際降低，原因很簡單，因為預期的 Q_s 會較晚以後才實現，它能抵銷早期的現金流量不足的問題。若利率波動幅度很大，從事投機性融資的組織很有可能發生技術性、但願是短暫的無力償債問題。

一個從事投機性融資的經濟單位經常需要籌集 $CC_i - \overline{Q}_i$ 的現金，意味一個投機商人的成敗，取決於某一系列金融市場維持正常的機能運作。一個對沖融資單位的成敗，端賴產品與要素市場的正常機能運作（若是一個金融單位，則端賴合約的正常履行），投機性融資單位的成敗則取決於產

品、要素與貨幣市場的正常機能運作。投機性融資單位的曝險方式和對沖融資單位不同。

儘管一個投機性融資單位近期的一些 CC_s 超過預期的 Q_s，Q_s 的所得部分還是會超過相關 CC_s 的所得或利息部分。若一個投機性融資單位的業務與融資條件許可，它就有機會縮減短期債務，換言之，它還是有可能提高權益相對負債的比率。

一個投機性融資單位為了免於陷入暫時性的準租金或貨幣市場困境，也會持有緊急備用流動資產 $\eta K(CC)$。可以想見，當其他條件相同時，一個穩健的投機性融資單位的 η 一定大於對沖融資單位的 η。

投機性融資單位的現金流量關係為：

$$CCi > \overline{Q}_i + \lambda\sigma^2_{Qi} \text{，其中，某些 } i < t \text{，且}$$
$$CCi \leq \overline{Q}_i - \lambda\sigma^2_{Qi} \text{，當 } i \geq t \tag{6}$$

因此：

$$CCi = \tau(\overline{Q}_i + \lambda\sigma^2_{Qi}) \text{ 其中 } \tau > 1 \text{，某些 } i < t \text{，}$$
$$= \tau(\overline{Q}_i + \lambda\sigma^2_{Qi}) \text{，} \tau \leq 1 \text{，} i \geq t \tag{7}$$

就近期的 i 而言，τ 是衡量風險暴露狀況的指標。τ 愈大，風險暴露程度愈高。

請注意，在計算投機性融資單位的現金流量關係時，我們採用 $\overline{Q}_i + \lambda\sigma^2_{Qi}$ 來衡量近期來自營運活動的現金收入，而在衡量對沖融資單位與稍後期間的營運活動現金收入時，則是採用 $\overline{Q}_i - \lambda\sigma^2_{Qi}$。因此，這當中

存在一些處於曖昧狀態的經濟單位與日期，它們的 $\overline{Q}_i + \lambda\sigma^2_{Qi} \geq CCi \geq \overline{Q}_i - \lambda\sigma^2_{Qi}$。對處於這些日期的經濟單位來說，現金流量是否足夠支應付款承諾，取決於它們實際上賺得的準租金。我們最好將那種處於邊緣地帶的企業與日期，視為輕微投機的企業與日期，或是在對沖融資與投機性融資之間來回游移的經濟單位。

CC 與已實現準租金 Q_R 都可拆解為所得與本金兩個部分。若我們將一項資本資產賺得的準租金想成一項完全分期等額償還型貸款的每期付款，那麼，就能以適當的資本資產消耗關係，詳述該資本資產在耐用年限期間的利息與投資回收比例的變化。分期等額還款合約是以年金公式將付款承諾分成利息與本金還款。而以資本資產來說，利息與投資回收比例的變動，則是反映會計及稅法傳統上的資本消耗關係。且讓我們將 CC_y 與 Q_y 分別稱為付款承諾的所得部分與準租金。那麼，以一個投機性融資單位來說，

$$Q_y > CC_y \qquad\qquad\qquad (8)$$

現金流量的所得部分，超過債務的利息部分。若 CC 包括傳統的股利支出，那麼，這個組織的損益表將顯示正的保留盈餘；若 CC_y 不包含股利，某個政策選擇可能促使 $CC_y > Q_y$。很多例子顯示，企業經營階層會以一部份現金流量支付股利，即使發放那些股利將使該組織未來的盈餘能量降低，財務狀況的投機本質增強。有時候，企業是基於一些沒有根據的樂觀期待而選擇採用這種類型的股利政策，有時候則是基於維持或提高自家公司股票的市場價值而採用這種股利政策。

當 $Q_y > CC_y$，即使 $CC_y > Q_R$，為了取得將到期債務的再融資而舉借的

債務金額 $K(CC_j)$，$j<t$，可能小於即將到期的債務。在這個情況下，一個投機性融資單位有可能因經營階層的意向而出現 $\dfrac{dk(CC)}{dt} < 0$ 的狀況；若投機性融資單位能實現預期中的準租金，它就有一點空間可以再藉由一些債務融資來取得資本資產，但又不導致資產負債表的債務權益比提高。

對一個投機性融資單位來說，準租金的現值超過付款承諾的現值。

$$P_K > K(CC)\;;P_K = \mu K(CC)，\mu > 1 \qquad\qquad (9)$$

由於這個資本化價值包含 i 較短（此時 $Q_i < CC_i$）與 i 較長（此時 $Q_i > CC_i$，$\mu > 1$）的時期，所以，對某一組折現率來說，$\mu > 1$，但對其他折現率來說，則是 $\mu < 1$。由於滿足 $Q_i > CC_i$ 條件的 i 所處時間點通常落在滿足 $Q_i < CC_i$ 條件的 i 之後，故當長期與短期利率的上升幅度相同，往往會促使 $Q_i > CC_i$ 那些時期的項目的現值降低幅度，相對超過 $Q_i < CC_i$ 狀態下的近期報酬的現值降低幅度。因此，方程式（5）必須改寫，以承認這個不等式對 r's 的依賴。所以：

$$P_K > K(CC)，\hat{r} > \bar{r} \qquad\qquad (10)$$

其中，$\bar{r}$ 是某個使 $P_K = K(CC)$ 的長期與短期利率組合體。因此，若要長期維繫投機性融資立場，就必須存在利率的上限（$\hat{r}$）。**這個結論隱含顯而易見的政策寓意：投機性融資的比重愈高，就愈需要防止極高利率的發生。**

投機性融資單位與它們的往來銀行人員都充分察覺到，在未來某些期

間，這些經濟單位因債務而衍生的現金付款，將超過來自營運活動的現金收入。我們預期投機性融資單位將保留一些緊急備用現金（cash kicker），以應付它們預期將在近期內必須支付的款項 CC_s。這類經濟單位的資產負債表將呈現以下狀況：

$$P_K + \eta \sum_{i=1}^{n} (CC_i) = K(CC) + E_q \, , \, \eta > 1 \tag{11}$$

誠如上述，我們有一些衡量現金流量、資產組合與現金邊際的參數。對沖與投機性融資條件之間有幾項特有的差異，第一個差異是，儘管稍後的 $\tau's < 1$，但近期的 $\tau's > 1$，第二個特質差異是規模的組成結構不同，與 $\eta \sum (CC)$ 的重要性不同。第三個特質差異是，儘管無論一個對沖融資單位的資本化率是多少，$P_K > K(CC)$，但投機性融資單位的某些資本化率會使 $K(CC) > P_K$。

龐氏融資

龐氏融資一詞總是令人聯想到詐騙；這個詞通常是指一種詭計，策畫者承諾支付投資人極誇張的報酬，而且將後期加入專案的投資人所投入的本金，發放給早期加入的投資人。然而，龐氏融資並不是不尋常的事件，而且，這種融資方式不盡然是出於詐騙的目的，這類融資的定義是：以額外債務或降低緊急備用現金等方式所籌到的資金來還款給現有的債權人。若一家企業處於季節起伏極度明顯的產業，但卻選擇每一季發放相等金額的股利，它就是在從事某種龐氏融資活動，因為它可能有某些季節的盈餘無法達到每季股利的水準，但這種龐氏融資活動不值得特別關注。儘管這

個世界上的確存在那類無害的例子，但無論如何，若有意或無心的龐氏融資詭計增加，就代表經濟體系的融資結構正趨向脆弱。

根據先前使用的符號，我們可以用以下的方程式來表達龐氏融資單位的特性：

$$CC_i > \overline{Q}_i + \lambda\sigma^2{}_{Qi})，適用所有 i，但 i＝n(?) 例外 \qquad （12）$$

關於 i，以問號標示的原因是，這個不等式涵蓋的範圍非常廣，因為除了最公然欺詐的龐氏騙局以外，所有龐氏融資都牽涉到某種崇高的夢想，一旦這些夢想成真，將使 $Q_n > CC_n$，並遠遠足夠彌補過去的 $\sum CC_i > Q_i$。換言之，在某些利率水準下，而且如果發生某個有利的事件，一項龐氏融資方案的資本價值將由負轉正。龐氏融資方案經常是一些尋寶型的專案，但沒有絕對：我們可以將堅信「好事終會發生」的米考伯（Micawber，注：狄更斯筆下的人物）視為龐氏融資的始祖，因為在米考伯的內心深處從不認為自己是在從事詐欺行為。

龐氏融資和投機性融資方案之間的差異，在於 CC 和 Q 的所得與本金的組成要素。以龐氏融資方案來說，y 代表所得組成要素

$$CC_y > Q_y$$

而投機性融資方案的所得組成要素則是

$$Q_y \geq CC_y$$

採用投機性融資時，即使一個經濟單位就其現有債務進行再融資，它的淨值與流動性也可能增加；而採用龐氏融資的經濟單位，淨值和流動性則必然會降低。

龐氏融資的進一步特性是

$$P_k > K(CC_i) \; ; \; (?) \qquad\qquad (13)$$

淨值能否維持正數是有疑問的。隨著時間不斷推進，K(CC) 將成長，使一開始的 $P_k > K(CC_i)$ 最終變成 $K(CC_i) > P_k$。由於龐氏融資方案高度仰賴債券的持續銷售，所以，龐氏融資單位應該要保有龐大的緊急備用現金。若一個龐氏融資單位在推銷它的負債時遭遇困難，這些緊急備用現金將會快速消耗殆盡：每次需要連續性的短期融資時，它的流動性就可能快速蒸發。

當一個經濟單位從事的投資計畫相對大於該經濟單位其他營運活動的規模，而且當所得不是以現金的形式產生，而是以應計款項的形式產生，代表這個經濟單位採用合理的龐氏融資。但當一項投資專案成為資本資產，銜接該專案的短期債務的長期融資活動，就會將那個龐氏融資專案轉為對沖融資安排。

龐氏融資型的投資專案可歸類為「以應收款項來發放股利」的投資專案。舉個例子，REITs 以極大幅度的折價購買建商的本票，一旦這項資產增值，REITs 就會得到一種會計上的所得，但那並非現金所得。由於 REITs 必須遵守的股利發放規定，所以，一個擁有高額應計所得的 REITs，只能藉由出售債券或減少現金等方式來履行發放現金股利的承諾。

龐氏融資與投機性融資間的界線取決於現金流量的所得組成要素，以

及正現值是否存在。一個需要債務展期的投機性融資單位有可能會遭遇到「再融資利率遠高於預期」的局面；利率的大幅走高可能會導致 $Q_{Ry} > CC_y$，即使 Q_{Ry} 並未低於預期。浮動利率可能使高額未清償債務的 CC_y 增加，並使 $CC_y < Q_{Ry}$ 的狀態轉變為 $CC_y > Q_{Ry}$ 的狀態。

龐氏融資牽涉到權益連續降低的情況（$\dfrac{dEq}{dt} < 0$）。當某個大規模投資專案的融資活動採用龐氏融資，那麼，一旦營建專案延後完工，便可能對後續各期的權益變動產生巨大的影響。可解讀為龐氏融資的融資實務，通常多半是在投資熱潮期開始進行，尤其是在勞動力與原料短缺導致成本上漲，而且完工期限延後的時候。完工期限的延後與成本的增加，若再配合利率上升，便可能促使權益快速崩解。龐氏融資是所有融資結構組成要素中最容易受資產重佔風險傷害的要素。使用龐氏融資的經濟單位，存活能力取決於某個大型事件是否發生，或是銜接營建融資的長期融資條件是否有利。事實上，一旦外界對這個大事件的疑慮趨於具體化，這個經濟單位就有可能無法取得繼續維持該專案所需的資金。**龐氏融資比例的增加，也就是說，當龐氏融資不再是罕見的融資行為，意味融資結構的脆弱性已達到危險地帶，債務型通貨緊縮可能一觸即發。**

附錄 B

消費者物價與實質工資

在最基本的經濟結構下，消費財的價格水準為

$$P_C = \frac{W_C}{A_C}\left(1+\mu\ \frac{N_I}{N_C}\right) \tag{1}$$

其中，μ 為「投資財生產活動的工資」占「消費財生產活動的工資」的比例 $\frac{W_C}{A_C}$，因此，我們可歸納出

$$\frac{W_C}{A_C} = \frac{A_C}{1+\mu\ \frac{N_I}{N_G}} \tag{2}$$

工資的購買力直接取決於勞動力的平均生產力，並與「投資財生產活動的就業」對「消費財生產活動的就業」比負相關。由於 $A_C = \frac{Q_C}{N_C}$，上述方程式可簡化為

$$\frac{W_C}{P_C} = \frac{Q_C}{N_C + \mu N_I} \qquad (3)$$

工資的購買力和消費財產出直接相關,而且和就業與投資財及消費財的相對工資間接相關。當投資財產業的就業增加,而且投資財生產活動的相對工資增加,將使消費財產業的工資購買力降低。

若投資活動使消費財產業勞工的平均生產力提高,那麼 Q_C 將會增加,而這往往會促使 $\frac{W_C}{P_C}$ 提高。在貨幣工資維持固定的體制,若投資活動使消費財生產活動的生產力增加,價格往往會下跌。所以說,技術先進經濟體的正常機能運作,將促使價格承受下跌壓力。

最基本的模型也產生

$$P_C - \frac{W_C N_C}{Q_C} = \frac{W_I N_I}{Q_C} \qquad (4)$$

消費財生產活動的平均淨利率是投資財總工資費用除以消費財產出。故當消費財的產出增加,每單位產出的淨利率往往會降低,即使此時每單位產出的勞動力成本降低。產出價格 P_C 的降低速度,往往會比單位勞動成本降低的速度快。若生產力的增加導因於資本資產的增加,那麼,每實體單位資本資產的獲利就會降低。而若要維持資本資產價格於不墜,要麼總獲利必須增加,否則獲利的資本化率就必須提高。若投資增加,總獲利可能會增加,這意味不是投資財生產活動的貨幣工資增加,就是就業會增加。

若經濟體存在閒置產能,投資財生產活動可能增加。若經濟體系沒有閒置產能,提高投資財產業的工資或將消費財生產勞工轉移到投資財生產

活動，可能可以維持資本存量的名目價值。藉由提高工資來消除因生產力提升而產生的價格下跌壓力，價格，包括能取得正常獲利的投資財供給價格，就不會下跌，這有助於維護債務融資活動的續航力。投資活動與資本資產部位所採用的外部融資程度愈高，就愈應該以上漲的工資來抵銷價格和淨利率降低（因產出增加）的趨勢。當資本資產的複雜度與費用提高，導致外部融資不得不增加，採用資本密集型生產活動的資本主義經濟體，就會產生通貨膨脹偏差，另外，若這個資本主義經濟體的主管機關對經濟陷入深度蕭條一事戒慎恐懼，它更容易產生通貨膨脹偏差。

投資的擴張往往會使消費財生產活動的工資購買力降低。若投資財產業的貨幣工資相對消費財產業的貨幣工資上漲，那麼可能出現 $\dfrac{W_I}{W_I} > \dfrac{P_C}{P_C} > \dfrac{W_C}{W_C}$ 的狀況。換言之，在投資財產業的工資購買力增加之際，消費財產業的工資購買力卻降低。

若增加的勞動生產力未被投資財生產活動的增加抵銷，或是未被投資財產出的工資上漲抵銷，那麼，每單位產出的獲利就會降低。總獲利流量可能小到無法維護資本存量的市場價值。

若檢視更複雜的關係，考慮政府、動用獲利的消費行為，以及動用工資的儲蓄行為等因素，便可歸納出：*

$$P_C = \frac{W_C}{A_C}\left(1 + \frac{W_I N_I}{W_C N_C} + \frac{Df}{W_C N_C} - \frac{T_\Pi - \Pi_G}{W_C N_C} + \frac{c\overset{*}{\Pi}}{W_C N_C} - \frac{s\overset{*}{W}}{W_C N_C}\right) \quad (5)$$

或

---

* 這些方程式中的 Df＝政府赤字，T_Π ＝獲利的租稅；Π_G ＝為政府生產產出而得到的獲利；$c\overset{*}{\Pi}$ ＝以稅後獲利進行消費；$s\overset{*}{W}$ ＝以稅後工資進行儲蓄。這些關係可以進一步擴展並詳盡闡述。

$$\frac{W_C}{P_C} = \frac{A_C}{1 + \dfrac{W_1 N_1}{W_C N_C} + \dfrac{Df}{W_C N_C} - \dfrac{T_\Pi - \Pi_G}{W_C N_C} + \dfrac{c\overset{*}{\Pi}}{W_C N_C} - \dfrac{s\overset{*}{W}}{W_C N_C}} \tag{6}$$

貨幣工資的購買力和勞動力的平均生產力正相關，但和以非源自消費財生產活動的所得來支應的消費財需求規模負相關。由於 $A_C = Q_C N_C$，我們可以將這個方程式改寫為：

$$\frac{W_C}{P_C} = \frac{Q_C}{N_C \left(1 + \dfrac{W_1 N_1}{W_C N_C} + \dfrac{Df}{W_C N_C} - \dfrac{T_\Pi - \Pi_G}{W_C N_C} + \dfrac{c\overset{*}{\Pi}}{W_C N_C} - \dfrac{s\overset{*}{W}}{W_C N_C}\right)} \tag{7}$$

消費財產出增加、但消費財生產活動的就業並未等比增加，往往會促使貨幣工資的購買力上升。此外，若消費財生產活動的總工資費用因 N_C 與 Q_C 的增加幅度（大略）相等而上漲，那麼，價格平減後的工資往往會上漲。對等來說，若這些比率的任何一個分子（$s\overset{*}{W}$ 以外）降低，價格平減後的工資將會上漲。請注意，赤字的上升會使消費財勞工的價格平減後的工資降低，赤字的降低則會使之上漲。

各章注釋與參考資料

導讀

Harvey, Phillip, *Securing the Right to Employment*, Princeton: Princeton University Press, 1989.

Kelton, Stephanie and L. Randall Wray, "The War on Poverty after 40 Years: A Minskyan Assessment," The Levy Economics Institute of Bard College, Public Policy Brief No. 78, 2004.

Minsky, Hyman P., "Central Banking and Money Market Changes," *Quarterly Journal of Economics*, 71, 1957a, 171–187.

Minsky, Hyman P., "Monetary Systems and Accelerator Models," *American Economic Review*, 47, 6 (December), 860–883.

Minsky, Hyman P., "A Linear Model of Cyclical Growth," *The Review of Economics and Statistics*, 41, 2, Part 1 (May), 133–145.

Minsky, Hyman P., "Discussion," *American Economic Review*, 53, 2 (May), 401–412.

Minsky, Hyman P., "Longer Waves in Financial Relations: Financial Factors in the More Severe Depressions," *American Economic Association Papers and Proceedings*, 54, 324–332.

Minsky, Hyman P., "The Role of Employment Policy," in Margaret S. Gordon, ed., *Poverty in America*, San Francisco: Chandler Publishing Company, 1965.

Minsky, Hyman P., "Effects of Shifts of Aggregate Demand upon Income Distribution," *American Journal of Agricultural Economics*, 50, 2 (May), 328–339.

Minsky, Hyman P., "Economic Issues in 1972: A Perspective," notes from a presentation to a symposium on The Economics of the Candidates sponsored by the Department of Economics at Washington University, St. Louis, Missouri, October 6, 1972.

Minsky, Hyman P., "The Strategy of Economic Policy and Income Distribution," *The Annals of the American Academy of Political and Social Science*, 409 (September), 92–101.

Minsky, Hyman P., memo on securitization, Minsky Archives, The Levy Economics Institute of Bard College, 1987.

Minsky, Hyman P., "Profits, Deficits and Instability: A Policy Discussion," in D. B. Papadimitriou, ed., *Profits, Deficits and Instability*, London: Macmillan, 1992.

Minsky, Hyman P., "Finance and Stability: The Limits of Capitalism," The Levy Economics Institute of Bard College, Working Paper No. 93, 1993.

Minsky, Hyman P., "Financial Instability and the Decline (?) of Banking: Public

Policy Implications," The Levy Economics Institute of Bard College, Working Paper No. 127, 1994.

Minsky, Hyman P., "Uncertainty and the Institutional Structure of Capitalist Economies," The Levy Economics Institute of Bard College, Working Paper No. 155, 1996.

Minsky, Hyman P. and P. Ferri, "Market Processes and Thwarting Systems," The Levy Economics Institute of Bard College, Working Paper No. 64, 1991.

Minsky, Hyman P. and C. Whalen, "Economic Insecurity and the Institutional Prerequisites for Successful Capitalism," The Levy Economics Institute of Bard College, Working Paper No. 165, 1996.

Minsky, Hyman P., D. Delli Gatti and M. Gallegati, "Financial Institutions, Economic Policy, and the Dynamic Behavior of the Economy," The Levy Economics Institute of Bard College, Working Paper No. 126, 1994.

Minsky, Hyman P., D. B. Papadimitriou, R. J. Phillips, and L.R. Wray, "Community Development Banking: A Proposal to Establish a Nationwide System of Community Development Banks," The Levy Economics Institute of Bard College, Public Policy Brief No. 3, 1993.Papadimitriou, Dimitri and L. R. Wray, "How Can We Provide for the Baby Boomers in Their Old Age?," The Levy Economics Institute of Bard College, Policy Note No. 5, 1999.

Wray, L. Randall, *Understanding Modern Money: The Key to Full Employment and Price Stability*, Northampton: Edward Elgar, 1998.

Wray, L. Randall, "A Keynesian Presentation of the Relations among

Government Deficits, Investment, Saving, and Growth," *Journal of Economic Issues*, 23, 4, 977–1002.

Wray, L. Randall, "The Political Economy of the Current U.S. Financial Crisis," *International Papers in Political Economy*, 1, 3, 1994, 1–51.

Wray, L. Randall, "Can a Rising Tide Raise All Boats? Evidence from the Kennedy- Johnson and Clinton-era expansions," in Jonathan M. Harris and Neva R. Goodwin, eds., *New Thinking in Macroeconomics: Social, Institutional and Environmental Perspectives*, Northampton: Edward Elgar, 150–181.

Wray, L. Randall, "The Ownership Society," The Levy Economics Institute of Bard College, Public Policy Brief No. 82, 2005.

第一章

1. 肯尼斯・亞洛（Kenneth J. Arrow）與法蘭克・哈恩（Frank H. Hahn）） 察覺到這個數學性理論的缺點，並透過 *General Competitive Equilibrium*(San Francisco: Holden-Day, 1971) 提出嚴肅的說明。

2. 在眾多現代經濟學家當中，後凱因斯學派（post-Keynesian）經濟學家 最明確表達這個觀點，請見 Paul Davidson, *Money and the Real World* (New York: Wiley, 1972); JanKregel, *The Reconstruction of Political Economy: An Introduction to Post-Keynesian Economics* (London: Macmillan, 1973); Hyman P. Minsky, *John Maynard Keynes*(New York: Columbia University Press, 1975); Hyman P. Minsky, *Can "IT"Happen Again? Essays on Instability & Finance* (Armonk, N.Y.: M. E. Sharpe &Co., 1982); Sidney Weintraub, *Keynes, Keynesians, and Monetarists* (Philadelphia: University of Pennsylvania Press, 1978)。

3. John Maynard Keynes, *The General Theory of Employment Interest and Money* (New York: Harcourt Brace, 1936) 是理解擁有成熟、複雜且瞬息萬變金融機構的資本主義經濟體系行為模式的重要研究成果。

4. 基於本書的目的，Don Patinkin, *Money, Interest and Prices*, 2d ed.(New York: Harper and Row, 1965) 將被視為新古典綜合理論的模型。這個新古典綜合理論也是 Milton Friedman, "A Theoretical Framework for Monetary Analysis," *Journal of Political Economy* 78 (March–April 1970), pp. 193–238; Robert A. Gordon, *Friedman's Monetary Framework: A Debate with His Critics* (Chicago: University of Chicago Press, 1974); 與 James Tobin, *Asset Accumulation and Economic Activity* (Chicago: University of Chicago Press, 1980). 等人的理論基礎。這個新古典綜合理論融合了承襲自瓦爾拉斯（Walras）的物價理論，以及源自凱因斯的真知灼見。

5. 當代經濟學有一個政策無效率公理（policy ineffectiveness theorem，請見 Thomas J. Sargent and Neil Wallace, "Rational Expectations and the Theory of Economic Policy," *Journal of Monetary Economics*, 1976, pp. 169–83）這類公理唯有在實際的制度結構遭到漠視時才成立。

6. John Maynard Keynes, "Essays in Persuasion," *The Collected Writings*, vol. 9, (New York: St. Martin's Press, 1972), p. 311. 這篇論文的標題是〈自由主義者與勞動力〉（Liberals and Labor）。

7. Henry C. Simons, *A Positive Program for Laissez Faire* (Chicago: University of Chicago Press, 1934), 轉載於 Henry C. Simons, *Economic Policy for a Free Society* (Chicago: University of Chicago Press, 1948) 提出一個有關制度改革與政策操作的嚴謹保守計畫，目前這個計畫依舊

是政治經濟學領域的模型之一。儘管已經過了 50 年，亨利・賽門斯
（Henry C. Simons）的多項提案內容還是值得我們深思。

8. 凱因斯在 1926 年為針砭時事而發表的小冊子 "The End of Laissez-
Faire," vol. 9, Collected Works, *Essays in Persuasion*, op. cit., pp. 272–94,
引用伯克（Burke）的文字：「立法方面最微妙的一個問題是：決定政
府應該在哪些方面接受大眾賢哲指引，在哪些方面應該盡可能不接受
個人權力的干擾，逕自行使它的權力。」（凱因斯引用麥柯洛
〔McCulloch〕在《政治經濟學原理》〔*Principles of Political Economy*〕
的文字）。伯克對政策問題的說明歷久彌新，迄今依舊有效。

9. 目前已有非常多證據顯示，幾乎所有多維、非線性與因時而異的系
統，都隱含內部不穩定性的問題。請見 Richard L. Day, "Irregular
Growth Cycles," *American Economic Review* 72, no. 3（June 1982），　與
"The Emergence of Chaos From Classical Economic Growth," *Quarterly
Journal of Economics*; Alessandro Vercelli, "Fluctuations and Growth:
Keynes, Schumpeter, Marx and the Structural Instability of Capitalism," in
R. Goodwin, M. Kurger, and A. Vercelli, *Nonlinear Models of Fluctuating
Growth* (New York: Springer, 1984); Peter S. Albin, *Microeconomic
Foundations of Cyclical Irregularities and Chaos*, Center for the Study of
System Structure and Industrial Complexity, John Jay College, City
University of New York, May 1985. 也有很多人已經了解到，若以一些
上下限來約束這些不穩定的系統，那麼，針對受約束後所發生的時間
序列所做的計量分析，結果將顯示這些系統趨於穩定。請見 John M.
Blatt, "On the Econometric Approach to Business-Cycle Analysis," *Oxford
Economic Papers* (N.S.), vol. 30（July 1978). 有關受約束的爆發性序列的

早期分析，請見 Hyman P. Minsky, "A Linear Model of Cyclical Growth," *Review of Economics and Statistics* XLI, no. 2, Part 1 (May 1959)，與 "Monetary Systems and Acceleration Models," *American Economic Review* 47 (Dec. 1957)。

第二章

1. 1984 年又爆發和 1981 年至 1982 年危機相互呼應的場景，幸好當時聯準會、聯邦存款保險公司（FDIC）與超大型銀行團挹注大量資金，適時阻止大陸伊利諾銀行公然倒閉，不過，拉丁美洲債務危機的進一步惡化，卻危及多家最大型銀行業者的償債能力。

2. 這個主張源自卡萊斯基的研究成果。請見 Michael Kalecki, *Selected Essays on the Dynamics of the Capitalist Economy (1933–1970)* (Cambridge: Cambridge University Press, 1971), Chapter 7, "The Determinants of Profits." See also Hyman P. Minsky, Can "IT" Happen Again? Essays on Instability & Finance (Armonk, N.Y.: M. E. Sharpe, Inc., 1982), Chapter 2, "Finance and Profits: The Changing Nature of American Business Cycles," pp. 14–58.

3. 分析乘數（multiplier）的教科書就有檢視第一個效應，請見任何一本初級的教科書，例如 Paul A. Samuelson, Economics, 9th ed. (New York: McGraw-Hill Book CO., 1973), pp. 220–33。第二個強調的效應主要是卡萊斯基學派的分析，請見 Michael Kalecki, op. cit.。第三個效應出現在 Warren McClam, "Financial fragility and instability: monetary authorities as borrowers and lenders of last resort," Chapter 11、C. P. Kindleberger 與 J. P. Laffargue, Financial Crises Theory, History and Policy (Cambridge:

Cambridge University Press, 1982); 以 及 W. C. Brained, 和 J. Tobin, "Pitfalls in Financial Model Building," *American Economic Review* LVIII (May 1968), pp. 99–122.

4. Irving Fisher,"The Debt Deflation Theory of Great Depressions," in *Econometrica* 1 (Oct. 1983), and Booms and Depressions (New York: Adelphi, 1932) 迄今仍是說明引發大蕭條的交叉影響的優質文獻。也請 見 Hyman P. Minsky, "Debt-Deflation Processes in Today's Institutional Environment," *Banco Nazionale de Lavoro Quarterly Review* 143 (Dec. 1982)。

第三章

1. 接下來，Andrew Brimmer, *International Finance and the Management of Bank Failures* (Washington, D.C.: Brimmer,1976) 幫了我一個大忙。聯準 會在 1984 年的最後放款人干預，「防止」芝加哥大陸伊利諾銀行的破 產，這次干預的規模遠比對富蘭克林國家銀行的干預規模還大。

2. 請見 Paul Davidson, *Money and the Real World*。就人為假設的意義來 說，新古典理論家在處理這些問題上還有很多需要改進的地方，相關 討論請見 Frank H. Hahn, *Money and Inflation* (Cambridge: MIT Press, 1983)

3. 請見 *Debts and Recovery, 1929–1937* (New York: The Twentieth Century Fund, 1938)。

4. Paul Meek, *U.S. Monetary Policy and Financial Markets* (New York: Federal Reserve Bank, 1982)。亦請見 Thomas J. Cahiil and Gillian G. Garcia, *Financial Deregulation and Monetary Control* (Stanford: Hoover

Institution Press, 1982).

5. 1984 年大陸伊利諾銀行的破產與後續轉為國營化，一度使要求寬容對待銀行業務與減輕銀行業務監理的呼聲暫時消音。

6. W. Randolph Burgess, *The Reserve Banks and the Money Market* (New York: Harper, 1927).

7. 事實上，只要聯準會的資產主要是由政府債券組成，那麼，政府的財政狀況就必須偶爾保持盈餘狀態，聯準會的貨幣才會有價值，並能在適當的局勢派上用場。如果聯準會的資產主要是由民間企業債務組成，那麼，只要企業界能獲取足夠的獲利來履行對銀行的債務，聯準會與銀行的貨幣就有價值可言。請注意，銀行與企業界之間存在「銀行可接受特定比例的債務不被履行」的一種固有關係；而所謂的充足獲利是針對整個企業界而言，不是對單一企業的要求。

8. A. E. Burns, talk to American Bankers Association, Oct. 1974. Released by Board of Governors, Federal Reserve System, Washington, D.C., Oct. 1974. 伯恩斯在 1974 年的演說中精準指出的每一個弱點都顯而易見，甚至在 1980 年至 1982 年以更極端的形式發生。

9. 請注意，倒閉銀行的資料不含諸如安全國家銀行等被「合併」的銀行，也不包含大陸伊利諾銀行，它後來獲得再融資並恢復正常營運。另外，諸如富蘭克林國家銀行等銀行的數據是倒閉那一天的資產數字，而不是在聯準會支持下，銀行在瀕臨破產的狀態下進行部分清算前的資產數字。

10. 以 1984 年 至 1985 年 的 美 國 金 融 公 司（Financial Corporation of America）的例子來說，各個機構與主管機關認為無論如何都要維持組織的流動性。請見 *Wall Street Journals*, March 9, 1985。

11. 1985 年時,受民間與州政府基金保障的俄亥俄州和馬里蘭州儲貸機構就曾發生和舊時代類似的擠兌潮,很多群眾擠在銀行門外鼓譟。會產生擠兌是因為外界對州保險基金的償債能力缺乏信心。

12. Hyman P. Minsky, "Suggestions for a Cash Flow Oriented Bank Examination," *Proceedings of a Conference on Bank Structure and Competition*, Federal Reserve Bank of Chicago, 1975.

13. 請見 Brimmer, *International Finance and the Management of Bank Failures*, op. cit.

14. 同上。

15. 此處使用的實際資訊引用自 Joseph F. Sinkey, Jr., *A Look at the REIT Industry and Its Relationships with Commercial Banks, Federal Deposit Insurance Corporation*, Banking and Economic Research Section, Division of Research, Washington, D.C., 1976.。解讀部分則是我個人的見解。

16. R. S. Sayers, *Bank of England Operations (1890–1914)* (London: P. S. King & Sons, 1936).

17. Stephan Fey, *Beyond Greed* (New York: Penguin, 1983).

第四章

1. 美國貨幣史包括(1)華盛頓總統任內承受的州債務;(2)第一美國銀行(First United States Bank)與更重要的第二美國銀行(Second United States Bank);(3)狂亂不羈的銀行世代;(4)國家銀行法案(National Banking Act);(5)美元與硬幣的重新使用;(6)「你不該將人類釘在十字架上」演說(注:美國政治家 William Jennings Bryan 就反對金本位的立場所發表的演說);(7)聯邦準備法(Federal Reserve Act);以

及（8）羅斯福時代的改革。

2. 遺憾的是，記錄美國貨幣經驗最主要的歷史著作是 Milton Friedman and Anna Schwartz, *A Monetary History of the United States, 1867–1960* (Princeton: Princeton University Press, 1963)，，這本書卻充斥作者強烈堅持的理論定見。傅利曼和修瓦茲的這本書說穿了，就像是律師為貨幣主義提出的辯護狀。

3. 1980 年代，貨幣市場基金及各式各樣經紀商（broker）引進現金管理帳戶並爆發性成長顯示，非銀行機構也可能創造具貨幣功能的負債。

4. 這就是賽爾斯（R. S. Sayers）的名言：「銀行，尤其是中央銀行的本分是維持富裕」的真諦。R. S. Sayers, *Bank of England Operations (1890–1914)* (London: P. S. King & Sons, 1936)

5.　　Hyman P. Minsky, "Central Banking and Money Market Changes," *Quarterly Journal of Economics* LXXI (May 1957)；轉載於 Hyman P. Minsky, *Can "IT" Happen Again? Essays on Instability & Finance* (Armonk N. Y.: M. E. Sharpe & Co., 1982).

第五章

1. 小羅伯・盧卡斯（Robert E. Lucas, Jr）在他影響深遠的研究報告 "Expectations and the Neutrality of Money," *Journal of Economic Theory* 4 (April 1972), pp. 103–24; 轉載於 Robert E. Lucas, Jr., *Studies in Business-Cycle Theory* (Cambridge: MIT Press, 1981) 的結論中察覺到這個問題，並表示「這份研究報告旨在解析約翰・格利（J. G. Gurley）所提出的悖論」（摘自 J. G. Gurley 對 M. Friedman, "A Program for Monetary Stability," *Review of Economic Statistics* 43 [1961], pp. 307–08)）的評論；

他基於諷刺的目的，溫和但精準的改編傅利曼學派的貨幣理論：「貨幣是一片面紗，但當這個面紗飄動時，實際的產出便會顯著起伏。」為了說明景氣循環與新古典理論兼容並蓄，盧卡斯建構一份詳盡的摘要，說明景氣循環導因於「世人向來沒有能力理解訊號」的現實。相較之下，凱因斯學派的理論構思著重於形成資本資產價格與融資決策的市場流程，後者簡單明瞭得多。

2. James Tobin, *The Intellectual Revolution in U.S. Policy Making*, Noel Buxton Lectures (Essex: University of Essex, 1966).

3. John Maynard Keynes, *The General Theory of Employment, Interest and Money*, vol. 7, *Collected Writings of John Maynard Keynes* (London: Macmillan, for the Royal Economic Society, 1973), p. 383. Dan Patinkin's *Money, Interest and Prices*, 2d ed. (New York: Harper and Row, 1965), 是新古典綜合理論的早期經典論述。

4. 這是所謂後凱因斯學派（post-Keynesian）經濟學家的根本論點。請見 Paul Davidson, *Money and the Real World* (New York: Wiley, 1972), 與 Hyman P. Minsky, *John Maynard Keynes* (New York: Columbia University Press, 1975).

5. 相關文獻非常多，完整列舉可能要一整本書的篇幅才夠。貨幣主義的主要代表文獻是米爾頓‧傅利曼的傑作、卡爾‧布魯納（Karl Brunner）與亞倫‧梅爾澤（ Alan Meltzer）共同著作或各自的著作，而保羅‧薩謬森（Paul Samuelson）、法蘭柯‧莫迪格里安尼（Franco Modigliani）與詹姆斯‧托賓（ James Tobin）則屬新古典凱因斯學派的陣營，只不過，托賓常像凱因斯學派，而非新古典凱因斯學派。

6. Gardner Ackley, *Macroeconomic Theory* (New York: Macmillan, 1961), p.

vii.

7. Gerard Debreau, *Theory of Value* (New Haven: Yale University Press, 1959).

8. 我們在此要提到一個通常被掩蓋的前後矛盾：生產函數是指廠房，而與生產函數對應的行為單位是公司行號。廠房是技術性的經濟單位，但公司行號是金融與管理性的經濟單位。廠房存在於所有經濟體，而作為金融性經濟單位的公司行號只存在於資本主義經濟體。

9. Oscar Lange, "On the Economic Theory of Socialism," *On the Economic Theory of Socialism*, ed. Benjamin E. Lippincott (Minneapolis: University of Minnesota Press, 1938).

10. 「理性預期」學派主張，各個經濟主體並不知道未來會如何，但這些主體會根據一個令人滿意的經濟運作知識（即理論）來建構他們的預期。如果我們補充一些定理，大意是說，每個主體都會根據它所堅持的系統行為理論來制訂決策，一般均衡理論就足以代表這個世界，而且個人行為與這個貼切理論一致的人最終將功成名就，那麼，就會有一種均衡與保持均衡狀態的經濟觀產生。（請見 Robert E. Lucas, Jr., op. cit.）但若經濟的運行不符合一般均衡理論，若經濟存在內部不穩定性，而且若各經濟單位據此採取對應的行動，理性預期反而將加劇不穩定性。

11. 「貨幣的存在對理論家構成最嚴肅的挑戰莫過於此：最成熟的經濟模型裡沒有貨幣的立足之地。當然，最成熟的模型是亞洛·德布魯（Arrow Debreau）版的瓦爾拉斯一般均衡理論。」Frank H. Hahn, *Money and Inflation* (Cambridge: MIT Press, 1983), p. 1..

12. Irving Fisher, *The Purchasing Power of Money* (New York: Macmillan & Co., 1911).

13.　　解讀凱因斯觀點的一個方法是，凱因斯理論主張貨幣從來都不是中性的。Wassily W. Leontief 在對《通論》的評論（"The Fundamental Assumption of Mr. Keynes' Monetary Theory of Unemployment," *Quarterly Journal of Economics* 51 (Nov. 1936)）中指出，凱因斯的系統並非中性。凱因斯在反駁李昂鐵夫（Leontief）與其他人的論述（"The General Theory of Employment," *Quarterly Journal of Economics* 51 (Feb. 1937)）時主張，中性的假設使古典經濟學成為一個非常特殊的論點。諸如傅利曼（請見 "The Role of Monetary Policy," *American Economic Review* 56 (March 1968)）與盧卡斯（請見 *Studies in Business Cycle Theory* (Cambridge: MIT Press, 1981)）等反凱因斯學者雖堅稱貨幣是長期中性的，卻採納各種不同的權宜之計來呈現貨幣的暫時非中性。

第六章

1. Milton Friedman, *Capitalism and Freedom* (Chicago: University of Chicago Press, 1962), p. 14.

2. 同上。「導入」是指把貨幣導入理論，而非導入這個世界。

3. Peter Temin, *Did Monetary Forces Cause the Great Depression?* (New York: W. W. Norton, 1976) 與 Milton Friedman and Anne Schwartz, *A Monetary History of the United States 1867–1960* (Princeton: Princeton University Press 都概述「大蕭條之前的確發生重大動亂」的主張。彼得・特明（Peter Temin）認為之前發生的動亂是消費下滑；米爾頓・傅利曼與安娜・修瓦茲（Anne Schwartz）則認為是貨幣供給降低。他們都認為大蕭條並非經濟流程的正常結果。

4. 凱因斯在寄給喬治・蕭伯納（George Bernard Shaw）的一張明信片上

寫著：「我相信我即將寫一本極具革命性的經濟理論書籍……大大改變這個世界思考經濟問題的方式。」引述自 Roy F. Harrod, *The Life of John Maynard Keynes* (New York: Harcourt Brace, 1951)。

5. John Maynard Keynes, "The Consequences to the Banks of the Collapse in Money Values," *Essays in Persuasion: Collected Writings of John Maynard Keynes*, vol. 9 (London: Macmillan, St. Martin's Press, for the Royal Economic Society, 1972), p. 151.

6. Paul A. Samuelson, "What Classical and Neo-Classical Monetary Theory Really Was," *Canadian Journal of Economics* 1, no. 1, pp. 1–15. In Clower, ed., *Monetary Theory* (Harmondsworth, England: Penguin, 1969).

7. 這就是 Hyman P. Minsky, *John Maynard Keynes*，New York: Columbia University Press, 1975 的主題。

8. 國家臨時經濟委員會是在 1938 年組成，目的是為了就經濟力量集中的現象，展開透徹的研究。請見 Ellis W. Hawley, *The New Deal and the Problem of Monopoly* (Princeton: Princeton University Press, 1966)。國家臨時經濟委員會後來成為一個論壇，對經濟衰退及蕭條的導因及處置對策有很多不同觀點在其中較勁。

9. Alvin Hansen, *Monetary Theory and Fiscal Policy* (New York: McGraw-Hill, 1949) 是韓森學派對凱因斯主義（Hansenian Keynesianism）的完善陳述。Alvin Hansen, *Fiscal Polity and Business Cycles* (New York: Norton, 1941) 則是稍早的論述。Henry C. Simons, "Hansen on Fiscal Policy," *Journal of Political Economy* L, no. 2 (April 1942), pp. 161–96; 轉載於 *Economic Policy for a Free Society*, op. cit., 的評論文章是「攻擊性評論」的模型之一。Simons 的評論只適合拿來消遣，因為他的攻擊風

格相當偏頗，但對干預主義式經濟體系（interventionist economy）來說，他的攻擊又堪稱精準。

10. Alvin Hansen, *Monetary Theory and Fiscal Policy*, op. cit. 也請見 A. P. Lerner, "Functional Finance and the Federal Debt," *Social Research* 10 (Feb. 1943).

11. Nicholas Kaldor, "The Quantitative Aspects of the Full Employment Problem in Britain," Appendix C in *Full Employment in a Free Society*, ed. William H. Beveridge (New York: Norton, 1945), pp. 344–401.

12. 諾貝爾獎得主、賓州大學的勞倫斯・克萊恩（Lawrence R. Klein）提出各式各樣複雜的計量經濟模型，這些模型包含很多複雜的細節，只不過，不管是過去或現在，以這些模型作為分析工具其實很簡單。請見 Lawrence R. Klein and Arthur S. Goldberger, *An Econometric Model of the United States, 1928–1952* (Amsterdam: North Holland Publishing Company, 1955).

13. Daniel B. Suits, "Forecasting and Analysis with an Econometric Model,"*American Economic Review* LII (March 1962); 轉載於 Robert A. Gordon and Lawrence R. Klein, *A.E.A. Readings in Business Cycles* (Homewood, Ill.: Richard D. Irwin, Inc., 1965).

14. John R. Hicks, "Mr. Keynes and the 'Classics': A Suggested Interpretation,"*Econometrica* 5 (1937).

15. 在 1937 年的文章中，希克斯並未對他指定投資函數的方式提出詳細的論點。事實上，他完全漠視凱因斯在《通論》中對於投資與資本資產價格的長篇討論。

16. 關於這一點，希克斯與帕廷金（Patinkin）還有其他新古典綜合學派的

經濟學家都有一個問題。因為他們並未察覺到凱因斯的不確定性相關假說的重要性，所以，他們也不認為所謂「貨幣的實物收益」的報酬存在。

17. 向來以幽默機智聞名的經濟學家馬丁・布朗芬納（Martin Bronfenbrenner）將希克斯模型貼上「伊斯蘭世界專屬」（ISLAM）的標籤。

18. 凱因斯在寫《通論》時已經能取得庫茲涅茨的初步研究結果。凱因斯在第 102 至 104 頁採用發表於 Bulletin 52, National Bureau of Economic Research, 1935. 的數據，這是庫茲涅茨的初步研究結果。

19. 源自《通論》的分析使國民所得的核算變得攸關重大，而由於國民所得數據的存在，才使凱因斯在《通論》的經濟陳述得以用數字來檢測。如果沒有國民所得數據，克萊恩式的模型就無法建立起來。

20. James Duesenberry, *Income, Savings and the Theory of Consumer Behavior* (Cambridge: Harvard University Press, 1949).

21. Milton Friedman, *A Theory of the Consumption Function* (Princeton: Princeton University Press, 1957). France Modigliani, "Fluctuations in the Savings-Income Ratio: A Problem in Economic Forecasting," *Studies in Income and Wealth*, vol. 2 (New York: National Bureau of Economic Research, 1949), pp. 371–443.

22. Tibor Scitovsky, "Capital Accumulation, Employment and Price Rigidity," *Review of Economic Studies* 7 (1940–41), pp. 69–88. Arthur C. Pigou, "Economic Progress in a Stable Environment," *Economica* 14 (1947).

23. Milton Friedman, *A Monetary Framework*.

24. Don Patinkin, *Money, Interest and Prices: An Integration of Monetary and*

Value Theory, 2d ed. (New York: Harper and Row, 1965).

第七章

1. Oscar Lange, "On the Economic Theory of Socialism," *On the Economic Theory of Socialism*, ed. Benjamin E. Lippincott (Minneapolis: University of Minnesota Press, 1938), pp. 60–61. Lange is citing Philip H. Wicksteed, *The Common Sense of Political Economy*, 2d ed. (London: 1937).

2. Frank Hahn 就是由此展開他在 *Money and Inflation* (Cambridge: MIT Press, 1983) 的分析。

3. Dudley Dillard, "The Theory of a Monetary Economy," in *Post-Keynesian Economics*, ed. Kenneth K. Kurihara (London: George Allen and Unwin, 1955), 是一篇值得關注的論文，這篇論文就價格與獲利之間的關係提出最具洞察力的見解。很多被貼上「後凱因斯經濟學」標籤的見解，都是來自這篇 30 年前的論文。

4. 「價格必須能支持經濟體系裡的商業模式」的意思是，電視廣告的成本必須顯現在廣告客戶的營收中，一如價格必須能回收貨物稅。關於因企業經營而產生的成本結構，請見 Myron K. Gordon, "Corporate Bureaucracy, Productivity Gains, and Distribution of Revenue in U.S. Manufacturing, 1947–1977," *Journal of Post-Keynesian Economics* 4, no. 4 (Summer 1982), pp. 483–96; and Paola Sylos-Labini, "Prices and Income Distribution," *Journal of Post-Keynesian Economics* 2, no. 1 (Fall 1979), pp. 3–25.

5. 有關貨幣是中性的，請見 John Maynard Keynes, "The General Theory of Employment,"*Quarterly Journal of Economics* 51 (1936–37), pp. 09–23.

這篇論文包含對 Wassily W. Leontief, "The Fundamental Assumption of M. Keynes' Monetary Theory of Unemployment," *Quarterly Journal of Economics* 51 (1936–37), pp. 192–97. 的反駁。諸如傅利曼（"The Role of Monetary Policy," *American Economic Review* 58 (March 1968), pp. 1–170],）等貨幣主義者，以及諸如小羅伯‧盧卡斯（"E xpectations and the Neutrality of Money," *Studies in Business Cycle Theory* (Cambridge: MIT Press, 1981)）等新古典學派經濟學家雖然還是保留「貨幣是中性的」基本系統，卻也建構詳盡但虛構的工具來呈現貨幣暫時的非中性。

6. 這種看待價格的方式，多半可追溯自 Michael Kalecki, op. cit.; Sidney Weintraub, *Keynes, Keynesians and Monetarists* (Philadelphia: University of Pennsylvania Press, 1978) 與 *Classical Keynesianism: Monetary Theory and the Price Level* (Westport, Conn.: Greenwood Press, 1961); 以及 Jan A. Kregel, *The Reconstruction of Political Economy* (London: Macmillan, 1973)，這些文獻都以類似的方式看待價格。

7. 這個主張無法推斷出具有實質意義的結論；這只是基於容易解說而提出。在接下來的解讀中，獲利被用於消費的比例，正好等於以經常性、財務與廣告等勞工的工資所得來支應的支出。

8. 希克斯在最近的著作中針對各經濟單位的這兩種分類做了很多討論，請見 John Hicks, *Economic Perspectives* (Oxford: Clarendon Press, 1972)。

9. 管理價格與經濟整體路線的疑問，是 TNEC 研究的核心。請見 Ellis Hawley, *The New Deal and the Problem of Monopoly*, op. cit., pp. 460–65, 467。

第八章

1. John Maynard Keynes, *The General Theory of Employment, Interest and Money* (New York: Harcourt Brace, 1936); Irying Fisher, The Debt-Deflation Theory of Great Depressions," *Econometrica* 1 (Oct. 1933), pp. 337–57; Henry C. Simons, "Rules vs. Authorities in Monetary Policy," *Economic Policy for a Free Society*(Chicago: University of Chicago Press, 1948); Charles P. Kindleberger, *Manias, Panics and Crises: A History of Financial Crises* (New York: Basic Books, 1978).

2. Twentieth Century Fund,*The Internal Debts of the United States* (New York: The MacMillan Co., 1933) and *Debts and Recovery* (New York: The MacMillan Co., 1938).

3. 請 見 Hyman P. Minsky, *John Maynard Keynes* (New York: Columbia University Press, 1975); 以及 "An Introduction to a Keynesian Theory of Investment," in G. Szego and K. Schell, *Mathematical Methods in Investment and Finance* (Amsterdam: Elsevier North Holland, 1972). 轉載於 Hyman P. Minsky, *Can "IT" Happen Again? Essays on Instability & Finance* (Armonk N.Y.: M. E. Sharpe & Co., 1982).

4. 我們在第七章說明，供給價格（P）可以用$P_o = \dfrac{(1+m)W}{A_C}$來表達，其中，W 為貨幣工資率，$A_C$ 為勞動力的平均生產力，M 為單位勞動成本的某個成本加成。資本資產的價格取決於那些資本資產未來預期將賺得的獲利，Q_i，以及這些未來獲利被轉化而成的目前價格 P_k。所以，我們可以寫出一個方程式：$P_k = K(\pi_i)$，其中 K 是資本化函數。P_k 與 P_o 息息相關，因為一旦投資財完工成為當期產出，就變成資本資

產，但 P_k 與 P_o 最終會改變，所以，P_k 與 P_o 之間的比例或差額也會改變。這一章的主題就是要說明如何確定 P_k，並解釋及 P_k 與 P_o 之間的關係對投資的影響。

5. Don Patinkin, *Money, Interest, and Prices: An Integration of Monetary and Value Theory*, 2d ed. (New York: Harper and Row, 1965).

6. Milton Friedman, "A Theoretical Framework for Monetary Analysis," *Journal of Political Economy* 78 (March–April 1970), pp. 193–238. 亦請見 Robert Gordon, *Friedman's Monetary Framework: A Debate with his Critics* (Chicago: University of Chicago Press, 1974).

7. Joan Robinson, *Economic Heresies* (London: Macmillan, 1971).

8. Irving Fisher, "Debt DeflationTheory of Great Depressions," *Econometrica* 1 (Oct. 1933) 詳細討論這些交互作用，在 James Tobin , *Asset Accumulation and Economic Activity* (Chicago: University of Chicago Press，1980) 中，詹姆斯·托賓稱之為費雪交互作用（Fisher interactions），不過，他似乎完全沒有意識到這引來他的基本新古典經濟觀點所未曾考量過的一系列問題。亦請見 Hyman P. Minsky, "Debt-Deflation Processes in Today's Institutional Environment," *Banco Nazionale del Lavoro Quarterly Review* 143 (Dec. 1982).

9. Hyman P. Minsky, "Central Banking and Money Market Changes," *Quarterly Journal of Economics* LXXI, no. 2 (1957), 轉載於 Can *"IT" Happen Again? Essays on Instability & Finance* (Armonk, N.Y.: M. E. Sharpe & Co., 1982), 是討論金融創新與金融和經濟不穩定關係的早期論述之一。

10. 請見第七章。

11. 值得一提的是，從二戰後到 1966 年信用危機造成金融動亂的期間，就是那樣一個金融市場相對平靜期。大量與投資有關的計量經濟研究，例如喬詹森（Jorgenson）和他的同事所做的研究，以及 1971 年至 1974 年間發表非常多的評論文章所審視的經濟研究，就是採用這種罕見的金融市場相對平靜期的數據。因此，那些評論文章與文章的結論不僅無法檢驗（或是駁斥）本書提出的觀點，也無法作為了解美國經濟的指南。請見 Dale Jorgenson, Econometric Studies of Investment Behavior: A Survey," *Journal of Economic Literature* 9, no. 4 (Dec. 1971), pp. 1111–47. Dale Jorgenson, Jerald Hunter, and M. Ishaq Nadiri, "A Comparison of Alternative Econometric Models of Investment Behavior," *Econometrica* 38, no. 2 (March 1970), pp. 187–212, 以及 "The Predictive Performance of Econometric Models of Quarterly Investment Behavior," *Econometrica* 38, no. 2 (March 1970), pp. 213–24.

12. 雖然**借款人風險**與**放款人風險**都在凱因斯的《通論》裡出現，但這兩個用語通常會讓人聯想到卡萊斯基（Kalecki）。

13. Robert Clower, "An Investigation into the Dynamics of Investment," *American Economic Review* XLIV (March 1954); James G. Witte, Jr., "The Micro Foundations of the Social Investment Function," *Journal of Political Economy* 71 (Oct. 1963).

14. 在一個理想化的社會主義體制下，投資的不穩定性反映出政治上的變化。而在實際的社會主義體制下，投資的不穩定性是反映出執行力的缺乏，這是所有採取階級式組織社會的通病。

第九章

1. 華爾街的經營者透過合併與購併業務賺到的所得，也屬於國民所得與產出的一部份。因此，雖然以上所述的意義已經非常清楚，但嚴格來說，這樣的說明並不正確。美國這類經濟體有一種極為特異的產出，稱為合併與購併。在國民所得帳戶中，這項產出的數值來自相關經濟單位對法律事務所與華爾街專業人士支付的手續費，以及企業因可能的合併或購併案件而衍生的特定成本。1980 年代的「黃金降落傘」（golden parachutes）衍生出和標準經濟觀點中的所得不太有關的「所得」。

2. Hyman P. Minsky, "Central Banking and Money Market Changes," *QuarterlyJournal of Economics* (May 1957); reprinted in Hyman P. Minsky, *Can "IT" Happen Again? Essays on Instability & Finance* (Armonk, N.Y.: M. E. Sharpe & Co., 1982), 詳述一項貨幣市場創新的寓意。也請見 Hyman P. Minsky, "Financial Intermediation in the Money and Capital Markets," in G. Pontecorov, R. P. Shay, and A. G. Hart, *Issues in Banking and Monetary Analysis* (New York: Holt Rinehart & Winston, Inc., 1967), pp. 33–56.

3. 有關解除管制運動，請見 Thomas F. Cargill and Gillian C. Garcia, *Financial Deregulation and Monetary Control* (Stanford: Hoover Institution Press, 1982)。

4. 芝加哥大陸伊利諾銀行實質上是倒閉的，但主管機關大規模干預，防止「公然」倒閉的情況顯示，銀行業的主管機關確實有意願並隨時對防止銀行公然倒閉做好充分準備。在大陸伊利諾銀行「倒閉」案中（這場歹戲拖了兩年），銀行股東、董事、經營階層和某些員工遭到懲

罰，但所有存款戶，無論存款金額多寡，全都得到保護。

5. 我花了很多年才研究出現金流量型態的分類，以及現金流量型態和經濟穩定性的關係，請見 Hyman P. Minsky, "Financial Instability Revisited: The Economics of Disaster," Board of Governors, Federal Reserve System, *Fundamental Reappraisal of the Federal Reserve Discount Mechanism* (Washington, D.C., 1972)，轉載於 Hyman P. Minsky, *Can "IT" Happen Again? Essays on Instability & Finance*, op. cit. 也請見 Hyman P. Minsky, "The Modelling of Financial Instability: An Introduction," *Modelling and Simulation*, vol. 5, Proceedings of the Fifth Annual Pittsburgh Conference (Pittsburgh: Instrument Society of America, 1974).

6. Frank H. Knight, "Social Economic Organizations," *Syllabus and Selected Readings for the First Year Course in the Social Sciences*, 2d ed. (Chicago: University of Chicago Press, 1933); George J. Stigler, *The Theory of Price*, rev. ed. (New York: Macmillan, 1952), Chapter 1.

7. Monald H. Dunn, *Ponzi!* (New York: McGraw-Hill, 1975) 是一本以小說化的方式來描述常見於較正派的環境中「不負責任」的金融活動。一開始，我是基於開玩笑的心態而以**龐氏融資**來形容牽涉到利息資本化的融資關係，但後來這個用語成為我形容特定事物的固定用語。一如雷蒙・哥德史密斯（Raymond Goldsmith）的觀點，我使用這個用語並沒有「煽動」的意思。請見 Raymond Goldsmith 在 C. P. Kindleberger and J. P. Laffaugue, *Financial Crises Theory History and Policy* (Cambridge: Cambridge University Press, 1982), p. 43 的評論。

有關對沖融資、投機性融資和龐氏融資等用語的替代專有名詞，請見 P. Davidson, *Money and the Real World* (New York: John Wiley and Sons,

1972)。

8. 準租金等於營收減去調整租稅後的現金支出費用。有關準租金與資本資產價格的討論，請見附錄 A。

9. Lloyd W. Mints, *A History of Banking Theory in Great Britain and the United States* (Chicago: University of Chicago Press, 1945) 對銀行業商業放款理論（commercial loan theory of banking）與相關的實質票券說（real bills doctrine）進行明確陳述與批評。

10. 破產是將投機性融資與龐氏融資型經濟單位轉化為對沖融資與投機性融資型經濟單位的方法之一。

11. 根據這個條件，若一個經濟單位以浮動利率舉債，它就屬於投機性融資型經濟單位，而若它是以現行利率舉債，則會被視為對沖融資型經濟單位。

12. 1980 年代初期，儲貸機構全體陷入無力償債的狀態，所以，這整個產業遂從投機性融資型產業轉化為龐氏融資型產業。

13. 關於這些用語的完整討論，請見附錄 A。

14. **借款人風險與放款人風險**是 Michael Kalecki, *Selected Essays on the Dynamics of the Capitalist Economy* (Cambridge: Cambridge University Press, 1971) 與 John Maynard Keynes, *The General Theory of Employment, Interest and Money* (New York: Harcourt Brace, 1936) 率先提出的用語，也請見 Hyman P. Minsky, *John Maynard Keynes* (New York: Columbia University Press, 1975)

15. 一如瓊安・羅賓森有關通貨膨脹障礙的著作，我們可以將它想成一個金融正統障礙。一段時間的經濟成就（在那樣的時期，金融工具的虧損顯然導因於特殊的情境）將使金融創新的障礙降低，而當破產現象

與最後放款人行動延續一段時間，則可能增加金融創新的障礙。

16. 請見 Hyman P. Minsky, "Financial Instability Revisited: The Economics of Disaster," 轉載於 *Can "IT" Happen Again? Essays on Instability & Finance*, op. cit. Chapter 6；Charles P. Kindleberger, *Manias, Crashes and Panics* (New York: Basic Books, 1978).

17. 1980 年春天的杭特兄弟 - 培基證券白銀事件，是投機性融資不穩定性的經典案例。請見 Stephen Fay, *Beyond Greed* (New York: Penguin, 1983)。

18. 關於投資與融資的介紹，請見附錄 A。

第十章

1. John Maynard Keynes, *Essays in Persuasion*: *Collected Writings of John Maynard Keynes*, vol. 9 (London: Macmillan, St. Martin's Press, for the Royal Economic Society, 1972), p. 151。

2. 在當前這種銀行業務的貨幣觀點發展出來以前，商業銀行放款理論，或是說實質票據理論蔚為主流。這個理論主張，商業銀行理當只能對代表「生產流程中商品（存貨）」的工具，而若銀行這麼做，這個世界就存在正確的貨幣數量。姑且不論這個理論是否正確，它對銀行業務的商業放款與貨幣所抱持的觀點，全都漠視銀行業務為資本資產與投資產出提供融資方面的作用力。因此，這些傳統的銀行業務觀點和新古典經濟理論半斤八兩，新古典經濟理論著重於剛完工的產出的交易，它也幾乎漠視資本資產的存在。

3. 銀行業務的商業放款觀點與鄉村市場經濟觀點，堪稱邏輯上的哥倆好。和這些議題有關的權威著作，請見 Jacob Viner, *Studies in the*

Theory of International Trade (New York: Harper, 1937)，尤其是第三、四、五章，以及 Lloyd Mints, *A History of Banking Theory in Great Britain and the United States* (Chicago: University of Chicago Press, 1945)。商業銀行依法可以繼續承銷與配銷州及地方政府證券。紐約市在 1975 年所遭遇的嚴重困難，或許可歸因於銀行業者持續在這項業務領域占有支配地位，尤其是超大型銀行。

4. Chester Arthur Phillips, *Bank Credit* (New York: Macmillan, 1931); Karl Brunner, "A Scheme for a Supply Theory of Money," *International Economic Review* II (Jan. 1961), pp. 79–109; 以及 Albert E. Burger, *The Money Supply Process* (Belmont, Calif.: Wadsunta Publishing Company, 1971).

5. Sherman Maisel, *Managing the Dollar* (New York: Norton, 1973).

6. Basil Moore, "The Endogenous Money Stock," *Journal of Post-Keynesian Economics* II (Fall 1979), pp. 49–70.

7. 請見第九章的附錄 A 與附錄 B，從那些關係可深入了解資本主義經濟體的市場如何運作。

8. 投資的需求價格因一個對稱的機制而下跌。

9. 1977 年年底，商業本票市場快速成長，以致於連超大型銀行這個擔保再融資的主要提供者，都抱怨它們未動用的信用額度成長過快。

10. 如果在一個經濟體，承作存款業務的銀行帳冊上主要的資產是政府債務，該經濟體系的貨幣價值，實際上是來自國民必須繳交的稅。就貨幣的商品價值（購買力）而言，平衡預算與保持預算盈餘的好處在於，實際上，國民必須繳稅，將促使民眾努力工作與生產，以取得可用於繳稅的收入。

11. 芝加哥的米爾頓・傅利曼以這一派政策提案著稱。

12. 　　根據我們的觀點，為了維持 10％ 的銀行資產成長率而採取的作為，會使投資消費比上升，這意味消費財的價格將上漲（見第七章）。根據標準數量理論的推斷，當貨幣成長率大於產出成長率時，會使價格上漲。數量理論的推斷則聚焦在銀行的某一項負債或多項負債，而我們的論述引導一般人考量銀行業者所從事的融資業務。

13. 衡量金融工具風險性的一項指標是，履行金融合約所需資金的預期來源。尋求提高利差的銀行將接受投機性的現金流量關係，以及以擔保品價值而非預期現金流量為基礎的放款。銀行業者為了追求獲利，可能會吸引顧客從事投機性融資、甚至龐氏融資活動。

14. 在一個高所得稅與制度化公司的世界，資本利得的優惠稅制是讓企業經營階層得以致富的一個方法，但這不是獎勵儲蓄的方法。若想藉由經理人自利與追求財富的心態來帶領階級式的企業資本主義朝效率生產、效率產品選擇與效率融資的方向前進，的確需要某些牽涉到股票選擇權與資本利得租稅優惠待遇的方案。

15. 若一檔股票的盈餘相當於帳面價值的 15％，資本化率為 15％，那麼股票價格將等於帳面價值。然而，若資本化率不是 15％，而是 10％，那麼，這一檔股票的市場價值將超過帳面價值；若資本化率為 20％，則市場價值將低於帳面價值。此外，若預期每股盈餘將成長，那麼，當期盈餘的資本化率，將是沒有增加的資本化率倒數，減去預期獲利成長率。

16. 在 1975 年年底的紐約市危機，紐約市的銀行業者失去它們在定存單市場的優越地位。早在 1974 年春天，富蘭克林國家銀行向外貸款的利率就遭到額外加碼。

17. Hyman P. Minsky, "Suggestions for Cash-Flow Oriented Bank Examination,"*Proceedings of a Conference on Bank Structure and Competition*, Federal Reserve Bank of Chicago, 1975.

18. 近幾年，未加入存款保險的非會員銀行成長速度，甚至超過加入存款保險的非會員銀行。那多半是因為外國銀行的分行陸續開設所致。由於在紐約或芝加哥議定的放款可能被記入阿姆斯特丹、東京或巴哈馬的帳冊，所以，為這些非會員／未加入存款保險的銀行提供融資的能力，已遠高於它們的資產與股東權益所彰顯的融資能力。

19. John T. Rose, "Federal Reserve System Attrition," Ph.D. diss., Washington University, St. Louis, 1973.

20. 1974 年至 1975 年，REITs 積極對地產開發商推銷融資，以及銀行積極對 REITs 推銷信貸，是促使金融脆弱性發生的要素之一。

第十一章

1. $$P_C = \frac{W_C}{A_C}\left(1 + \frac{W_I N_I}{W_C N_C} + \cdots\right) \tag{1}$$

基於我們的目的，可將上式寫為

$$P_C = \frac{W_C}{A_C}(M) \tag{2}$$

其中，M 是 1 加上成本加成，它反映最終需求的結構與機構特質。改為對數並求微分，可從（2）得出

$$\frac{dP_C}{P_C} = \frac{dW_C}{A_C} - \frac{dA_C}{A_C} + \frac{dM}{M}$$

2. Milton Friedman, "The Role of Monetary Policy," *American Economic Review* 58, no. 1 (March 1968), pp. 1–17; p. 8 基於引證的目的。有關瓦

爾拉斯學派的一般均衡方程式系統對世人的貢獻，傅利曼教授的說法其實是個嚴重華而不實的說詞。「瓦爾拉斯的一般均衡方程式系統」並不能得出產出、就業與相對價格：經濟現實取決於市場流程。瓦爾拉斯的一般均衡方程式系統雖然企圖為現實世界建立模型；但它並非現實。此外，瓦爾拉斯模型的一致性解決方案，並無法證明傅利曼教授確認有個確實發生、而也有意義的制度關係存在，更不用說「等等」之類敷衍帶過的項目。

3. Frank H. Hahn, *Money and Inflation* (Cambridge: MIT Press, 1983)：「經濟行為者在決定行動與計畫時，並不是根據任何名目數值來決定他們的目標。經濟行為者只關心真實的事物，例如商品（適當的根據自然狀態加註日期並加以區分）、休閒與成就。我們都知道這是沒有貨幣幻象下的公理，任何明智的分析似乎都不可能揚棄這個公理」（p. 34），也請見 Hyman P. Minsky, "Frank Hahn's Money and Inflation: A Review Article," *Journal of Post-Keynesian Economics* 6, no. 3 (Spring 1984), pp. 449–57.

4. 關於貨幣與工資、價格和消費財生產活動的獲利間的關係，請見附錄 B 的方程式與相關討論。

5. Alban W. Phillips and Ernest H. Phelps-Brown, "The Relation between Unemployment and the Rate of Change of Money Wage Rates in the United Kingdom, 1862–1957," *Economica* 25 (Nov. 1958), pp. 183–99; 以及 Paul A. Samuelson and Robert M. Solow, "Analytical Aspects of Anti-Inflationary Policy," *American Economic Review* 50 (May 1960), pp. 177–94.

6. Milton Friedman, "The Role of Monetary Policy," *American Economic Review* 58 (March 1968). Edmond S. Phelps, *Inflation Policy and*

Unemployment Theory: The Cost-Benefit Approach to Monetary Planning (New York: Norton, 1970). 舉個例子，當一般預期價格將維持穩定，零價格通貨膨脹率可能和5%的失業率並存，而4%的失業率可能和意料外的2%通貨膨脹率並存。在政策達到4%失業率與2%通貨膨脹率後，2%的預期通貨膨脹率將成為經濟體系的固有通貨膨脹率。當這樣的情況發生時，失業率就會緩步上升到5%；而要回歸4%的失業率，不能只是實施會使通貨膨脹率達到2%的提振措施，換言之，提振措施必須再加碼。但那樣的提振措施可能導致通貨膨脹率上升至4%。因此，低於自然失業率的失業率將導致通貨膨脹率上升。

7. $P_C = \dfrac{W_C}{A_C} \left(1 + \dfrac{W_I N_I}{W_C N_C} \right)$

8. $P_C = \dfrac{W_C}{A_C} \left(1 + \dfrac{W_I N_I}{W_C N_C} + \dfrac{C \dot{\pi}}{W_C N_C} \right)$

9. Myron J. Gorden, "Corporate Bureaucracy, Productivity Gains and Distribution of Revenue in U.S. Manufacturing, 1947–77," *Journal of Post-Keynesian Economics* 6, no. 4 (Summer 1982); and Paolo Syles-Labini, "Prices and Income Distribution," *Journal of Post-Keynesian Economics* 2 (Fall 1979).

第十二章

1. James Tobin, "The Intellectual Revolution in United States Policy-Making,"Noel Burton Lecture, University of Essex, 1966, p. 14.

2. Tibor Scitovsky, *The Joyless Economy* (New York: Oxford University Press, 1976).

第十三章

1. Orwell, George, "Looking Back on the Spanish War," *Homage to Catelonia* (New York: Penguin), p. 244.

2. Gray, Jean M. and H. Peter, "The Multinational Bank: A Financial MNC?" *Journal of Banking and Finance* 5 (Amsterdam: North Holland Publishing Co.,

3. Keynes, John Maynard, *The General Theory of Employment Interest and Money*,

4. R. S. Sayers, *Bank of England Operations (1890–1914)* (London: P. S. King & Sons, 1936).

5. Hyman P. Minsky, The New Uses of Monetary Powers," *Nebraska Journal of Economics and Business* 8, no. 2 (Spring 1969); 轉載於 Hyman P. Minsky, *Can "IT" Happen Again? Essays on Instability & Finance* (Armonk, N.Y.: M. E. Sharpe & Co., 1982), pp. 179–91.

6. Henry C. Simons, "A Positive Program for Laissez-Faire"; reprinted in Henry Simons, *Economic Policy for a Free Society* (Chicago: University of Chicago Press, 1948).

穩定不穩定的經濟
明斯基金融危機經典，當代最敏銳的金融資本主義分析
Stabilizing an Unstable Economy

作者：明斯基（Hyman Philip Minsky）｜譯者：陳儀｜總編輯：富察｜主編：鍾涵瀞｜特約主編：徐文傑｜企劃：蔡慧華｜視覺設計：BIANCO、薛美惠｜印務經理：黃禮賢｜社長：郭重興｜發行人兼出版總監：曾大福｜特別感謝：梁發進老師｜出版發行：八旗文化／遠足文化事業股份有限公司｜地址：23141 新北市新店區民權路108-2號9樓｜電話：02-2218-1417｜傳真：02-8667-1851｜客服專線：0800-221-029｜信箱：gusa0601@gmail.com｜臉書：facebook.com/gusapublishing｜法律顧問：華洋法律事務所 蘇文生律師｜合作出版：美商麥格羅·希爾國際股份有限公司台灣分公司｜出版日期：2021年5月／初版一刷｜定價：760元

國家圖書館出版品預行編目(CIP)資料

穩定不穩定的經濟：明斯基金融危機經典，當代最敏銳的金融資本主義分析/明斯基(Hyman Philip Minsky)著；陳儀翻譯. -- 初版. -- 臺北市：美商麥格羅希爾國際股份有限公司臺灣分公司；新北市：八旗文化：遠足文化事業股份有限公司, 2021.05
512面；17×23公分

譯自：Stabilizing an unstable economy

ISBN 978-986-341-465-0 (平裝)

1.經濟學

550   110004363